미디어와 커뮤니케이션의 이해

국립중앙도서관 출판시도서목록(CIP)

미디어와 커뮤니케이션의 이해 / 엮은이: 한국외국어대학교 언론
정보학부. -- 파주 : 한울, 2006
　　　p. ;　　cm. -- (한울아카데미 ; 874)

ISBN　89-460-3564-1 93330

331.541-KDC4
302.23-DDC21　　　　　　　　CIP2006001778

미디어와 커뮤니케이션의 이해

한국외국어대학교 언론정보학부 엮음

머리말

 인간 커뮤니케이션 역사상 최초의 신문이 출현한 것으로 기록되고 있는 독일에서 신문학(Zeitungswissenschaft)이 본격적으로 하나의 학문 영역으로 정착된 것은 신문 탄생 3세기 만의 일이다. 신문에 대한 연구는 17세기 말부터 시작되었다. 처음에는 함부르크, 브레멘 등 독일의 항구도시를 중심으로 발간되기 시작한 신문들에 관해 서로 다른 지식과 정보를 얻어 비교·연구하던 신문에 관한 지식(Zeitungskunde)이란 이름의 논의 단계에서 출발했다. 그러다가 18세기 말부터 독일의 대학에서 신문론(Zeitungslehre)이란 이름으로 강의가 시작되었다. 이 신문론이 신문학이라는 학문의 단계로 발전한 것은 1920년대 이후의 일이다. 독일이 미국의 매스커뮤니케이션 과학 이론을 '발견(Entdeckung)' 하여 이 신문학에 접목한 것은 1963년의 일이다.
 이 해에 우리나라에는 대학교에 신문학과가 탄생하였다(1958년 홍익대학교에 신문학과가 설립되었으나 곧 폐과되고, 1963년 중앙대학교에 신문학과가 설립되었다). 1950년대 중엽부터 서울대 문리대에서 교양과목으로 신문론 강의가 이어져왔으나 그로부터 불과 10여 년 만에 신문학이 발아하고 신문학과와 신문방송학과가 잇달아 창과되며 한국신문학회(현재의 한국언론학회)까지 출범하게 되었다. 독일의 경우와 달리 우리나라에서는 신문 탄생 반세기 만에 신문학이 매스커뮤니케이션 과학으로 통합되면서 새로운 학문 영역으로 확대·발전되기 시작했고, 이 매스커뮤니케이션 과학은 그로부터 4반세기 만에 언론학과 정보학을 아우르는 광범위한 영역으로 급속도로 발전하게 되었다.
 급변하는 매스미디어의 발전과 함께 윌버 슈람이 지적한 '학문의 십자로'가 현실화된 것처럼, 다양한 분야에서 연구 영역을 확대해 온 우리나라의 매스커뮤니케이션 과학이 거의 토착화되는 단계에서 한국외국어대학교 홍보학과가 탄생했다. 1978년의 일이다. 후발 학과로 다른 대학교에 비해 다소 늦게 출범했으나 국제 홍보 요원을 양성하기 위해 당초 홍보학과로 설립된 한국외대 언론정보학부는 신문방송학과로 바뀌었다가 2004년에 언론정보학부로 확대·개편되었다. 한국외대 언론정보학부는 저널리즘과 방송·영상, 그리고 광고·PR로 세분된 현대적 의미의 전공 영역을 연계하여 한국외대를 대표하는 학부로 놀라운 성장을 거듭하고 있다. 창과한 지 30년이 채 되지 않는 한국외대 언론정보학부의 초고속 성장은 우리나라 대학의 평균 성장 수준을 크게 앞지르는 경이로운 것이기도 하다.

한국외대 언론정보학부를 창과하신 김정기 교수님과 정진석 교수님께서 최근 2년 사이에 잇달아 정년퇴임을 하셨다. 한국 언론학계를 대표해 온 두 교수님의 퇴임에 맞춰 한국외국어대학교 언론정보학부가 『미디어와 커뮤니케이션의 이해』를 엮어낸 것은 두 분 교수님의 퇴임을 축하하면서 동시에 한국외대 언론정보학부의 성장을 보여주는 하나의 상징적 과정이라고 볼 수 있다. 그런가 하면 두 분 교수님들께서 보여주신, 학문에 천착(穿鑿)하시는 모습과 한국외대 언론정보학부의 발전을 위해 각고면려(刻苦勉勵)하시는 모습을 외대 교수님들과 후학들이 되새겨 보려는 아름다운 뜻도 담고 있다.

이 책은 모두 4부로 나누어 엮었다. 제1부 현대 미디어 입문, 제2부 미디어와 정보사회, 제3부 미디어와 문화연구, 제4부 광고와 PR 등이 그것이다. 대중사회 속에 살고 있는 우리들은 역설적으로 몰대중화(demassification) 시대를 향유하고 있기도 하다. 현대의 미디어 수용자들은 점차 개성화(personalization)·전문화(specialization) 또는 분화(segmentation)되어 가고 있으며, 미디어도 이 같은 수용자들의 역설적 변화 추이를 닮아가면서 다양한 형태로 발전하고 있다. 한편에서는 미디어와 통신의 융합이 급속히 현실화되고 있기도 하다. 인공위성을 이용한 방송과 신문은 물론이고, 인터넷을 이용한 온라인 저널리즘, 시민저널리즘과 소위 '포털 저널리즘'이 기존의 언론구조를 위협하고 있다. 이처럼 다양하게 발전하고 있는 미디어와 커뮤니케이션 현상을 조명하는 현대 언론학과 정보학을 개괄적으로 다루는 작업은 생각한 만큼 그렇게 쉽지는 않았다. 이 책에서는 커뮤니케이션의 거의 모든 부문을 개괄하려고 하였으나 개론서가 지닐 수밖에 없는 한계성으로 말미암아 커뮤니케이션 과학의 미세한 영역까지는 전부 다룰 수 없었음을 고백하지 않을 수 없다. 하지만 언론정보학을 전공하는 학생들은 물론이고 이 분야를 부전공으로 이수하거나 교양과목으로 이수하는 학생들, 그리고 미디어 자체에 대한 관심뿐만 아니라 미디어를 연구하는 학문인 언론정보학에도 관심을 갖고 있는 독자들에게 이 책의 일독을 권하고 싶다. 이 책의 공동 저자들은 앞으로 기회가 있을 때마다 새로운 학문적 흐름을 수용하여 한 단계 업그레이드된 새로운 차원의 개론서로 보완·개정해 갈 것임을 엮은이를 대표하여 약속드린다.

이 책을 함께 엮어내는 데는 많은 분의 도움이 있었다. 그 가운데서도 귀한 원고를 집필해 주신 조종혁 교수님을 비롯한 필자 여러분들의 노고가 컸다. 필자 여러분들에게 먼저 따뜻한 감사의 말씀을 드린다. 아울러 이 책을 보다 중량감 있고 세련되게 꾸며주신 도서출판 한울의 김종수 사장님과 편집부 여러분에게 이 기회를 빌려 감사의 말씀을 드린다. 또한 지난 4월에 김정기 교수님 정년기념논문집을 발간하는 데 노고를 아끼지 않았던 김춘식 교수, 이 교재를 제때 출판하기 위해 애쓴 언론정보학부장 김영찬 교수, 그리고 좋은 교재가 나올 수 있도록 옆에서 묵묵히 성실하게 일하며 도와준 대학원생 조교들에게도 특별히 감사의 말을 전한다.

2006년 무더운 여름을 보내며
한국외국어대학교 언론정보학부 교수 김진홍

차례

머리말 | 김진홍 4

제1부 | 현대 미디어 입문 ··· 9

제1장 저널리즘의 이해 | 김병철 10

제2장 방송산업의 구조와 특징 | 정인숙 35

제3장 매스미디어 효과론 | 조전근 60

제4장 신문의 역사 | 안종묵 97

제2부 | 미디어와 정보사회 ··· 125

제5장 종합유선방송과 위성방송의 경쟁 | 이상식 126

제6장 방송·통신융합과 멀티미디어 | 황근 163

제7장 미디어 리터러시 | 최영 204

제8장 매스미디어 선거 캠페인 | 김춘식 232

제3부 | 미디어와 문화연구 275

제9장 기호학과 포스트모더니즘 | 하윤금 276

제10장 텔레비전 리얼리즘과 담론 | 조종혁 305

제11장 이주노동자 미디어의 문화정치적 함의 | 김영찬 334

제4부 | 광고와 PR 363

제12장 광고 커뮤니케이션의 이해 | 이경렬 364

제13장 PR의 이해 | 이유나 382

제14장 브랜드 커뮤니케이션 | 김유경 402

현대 미디어 입문

— 제1부 —

저널리즘의 이해 – 김병철
방송산업의 구조와 특징 – 정인숙
매스미디어 효과론 – 조정근
신문의 역사 – 안종묵

제1장 저널리즘의 이해

김병철 | 사이버외국어대학교 언론홍보학부 교수

저널리즘은 미디어를 통한 뉴스의 전달, 즉 뉴스를 취재·작성·보도하는 활동을 의미한다고 할 수 있는데, 이론적 전통 또는 사회적 변화에 따라 다양한 유형의 저널리즘이 제시되었으며, 그에 따라 저널리즘에 대한 시각에도 많은 변화가 있었다. 특히 오늘날 컴퓨터와 인터넷의 발전으로 이른바 3.5차원의 가상공간에서 펼쳐지는 온라인 저널리즘의 등장과 함께 뉴스를 취재하고 보도하는 방식에 변화가 일어나면서 전통적인 의미의 저널리즘의 개념이나 성격도 바뀌고 있다.

중요 개념 및 용어 ∥ 저널리즘, 뉴스, 미디어, 온라인 저널리즘, 온라인 뉴스

저널리즘이란 무엇인가?

저널리즘의 의미와 유형

우리가 통상적으로 사용하는 저널리즘(journalism)이라는 말은 '매일의(daily)'라는 뜻의 라틴어 듀르나(diurna)에서 유래된 것으로, 원래 신문이나 잡지 같은 정기 출판물을 통해 정보와 의견을 대중에게 전달하는 활동을 의미하는 말로 사용됐다. 그러나 오늘날 저널리즘은 인쇄매체뿐만 아니라 텔레비전이나 라디오, 인터넷과 같은 비인쇄물에 의한 것, 그리고 뉴스뿐만 아니라 오락이나 지식을 제공하는 것 등 제반 커뮤니케이션 활동을 포괄하는 넓은 의미로 확대돼 사용되고 있다. 그렇지만 좁은 의미의 저널리즘은 미디어를 통한 뉴스의 전달, 즉 뉴스를 취재·작성·보도하는 활동을 뜻한다.

저널리즘은 이론적 전통이나 사회적 변화에 따라 객관보도 저널리즘(objective reporting journalism), 해설보도 저널리즘(interpretation reporting journalism), 정밀보도 저널리즘(precision reporting journalism), 심층보도 저널리즘(depth reporting journalism), 탐사보도 저널리즘(investigative reporting journalism), 공공 저널리즘(public journalism) 또는 시민 저널리즘(civic journalism) 등 다양한 유형의 저널리즘이 제시되었는데, 그에 따라 저널리즘에 대한 시각에도 많은 변화가 있었다.

객관보도 저널리즘

정파 저널리즘(partisan journalism)에 대한 반성으로 미국에서 처음으로 객관보도 저널리즘이 등장했을 때, 객관성이란 발생한 사실만을 상세하게 기술해서 보도하는 것을 의미했다(MacDougall, 1968: 127). 즉, 객관보도 저널리즘은 사실과 의견의 분리를 전제로 한다. 그러나 기자가 특정 사건이나 이슈에 관해 사실만을 보도한다 하더라도 사실을 선택할 때 기자의 판단이나 의견이 개입될 수밖에 없기 때문에 현실적으로 객관적 뉴스 보도란 불가능하다는 비판이 제기되기도 했다. 또 지나치게 객관보도를 강조하다 보면 진실을 규명하기 위한 심층적인 보도보다는 취재원에 의존한 사실 전달 위주의 피상적인 보도에 그치기 쉬워 오히려 권력에 대한 감시 기능이 약해질 수 있다는 비판을 받기도 했다. 이처럼 객관적인 뉴스 개념은 그 실천성과 관련해 비판이 없지 않으나, 객관성은 전통적으로 언론인들이 가장 신봉하는 윤리적 원칙 가운데 하나다(조용철·김진홍·송정민, 2002).

해설보도 저널리즘

해설보도 저널리즘은 단순히 겉으로 드러난 사건의 모습보다는 사건의 뒤에 숨어있는 배경 같은, '왜(why)'에 해당하는 설명을 제시함으로써 그 사건이 갖는 의미를 밝히는 것을 말한다. 그러나 해설보도 저널리즘은 객관성을 포기하는 것이 아니며, 사건의 정황에 대한 정확하고 객관적인 평가를 토대로 수용자의 이해를 돕기 위한 취지에서 비롯됐다. 따라서 해설보도 저널리즘은 특정 사안 또는 쟁점에 대해 언론사(혹은 필자)의 가치 평가적인 견해나 주장을 통해 독자들의 판단에 도움을 주고자 하는 사설이나 칼럼과는 조금 다르다.

심층보도 저널리즘

1960년대에 등장한 심층보도 저널리즘은 해설보도 저널리즘과 비슷하지만 보도 방법에서 약간의 차이점이 있다. 첫째, 심층보도는 사건의 역사성을 조명하거나 사건을 현재의 동향과 관련시켜 좀 더 넓은 맥락에서 뉴스를 다룬다. 둘째, 심층보도는 주어진 사건에 대한 현재의 상황과 그에 대한 대중의 관심이나 이슈들을 서로 연관시켜 심층적으로 보도한다(서정우 외, 2002: 203). 심층보도 저널리즘에서 특히 중요한 것은 '왜'에 대한 분석으로, 독자가 그 문제에 대해서 더 이상 궁금증이 없도록 상세한 보도가 필요하다. 그리고 분석된 내용은 개인의 견해나 의견보다는 검증 가능한 사실에 입각한 풀이에 중점을 둬야 한다. 이러한 심층보도는 몇 차례에 걸쳐 시리즈로 제시되는 경우가 많다.

탐사보도 저널리즘

1970년대부터 본격화된 탐사보도 저널리즘은 앞서 얘기한 심층보도 저널리즘과는 조금 다르다. 탐사보도 저널리즘은 좀 더 적극적이고 능동적인 취재를 통해 취재원들로부터 확보한 심층 정보를 토대로 기자 나름대로 판단을 내려 정부나 사회의 부정부패, 비리 등을 폭로하고 고발하는 것을 특징으로 한다. 즉, 탐사보도 저널리즘은 언론의 정보원으로부터의 독립과 정부에 대한 감시견(watch dog)으로서의 기능을 강조하며 정부와 언론의 관계를 대립관계로 상정하고 있다. 대표적인 예로 1970년대 초 미국 ≪워싱턴 포스트(Washington Post)≫의 밥 우드워드(Bob Woodward) 기자와 칼 번스타인(Carl Bernstein) 기자가 워터게이트(Watergate) 빌딩 안의 민주당 본부에 도청 장치를 설치하려던 사건을 끝까지 파헤쳐 보도함으로써 닉슨 대통령의 하야를 이끌어냈던 워터게이트 사건보도를 들 수 있다. 탐사보도 저널리즘은 이처럼 언론이 제4부로서의 기능을 수행하며 권력을 견제할 수 있는 감시자 기능을 강화했다는 긍정적 측면도 있지만, 다른 한편으로는 사회적 비리나 정치적 스캔들에 지나치게 집착하는 폭로 위주의 뉴스를 통해 언론의 상업주의를 부추겼다는 비판을 받기도 했다.

공공 저널리즘

1980년대에 등장한 공공 저널리즘 또는 시민 저널리즘은 일반 시민이 관심을 갖고 있는 시민 중심·이슈 중심의 보도를 통해 언론과 시민 간의 괴리를 극복하고 공공의 문제에 대한 일반인들의 참여와 토론을 활성화시켜 문제해결의 실마리를 찾는 데 주안점을 두고 있다. 실천적 차원에서 공공 저널리즘은 기존 언론이 공공 생활과 관련된 문제들을 보도할 때 일회적이고 대안 없는 비판 또는 문제 제기 수준의 보도에 그치고 있다고 비판하면서, 사건 중심의 이벤트성 보도보다는 자세한 배경 정보를 제공하면서 다양한 해결책을 모색하는 이슈 중심적 보도를 해야 한다고 주장한다. 공공 저널리즘은 특히 언론 보도에 일반 시민의 목소리를 적극 반영하고 시민 생활과 밀접한 의제를 발굴해 이를 토의하기 위한 공론장을 제공하는 등 시민 중심의 보도방식을 지향해야 한다고 강조한다. 그러나 공공 저널리즘은 기존 언론이 고수해 왔던 객관주의 보도원칙을 훼손하고 있다는 비판을 받기도 했다. 즉, 공공 저널리즘이 강조하는 언론의 참여주의적 접근방식이 사회문제 또는 공공의 문제에 대해 일정 거리를 유지해야 하는 저널리즘의 전통적 가치인 객관성에서 탈피해 자칫 주관적 보도를 함으로써 언론 본연의 기능인 공적 감시견으로서의 역할을 약화시키는 결과를 초래할 수도 있다는 지적을 받기도 했다.

뉴스란 무엇인가?

뉴스의 개념과 뉴스 가치

뉴스(news)라는 말은 통상적으로 소식 또는 새로운 것이라는 의미를 갖고 있는데, 웹스터 사전은 뉴스를 '새로운 사건이나 정보의 보도(a report of a recent event; new information)' 또는 '신문, 잡지 또는 방송에 보도된 것(what is reported in a newspaper, news periodical, or news broadcast)'이라고 정의하고 있다 (Webster's Third New International Dictionary, 2003). 여기서 '보도된(reported)'이라는 말에 주목할 필요가 있는데, 이는 새로운 정보나 사건이라고 해서 모두 뉴스가 되는 것은 아니고 그것이 미디어를 통해 보도됐을 때에만 뉴스가 된다는 것을 의미한다. 즉, 뉴스는 사건과 미디어가 결합돼 발생하는 것으로, 미디어는 뉴스의 배포 기능을 수행함과 동시에 뉴스의 신뢰성과 권위를 보장하게 된다(맥퀘일, 2002: 407). 이처럼 뉴스란 사건 자체가 아니라 사건의 보도, 다시 말해 사건에 대한 기술 또는 설명이라고 할 수 있는데, 그렇다면 특정 사건 또는 쟁점이 뉴스가 되기 위해서는 어떠한 조건들이 필요할까.

뉴스는 기자의 취재로부터 시작되지만 기자가 취재했다고 해서 반드시 뉴스가 되는 것은 아니다. 경우에 따라서는 1면 톱뉴스가 되기도 하지만 어떤 것은 휴지통으로 들어가기도 하는데, 이는 뉴스 가치(news value)가 다르기 때문이다. 이처럼 뉴스가 성립되기 위해 필요한 조건을 뉴스 가치라고 하는데, 그럼 이러한 가치는 무엇이 결정하는 것일까. 뉴스 가치에 대한 기준은 미디어에 따라 또는 개인이나 국가, 시대에 따라 다를 수 있기 때문에 뉴스 선택의 실례를 예측하거나 설명할 수 있는 명확한 기준을 제시한다는 것은 쉽지 않다. 학자들 간에도 의견이 분분해 뉴스 가치와 관련한 많은 이론이 제기됐는데, 일반적으로 뉴스 가치를 좌우하는 요소로는 시의성(timeliness)·영향성(consequence)·저명성(prominence)·근접성(proximity)·흥미성(interest) 등을 들 수 있다.

시의성

뉴스에 있어 시간적 요소는 뉴스의 가치를 결정하는 데 매우 중요한 요소 중 하나다. 일반적으로 어떤 사건이나 문제가 뉴스가 되려면 시간적으로 최근에 일어난 것이라야 한다. 아무리 큰 사건이라고 하더라도 시의성이 없으면 뉴스가 되지 않는 경우가 종종 있다. 물론 과거의 사건이나 정보라고 하더라도 그것이 현재 시점에서 의미가 있으면 시의성이 있다고 말할 수 있으며 중요한 뉴스로 취급되기도 한다.

영향성

영향성이란 특정 사건이나 정보 또는 인물이 사회 구성원들의 일상생활에 미치는 영향의 정도를 의미하는 것으로, 사회적 영향력이 크다고 판단되는 사건일수록 뉴스 가치가 높다고 할 수 있다. 가령 전염병이나 태풍과 같이 사람들에게 미치는 영향의 범위나 규모가 크다거나 그 영향이 즉각적이어서 파급효과가 크다고 판단되는 것들은 주요 뉴스로 취급되기 마련이다. 뉴스는 기본적으로 어느 정도 영향성을 갖고 있지만 사안에 따라 어떤 것은 다른 것에 비해 영향성이 더 크다.

저명성

유명 배우나 정치인 등 지명도가 높은 인물은 뉴스거리가 되는 일이 많다. 한 줄짜리 단신으로 처리할 성격의 것도 사회적으로 잘 알려진 인물이 관련돼 있을 경우 종종 기사의 크기가 커지거나 시시콜콜한 내용까지 자세히 보도되는 것은 유명 인사의 저명성 때문이다. 저명성은 사람에게만 적용되는 것이 아니라 사물이나 장소에도 적용된다. 똑같은 화재라 하더라도 문화재와 같은 유서 깊은 건축물에서 발생한 화재가 대서특필되는 것은 이 같은 이유에서다. 그러나 잘 알려진 유명 인사라 하더라도 이름 그 자체만으로 뉴스가 되는 것은 아니고 그 사람이 정치적·사회적으로 중대 사안에 대해 언급한다든지, 또는 어떤 회의에 참석하는 것과 같이 주목을 끌 만한 어떤 일을 해야만 뉴스가 된다.

근접성

뉴스 가치를 결정하는 또 다른 요소로 근접성을 들 수 있는데 근접성은 보통 지리적 근접성과 심리적 근접성이라는 두 가지 측면을 가진다. 일반적으로 사람들은 지리적으로 먼 곳에서 일어난 사건보다 가까운 곳에서 일어난 사건에 대해 더 큰 관심을 갖게 되고 그에 따라 뉴스 가치도 커지게 된다. 즉, 같은 성격의 사건이라 하더라도 외국에서 일어난 사건보다 국내에서 일어난 사건이 더 크게 보도되는 것은 이러한 지리적 근접성 때문이다. 또 지리적 거리뿐만 아니라 심리적 거리도 근접성의 한 요소가 될 수 있다. 가령 사람들은 대개 자신과 연관이 깊은 문제나 사건에 대해 더 많은 관심과 흥미를 갖게 되는데 이는 심리적 근접성으로 설명될 수 있다. 이처럼 사람들은 지리적으로 또는 심리적으로 자신과 관련이 깊은 사건이나 사물, 인물에 대해 더 큰 뉴스 가치를 부여하게 된다.

흥미성

흥미성이란 어떤 사건이나 이슈를 사람들이 흥미 있거나 재미있게 생각하는 정도를 의미한다. 일반적으로 사회 구성원들의 관심이나 흥미를 유발할 만한 사건은 뉴스 가치가 높다고 판단돼 크게 취급되는 경향이 있는데, 대개 진기성(novelty), 갈등성(conflict)과 같은 요소들이 있을 때 더 흥미를 느낀다고 볼 수 있다. 개가 사람을 물면 뉴스가 아니지만 사람이 개를 물면 뉴스가 된다는 비유처럼, 색다르고 특이한 것은 뉴스가 된다. 가령 한겨울에 개나리꽃이 피었다든지, 새가 도심 빌딩에 둥지를 틀었다든지 하는 것처럼 우리가 현실에서 흔히 보거나 겪는 일이 아닌 비일상적인 것과 예외적인 것은 뉴스 가치를 좌우하는 한 요소가 될 수 있다. 또한 갈등의 요소를 지니고 있는 것들, 가령 파업이나 폭력적 데모 또는 정치적 대립 등과 같이 특정 사안이나 문제를 둘러싼 개인 또는 집단 간의 대립은 사람들의 관심을 끄는 뉴스거리가 되기 마련이다. 이 밖에도 금전(money)이나 성(sex)에 관련된 것, 서스펜스(suspense), 투쟁(struggle), 경쟁(contest), 발견과 발명(discovery and invention) 등과 같은 요소들도 흥미를 유발하는 요인이 된다. 이처럼 뉴스거리가 되는 사건이나 이슈는 여러 가지 뉴스 가치 요소들을 갖게 되는데, 일반적으로 흥미성이 인간의 감성적 관심을 자극하는 뉴스 가치의 요소라면 시의성, 영향성, 저명성, 근접성 등은 인간의 지성적인 관심을 불러일으키는 요소로서 중요성(significance)의 개념 속에 포함된다고 할 수 있다. 따라서 뉴스 가치를 결정하는 요인은 크게 보면 중요성과 흥미성이라고 할 수 있는데, 이러한 중요성과 흥미성 중에 어떤 요소가 더 중요한 것인지는 미디어나 개인에 따라 달라질 수 있다(서정우 외, 2001: 206).

뉴스의 종류

뉴스는 그 기준에 따라 소프트 뉴스(soft news)와 하드 뉴스(hard news), 스폿 뉴스(spot news)와 스프레드 뉴스(spread news) 등 여러 가지로 분류할 수 있는데, 외형적 특성 또는 형식에 따라 분류해 보면, 크게 스트레이트 뉴스(straight news), 피처 뉴스(feature news), 에디토리얼 뉴스(editorial news) 등으로 구분할 수 있다.

스트레이트 뉴스

스트레이트 뉴스는 사건·사고 등 기자가 취재한 내용을 사실적·객관적으로 기술한 가장 기본적인 형태의 사실보도 뉴스로, 독자들이 신문에서 가장 많이 접하는 유형의 뉴스라고 할 수 있다. 모든 뉴스의 기본이라고 할 수 있는 스트레이트 뉴스를 구성하는 요소를 보면, 크게 육하원칙(5W1H)에 따라 구체적인 사실(fact)을 전하는 부분과 이러한 사실을 얘기해 준 취재원(source)을 밝히는 부분으로 나눌 수 있다. 스트레이트 뉴스는 대개 어떤 사건이나 사고의 개요를 일목요연하게 파악할 수 있도록 누가(who), 언제(when), 어디서(where), 무엇을(what), 왜(why), 어떻게(how)와 같이 이른바 육하원칙에 의한 서술 형식을 취하게 된다. 또 취재원은 기자가 기사를 쓰기 위해 직접 만나거나 전화나 이메일을 통해 접촉한 사람 또는 기관을 말하는데 거의 대부분의 뉴스가 뉴스의 객관성이나 신뢰도를 높이기 위해 실명 또는 익명의 취재원을 밝히고 있다. 선진국에서는 뉴스의 객관성과 공정성 확보를 위해 논란의 여지가 있는 뉴스는 반드시 두 사람 이상의 취재원을 사용하도록 하고 있는데 이를 삼각 확인(triangulation)이라고 한다(이재경, 1998: 44). 이러한 삼각 확인을 강조하는 이유는 기자나 언론사가 이해관계가 얽혀있는 특정 사안을 다룰 때 한 사람의 일방적인 주장만을 토대로 편파적인 기사를 쓰는 일이 없도록 하기 위해서다. 즉, 가능한 한 균형 잡힌 보도를 통해 기사의 객관성과 공정성을 유지하기 위해서다.

피처 뉴스

피처 뉴스는 뉴스의 핵심을 집약해서 제공하는 스트레이트 뉴스를 보완하거나 보강해 주는 뉴스로, 스트레이트 뉴스가 미처 전달하지 못한 심층적인 내용을 독자들에게 자세하게 제시해 주는 해설이나 스케치 뉴스, 인물 뉴스 등을 말한다. 즉, 독자의 궁금증을 풀어주기 위해 스트레이트 뉴스 형식으로 전달한 사건·사고 기사의 내막이나 배경 또는 해당 사건과 관련된 인물들의 주변 얘기 등을 심층적으로 취재해서 좀 더 자세하고 생생하게 전달해 주는 형태의 뉴스를 말한다. 신문을 읽는 일반 독자들은 시간적·공간적 제약으로 인해 우리가 사는 실제 세계, 즉 우리 주변에서 일어나는 특정 사건이나 사고를 직접적으로 경험하거나 체험할 수가 없다. 따라서 피처 뉴스는 독자들에게 우리 주변에서 일어난 실제 현상을 간접적으로나마 미디어를 통해 체험할 수 있도록 특정 사건이나 사고의 중요성, 원인과 배경, 추세, 전망 등 심층 정보를 제공함으로써 독자들의 이해를 돕는다.

에디토리얼 뉴스

에디토리얼 뉴스는 사설이나 칼럼, 시론 등과 같이 특정 사안 또는 쟁점에 대해 가치 평가적인 견해나 주장 등을 통해 독자들의 판단에 도움을 주는 형태의 뉴스를 말한다. 이러한 사설이나 칼럼은 언론사 또는 필자의 의견을 반영해 특정 이슈를 각색한다는 점에서 일반 뉴스와 조금 다르다. 사설이나 칼럼은 언론사나 집필자의 견해가 반영돼 일정한 색깔을 갖는다는 점에서 일반 뉴스와 다르며, 언론사에 따라서도 다를 수밖에 없다. 그러나 언론사의 사설이나 칼럼은 여론형성이나 정책결정에 중요한 영향을 미칠 수 있다는 점에서 지나친 주관적 판단이나 편견이 개입된 편파적인 내용은 금물이라고 할 수 있으며 많은 사람이 수긍할 수 있는 균형성과 공정성이 무엇보다 중요하다고 하겠다.

뉴스의 구조와 유형

뉴스의 구조

뉴스는 형식적으로 크게 제목(headline)·전문(lead)·본문(body) 등 세 부분으로 구성되어 있다. 그러나 모든 뉴스의 구조가 반드시 제목·전문·본문의 세 부분으로 이루어져 있는 것은 아니다. 제목·전문·본문을 모두 갖춘 뉴스도 있지만 전문 없이 1개의 문장으로 된 단문 뉴스도 있고 2~3개 문장으로 된 1단짜리 뉴스도 있다.

① 제목

일반적으로 독자가 뉴스를 접할 때 가장 먼저 읽는 것은 제목이다. 대부분의 독자는 해당 뉴스의 제목을 보고 본문을 더 읽을 것인지 말 것인지를 결정한다. 일부 독자들은 아예 1면부터 마지막 면까지 기사의 제목만 읽는 경우도 있다. 따라서 동일한 내용의 기사라도 제목을 어떻게 붙이느냐에 따라 전혀 다른 기사처럼 보일 수 있고 그에 따라 독자의 관심 역시 달라질 수 있기 때문에 뉴스에 제목을 다는 일은 뉴스를 작성하는 일 못지않게 중요하다.

② 전문

전문 또는 리드는 뉴스에 맨 처음 제시하는 문장으로 전체 뉴스의 내용을 집약해서 전달하는 기능을 한다. 따라서 리드를 어떻게 쓰느냐에 따라 뉴스의 흐름이나 방향이 상당히 달라질 수 있기 때문에 리드는 기사를 이끌어가는 나침반 기능을 한다고 할 수 있다. 리드는 한 문장으로 된 경우도 있지만 리드와 리드를 뒷받침해 주는 부리드(sub lead) 등 2개의 문장으로 구성되는 경우도 있다. 때에 따라서는 리드와 2개의 부리드 또는 3개의 부리드 등 여러 개의 문장으로 구성되는 경우도 있다.

③ 본문

본문은 리드를 제외한 나머지 부분을 말한다. 뉴스는 통상적으로 리드에 핵심 내용을 집약해서 제시한 뒤 본문을 통해 구체적인 사실 또는 정보를 내용의 중요도에 따라 차례대로 기술해 나가는 형식을 취하게 된다. 따라서 리드에 따라 붙는 본문의 문장들은 일관성 있게 리드를 뒷받침해 주는 기능을 하게 된다. 리드가 아무리 좋더라도 본문의 문장들이 리드가 제시한 방향과 다르게 엉뚱한 방향으로 흘러간다거나 제 기능을 해주지 못한다면 좋은 뉴스가 될 수 없다.

뉴스의 유형

뉴스는 외형적인 서술 형태 또는 특성에 따라 역피라미드형(inverted pyramid form)·피라미드형(pyramid form)·혼합형(mixed form) 등 크게 세 가지 유형으로 나누어 생각해 볼 수 있다.

① 역피라미드형

역피라미드형은 전달하려고 하는 뉴스의 내용 중 가장 중요하다고 판단되는 것부터 순서대로 서술하는 것으로 뉴스 구성에서 가장 기본적인 형태라고 할 수 있다. 역피라미드형은 뉴스의 첫머리, 즉 리드에 가장 핵심적인 내용을 먼저 제시하고 그 다음에 중요도에 따라 본문을 통해 추가적인 사실 또는 정보를 내림차순으로 제시하게 된다. 따라서 역피라미드형 뉴스는 리드 한 줄만 봐도 이 뉴스가 무슨 내용을 전달하려고 하는지 대충 전체 내용을 짐작할 수 있고, 또 지면이 부족해 뉴스를 잘라내야 할 경우 뒤에서부터 쉽게 잘라낼 수 있다는 장점을 갖고 있다. 그러나 역피라미드형 뉴스는 복잡한 현상 또는 내용을 설명하거나 표현하는 데는 부적절한 경우가 있다. 특히 신문을 위협하는 다른 주요 경쟁매체들이 초고속으로 뉴스를 전하는 유비쿼터스 미디어 시대에 사실만을 상소하고 사실들 간의 관계에 대해서는 소홀한 역피라미드 형식을 고집하는 것은 시대에 뒤떨어진 감이 있다는 지적을 받기도 한다. 따라서 오늘날의 신문은 기존의 틀 또는 구습에서 벗어나 각 기사 특성에 맞게 적절한 기사 형식을 창안해 낼 수 있는 창조적인 기자들을 필요로 한다고 할 수 있다(Fuller, 1996: 127).

② 피라미드형

피라미드형 뉴스는 도입부에 특정 사안이나 이슈에 대한 구체적인 설명이나 사례와 같은, 독자의 관심을 끄는 내용을 먼저 제시한 뒤 문제점을 분석하면서 중요한 사실을 서술해 가다가 말미에 결론을 도출하는 형식을 취하게 된다. 즉, 피라미드형 뉴스는 역피라미드형 뉴스와는 달리 서론·본론·결론의 형식을 통해 맨 나중에 핵심적인 내용을 제시하는 미괄식 형태의 뉴스라고 할 수 있다. 이러한 피라미드형 뉴스는 언론사의 입장을 설명하는 사설이나 칼럼 또는 해설에서 많이 이용된다.

③ 혼합형

혼합형 뉴스는 역피라미드형과 피라미드형을 혼합한 형태의 뉴스로서, 스트레이트 뉴스에 맞물려 있는 해설이나 박스 뉴스에서 많이 볼 수 있다. 혼합형 뉴스는 대체로 가장 중심이 되는 핵심 내용을 리드에 먼저 제시한 뒤 이어서 연대기적 방법 등을 통해 피라미드형으로 기술하는 형식을 취하게 된다.

뉴스 보도의 기본 원칙

뉴스 작성 방법을 이론적으로 설명한다는 것은 어렵다. 기자 개개인의 글 쓰는 취향이나 스타일이 다양하고 글에 대한 견해나 관점 역시 다를 수 있기 때문이다. 따라서 뉴스를 작성하는 데 있어 어떠한 교과서적인 해답이나 정형화된 방법을 제시한다는 것은 무리다. 그러나 어떠한 뉴스가 됐건 좋은 뉴스가 되기 위해서는 몇 가지 고려해야 할 기본 원칙이 있다.

정확성(accuracy)

뉴스는 무엇보다도 정확성을 생명으로 한다. 특히 스트레이트 뉴스는 육하원칙이라는 기본적인 틀을 토대로 각종 사건이나 사고, 행사 등을 취재해 이를 기사화한 것으로, 뉴스의 내용을 구성하는 사실은 물론 전후 맥락을 명확하게 서술해 줘야 한다. 뉴스에 등장하는 통계 수치나 인명 또는 지명과 같은 고유명사는 실수 없이 정확하게 인용해야 하며 무엇보다도 사건의 진상을 있는 그대로 분명하게 표현해야 한다. 뉴스의 내용 중에 부정확한 내용이나 허위 사실이 있게 되면, 이는 다른 어떤 것으로도 변명할 수 없는 심각한 잘못을 범하는 것이며 언론의 신뢰도에 치명타를 입힌다. 기자가 정확한 사실을 입수하지 못한 채 단지 단어만 늘어놓는다면, 이는 공중의 신뢰를 얻는 데 도움이 되지 않는다. 잘못된 정보를 갖고 특종 또는 독점보도를 하는 것은 난센스다(Hohenberg, 1983: 83).

객관성(objectivity)

뉴스에 기자의 주관적인 감정 또는 편견이나 선입견이 개입돼서는 곤란하며 왜곡이나 과장이 있어서도 안 된다. 특히 스트레이트 뉴스를 쓸 때는 추론이나 논리의 비약을 피하고 제3자의 입장에서 사실 그대로 객관적으로 전달하는 것이 중요하다. 현실적으로 엄밀히 살펴볼 때 객관적 뉴스 보도란 불가능하다거나 객관성을 강조하다 보면 심층보도보다는 사실 전달 위주의 피상적인 보도에 그칠 수 있다는 비판도 없지 않으나 전통적으로 객관성은 언론인들이 지향해 온 가장 중요한 윤리적 원칙 가운데 하나다.

균형성(balance)

객관성이 뉴스 전달에 있어 사실과 의견의 분리 또는 편견의 배제를 의미한다면, 균형성은 어느 한쪽의 입장이나 견해에 치우치지 않고 중립적으로 보도하는 불편부당성을 말한다. 뉴스는 그 대상이 된 특정 사안이나 사건에 대해 상반된 입장에 있는 양쪽의 견해를 공정하게 반영하는 균형성을 유지해야 한다. 전체의 일부분만을 강조하거나 한쪽의 이야기는 크게 보도하고 다른 쪽의 이야기는 작게 보도하는 편파적인 뉴스는 진실을 왜곡하고 사회의 통합을 방해하는 부작용을 초래할 수 있다. 균형성은 지면의 크기나 시간의 배분과 같은 양적인 균형뿐만 아니라 사건에 관련된 이해 당사자의 입장을 균형 있게 전달하는 질적인 균형을 모두 고려해야 하는데, 무엇보다도 형식적이고 피상적인 인위적 균형보다는 진실을 규명하기 위한 실질적인 균형을 유지하는 것이 중요하다고 하겠다.

온라인 저널리즘이란 무엇인가?

온라인 저널리즘의 개념

온라인 저널리즘(online journalism)은 말 그대로 온라인상의 저널리즘을 의미한다. 그러나 컴퓨터 통신망이나 인터넷과 같은 온라인상에서 전개되는 새로운 형태의 저널리즘은 그 서비스 주체나 형태가 매우 다양할 뿐더러 지속적으로 확장·발전하는 단계에 있기 때문에 한마디로 정의를 내리기가 쉽지 않다. 명칭도 디지털 저널리즘(digital journalism), 인터넷 저널리즘(internet journalism), 웹 저널리즘(web journalism), 사이버 저널리즘(cyber journalism) 등 다양하게 사용되고 있을 뿐만 아니라 어디서부터 어디까지를 온라인 저널리즘의 범주에 포함시켜야 할지에 대해서도 의견이 분분하다. 가령 가와모토(K. Kawamoto)는 디지털 저널리즘이라는 용어를 사용해, 디지털 저널리즘이란 컴퓨터를 읽고 쓸 줄 아는 수용자(computer-literate audience)에게 뉴스와 정보를 조사하고 생산하며 전달하기 위해(또는 접속이 가능하도록) 디지털 기술을 사용하는 것 (Kawamoto, 2003: 4)이라고 정의하고 있다. 그는 컴퓨터를 다룰 줄 모르는 기존의 전통적인 의미의 미디어 수용자들도 경우에 따라서는 디지털 방식으로 제작된 그래프나 일러스트레이션 등 디지털 저널리즘의 혜택을 볼 수 있다며, 넓은 의미에서 디지털 저널리즘은 전통적 의미의 일반 수용자들을 대상으로 콘텐츠를 생산하기 위해 디지털 기술을 사용하는 것을 포함할 수 있다고 설명하고 있다(Kawamoto, 2003: 5). 즉, 가와모토는 정보처리 과정에서의 디지털 기술 적용이라는 기술적 측면에 초점을 맞춰 뉴스와 정보를 생산하고 유포하기 위해 디지털 기술을 활용하는 것을 넓은 의미에서 디지털 저널리즘이라고 정의하고 있다. 또 인터넷 저널리즘이나 웹 저널리즘이라는 표현을 쓰기도 하는데, 예컨대 스토벌(James G. Stovall)은 웹 저널리즘이라는 용어를 사용해 시간과 공간의 제약에서 자유로운 수용성(capacity), 즉시성(immediacy), 유연성 (flexibility), 항구성(permanence), 상호작용성(interactivity) 등 웹의 여섯 가지 특성을 열거하면서 기존의 전통적인 저널리즘과는 다른 웹 저널리즘 고유의 차별성을 강조하고 있다(Stovall, 2004: 5~11). 스토벌은 또 웹 저널리즘이 기자의 정보 수집 및 처리, 배포방식은 물론이고 기자와 수용자 간의 관계에 대해서도 근본적인 의문을 제기하도록 만들 것이며(Stovall, 2004: 12), 기존의 전통적인 개념의 뉴스와는 다른 혁신적인 개념의 새로운 뉴스를 통해 뉴스의 개념이나 본질을 변화시켜 나갈 것이라고 강조하고 있다(Stovall, 2004: 36). 그렇다면 온라인 저널리즘이란 무엇이며 앞서 얘기한 디지털 저널리즘이나 웹 저널리즘과는 어떻게 다른 것일까.

온라인 저널리즘에 대한 개념 정의에 앞서 우선 온라인이란 말이 무엇을 의미하는지 온라인이라는 용어의 정확한 개념부터 살펴볼 필요가 있다. 때때로 온라인, 디지털, 인터넷, 웹 등의 용어는 거의 같은 의미를 갖고 있는 것처럼 혼용되기도 한다. 사실 이들 용어 사이에는 얼마간의 의미 중복이 있기도 하다. 그렇지만 이들 용어가 완전히 동일한 의미로 사용되는 것은 아니다. 온라인이라는 말은 디지털 정보의 접속과 검색, 배포를 설명할 때 폭넓게 사용되는 포괄적인 의미의 용어다. 우리가 집에서 인터넷에 접속할 때 우리는 온라인 상태에 있다고 말한다. 또 어떤 한 신문이 인쇄된 종이신문을 보완하기 위해 웹 사이트를 개설했을 때 이는 종이신문의 온라인판으로 간주된다. 온라인은 이러한 형태의 저널리즘(가령 독자의 역할에 대한 새로운 사고)의 기저에 놓여있는 철학적인 의미의 개념적 가치를 갖고 있을 뿐만 아니라 디지털 저널리즘과 같은 용어가 갖고 있는 기술적 가치도 갖고 있다. 즉, 온라인이라는 용어는 디지털이라는 기술적인 차원의 개념뿐만 아니라 저널리스트와 수용자의 역할 변화 등 기존의 전통적 저널리즘에 대한 새로운 사고 또는 철학적 차원의 의미까지 포괄하는 넓은 의미의 개념이라고 할 수 있다. 온라인은 조사와 보도뿐만 아니라 출판, 즉 정보의 접속과 검색, 배포까지를 포괄하고 있으며 웹에서만 한정돼 적용되는 개념이 아닌 것이다(Ward, 2002: 9). 그런데 온라인 저널리즘의 개념 정의와 관련해 그 영역을 지나치게 광범위하게 규정할 경우 온라인상에서 유통되는 모든 형태의 정보교환, 즉 온라인이라는 수단을 이용해 정보를 제공하는 넓은 의미의 온라인 정보 제공 서비스와 우리가 통상적으로 생각하는 저널리즘 간의 구분이 애매모호해질 수 있다. 따라서 기존 저널리즘의 원칙을 온라인에 적용해 협의의 개념으로 온라인 저널리즘을 정의해 보면, '온라인 저널리즘은 정치·경제·사회·문화·시사 등에 관한 보도, 논평 및 여론 등을 전파하기 위한 목적으로 인터넷과 같은 가상공간을 통해 온라인 이용자에게 전문적으로 정보를 제공하는 활동'이라고 정의할 수 있겠다. 그러나 온라인 저널리즘은 그 표준이나 형식에 있어서 이전의 저널리즘과 다를 뿐만 아니라 지금도 지속적으로 발전해 나가는 과정에 있기 때문에 개념 정의나 영역 규정이 상당히 유동적일 수 있다는 점에서 매우 흥미로운 저널리즘의 영역이라고 할 수 있다(Craig, 2005: 14).

온라인 뉴스의 개념과 특성

온라인 뉴스(online news)는 온라인 미디어를 통해 디지털 방식으로 처리되고 전송되는 뉴스를 의미한다. 즉, 온라인 뉴스란 글자나 소리·사진·동영상 등 여러 가지 형태의 정보를 디지털 신호로 바꿈으로써 0과 1이라는 두 가지 기호로 표현되는 비트의 조합으로 이뤄진 디지털 상태의 뉴스를 말한다. 뉴스가 종이신문 위에 잉크로 인쇄되어 있으면 이는 아날로그 상태의 뉴스다. 그러나 뉴스가 인터넷 신문과 같은 온라인 미디어를 통해 제공되거나 배포되면 이는 디지털 상태의 온라인 뉴스라고 할 수 있다. 온라인 저널리즘의 기반이 되는 온라인 뉴스는 디지털이라는 매체의 기술적 특성상 몇 가지 차원에서 기존 매스미디어가 제공해 온 전통적인 의미의 뉴스와는 차이점이 있다. 온라인 뉴스만이 가지는 이러한 고유의 특성은 온라인 이용자들이 미디어를 통해 뉴스를 읽고 받아들이는 방식에 영향을 미치게 되며, 나아가 기자들이 기사를 작성하고 전달하는 방식에도 영향을 미치게 된다.

다음 <표 1-1>에서 볼 수 있듯이 대체로 온라인 뉴스는 컴퓨터나 휴대전화 화면을 통해 뉴스를 전달해야 하는 물리적인 전달 시스템의 차이 때문에 기존

신문이나 방송 뉴스에 비해 다음과 같은 몇 가지 단점을 갖고 있다(Craig, 2005: 89). 첫째, 신문은 전면을 펼쳐놓고 관심 있는 제목이나 주제 또는 사진이 게재된 기사를 쉽게 찾아갈 수 있다. 즉, 신문은 독자들이 쉽게 모든 기사를 훑어볼 수 있도록 잘 구조화된 형식을 통해 뉴스를 배열함으로써 가독성을 높여줄 수 있다. 반면 컴퓨터 화면은 신문 지면에 비해 크기가 작기 때문에 신문처럼 한꺼번에 모든 정보를 다 보여줄 수 없는 단점이 있다. 둘째, TV 뉴스는 생방송이나 녹화방송을 통해 아무런 끊김 없이 안정적으로 양질의 영상을 보여줄 수 있다. 그러나 온라인 뉴스는 TV 뉴스에 비해 화질이 다소 떨어지는 제한된 영상을 보여줄 수밖에 없는 취약점이 있다. 셋째, 연구결과에 따르면 컴퓨터 이용자들은 장문의 텍스트로 된 온라인 뉴스를 읽을 때 불편함을 느낀다고 한다. 초보 이용자들의 경우, 온라인 뉴스 사이트를 찾아다니다 길을 잃으면 짜증을 내게 되고 그렇게 되면 해당 사이트를 다시 찾아오지 않을 수도 있다. 넷째, 온라인 뉴스는 컴퓨터 화면을 통해 작은 글자로 된 텍스트를 보여주기 때문에 TV와 신문을 동시에 보는 것과 같은 눈의 긴장을 유발해 피로감을 더해줄 수 있다.

이러한 단점에도 불구하고 온라인 뉴스는 다른 매체가 따라올 수 없는 몇 가지 탁월한 장점을 갖고 있다(Craig, 2005: 90~91). 첫째, 온라인 뉴스는 링크 기능을 통해 이용자들로 하여금 해당 주제에 대해 좀 더 많은 것을 읽을 수 있는 기회를 제공할 수 있다. 둘째, 온라인 뉴스는 즉시, 그리고 정기적으로 업데이트할 수 있다. 셋째, 공간의 제한이 없는 심층보도가 가능하다. 넷째, 기사에 오디오와 비디오를 비롯해 온라인 고유의 콘텐츠를 추가할 수 있다. 다섯째, 기사를 아카이브(archive) 형태로 저장할 수 있다.

<표 1-1> 온라인 뉴스의 강점과 약점

매체	강점	약점
온라인 뉴스	• 즉시 업데이트할 수 있다. • 사진·비디오·오디오를 첨부할 수 있다. • 현장 생중계가 가능하다. • 방송매체에 비해 훨씬 심도 있는 보도가 가능하다.	• 컴퓨터를 켜야 하는 불편함이 있다. • 비디오 화질이 떨어진다. • 집중력을 요구한다. • 다운로드 속도가 신속한 접근을 방해한다. • 때로 정보의 신뢰성이 문제가 된다.
신문	• 기사를 넓게 펼쳐놓고 볼 수 있다. • 난해한 개념에 대한 설명이 가능하다. • 사진을 첨부할 수 있다. • 많은 주제를 심층보도할 수 있다. • 독특한 스타일의 기사 작성 및 보도가 가능하다.	• 특별한 경우를 제외하곤 하루에 한 번만 발행한다. • 비디오나 오디오를 사용할 수 없다. • 현장 생중계가 불가능하다. • 집중력을 요구한다. • 마감 시간이 종종 심층 분석을 방해한다.
TV	• 대부분의 사건 및 인터뷰에 대해 양질의 영상을 보여줄 수 있다. • 사건이나 긴급 뉴스에 대한 생중계가 가능하다. • 즉시 업데이트할 수 있다. • TV는 어느 곳에나 존재하는 편재성이 있다.	• 종종 심층보도가 제한적이어서 피상적일 수 있다. • 인쇄매체나 온라인 매체에 비해 많은 주제를 다룰 수 없다. • 오락 프로그램 도중 종종 뉴스가 끼어든다.
라디오	• 대부분의 사람이 자동차 안에서 라디오를 들을 수 있어 편리하다. • 완전한 집중을 요구하지 않는다. • 즉시 업데이트할 수 있다. • 생중계가 가능하다. • 사건 및 인터뷰에 관한 오디오를 사용할 수 있다.	• 사진이나 비디오를 사용할 수 없다. • 인쇄매체 같은 심층보도나 TV 같은 영상 요소가 부족하다. • 오락 프로그램 도중 종종 뉴스가 끼어든다.
뉴스 잡지	• 다른 어떤 매체보다도 뉴스에 대한 심층 분석이 가능하다. • 탁월한 컬러사진을 제공할 수 있다. • 독특한 스타일의 기사 작성 및 보도가 가능하다. • 다양한 주제를 다룰 수 있다.	• 대개 일주일에 한 번만 발행되며, 따라서 종종 올드 뉴스를 다루게 된다. • 비디오나 오디오를 사용할 수 없다. • 생중계가 불가능하다.

자료: Craig(2005: 8) 재구성.

온라인 뉴스 작성 방법

인터넷을 기반으로 하는 매체인 인터넷 신문을 비롯한 온라인 미디어의 경우, 독자들의 글 읽는 방식이 종이를 매개체로 하는 인쇄매체인 종이신문과 다르다. 인터넷 신문은 기존 종이신문과는 달리 하이퍼텍스트 방식에 의한 비선형적 구조에 의해 뉴스가 전달되기 때문에 독자들이 자유롭게 글 읽는 순서를 바꿀 수 있다. 즉, 인터넷 신문 독자는 논리적 순서에 따라 순차적으로 기사를 읽는 것이 아니라 각자가 필요로 하는 뉴스와 정보를 원하는 만큼 원하는 순서에 따라 취사선택하면서 뉴스를 재구성할 수 있다. 그러나 인터넷 신문은 전체 지면을 한눈에 보여주는 것이 쉽지 않기 때문에 종이신문의 1면이라고 할 수 있는 인터넷 신문의 초기 화면은 대개의 경우 일종의 목차 기능을 수행하고 있으며 개별 기사를 읽으려면 다시 한 번 클릭해서 들어가야 한다. 또 인터넷 신문은 독자들이 컴퓨터 모니터를 통해 기사를 읽기 때문에 종이신문에 비해 가독성 측면에서 불리할 수 있다. 인터넷 신문은 이처럼 매체의 기술적 특성상 독자들의 글 읽는 방식에 차이가 있기 때문에 기자들의 기사 쓰기 역시 새로운 매체환경에 적합한 차별화된 글쓰기 방식을 필요로 하고 있다. 인터넷 신문 뉴스는 특히 텍스트뿐만 아니라 사진, 그래픽, 음성, 동영상 등 다양한 형식의 정보를 동시에 전달하는 멀티미디어 뉴스이기 때문에 종이신문과는 달리 인터넷 신문 기사 쓰기는 기사에 대한 가지 판단과 함께 기사의 구조 및 디자인적인 요소에 대한 고려, 오디오나 비디오, 그래픽의 사용 여부에 대한 결정 등 좀 더 복잡한 과정을 요구한다. 그러나 종이신문도 그렇지만 인터넷 신문 역시 기사 작성에 대해 어떤 교과서적인 해답이나 표준을 제시한다는 것은 무리다. 다만 인터넷 신문의 기사 쓰기는 온라인이라는 새로운 매체환경에 맞게 다음과 같이 나름대로의 장점을 살린 몇 가지 차별화된 기사 작성 요령 또는 주의사항이 필요하다.

기사의 길이는 길어도 문장은 간결하고 짧게 써라

　인터넷 신문은 종이신문과 달리 지면의 제약이 없다는 장점을 갖고 있기 때문에 내용만 뒷받침된다면 심층보도를 위해 기사를 길게 써도 괜찮다. 즉, 독자들에게 읽어야 할 충분한 이유를 제시해 준다면 기사의 길이가 길더라도 무방하다. 그러나 기사를 구성하는 각각의 문장은 간결하고 짧게 쓰는 것이 좋다. 특히 온라인 이용자들의 경우 가능한 한 빠르고 신속하게 정보를 얻으려는 욕구가 강한데다, 컴퓨터 화면상에서 글을 읽는 경우 종이로 읽는 것에 비해 글 읽는 속도가 25% 정도 느리기 때문에 가급적 문장을 짧고 간결하게 쓰는 것이 좋다(Nielson & Morkes, 1997).

기사를 몇 개의 덩어리로 나눠라

　인터넷에서의 정보검색은 특정 사이트를 방문해서 관심을 끄는 내용이 있으면 클릭해서 스캐닝하듯이 대충 살펴본 뒤 또 다른 정보를 찾아 다른 곳으로 이동하는 이른바 '히트 앤드 런(hit and run)' 방식이 일상화되고 있다. 따라서 이러한 온라인 독자들의 관심을 끌기 위해서는 기사의 텍스트를 100자 내외의 덩어리(chunk)로 쪼개어 독자들로 하여금 스크롤을 하지 않고 모니터 안에서 모든 텍스트를 읽을 수 있도록 해주는 것이 좋다(Killan, 1999). 또한 2개 이상의 덩어리는 하이퍼링크를 통해 연결해 주되, 각각의 덩어리들은 그 자체만으로도 충분히 이해될 수 있을 만큼 논리적인 독립성을 갖도록 하는 것이 필요하다. 다시 말해, 긴 기사를 덩어리로 나눠 여러 개 기사를 하이퍼링크로 연결시킬 경우에는 각 부분을 논리적인 타당성이 있는 덩어리, 즉 이해 가능한 단위로 명확하게 자르는 것이 중요하다. 이처럼 온라인 뉴스는 적당한 길이의 본기사가 있고 설명 기사는 분리해서 별도의 기사로 만들어 여러 개의 관련 기사와 자료들을 연결시키는 비선형적인 구조를 취할 수 있는데, 이는 기사 본문에 그간의 사건 경과를 설명하는 대목을 넣어 길이가 길어지는 선형 구조의 인쇄신문 기사와 대비된다(남시욱, 2001: 330). 하나의 기사를 선형적 구조의 역피라미드형 기사로 제공하면, 독자는 자기가 관심을 갖는 부분을 찾기 위해 관심이 없는 부분도 어쩔 수 없이 쭉 읽어나가야 한다. 그러나 기사를 몇 개의 덩어리로 나누어 제시하면 독자가 다른 부분을 읽을 필요 없이 필요한 부분만을 독립적으로 읽을 수 있기 때문에 잠재적 독자를 극대화할 수 있다.

기사를 덩어리로 나누지 않고 하나로 길게 늘어뜨릴 때는 단락을 바꿀 때마다 한 줄씩 띄는 단락별 띄어쓰기를 해라

　기사를 덩어리로 쪼개지 않고 하나로 길게 늘어뜨릴 필요가 있을 때는 글을 읽는 독자들의 피로감을 덜어주고 가독성을 높여주기 위해 단락을 바꿀 때마다 한 줄씩 띄어 쓰는 단락별 띄어쓰기를 하는 것이 좋다. 또 중간 제목을 달거나 중요한 부분이나 관련 자료 등을 첨부할 때 색깔 달리하기 방식 등을 통해 가독성을 높여줄 필요가 있다. 온라인상의 글 읽기는 정독보다는 훑어보기에 가깝기 때문에 이용자들이 자신이 원하는 내용을 쉽게 확인할 수 있도록 중요 단어를 밝게 한다거나 핵심 내용에는 소제목을 다는 것이 필요하다(한국언론재단, 2000: 112).

많은 내용을 열거해야 할 경우에는 게시판식 글쓰기를 활용해라

　전술한 것처럼 인터넷 신문은 독자들이 컴퓨터 모니터를 통해 기사를 읽기 때문에 종이신문에 비해 가독성 면에서 불리할 수 있다. 즉, 인터넷 신문은 종이신문에 비해 종이와 컴퓨터 스크린이라는 글 읽는 공간의 차이 때문에 독자들의 글 읽는 속도나 정확성이 떨어지고 피로감은 오히려 커질 수 있다. 따라서 종이신문에 비해 상대적으로 취약한 온라인 뉴스의 가독성을 보완해주기 위해 정부 발표 자료를 비롯한 각종 자료를 열거해야 할 필요가 있을 경우에는 게시판식 글쓰기를 활용하는 것도 한 방법이 될 수 있다. 게시판식 글쓰기란 중요한 사실이나 내용을 아이템별 단위로 나누고 이를 하이픈과 같은 기호를 사용해 훑어보기 좋도록 간결하게 제시하는 것을 말한다. 이러한 게시판식 글쓰기는 전통적인 저널리즘 기사 형식에서는 특별한 경우를 제외하고는 찾아보기 힘들지만 잘 활용하면 매우 효과적으로 기사의 핵심 내용을 전달할 수 있다(한국언론재단, 2000: 118).

기사를 지속적으로 갱신·보완해 줘라

인터넷 신문이나 인터넷 방송과 같은 온라인 미디어의 가장 큰 장점 가운데 하나는 마감 시간이 따로 없어 24시간 뉴스의 실시간 제공이 가능하다는 점이다. 따라서 온라인 뉴스는 실시간 뉴스에 대한 이용자들의 욕구 충족을 위해 지속적으로 갱신·보완해 줄 필요가 있다. 특히 중요한 사건이나 일정 시간 지속되는 사건에 대해서는 온라인 미디어가 가지는 속보성의 장점을 최대한 살려 그때그때 지속적으로 기사의 내용을 수정·보완해 주는 것이 필요하다. 아울러 최종적으로 기사를 수정한 시간을 명시해 주는 것도 중요하다.

생각해 볼 문제

1. 디지털 미디어 또는 온라인 미디어의 등장과 함께 다매체 다채널 시대가 되면 신문이나 방송과 같은 전통적인 의미의 매스미디어는 힘을 잃게 될 것인가? 기존 매스미디어의 퇴조는 저널리즘의 위기인가, 아니면 저널리즘의 발전인가?

2. 블로그(blog)와 같은 1인 미디어 또는 개인형 미디어는 저널리즘의 기능을 수행하고 있는가? 온라인 미디어 또는 유비쿼터스 미디어 시대의 도래와 함께 저널리즘이나 기자, 뉴스의 개념이 바뀔 것이라고 생각하는가?

3. 전통적인 의미의 기존 매스미디어와는 달리 쌍방향 또는 상호작용 커뮤니케이션을 특징으로 하는 온라인 미디어의 등장은 의사결정 과정에 일반 시민의 참여를 활성화시킴으로써 민주주의 발전에 기여할 수 있을 것인가, 아니면 공중의 파편화 또는 분중화 현상을 초래함으로써 오히려 사회 통합을 더 어렵게 만들 것인가?

참고문헌

남시욱. 2001. 『인터넷 시대의 취재와 보도』. 나남.
맥퀘일, 데니스(Denis McQuail). 2002. 『매스커뮤니케이션 이론』. 양승찬 외 공역. 나남.
서정우 외. 2002. 『현대 신문학』. 나남.
서정우·한태열·차배근·정진석. 2001. 『신문학 이론』. 박영사.
이재경. 1998. 『기사작성의 기초』. 나무와 숲.
조용철·김진홍·송정민. 2002. 『취재보도론』. 법문사.
한국언론재단. 2000. 『인터넷 뉴스 사이트: 편집과 기사쓰기』. 한국언론재단.

Craig, R. 2005. *Online Journalism: Reporting, Writing and Editing for New Media*. Thomson Wadsworth.
Fuller, J. 1996. *News values: ideas for an information age*. The University of Chicago Press.
Hohenberg, J. 1983. *The Professional Journalist*. CBS College Publishing.

Kawamoto, K. 2003. "Digital Journalism: Emerging Media and the Changing Horizons of Journalism." in Kevin Kawamoto(ed.). *Digital Journalism: Emerging Media and the Changing Horizons of Journalism*. Rowman & Littlefield Publishers, Inc.

Killan, C. 1999. *Writing for the Web*. Self-Counsel Press.

Kovach, B. & T. Rosenstiel. 2001. *The Elements of Journalism*. Three Rivers Press.

MacDougall, C. D. 1968. *Interpretive Reporting*. MacMillan Company.

Nielsen, J. & J. Morkes. 1997. "Concise, Scannable, and Objective: How to Write for the Web." http://www.useit.com/papers/webwriting/writing.html.

Stovall, J. G. 2004. *Web Journalism: Practice and Promise of a New Medium*. Allyn and Bacon.

Ward, M. 2002. *Journalism Online*. Focal Press.

제2장 방송산업의 구조와 특징

정인숙 | 경원대학교 신문방송학과 교수

20세기 매스미디어의 역사에서 가장 중요한 사실은 방송매체의 등장이다. 1921년 세계 최초의 라디오가 미국에서 시작되고, 1936년 세계 최초의 TV 방송이 영국에서 개시된 이후 지금까지 방송산업은 경제·산업적으로나 사회·문화적으로 엄청난 영향을 미치며 비약적인 발전을 거듭해 왔다. 이 장에서는 한국 방송산업을 이해하기 위해 역사, 산업구조, 법률 규제 등에 대해 살펴보았다.

중요 개념 및 용어 ▮ JODK, HLKZ, 방송의 유형, 방송법, 창구효과, 공공재, 진입규제, 소유규제, 방송정책 과정, 방송·통신융합, 정책갈등

한국 방송의 역사

한국 방송의 역사는 한국 정치체제의 변화와 거의 궤를 같이하고 있다. 일제하에서 시작된 방송은 미군정기를 거쳐, 방송의 주권을 회복한 이후에는 정권의 특성에 따라 여러 차례의 변화를 거쳐왔다.

일제하 방송기(1927~1945)

한국의 방송은 일제하에서 시작하였다. 1927년 2월 16일 경성방송국이 우리나라에서 최초로 정규방송을 개시하였다(호출부호 JODK, 출력 1KW). KBS의 전신인 당시의 경성방송국은 "반도민중의 문화를 개발하여 복리를 증진시킨다"라는 일본 문화정책의 일환으로 설립되었다. 당시 방송 대상 지역은 서울과 경기도 일원이었으며, 수신기를 보유한 가구 수는 1,500여 세대였고, 한국인의 소유는 300여 세대에 불과하였다. 방송 개시 10년이 지난 1937년까지만 해도 전체 인구의 0.38%인 10만 명 미만이 라디오를 소유할 정도로 당시 라디오는 매우 특별하고 희소가치가 있는 매체였다.

초기의 방송 형태는 일본어 방송을 주로 하고 한국어 방송을 병행하는 이중방송의 형태였다. 이 시기에 있었던, 방송사에 기록할 만한 사건으로는 1942년에 발생했던 '단파방송 밀청사건'을 들 수 있다. 방송국 직원들이 일본 방송을 중계하기 위해 설치해 놓은 방송국 단파 수신기를 통해 '미국의 소리'나 '중경방송' 등을 듣고 일본의 패망을 예견하는 정세를 파악하여 독립운동가들에게 알리다가 옥고를 치른 사건이다. 『JODK 사라진 호출부호』는 일본의 중견 방송작가인 쓰가와 이즈미가 쓴 책을 번역한 것으로, JODK에 재직했던 직원들의 증언을 중심으로 기술되어 있다.

미군정기의 방송(1945~1948)

일본인에 의해 움직이던 한국의 방송은 1945년 해방 이후 이제는 미국인의 관리하에 놓이게 된다. 1945년 9월부터 미군정청은 남한 내의 10개 방송국을 접수하였으며, 경성방송국을 제1방송으로 고쳐 우리말 방송을 시작하였다. 1947년 9월 3일에는 세계 방송국의 주파수를 관리하는 국제무선주관청회의에서 그동안 사용하던 일본의 호출부호 JO 대신 HL을 부여받아 10월 2일을 기해 남한의 10개 방송국 호출부호를 모두 HL로 대체하였다. 우리나라 방송의 날이 9월 3일로 정해진 데는 이러한 역사적 배경이 있다.

국영방송의 시대(1948~1953)

1948년 8월 15일 대한민국 정부 수립과 함께 방송국도 우리 정부인 공보처의 관리하에 놓이게 된다. 방송의 제도적 형태는 추구하는 이념·소유구조·재원구조에 따라 공영방송, 국영방송, 민영방송 등으로 구분되는데, 주권 회복과 더불어 우리나라 방송은 국가 통제의 국영방송체제를 형성하게 된다. 6·25가 발발하면서 10개 방송국의 송신시설이 거의 모두 파괴되자, 1953년에는 부산방송국이 중앙방송국의 구실을 하면서 전시방송체제를 갖추기도 하였다.

국·민영 이원방송과 텔레비전의 출현(1954~1960)

불안정한 정치 격변기를 거쳐 한국의 방송이 안정기에 들어선 것은 1950년대부터이다. 1954년에 우리나라 최초의 민간방송인 기독교중앙방송국, 즉 현재의 CBS가 미국인 선교사 오토 드 캠프(한국명 감의도)에 의해 개국하였다. 이는 우리나라 최초의 민간방송이 종교방송인 특수방송의 형태로 출발하였음을 의미한다. 기독교방송은 1959년 대구방송을 비롯하여 부산, 광주, 이리 등에 지방국을 설립하고 독자적인 전국 규모의 라디오 방송망을 구축하였다. 특히 1960년 4·19 당시에는 상당히 객관적이고 정확한 보도방송을 통해 보도매체로서의 위상을 보여주기도 하였다.

1956년 5월 12일에는 우리나라 최초의 상업 텔레비전(HLKZ)이 개국하였는 바, 세계에서 열다섯 번째, 아시아에서 네 번째의 TV 방송국으로 기록되고 있다. 미국 전자제품회사 RCA 대리점을 운영하던 황태영에 의해 설립되었으며, 한국 RCA 배급회사라는 뜻으로 KORCAD 방송국이라고 불렸다. 이 회사의 주요 목적은 TV 방송 이외에 RCA사의 TV 수상기 배급이었다. 1957년 5월에 한국일보가 운영권을 인수하면서 대한방송주식회사(DBC-TV)로 개칭하였으나, 아쉽게도 1959년에 발생한 원인 불명의 화재로 인해 방송국의 문을 닫게 되었다.

1957년에는 AFKN-TV 방송이 실시되었으며, 동년 4월 15일에는 한국 최초의 민간 상업 라디오 방송국인 부산문화방송국이 개국하였다.

상업방송의 시대, 공영방송의 도래(1961~1979)

1960년대 초부터 1970년대 말까지 20여 년간은 한국의 방송이 급속도로 발전한 시기로 평가할 수 있다. 상업 라디오 방송이 여러 개 생기면서 대중의 인기를 끌었으며, 한국의 3대 TV 방송국들이 개국하여 치열한 시청률 경쟁을 벌인 때가 바로 이 시기이다. 1961년 MBC 서울 방송국이 개국하였으며, 1963년에는 신문사를 모체로 하여 동아일보사의 동아방송(DBS)이 개국하였다. 무엇보다 관심을 끈 것은 역시 TV 방송국의 개국이다. 1961년 KBS-TV, 1964년 TBC-TV(동양방송, 현재 KBS 2TV의 전신이다), 1969년 MBC-TV 방송국이 잇달아 개국하면서 텔레비전 3국 시대를 개막하게 되었다. 한편 1973년에는 KBS가 국영방송에서 공사체제로 개편하면서 공·민영방송체제를 갖추게 되었다.

공영단일체제와 컬러텔레비전의 등장(1980~1990)

1980년 전두환 정권에 의해 언론통폐합이라는 대변혁이 단행되면서 이후 10년간 한국 방송은 공영단일체제로 굳어지게 된다. 동아방송, 동양방송, 서해

방송, 전일방송, 한국FM 등의 민간방송이 전부 공영방송 KBS에 흡수 통합되었으며, 민영방송이던 MBC 역시 공영방송으로 강제 전환하게 된다. 당시 개별 소유주에 의해 운영되던 MBC의 21개 지방방송사는 MBC 본사가 주식의 51%를 각각 인수하여 계열화시키고 경영권을 장악하도록 하였다.

이 시기에 일어났던 중요한 사건 중 하나는 컬러방송의 실시이다. 1980년 12월에 시범 실시되고 1981년 1월부터 정규방송된 컬러 TV 방송은 문화 전반에 유색(有色) 혁명을 가져왔을 만큼 획기적인 것이었다.

케이블 TV와 위성방송의 등장(1990년대)

1990년대부터 방송계는 매우 역동적인 변화를 겪게 된다. 1990년 SBS 라디오를 시작으로 1991년 SBS-TV가 등장하면서, 1970년대에 나타났던 TV 3국 시대가 또다시 열리게 된 것이다. SBS 라디오와 TV의 등장은 그동안 공영단일체제였던 방송 구도를 공·민영 구도로 다시 재편하는 계기를 마련하였으며, TV 방송 3사 간에 치열한 시청률 경쟁을 야기했다.

1995년 3월 1일에는 다채널 뉴미디어인 케이블 TV가 방송을 개시하면서 TV 채널 간 경쟁은 더욱 심화되기 시작하였다. 그뿐만 아니라 2002년 3월 1일부터는 위성방송 스카이라이프가 출범하면서 다채널 다매체 경쟁시대의 막이 올랐다. 지상파 독점이었던 방송체제가 지상파방송 대 케이블 TV 방송, 무료방송 대 유료방송의 경쟁체제로 전환하게 된 것이다. 당시의 방송산업 구조 및 정책 상황에 대해 방송위원회 위원장을 지낸 바 있는 김정기는 그의 저서 『전환기의 방송정책』(2003)에서 다음과 같이 표현하고 있다.

1999년 9월 6일 구방송위원회 위원장으로 선임된 시점은 방송체제의 전환에 대한 사회적 화두가 만발한 때였다. 통합방송법의 국회 통과를 전후한 시점에서 나는 구방송체제를 새로운 방송체제에 어떻게 접합시킬 것인가에 관심을 쏟지 않을 수 없었다. 이는 구방송위원장 취임 뒤 내가 제일성(第一聲)으로 '현 방송위원회의 주 임무는 과도체제를 능률적으로 새로운 방송체제에 연착륙시키는 것'이라고 한 발언과도 부합하는 것이었다(김정기, 2003: 4).

DMB의 등장과 이동 휴대방송의 시대(2000년대)

2000년대에 들어서면서 다채널 뉴미디어의 등장으로 인해 시청률의 절대 지존이었던 지상파 텔레비전은 점차 시청률이 저하되기 시작하였다. 2005년부터 서비스를 개시한 DMB(Digital Multimedia Broadcasting: 이동 멀티미디어 방송)는 이동하면서 휴대용 단말기를 통해 방송을 수신할 수 있는 매체이다. 위성 DMB와 지상파 DMB의 등장은 당연시되어 왔던 고정시청의 행태에 커다란 변화를 주는 바, 방송계의 판도를 고정방송 대 이동방송의 구도로 변화시키는 또 다른 전환점을 가져오게 된 것이다.

방송의 유형과 방송산업의 분류

이러한 역사적 과정을 거쳐 발달해 온 한국의 방송구조는 2006년 1월 현재 법적으로 4개의 방송과 8개의 방송산업으로 분류되고 있다. 그러나 방송과 통신의 융합으로 인해 방송법 개정이 논의되고 있으며, 이에 따라 방송과 방송산업의 분류 역시 달라질 수 있다. 방송·통신의 융합과 관련된 내용은 김국진의 『방송·통신 융합의 이해』(2003)나 본서의 제2부 내용을 참고하면 도움이 될 것이다.

방송법상 방송의 개념 및 유형

방송법에서 "방송이란 방송 프로그램을 기획, 편성 또는 제작하고 이를 공중(개별계약에 의한 수신자를 포함하며, 이하 시청자라 함)에게 전기통신설비에 의하여 송신하는 것"이라고 명시하고 있다(방송법 제2조 제1항). 2004년 3월 방송법 개정을 통해 방송의 종류가 과거 사업자 중심 분류체계[1]에서 매체 송신체계 중심으로 새롭게 조정되면서, 방송의 종류는 다음과 같이 텔레비전 방송, 라디오 방송, 데이터 방송, 이동멀티미디어 방송(DMB)의 네 가지로 분류하고 있다.

① 텔레비전 방송: 정지 또는 이동하는 사물의 순간적 영상과 이에 따르는 음성·음향 등으로 이루어진 방송 프로그램을 송신하는 방송이다.
② 라디오 방송: 음성·음향 등으로 이루어진 방송 프로그램을 송신하는 방송이다.
③ 데이터 방송: 방송사업자의 채널을 이용, 데이터(문자, 숫자, 도형, 도표, 이미지, 그 밖의 정보체계를 말한다)를 위주로 하여 이에 따르는 영상·음성·음향 및 이들의 조합으로 이루어진 방송 프로그램을 송신하는 방송이다 (인터넷 등 통신망을 통해 제공하거나 매개하는 경우를 제외한다).
④ 이동 멀티미디어 방송: 이동 중 수신을 주목적으로 다채널을 이용하여 텔레비전 방송, 라디오 방송, 데이터 방송을 복합적으로 송신하는 방송이다.

방송사업 및 방송사업자의 종류

이상 네 가지 방송을 행하는 방송사업 및 사업자는 방송법에서 다음과 같이 네 가지로 규정하고 있다(방송법 제2조 제2항, 제3항).

---

1) 2004년 이전에 방송은 다음 세 가지로 분류되었다.
 • 지상파방송: 방송을 목적으로 하는 지상의 무선국을 이용하여 행하는 방송. 지상파방송은 다른 말로 공중파방송이라고도 한다. 법률용어로 정착한 것은 2000년 방송법에서부터이다.
 • 종합유선방송: 전송·선로설비를 이용하여 행하는 다채널 방송
 • 위성방송: 인공위성의 무선국을 이용하여 행하는 방송

① 지상파방송사업: 방송을 목적으로 하는 지상의 무선국을 관리·운영하며 이를 이용하여 방송을 행하는 사업을 말한다.
② 종합유선방송사업: 종합유선방송국(다채널 방송을 행하기 위한 유선방송국 설비와 그 종사자의 총체를 말한다. 이하 같다)을 관리·운영하며 전송·선로설비를 이용하여 방송을 행하는 사업을 말한다.
③ 위성방송사업: 인공위성의 무선설비를 소유 또는 임차하여 무선국을 관리·운영하며 이를 이용하여 방송을 행하는 사업을 말한다.
④ 방송채널사용사업: 지상파방송사업자, 종합유선방송사업자 또는 위성방송사업자와 특정 채널의 전부 또는 일부 시간에 대한 전용사용계약을 체결하여 그 채널을 사용하는 사업을 말한다.

방송사업자는 역시 이 네 가지 사업과 관련된 사업자들을 지칭한다.

① 지상파방송사업자: 지상파방송사업을 하기 위하여 방송법 제9조 제1항의 규정에 의하여 허가를 받은 자. KBS, MBC, SBS와 같은 방송사를 뜻한다.
② 종합유선방송사업자: 종합유선방송사업을 하기 위하여 제9조 제2항의 규정에 의하여 허가를 받은 자. 흔히 SO(system operator)라고 부르는 사업자로서 각 지역에 있는 케이블 방송국을 의미한다.
③ 위성방송사업자: 위성방송사업을 하기 위하여 제9조 제1항의 규정에 의하여 허가를 받은 자. 스카이라이프를 운영하는 한국디지털위성방송사가 이에 해당된다. 2005년부터 방송을 개시한 위성 DMB 역시 위성방송사업자에 해당된다.
④ 방송채널사용사업자: 방송채널사용사업을 하기 위하여 제9조 제5항의 규정에 의하여 등록을 하거나 승인을 얻은 자. 흔히 PP(program provider)라고 부르는 사업자를 말하는데 법률상 용어는 방송채널사용사업자이다. YTN, 바둑채널, 투니버스 등이 이에 해당된다.

방송 관련 사업자

위의 네 가지 방송사업자 외에도 방송법상에는 중계유선방송사업자를 비롯한 4개의 방송사업자가 더 있다. 이들 방송사업자는 엄밀히 말해서 방송 관련 사업자라고 할 수 있다.

① 중계유선방송사업자: 지상파방송과 공영방송사업자가 운영하는 위성방송을 수신하여 중계송신(편성을 변경하지 않은 녹음·녹화 포함)하는 사업자이다. 다채널 종합편성을 하는 종합유선방송사업자와 구분해야 한다.
② 음악유선방송사업자: 음반·비디오물 및 게임물에 관한 법률에 의하여 판매·배포되는 음반에 수록된 음악을 송신하는 사업자이다.
③ 전광판방송사업자: 상시 또는 일정 기간 계속하여 전광판에 보도를 포함하는 방송 프로그램을 표출하는 사업자. 도심의 고층 건물 옥상에 설치된 전광판을 운영하는 사업자이다.
④ 전송망사업자: 방송 프로그램을 종합유선방송국으로부터 시청자에게 전송하기 위하여 유·무선 전송·선로설비를 설치·운영하는 사업자이다. 전송망사업자는 Cable Provider, Cable Operator, Network Operator 또는 그냥 줄여서 CP나 NO로도 불리며, 나중 전송설비와 망설비를 갖추고 유선방송 프로그램을 전송하는 사업자를 말한다.

방송영상산업의 중요성과 경제적 특징

방송을 포함한 영상산업은 원소스 멀티 유즈(one source multi use)를 통해 창구효과(windowing effect)와 부가가치를 확대할 수 있는 콘텐츠 산업이라는 점에서 경제적 가치가 크게 부각되고 있다.

소프트 자본주의와 기간산업

방송영상산업은 한 나라의 경제 기초를 이루는 기간산업으로서 의미를 지닌다. 물질 자본주의 시대에는 기간산업이 제조업이었다면, 소프트 상품이 경제의 근간을 이루는 소프트 자본주의 시대에는 방송영상산업이 기간산업의 기능을 하게 된다. 산업적·경제적 측면에서 영상산업은 정보사회의 핵심 자원이다. 정보가 재화적 가치를 지니는 정보사회에서 영상정보는 소프트웨어 및 하드웨어 차원에서 국가 경제성장의 도약대 기능을 하게 된다. 영상산업이 초기 투자비용은 많이 들지만 계속적인 부가가치의 창출로 인해 평균 이익률 면에서는 산업사회의 제조업과는 비교가 되지 않을 만큼 높기 때문이다. 이 때문에 독과점이나 지배적 사업자의 발생 가능성이 높은 분야이기도 하다. 특히 물질 자본주의가 소프트 자본주의로 변천하면서 방송산업이 가지는 여러 가지 파급효과, 즉 생산 유발효과, 부가가치 유발효과, 노동 유발효과 등[2])이 국가 경제에 중요한 영향을 미치고 있다.

창구효과

창구효과란 한 가지의 영상제작물이 서로 다른 미디어에 이용되어 부가가치를 창출하는 것을 말하며, 여러 가지 채널을 확보하기 위해 시차를 두고 이용가격을 차별화하는 방법을 경영전략으로 채택하게 된다. 방송의 생산물인 프로그램은 패키지 상품의 기능을 하는 한편 네트워크를 통한 방송행위, 즉 편성에 의해서 또 다른 부가가치가 파생되기 때문이다.

예를 들면, 영화의 창구효과는 대략 5단계를 거쳐 나타난다. 극장→(동시 또는 6개월 후) 비디오, CD→(3개월 후) PPV, 유료채널→(3~6개월 후) 공중파→기본 채널의 순서를 거치게 된다. 영상산업의 오리지널 소스 기능을 하는 영화가 영화상영용으로 출시된 이후에는 비디오→페이 케이블→베이직 케

---

[2] 부가가치=순이익+인건비+지대 및 임차료+이자+세금 및 공과+감가상각비(김승수, 1997: 22).

이블 또는 공중파 TV 등의 순서로 연속 배포된다.

　방송 프로그램의 경우 TV용으로 제작된 영화나 네트워크 프로그램은 가맹국에서 릴레이 중계하거나 초방(first-run)이 끝난 뒤 독립국에서 오프네트워크 프로그램(off-network program)으로 재방(second-run)되기도 한다. 다채널 VOD(video on demand) 서비스의 경우 대개 초기에는 프로그램 소스의 활용도, 즉 창구효과를 높이기 위해 NVOD(near video on demand) 형태로 진행하는데, 이것은 한 채널의 프로그램 편성을 일정한 시간 간격을 두고 여러 채널에 동시에 반복 편성하는 방법이다.

공공재적·정보재적 특성

　방송상품은 공공재적 특성도 지닌다. 공공재와 대비되는 개념인 사유재는 상품비용과 상품을 소비하는 사람의 수가 일정한 상관관계를 맺고 있는 데 비해, 공공재는 그렇지 않다. 영상물의 공공재적 특성은 소비의 측면에서 두 가지로 나누어 설명할 수 있다. 하나는 '비경합성의 원칙'이고, 또 다른 하나는 '비배제성의 원칙'이다.

　'비경합성의 원칙'이란 한 개인이 소비에 참여하여 얻는 이익이 다른 모든 개인들이 얻는 이익을 감소시키지 않음을 의미한다. 예를 들면, 사유재인 '빵'의 경우 5개가 있다고 할 때 10명 중 5명이 한 개씩 먹어버리면 나머지 사람은 먹을 수 없게 된다. 이에 비해 공공재적 특성을 지니는 TV 프로그램은 그것을 10명이 보든 100명이 보든 자원 고갈이 일어나지 않는다. 이것을 경제의 생산적 개념으로 보면 한계비용3)이 0에 가깝다는 뜻이 되며, 많은 사람들이

---

3) 한계생산비라고도 한다. 생산량 증가분에 대한 총비용 증가분의 비율로 표시하며, 총비용을 생산량으로 나눈 평균 생산비와 함께 생산비 함수이다. 전형적인 한계비용 함수는 U자형을 취한다. 즉, 0의 생산량에서 출발하여 생산량이 증가함에 따라 한계비용이 점차 감소하다가 어느 생산량을 지나면 점차 증가하기 시작하는데, 이는 한계생산물의 감소와 증가를 반영하는 것이다. 기업의 목적이 총수입에서 총비용을 차감한 총이윤을 극대화시키는 것에 있다고 할 때, 한계비용과 한계수입이 일치할 때까지 생산을 증가 또는 감소시킨다. 한계수입은 생산물 한 단위를 추가로 판매할 때 얻어지는 총수입의 증가분이며, 한계비용과 한계수입이 같아지는 점에서 균형을 이루게 된다(야후 백과사전 참조).

동일한 재화를 동시에 소비하며 동일한 이익을 얻을 수 있다는 뜻이다.

한계비용이 0에 가깝다는 특성은 흔히 정보재적 속성을 지니는 상품에서 많이 나타나는 현상이기도 하다. 정보상품들은 대부분 초기 생산비용은 높지만 일단 원본 제품이 만들어진 이후에는 일반 상품에 비해 복제가 상당히 용이하기 때문이다. 이에 따라 소비자들의 무임승차를 막기 위한 전략이 유료방송사들의 중요한 경영전략 중 하나로 인식되기도 한다.

공공재의 또 다른 측면인 '비배제성의 원칙'이란 재화의 소비에서 얻는 이익이 특정 사람에게만 돌아가도록 할 수 없다는 뜻이다. 일반적인 상품의 경우 선택적 소비의 기회가 주어지기 때문에 재화가 불충분한 사람들을 어쩔 수 없이 배제하게 되지만, TV 프로그램은 불특정 다수에게 동일하게 제공되기 때문이다. 방송이 가지는 대표적인 특징이 공공재적 특성이다. 공영방송이든 민영방송이든 프로그램 편성은 공익성을 기본 목표로 한다. 따라서 방송국 허가 시 공익성이 언제나 중요한 배점기준이 된다. 그러나 최근에는 유료매체의 확대로 방송상품의 공공재적 성격이 점차 완화되면서 준공공재적 상품으로 위치가 전환하고 있기도 하다. 케이블 TV나 위성방송과 같은 유료매체의 경우 비배제성의 원칙이 적용되지 않기 때문이다.

수요의 불확실성

상품의 제작자가 수요를 정확하게 예측하기란 쉬운 일이 아니지만 일반 소비재의 경우 싸고 좋은 물건이라면 어느 정도 수요 예측이 가능한 것도 사실이다. 그러나 영상물의 경우 상품의 질과 소비가 반드시 정적 상관관계를 그리는 것이 아니기 때문에 수요 예측이 훨씬 어렵다. 코미디와 다큐멘터리 장르를 비교해 본다면 소구점이 다르기 때문에 단정적으로 말할 수는 없지만, 그래도 프로그램의 질을 놓고 볼 때 다큐멘터리 쪽이 우세하다고 할 수 있다. 그러나 실제적으로 시청률은 언제나 코미디 쪽이 높게 나타난다. 시청률에 의존하는 프로그램 평가기준에 대해 다수의 프로듀서들이 불만을 갖거나 아예 무시하려는 이유가 여기에 있다. 거액의 제작비를 투입하여 만든 프로그램이나 영화가 흥행에 참패하는 것도 영상물 수요 예측의 불확실성을 잘 말해주고 있다.

생산시장의 분화와 수용자 양극화 현상

수요의 불확실성에도 불구하고 영상시장은 점차 세분화되고 이를 소비하는 수용자 시장은 양극화(audience polarization)하는 추세에 있다. 즉, 수용자들이 특정 프로그램 유형이나 특정 전문 채널에 극도로 치우치거나 그것을 배제함으로써 발생하는 시청행위의 극단화 현상이 다채널 상황에서 심화되고 있는 것이다.

이는 '미디어 이용량의 상대적 불변성 원칙'과도 관련이 있다. 미디어를 이용하는 시간은 자신의 여가시간 중에서 일정 비율을 유지하기 때문에 하나의 미디어를 이용할 경우 다른 미디어의 이용량은 줄어들게 된다. 결국 보편적인 미디어에 대한 이용량은 줄어드는 대신 자신의 취향을 적극적으로 충족시켜 주는 미디어에 몰입하게 되는데, 이것이 뉴미디어의 연속적인 등장에도 불구하고 미디어에 소비되는 개인의 지출비용과 광고주의 광고비용이 비교적 일정한 수준을 유지하는 결과를 가져오게 된다. 새로운 미디어가 기존 미디어의 이용률을 능가하는 대체효과를 가지려면 기존 매체에 비해 경제성과 편리성이 월등하게 우위에 있을 때 가능하기 때문이다. 그 밖에도 수용자가 가지는 시간적·경제적 유한성과 습관성도 미디어 대체효과를 제약하는 요인이다.

즉시 소비재의 성격

방송상품이 가지는 또 다른 경제적 특징은 공급과 소비가 시간과 직결되기 때문에 상품의 질이나 내용에 대한 사전 확인이 어렵다는 점이다. 방송편성의 기본 원칙 중 하나인 국민생활시간대의 적용이나 방송상품의 시간차 전략이기도 한 창구전략은 모두 이 같은 즉시 소비재의 성격을 활용한 것이라고 할 수 있다.

방송산업의 문화적 중요성과 특징

방송산업은 문화산업의 한 분야로도 분류된다. 예를 들면, 도서, 신문·잡지, 음반, 라디오, 텔레비전, 영화, 새로운 시청각 서비스, 사진, 미술품, 광고 등이 문화산업에 속하는 분야이다. 문화관광부가 정한 문화산업의 범위에는 10개 산업이 포함되어 있다. 출판·인쇄산업, 영화, 비디오, 애니메이션 산업, 게임 산업, 음반산업, 신문·잡지산업, 방송산업, 광고산업, 캐릭터·공예품·패션디자인이 그것이다(김재범, 2005).

정체성 확보의 수단

문화적 측면에서 방송영상산업은 문화적 정체성을 확보하는 중요한 수단이 된다. 캐나다의 미디어 학자 맥루언이 설명한 대로 한 시대의 지배적인 매체가 지배적인 사고방식을 낳을 수 있다. 이 때문에 문화산업의 종속은 경제종속뿐만 아니라 문화종속을 가져오는 첩경이 된다. 2000년대 들어 가속화되고 있는 한류 열풍이 한편으로는 한국 가전제품의 수출 증대를 가져오고 한국 문화의 영향력 확대라는 긍정적 효과를 가져오고 있지만, 다른 한편으로는 해당 국가에서 '항(抗)한류' 또는 '혐(嫌)한류' 현상을 가져오고 있는 것도 이와 같은 측면에서 해석할 수 있다.

방송상품을 포함한 모든 콘텐츠 상품은 상품성과 함께 이데올로기성이라는 비상품성을 동시에 지닌다. 국가 간 문화종속을 가져오는 문화제국주의의 원인 중 상당 부분은 미디어를 수단으로 확산되는 특정 국가의 문화와 거기에 내재된 이데올로기에 기인한다고 본다. 할리우드 영화의 세계 확산이 가져오는 부정적 결과에 대한 비판과 국내 영화산업의 육성을 위해 '스크린 쿼터제' 같은 영상물 보호정책을 전개하고 있는 제3세계 및 유럽 국가들의 치열한 노력이 이를 잘 말해준다.

새로운 커뮤니케이션 형태의 창조

인간의 커뮤니케이션 행위는 미디어의 기술적 속성에 의해 상당히 영향을 받는다. 모든 미디어는 각기 상이한 정도의 '사회적 실재감'을 가지는데, 사람들의 언어적·비언어적 행위를 좀 더 완벽하게 전달해 줄 수 있는 미디어가 사회적 실재감이 높고, 미디어는 점차 그런 방향으로 발전하고 있는 추세이다. 예를 들면, 매체별로 커뮤니케이션의 전달 패턴이 텍스트(편지) 중심 → 오디오(전화, 라디오) → 비디오(TV, 영화) → 멀티미디어(뉴미디어)를 선호하는 쪽으로 바뀌고 있는 것이다.

그뿐만 아니라 통신언어에서는 이른바 '감성 아이콘'이라 하여 여러 가지 형태의 새로운 언어(예: ^^, 8282)가 형성되고 있는 형국이다. 이러한 커뮤니케이션 형태는 이중적 정체성(dual identity)을 형성하기도 한다. 가상공간이 지니는 해방적 특성으로 인해 자아를 규정하거나 사회적 관계를 유지하는 데 더 이상 현실세계의 제약들에 의해 구속받지 않는 것이다. 이러한 방식으로 형성되는 미디어 상품의 영향들이 새로운 커뮤니케이션 형태를 창조함으로써 문화 창출효과를 가져온다고 할 수 있다.

방송산업에 대한 규제

방송산업은 규제가 매우 까다로운 산업 중 하나이며, 개별 사업 영역별로 진입규제의 내용도 상이하므로 주의를 기울여야 한다. 여기서는 진입규제·소유규제·내용규제·자율규제 등으로 나누어 살펴본다.

진입규제

규제란 '바람직한 경제사회질서의 구현을 위해 정부가 시장에 개입하여 기업과 개인의 행위를 제약하는 것'으로 정의할 수 있다. 이를 정부규제(government regulation)라고도 하며 보통은 규제라고 부른다. 정부규제의 객체는 민간(기업과 개인)으로서 이들을 피규제산업(regulated industries) 또는 피규제라고 부른다.

진입규제란 특정 산업 또는 직종에 대한 신규 사업자의 진입을 규제하는 것이다. 진입규제의 목적은 중복투자나 자원낭비를 방지하거나 과당경쟁의 방지, 그리고 희소자원 개발 이용의 공익성을 확보하기 위한 것이다. 그러나 한편으로 진입규제는 가장 원초적인 경제적 규제로서 이에 따른 부작용도 적지 않다. 불충분한 시장경쟁으로 인해 높은 가격이 책정되거나 과소 공급, 재화나 서비스의 질 저하가 우려되기 때문이다. 또한 진입규제로 인해 이익을 보는 집단이 생기기 때문에 진입규제의 효과가 누구에게 귀속되는가, 진입규제가 있는 상태와 없는 상태의 시장성과를 비교함으로써 진입규제의 경제·사회적 타당성을 항시 검토해야 할 필요가 있다(최병선, 1994: 270).

방송산업에서 진입규제는 '누가 방송을 할 수 있는지'를 규제하는 것으로, 두 가지 측면에서 규제가 이루어진다. 첫째, 경제적 측면에서 공공재로서의 방송을 상정하여 일부 허가받은 사람에게만 방송을 할 수 있도록 하는 것과 둘째, 사회적 측면에서 공익성을 보장할 수 있게 하기 위해 방송국 소유자를 제한하는 것을 말한다.

소유의 주체를 결정하는 방법은 대개 두 가지인데, 한 가지는 국가(또는 사회)가 이를 소유하여 운영하는 형태이고(한국의 KBS, 영국의 BBC 등), 다른 하나는 어떠한 기준을 가지고 이를 맡아 운영할 민간 사업자를 정하는 것이다. 민간 사업자를 정하는 방식은 허가제, 경쟁입찰제, 추첨제 등이 있다. 미국의 경우 지상파방송은 주파수를 경매에 붙이는 경쟁입찰제를 택하고 있지만 우리나라를 비롯한 많은 나라에서 대부분 방송사업은 허가제로 되어있다.

소유규제

소유규제는 '누가 얼마만큼 소유할 수 있는지'에 관한 것이다. 방송소유에 대한 규제는 진입규제와 마찬가지로 경제적 이유와 사회적 이유 때문에 이루어진다. 소유규제는 '독과점 규제'라고도 하는데, 이는 일반적인 경제적 규제와 달리 시장경쟁을 창달하기 위한 규제이다. 경제적 이유는 특히 시장 실패의 한 형태인 독과점을 막기 위한 것이다. 미국의 '반트러스트법(Antitrust Law)', 일본의 '독점금지법', 한국의 '공정거래법' 등이 이에 해당된다.

언론과 관계없는 기업이 방송사업에 새로이 참여하는 경우(general conglomeration)와 미디어 복합소유(media cross ownership)가 논란을 많이 일으키는데, 이는 정보의 다양화가 경제적 이윤추구의 목적에 의해 왜곡될 위험이 있기 때문이다. 미국의 경우 독과점법 자체를 방송산업에 대한 적용에서는 정책적으로 면제하고 있는 반면, 복수소유(multiple ownership rule)로 알려진 미디어 집중배제를 위한 소유제한규칙은 비교적 잘 적용되고 있다. 일본에서는 '제3사업 지배금지', '복수국 지배금지'의 원칙들과 함께 방송사업 참여 배제에 대한 방송법령상의 원칙을 제시하고 있으며, 이는 기업결합에 관한 독과점법상의 원칙보다 훨씬 엄격한 내용을 담고 있다.

우리나라에서도 다매체이 등장으로 방송산업이 규모가 커지면서 이에 따라 과당경쟁(특히 케이블 TV 홈쇼핑)과 기업결합(SO의 RO결합)의 빈번해지자 공정거래위원회가 공정거래법에 의해 방송산업을 규제하려는 움직임이 2002년부터 본격화되고 있다.

내용규제

내용규제는 방송산업의 상품이 가지는 특수성상 다른 산업규제와는 차별되는 유형의 규제이다. 내용규제는 언론의 자유를 침해할 소지가 많기 때문에 많은 나라에서 신중하게 실시되고 있다. 방송사의 편성권은 헌법으로 보장되어 있는 언론과 표현의 자유에 속하는 헌법적인 권리임에도 불구하고 방송의 공공성을 중시하여 내용에 대한 규제를 실시하고 있다.

그러나 표현의 자유를 확고하게 보장하려는 전통이 강한 서구에서는 내용에 대한 직접적인 심의가 헌법상 국민의 기본권인 표현의 자유와 배치되기 때문에 극히 제한적으로 규정하고 있다. 따라서 이러한 나라들에서는 '심의'라는 말 대신에 프로그램 기준(standards), 지침(guidance), 평가(evaluation), 질적 통제(quality control) 등과 같은 표현을 주로 사용하여 내용을 규제하고 있다.

방송의 내용규제는 여러 가지 형태로 시행되고 있다. 지상파방송의 경우 보도·교양·오락의 3분법에 의해 일정 비율 이상 편성하도록 방송법 시행령이 규정하고 있으며, 케이블 TV의 경우 전문편성 기준과 함께 국내 프로그램 제작 역량을 높이기 위한 외주제작 비율, 자체제작 비율, 외국 영상물의 과도한 유입을 방지하기 위한 외화편성 비율 등을 정해놓고 있다.

자율규제

자율규제란 정부규제를 대신하는 정책수단으로서 방송업계가 동업자조합을 결성하고 이를 통해 스스로가 지켜야 할 기준을 제정하여, 위반행위를 스스로 점검하는 것이다. 한국방송협회, 한국케이블TV방송협회, 한국뉴미디어방송협회 등이 그러한 단체들이다. 그러나 자율규제는 잠재적 경쟁자의 신규 진입을 제한하기 때문에 독점 및 불공정거래의 가능성과 위험성을 내재하고 있기도 하다.

자율규제의 유형은 규제기관의 개입 정도에 따라 분류된다. 첫째, 업계가 해당 산업 내 모든 기업을 구속하는 일정한 기준을 정하여 스스로 집행하는 방법으로서 가장 단순하고 순수하다. 방송사들이 정하는 방송강령이나 영화등급 책정이 이에 해당된다.

둘째, 규제기관이 관련 법령에 업계의 자율규제를 규정함으로써 자율규제의 강력한 집행력을 보장하는 형태이다. 시청자의 권익보호 차원에서 방송법에 명시한 자체심의와 시청자위원회의 구성, 시청자평가프로그램 등이 이에 해당한다고 볼 수 있다.

방송정책의 주체와 정책 과정

방송산업은 다양한 이해 당사자들 간의 활발한 상호작용에 의해 이루어지는 정책 과정의 산물이다. 권위주의 시대의 방송정책은 정부 중심의 일방적이고 강압적인 행태를 보였지만 정치체제의 유연화가 이루어지면서 이제 방송정책은 모든 이해집단의 이해와 갈등이 자유롭게 교차하는 공개장 기능을 하고 있다.

방송정책 과정과 정책 갈등

정책 과정이란 관련 이해 당사자들 간의 이해 갈등을 조정하는 과정이라고 할 수 있다. '방송정책결정체계(broadcast policy-making system) 모델'을 제시한 크래스나우 등은 방송정책 과정이란 '한정된 방송자원을 두고 상호 갈등하는 이익집단들이 정치적인 방식으로 이해를 조정해 가는 점진적 과정'으로 규정하고 있다(Krasnow et al., 1982).

기존 방송체제하에서 권한을 분배해 가며 만족을 느꼈던 주체들은 뉴미디어가 구매체에 통합될 경우 매스커뮤니케이션 과정에 대한 통제 권한이 그만큼 커지는 반면, 뉴미디어가 경쟁매체로 자리 잡게 되면 신매체를 통제하는 주체들의 권한이 늘어나게 되면서 갈등을 빚게 된다.

방송정책 과정에서의 갈등은 주체별로 볼 때 대개 세 가지 유형의 갈등이 주를 이루어왔다고 할 수 있다. 첫째, 사업자 간 갈등, 둘째, 규제기구 간 갈등 셋째, 사업자와 규제기구 간 갈등이 그것이다. 사업자 간 갈등에 대해 살펴보면, 노기영·이호범(2003)의 연구에서 케이블 TV 종합유선방송과 중계유선방송의 갈등구조를 2차원 게임 전략으로 분석하면서, 관련 집단들이 자신들에게 유리하게 정책을 결정하기 위해 협박전략, 메아리전략 등을 구사하였다고 주장하기도 했다.

한편 방송과 통신의 이분법에 의해 양 규제기구 간의 갈등은 이미 오래전부터 표출되어 왔으며, 공보처와 정통부의 갈등, 문화관광부와 정통부의 갈등에 이어 최근에는 방송위원회와 정통부의 갈등 양상으로 이어지고 있다. 미국의 경우에도 방송정책에서 갈등이 가장 표면화되는 주체는 행정부와 규제기구, 의회이며, FCC 위원 구성 성분에 따른 갈등도 자주 이슈화되고 있는 상황이다.

사업자와 규제기구 간의 갈등은 시장에 대한 정부의 개입이라는 측면에서 어느 나라에서나 빈번하게 일어나는 양상이라고 할 수 있다. 국내에서는 방송사업자 선정을 둘러싼 여러 가지 갈등이 이를 잘 보여주고 있다(정인숙, 2002).

방송·통신의 융합과 정책 갈등: 복합적 갈등구조

한편 DMB나 IPTV와 같은 방송·통신융합 서비스의 도입을 둘러싼 갈등은 과거의 갈등과는 상당히 다른 양상을 보이고 있다. 갈등의 주체가 확대되고 있을 뿐만 아니라, 주체 간의 갈등관계 역시 과거보다 복잡한 형태를 보이고 있는 것이다. 정책·규제기구 간의 갈등이 사업자 갈등으로 이어지면서 갈등의 대리전을 띠는 양상도 나타나고 있다.

또한 방송과 통신의 융합 과정에서 나타나고 있는 갈등은 과거의 사업자 간 갈등이나 규제기구 간 갈등 또는 사업자와 규제기구 간의 갈등과 같은 단면적 갈등을 넘어서 사업자 간 갈등과 규제기구 간 갈등이 복합되는 '복합적 갈등'의 양상을 나타내고 있다. 방송정책 과정에서 사업자가 정책을 견인하며 규제기구와 연대하는 '철의 연대' 현상은 이미 위성 DMB 도입 과정부터 나타나기 시작했다고 할 수 있다(정인숙, 2004; 김대호, 2003).

정상윤·정인숙(2005)의 연구에 따르면 IPTV의 도입을 둘러싸고 관련 정책 주체들 간에 사업자 간 갈등과 규제기구 간 갈등이 중첩되어 나타나고 있었으며, 방송사업자-방송위원회, 통신사업자-정보통신부로 이분화된 '철의 연대' 적 상황이 그대로 재연되고 있는 것으로 나타났다. 특히 IPTV의 도입 시기 문제나 시장경쟁에 대한 갈등 부분에서 그러한 현상이 두드러졌다. 다만 과거와 달리 사업자가 정책·규제기구의 입장과는 다른 의견을 적어도 비공식적으로 표출하고 있다는 점에서 '철의 연대'가 어느 정도의 유연성을 가져오고 있다. 그리고 이러한 측면에서 '복합적 갈등'구조를 보이고 있다고 평가할 수 있다. IPTV의 법적 지위에 대한 문제나 규제 내용에 대한 시각의 차이에서 이를 확인할 수 있다.

그리고 복합적 갈등구조 상황에서는 정책·규제기구가 갈등의 주체가 되면서 오히려 제3자의 갈등관리 대상이 되는 양상이 나타났다. 즉, 정책·규제기구 간의 갈등에 대해 제3자의 개입을 통한 조정 노력이 있었지만 성공적이지 못했으며, 정책·규제기관이 오히려 갈등을 증폭시키는 결과를 가져왔다. 이를 '회피형 갈등관리' 유형으로 규정하는 것은 사업자들이 철의 연대에 유연성을 제공할 수 있는 입장을 표명하면서까지 사업의 가능성을 모색하였지만 이를 무시하였다는 점이며, 또한 정책·규제기구 간의 갈등이 제3자의 조정으로도 해결되지 않을 만큼 문제 해결의 가능성이 없다는 점에서다.

결국 복합적 갈등 상황에서는 정책·규제기구가 갈등의 주체가 되고 이에 따라 회피형 갈등관리의 양상이 나타나기 때문에 갈등관리가 쉽지 않다는 결론이 가능해진다. 그러나 다른 한편으로는 정책·규제기구가 자신들의 갈등 요인을 제거하고 갈등관리자로서의 위상을 확보할 수 있다면 오히려 복합적 갈등구조는 과거의 이분화된 수직적 규제체계의 한계를 극복하고 협동형 갈등관리로 나아갈 수 있는 단초로 작용할 수도 있다고 본다.

뉴미디어 정책 과정에서 나타나는 특징: 속결형 정책에서 숙성형 정책으로

1990년대 이전 지상파방송 중심의 정책결정 과정이 '속결형 정책'이었다면, 이후의 뉴미디어 정책은 다음 요인들에 의해 '숙성형 정책' 과정을 보여주고 있다.

첫째, 규제기관 간의 갈등이 한 요인이다. 방송정책을 담당하는 규제기관이 이원화되어 있는 상황에서 두 규제기관 간의 권한 갈등이 정책 소요기간을 연장시키는 한 요인으로 작용하고 있다는 점이다. 사전에 충분한 상호 정책조율을 통해 일관성 있는 정책안과 정책일정을 제시한 후 논의가 지속되어야 하는데도 불구하고, 같은 사안을 두고 양 규제기관이 비슷한 시기에 서로 다른 계획을 발표하거나, 합의 후 다시 원점논의와 같은 정책혼란이 재현된다.

둘째, 정치권에 의한 지연도 정책 과정을 숙성형으로 이끌어가는 데 한몫을 하고 있다. 규제기관의 합의가 이루어졌다고 해도 정책이 일정대로 진행되는 것은 쉽지 않은 일이다. 부처 간에 합의가 이루어지자 이제는 총선이라는 정치적 일정 앞에서 벌써부터 방송법 개정이 지연될 가능성이 높다는 보도가 나오고 그것을 시사하는 움직임들이 나타나고 있다. 뉴미디어 도입은 법률개정 또는 제정을 수반해야 하는데, 우리나라의 경우 언제나 정치권에서의 일정이 험난하여 순탄하게 이루어지지는 않았다. 이 점은 위성방송 실시를 위해 2000년 방송법을 제정하기까지 10여 년간의 논의 과정에서 충분히 학습한 바 있다.

셋째, 뉴미디어 도입 과정에서 나타나는 대표적인 특징 중 하나는 사업자가 정책을 견인한다는 점이다. 위성방송 도입 때와 마찬가지로 위성 DMB 역시 예비 사업자가 정책을 견인하면서 다른 한편으로는 예비 사업자들 간의 경쟁관계가 오히려 정책을 지연시키고 있기도 하다. 주력 사업자는 물론 2차 협력사들이 법적 토대가 마련되지 않아 경제적 손실이 크니 빨리 법 개정이 이루어져야 한다는 주장이 있는가 하면, 다른 한편에서는 신규 서비스의 개념부터 다시 재정의해야 한다고 정책추진을 반대하기도 하였다.

넷째, 정책방향의 잦은 수정을 들 수 있다. 위성 DMB의 경우 정책수정은 용어수정, 사업자 지위변경, 일정변경 등 여러 가지 면에서 나타났다. 특히 용어가 논란의 대상이 된 것은 뉴미디어 도입 과정에서 아마 처음 있는 일일 것이다. 처음에 디지털 오디오 방송을 뜻하는 DAB로 출발했던 것이, 2003년

2월 방송위원회의 디지털방송추진위원회 보고서에서는 보고 듣는 디지털 방송 DMB(디지털 멀티미디어 방송)으로 바뀌었고, 2004년 2월 현재 방송법 개정안에서는 지금까지 DMB로 불리던 서비스를 우리말로 '이동 다채널 방송'으로 사용하기로 부처 간에 합의되었다. 1년 사이에 DAB → DMB → 이동 다채널 방송(DMB)으로 변화된 것이다.

┃ 생각해 볼 문제 ┃

1. 한국 방송의 역사적 전개 과정에서 나타나고 있는 특징들에 대해 생각해 보자.

2. 방송산업이 타 산업과 구별되는 특징들이 무엇인지 생각해 보자.

3. 방송산업에 적용되고 있는 규제의 유형에는 어떤 것들이 있는지 살펴보자.

4. 방송·통신융합의 추세에 따라 방송산업에서 나타나고 있는 여러 가지 현상들에 대해 알아보자.

┃ 참고문헌 ┃

김국진. 2003. 『방송·통신 융합의 이해』. 나남.
김대호. 2003. 「산업정책 관점에서 본 디지털지상파방송 추진동인 연구: 미국, 유럽, 한국에서 전자산업의 역할에 대한 비교를 중심으로」. ≪한국방송학보≫, 제17-1호, 7~38쪽.
김승수. 1997. 『매체경제분석』. 커뮤니케이션북스.
김재범. 2005. 『문화산업의 이해』. 서울경제경영.
김정기. 2003. 『전환기의 방송정책』. 한울.
노기영·이호범. 2003. 「종합유선방송과 중계유선방송 간의 정책 갈등에 대한 이차원 게임에 관한 연구」. ≪한국방송학보≫, 제17-3호, 304~348쪽.
윤석민. 2005. 『커뮤니케이션 정책 연구』. 커뮤니케이션북스.
정상윤·정인숙. 2005. 「방송통신융합서비스 정책과정에서 나타나는 갈등유형과 갈등관리: IPTV 사례를 중심으로」. ≪한국언론정보학보≫, 통권 31호(겨울호), 295~325쪽.
정인숙. 2002. 「1990년 이후 방송사업자 인허가 정책에 대한 평가」. ≪한국언론정보학보≫, 통권 18호(봄호), 199~229쪽.
_____. 2004. 「방송시장에서의 공정경쟁 기본원칙과 불공정거래 행위분석」. ≪방송연구≫, 여름호, 205~237쪽.
_____. 2006. 『방송산업과 정책의 이해』. 커뮤니케이션북스.
최병선. 1994. 『정부규제론』. 법문사.

Krasnow, Erwin G., Lawrence D. Longley, & Herbert A. Terry. 1982. *The Politics of Broadcast Regulation*. Third Edition. St. Martin's Press.

방송법(www.kbc.go.kr)

제3장 매스미디어 효과론

조전근 | 목원대학교 광고홍보언론학과 교수

매스미디어의 효과는 미디어가 수용자 개개인이나 조직, 나아가 사회 전체에 미치는 영향력의 결과로 나타나는 현상을 말한다. 그런데 그 효과의 크기는 효과의 유형을 어떻게 분류하느냐에 따라 다를 수 있기 때문에 우선 언론학계에서 많이 활용되는 맥클리우드와 리브스(McLeod & Reeves, 1980)가 제시한 분류체계를 소개하여 미디어 효과를 바라보는 관점을 제시하였다. 그리고 이 장에서는 매스미디어의 효과에 관한 여러 이론들이 나오게 된 시대적 순서와 효과의 크기에 따라 대효과, 소효과, 중효과, 강력효과로 분류하여 이러한 이론들을 그 역사적 배경과 함께 고찰하였다. 이어서 미디어 효과에 대한 대표적인 여러 이론들을 탄환이론에서부터 선별효과, 이용과 충족, 의제설정, 뉴스확산모형, 지식격차, 제3자 효과, 집단적 무지, 침묵의 나선, 그리고 문화계발이론에 이르기까지 각 이론을 실증적 연구 적용 사례와 함께 자세히 소개하였다.

중요 개념 및 용어 | 매스미디어 효과, 탄환이론, 선별효과, 이용과 충족, 의제설정, 뉴스확산, 지식격차, 제3자 효과, 집단적 무지, 침묵의 나선, 배양효과, 저속한 세상증후군

현대사회를 일컬어 일명 '5 mass'의 시대라고도 한다. 기계화·자동화로 인한 대량생산(mass production), 유통수단의 발달로 인한 대량판매(mass selling), 인구 증가와 소득 증대로 인한 대량소비(mass consumption), 노동시간의 감소와 그에 따른 여가시간 활용의 증가로 나타난 대량여가(mass leisure), 그리고 미디어의 발달에 따른 대량전달(mass communication)이 바로 그것이다. 그런데 이 대량전달의 수단인 매스미디어는 다른 네 개의 매스 현상을 연결하여 사회를 원만하게 유지하고 발전시키는 기능을 하기 때문에 "사회의 연결망(web of society)"(Diebold, 1968: 3)이라고도 하며, 그 효과에 대한 학자들의 관심을 많이 끌어왔다.

그렇다면 매스미디어의 효과는 인간행위의 변화는 물론 사회의 변동을 야기할 만큼 강력한가? 아니면 기존의 태도를 강화하거나 정보전달과 학습효과에 국한할 정도로 제한적인가? 이에 대한 해답을 찾기 전에 먼저 효과에 대한 개념을 정의할 필요가 있다. 왜냐하면 효과를 어떤 관점에서 파악하느냐에 따라 미디어가 미치는 영향이 클 수도 있고 그 반대로 적거나 제한적일 수 있기 때문이다. 물론 이 효과에 대한 개념은 학자에 따라 그 정의가 다양하기 때문에 효과를 한 단어나 문장으로 정의하기는 어렵겠지만, 다양한 효과의 분류체계를 개략적으로라도 살펴본다면 매스미디어의 효과에 대한 이해에 도움이 될 듯하다. 따라서 이 장에서는 효과에 대한 개념을 명확히 한 후 매스미디어의 효과에 대한 역사적인 연구동향을 개략적으로 검토하고 이어서 여러 효과이론들을 소개하려고 한다.

미디어 효과의 정의

미디어 효과란 물론 미디어가 개인, 수용자, 그리고 사회에 미치는 영향력을 말하는데, 오늘날 이 개념에 대한 학자들의 이해는 그리 간단하지가 않다. 왜냐하면 그 영향력이란 미디어 그 자체뿐만이 아니라 그것이 전달하는 메시지, 즉 미디어 내용과 수용자 자체의 요인에 따라 그 효과가 클 수도 있고, 또 적거나 제한적일 수도 있기 때문이다. 그러므로 미디어 효과에 대한 이해를 좀 더 명확히 하기 위해서는 여러 학자들의 다양한 견해[1]를 살펴보는 것이 필요하겠지만 현재도 많은 학자들이 활용하는 미디어 효과의 분류방법으로서 맥클라우드와 리브스(McLeod & Reeves, 1980)가 제시한 분류체계만을 소개하도록 하겠다. 이들은 미디어가 수용자에게 과연 영향을 미치는가 하는 질문에 대한 간단한 해답은 없으며, 또 논의하는 효과의 유형이 무엇이냐에 따라 그 답이 다를 수 있다고 주장하면서 다음과 같은 분류체계를 제시하고 있다.

미시적 효과와 거시적 효과

미시적 효과(micro-level effects)는 미디어에 노출된 개별적인 수용자에게 미치는 영향을 의미하며, 거시적 효과(macro-level effects)는 미디어가 좀 더 거대한 사회집단에 미치는 영향에 초점을 둔 효과를 일컫는다. 예컨대 미디어 수용자가 공포영화와 같은 메시지에 노출됐을 때 그러한 미디어의 내용이 수용자 개개인의 인지와 이해, 정서와 태도 또는 행동 등에 어떠한 영향을 미칠 수 있는가를 알아내기 위해서 수용자 개인으로부터 그 반응에 대한 자료를 수집하는 조사는 미시적 효과에 관한 연구라고 할 수 있다.

한편 언론사의 소유형태, 미디어가 전달하는 콘텐츠가 정치·사회·문화적인

---

[1] 커뮤니케이션 이론을 현대적인 관점에서 정립한 슈람(Schramm)은 미디어 효과의 유형을 개인에 미치는 효과, 설득 효과, 대중의 취향에 미치는 효과, 그리고 사회에 미치는 효과로 분류하고 있으며, 호브런드(Hovland)는 오락제공 효과, 정보전달 효과, 개인의 태도에 미치는 효과, 행동에 미치는 효과로 분류하고 있다. 그리고 와이스(Weiss)는 미디어 효과의 기준으로 자극의 속성 및 크기, 대상, 그리고 시간이라는 세 가지 차원의 제시와 함께 미디어 효과의 유형을 열 가지로 자세히 분류하고 있다. 이 밖에 미디어 효과에 대한 많은 학자들의 분류방식이 있으나 이에 대해서는 차배근(2001: 34~38)을 참고하기 바란다.

조류 및 국가의 공공정책 등에 미치는 영향에 관한 조사는 거시적 효과연구라고 할 수 있다. 왜냐하면 후자의 경우 미디어 효과를 연구하기 위한 자료를 수용자 개개인으로부터 얻을 수 있는 것이 아니라 좀 더 거대한 조직이나 단체 또는 지역사회 전체 집단을 대상으로 해서 얻어야 하기 때문이다. 그러므로 미디어 효과를 논할 때 미시적 관점에서 접근한다면 수용자 각자가 이미 가지고 있는 가치관, 신념, 태도, 취향, 피설득성향,[2] 인지욕구 등의 선유경향과 연령, 성별, 교육 정도, 직업 등의 인구통계학적 속성(demographic characteristics) 등을 고려해야만 매스미디어 효과의 크기를 정확하게 알아낼 수 있을 것이다. 한편 거시적 관점에서 미디어 효과를 논의하기 위해서는 경제, 문화, 법률, 기술, 사회제도 등의 미디어를 둘러싸고 있는 환경 시스템을 고려할 필요가 있다.

내용유관 효과와 일반 효과

미디어 효과에 관한 또 다른 관점은 미디어가 전달하는 특정 내용이 그것에 노출된 수용자에게 미치는 영향이 어떠한지에 관심을 갖는 것으로서 이것을 미디어 내용에 따른 효과, 즉 '내용유관 효과(content-specific effects)'라고 한다. 예컨대, 미디어 폭력물에 노출된 사람은 자연환경 프로 /램에 노출된 사람과는 태도나 행동변화의 측면에서 전혀 다르게 영향받을지도 모른다는 가정에서 미디어의 효과를 바라보는 관점이다.

한편 내용과는 관계없이 미디어 자체가 가족 구성원 간의 대화시간에 미치는 영향이라든지, 텔레비전 시청이 운동시간을 대체하고 시청 중에 간식을

---

[2] 피설득성향(persuasibility)은 수용자에게 전달된 설득 메시지를 쉽게 수용하도록 촉진시켜 주는 수용자의 개인적인 속성을 일컫는데, 이것은 성(gender), 과거의 경험, 성격요인 등과 밀접한 관련성을 가지고 있는 것으로 알려지고 있다. 이에 대한 연구는 호브랜드를 주축으로 한 예일학파 학자들에 의해서 많이 이루어졌는데, 좀 더 상세한 내용을 위해서는 Hovland & Janis(1959) 또는 차배근(1990: 512~546)을 참고하기 바란다.

자주하여 비만에 영향을 줄 수도 있다는 가정에서 미디어 효과를 바라보는 미디어의 일반적인 효과가 있다. 이것은 미디어의 특정 내용에 의해서 유발되는 것이 아니라 미디어 사용에 소비하는 시간의 증가와 관련성이 있는 효과로서 '확산 또는 일반 효과(diffuse or general effects)'라고 한다. 내용유관 효과에 관한 연구로는 미디어 폭력물이 청소년의 일탈행동에 미치는 영향, 텔레비전 프로그램이 성역할에 대한 스테레오타입, 인종적 편견 등에 미치는 영향에 관한 연구(Sparks & Sparks, 2000; Herrett & Allen, 1996) 등이 있으며, 일반 효과에 관한 연구로는 텔레비전 시청이 아동의 시간활용이나 여가활동에 미치는 영향에 관한 연구(Williams & Handford, 1986; Mutz et al., 1993) 등을 예로 들 수 있다.

태도변용 효과

미디어의 태도변용 효과란 미디어의 노출 정도가 수용자들의 태도, 행동, 그리고 인지의 형성·유지·변화에 미치는 영향을 의미한다. 미디어 효과에 관한 역사를 더듬어볼 때 과거 연구의 대부분이 바로 태도변용 효과에 관한 것이었다. 태도의 구성요소를 좀 더 세분화하면, 크게 인지적 요소(cognitive aspect), 정서적 요소(affective aspect), 행동적 요소(behavioral aspect)로 나눌 수 있다. 인지적 요소는 개인이 어떤 대상에 대해 알고 있는 지식의 집합으로서 그 대상의 모습이나 속성 등 관념의 형상(conceptual image)이다. 즉, 사고(thinking)와 관련된 신념 및 가치관을 말한다. 예컨대, 미디어가 전달한 내용, 즉 메시지에 대해 깨닫거나 아는 것(awareness)과 그에 대한 구체적인 정보를 파악하고 있는 지식(knowledge)이 여기에 해당한다. 정서적 요소는 어떤 대상이나 메시지에 노출되었을 때 느끼는 감정(emotion)과 관련된 평가적 요소를 말한다. 예를 들자면, 미디어에 나타난 특정 제품, 인물 또는 단체 등에 대한 호의나 비호의적인 평가적 태도가 이에 해당된다. 마지막으로 행동적 요소는 어떤 대상을 향해 취하게 되는 행동성향으로서 행동의 가능성 또는 잠재성

(potentiality)을 의미하는 행위 의도와 또 그러한 의도가 관찰 가능하도록 외부로 표출된 행동(overt behavior)을 포함하고 있다.

미디어의 효과를 논할 때, 매스미디어가 대개 정보습득 또는 학습 효과와 같은 인지적 효과에는 영향력이 있는 것으로 인정되지만, 미디어 수용자의 태도변화나 행동변화에는 효과가 적거나 제한적인 것으로 알려지고 있다. 이 장의 후반부에 소개할 제한효과 이론(limited effects model)에서 제기된 여러 학문적인 연구결과들이 이러한 주장을 뒷받침하고 있다.

변화와 안정 효과

미디어 효과의 이러한 분류방식은 매스미디어의 노출이 여론의 변화를 야기한다든지 또는 특정 제품의 구매결정을 변화시킬 수 있는 영향력이 있는지를 검토하는 '변화 효과(alteration effects)'에 대한 관점과 미디어 메시지가 현상유지(status quo)를 강화하거나 기존의 태도와 신념의 변화를 원하지 않는 '안정적 효과(stabilization effects)'에 강력한 효과를 발휘한다는 관점을 대비시켜 미디어의 효과를 파악하려는 방식이다. 변화의 관점에 초점을 맞춘 연구들은 대개 호브런드를 중심으로 한 예일학파의 태도변화에 관한 연구가 주류를 이루며, 안정적 효과에 대한 연구는 라디오를 통해 정치광고에 노출된 유권자들은 그들의 투표성향을 변화시키기보다는 오히려 자신들이 선호하는 후보사에 대한 지지를 강화하는 경향이 있다는 결과를 발견한 라자스펠드 외(Lazarsfeld et al., 1948)의 연구를 그 예로 들 수 있다.

매스미디어 효과 이론의 역사적 개관

매스미디어 효과에 대한 관심이 본격화되기 시작한 시기는 다음의 <그림 3-1>에서 볼 수 있듯이 1920년대와 1930년대 사이라고 할 수 있는데, 그

<그림 3-1> 미디어 효과 이론의 역사적 발전 과정

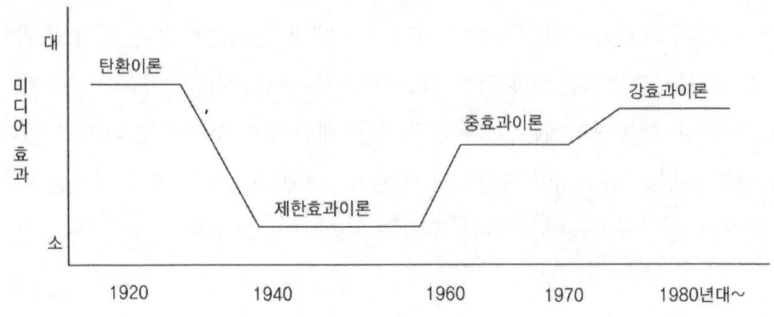

자료: Severin & Tankard(1992: 261).

당시는 기존의 신문 외에도 라디오라는 새로운 매체가 등장해서 사회에 널리 보급되는 시기였고, 이러한 미디어에 대한 호기심과 더불어 그 효과에 대한 관심도 증가했기 때문이다. 그러나 당시에는 미디어 효과에 대해 단순한 생각을 하고 있었다. 즉, 미디어 효과의 크기에 영향을 미칠 수도 있는 제3의 변수 또는 중개변수라고 할 수 있는 수용자들의 개인적 속성이나 사회·문화적 특성 등을 고려하지 않았기 때문에 매스미디어는 여론을 조성하고 수용자의 태도나 행동을 변화시킬 수 있는 강력한 수단으로 생각되었다.

이러한 견해를 탄환이론(bullet theory) 또는 피하주사 모형(hypodermic needle model)이라고 일컫는다. 이 이론의 요점은 수용자는 고립되고 수동적인 존재로서 마치 정지한 목표물(target)과 같으므로, 매스미디어를 통해 메시지를 전달하기만 하면 마치 총알이 목표물을 관통하거나 주사바늘로 피하에 약물을 주입시키면 즉각적인 효력을 발생시키는 것과 같은 이치로, 매스미디어의 효과가 막강하고 직접적이라고 주장하는 이론이다. 이러한 이론의 등장은 역사적 사건과도 무관하지 않은데, 신문의 발행부수 경쟁으로 촉발된 미국-스페인 전쟁과 제1차세계대전에서 선전이 심리전에서 발휘했던 위력을 과대평가한 경우를 그 예로 들 수 있다.

그러나 히틀러의 등장 후 제2차세계대전이 발발하여 전쟁이 한창인 1940년대 초반에 미디어를 통한 선전이나 전쟁영화를 이용한 정훈교육을 통해 적군의 사기를 약화시키고 아군의 정신무장을 강화하기 위한 필요성이 다시 제기됨에 따라 과연 매스미디어가 여론을 변화시킬 수 있으며 태도변용에 효과가 있는지에 대한 연구가 호브런드를 중심으로 연구가 진행되었고, 이러한 학문적 관심이 1950년대 말까지 이어졌다. 이러한 일련의 연구에서 밝혀진 결과에 의하면, 이전에 믿어왔던 미디어의 대효과 이론의 기대와는 다르게 미디어가 수용자의 태도와 행동변화에 미치는 효과는 극히 적거나 제한적이라는 사실을 발견했다. 이러한 주장이 나온 배경에는 수용자들이 기존의 가치관이나 신념에 합치되는 메시지만 수용한다는 선택적 기제(selective mechanism)와 미디어의 정보가 여론지도자(opinion leader)를 거쳐서 수용자에게 영향을 미친다는 매스커뮤니케이션의 2단계 흐름(two step flow of mass communication)과 무관하지 않다. 이러한 연구결과들을 종합해서 제기된 이론이 바로 '소효과' 또는 '제한효과 모형(limited effects model)'이다.

매스미디어가 수용자의 태도변용에 제한적일 수밖에 없다는 관점이 연구의 주류를 이루면서 미디어의 효과에 관한 연구는 시들어가고 있다는 주장이 일부학자들(Berelson, 1959) 사이에서 제기되었다. 미디어 효과에 대한 이러한 비관적 견해에 대한 반작용으로 등장하게 된 것이 중효과 모형(moderate effects model)인데, 이러한 관점은 제한효과 모형과는 달리 연구의 초점을 태도나 행동변화보다는 수용자의 동기나 욕구에 따른 미디어의 이용 및 기존의 선유경향(predisposition) 강화에 초점을 맞추었다(Klapper, 1960). 이용과 충족이론, 의제설정이론, 지식격차가설 등이 이 당시에 등장한 중효과 이론의 대표적인 예로 볼 수 있다.

미디어의 이러한 중효과 이론들이 여러 커뮤니케이션 학자들의 관심을 얻고 연구가 활발하게 진행됨에 따라 1970년대 후반부터 매스미디어가 여론형성에 어떠한 영향을 미치는가에 대한 미디어 효과의 초기 이론들의 관심사로 돌아가서 태도나 행동변용보다는 수용자의 인지적 차원에 초점을 맞추기 시작했다.

이러한 연구에서 매스미디어는 탄환이론에서처럼 직접적이고 절대적인 효과는 미치지 못할지라도 장기적이고 누적적으로 사람들의 지각에 영향을 줌으로써 간접적으로 여론형성에 강력한 효과(powerful effects)를 발휘할 수 있다는 사실을 발견하게 되었다. 이러한 강력효과 이론의 대표적인 예로는 노엘 노이만(Noelle-Neumann, 1974)의 침묵의 나선이론(spiral of silence)과 거브너와 그로스 외(Gerbner & Gross et al., 1979)의 문화계발가설(cultivation hypothesis)을 들 수 있다.

지금까지 매스미디어의 효과에 관한 연구들을 역사적 관점에서 효과의 크기에 따라 대효과, 소효과, 중효과, 그리고 다시 강력효과로 회귀하는 연구 사조를 개략적으로 살펴보았다. 이어서 미디어 효과에 관한 대표적인 여러 이론들을 구체적으로 고찰해 보려고 한다.

매스미디어 효과의 제 이론

탄환이론

전파의 발견과 더불어 1920년대에 등장한 라디오와 무성영화의 발전은 당시로서는 새로운 매스미디어인 라디오와 영화가 사람들에게 어떠한 영향을 미칠 수 있는가에 사람들의 관심을 끌어왔다. 특히 미국에서는 1920년대 초에 매주 약 4,000만 개 이상의 영화 관람표가 판매되었으며, 1920년대 말에는 그 수가 2배 이상으로 증가하여 매주 약 9,000만 개 이상이 판매되었고 그중 14세 이하의 아동 관객이 약 1,700만 명으로 집계될 정도로 영화가 대중이 오락을 추구하는 주요 수단으로 자리를 잡아가고 있었다고 한다(Lowery & DeFleur, 1988: 32). 이렇듯 영화가 대중생활의 중요한 부분을 차지하게 됨에 따라 영화가 아동이나 청소년에게 미칠 수 있는 부정적인 영향에 대한 우려가 사회 일각에서 제기되었는데, 이에 대한 연구를 위해 설립된 사단법인이 페인

재단(Payne Fund)이다.

이때 대두된 것이 탄환이론인데, 매스미디어 효과에 관한 최초의 이론으로서 매스미디어의 메시지가 마치 총탄이 표적에 박히는 것과 같이 수용자들에게 즉각적이고 직접적인 효과를 발휘하여 그들의 태도나 행동을 변화시키는 신비한 힘을 가졌다고 해서 마법의 탄환이론(magic bullet theory)이라고 한다. 이 이론은 미디어 수용자를 고립되고 원자화된 피동적인 존재로 봄으로써 메시지 자극을 무비판적으로 수용하게 된다는 관점에서 자극-반응(stimulus-response)설을 그 바탕으로 하고 있으며, 미디어의 효과가 마치 피하에 약물을 주입한 것과 같이 직접적이고 즉각적이라는 점에서 일명 피하주사이론(hypodermic needle theory)이라고도 한다.

이러한 미디어의 대효과 이론의 실증적 연구로서 페인재단의 지원하에 심리학·사회학·교육학 분야의 학자들을 중심으로 한 연구(Blumer & Hauser, 1933)가 있는데, 이것은 다양한 주제의 영화 효과에 관한 것으로서 미디어 효과를 과학적이고 체계적으로 고찰한 최초의 연구로 알려지고 있다. 이 재단의 지원으로 수행된 효과연구는 총 13편으로서 10권의 책으로 간행되었다. 이러한 일련의 연구결과에서 발견된 내용을 요약하면 다음과 같다(Sparks, 2006: 46).

첫째, 영화에서 백인은 주인공이나 희생자로, 흑인은 악당으로 묘사함으로써 흑인에 대한 인종적 편견이 형성된 것으로 밝혀졌다. 둘째, 어린이들이 영화에 나오는 등장인물의 행동양식을 그대로 모방하는 경향이 그들의 놀이행동에서 나타났다. 셋째, 영화를 보는 도중에 느꼈던 감정의 흥분상태, 즉 공포감, 긴장감, 슬픔, 연민의 정 등이 그 후에도 일정 기간 지속되는 현상이 발견되었다. 넷째, 성적인 애정표현, 불륜행위, 폭력 등에 대한 도덕적인 양심의 가책을 느끼지 못하는 현상, 즉 윤리와 도덕의 기준이 모호해진다는 것도 연구를 통해 밝혀졌다.

이러한 연구들을 종합해서 내린 결론은 영화가 아동과 청소년에 미치는 영향이 직접적이고 즉각적이며 획일적이기 때문에 매스미디어의 효과는 매우 강력하다는 것이다. 따라서 페인재단의 이러한 연구결과는 탄환이론을 뒷받침할 실증적 자료가 되기도 했지만, 당시 미디어의 대효과 이론에 대한 믿음을 강화시킨 결정적 계기는 1938년에 현장보도 형식으로 진행하여 미국 전역에 대혼란과 공포(panic)를 야기했던 <세계들의 전쟁(War of the World)>이라는 공상과학물을 극화한 미국 CBS 라디오 방송의 연속극이라고 한다(Cantril, 1940).

이처럼 탄환이론은 선전의 위력을 경험했던 당시의 시대적 상황과 실증적 연구결과의 지원으로 인해 대부분의 사람들로부터 타당성이 있는 것으로 받아들여졌으나 그 후 탄환이론은 수용자의 비판능력, 성격, 교육수준 등 개인차 속성, 드라마의 형식, 새로 등장한 영화에 대한 호기심과 같이 미디어 효과에 개재할 수 있는 여러 중개요인들을 간과했기 때문에 그 효과가 상당히 과대평가되었을 것이라는 비판이 제기되었고, 이러한 비판은 이후 미디어의 제한효과 이론이 등장하게 된 배경이 되었다.

제한효과 이론

1940년대 이전까지 유행했던 마법의 탄환이론처럼 과연 매스미디어의 위력이 막강한지에 대한 의문이 여러 학자들 사이에서 일기 시작했는데, 이는 제2차세계대전에 참전한 미군 병사들을 대상으로 영화가 태도변용에 미치는 영향을 조사한 호브런드의 실험연구로 이어졌다. 호브런드는 미국 예일대학교 심리학과 교수로서 이전의 미디어 효과연구에서 수용자를 고립되고 피동적인 존재로 간주한 종래의 '자극-반응설'에서 탈피하여 당시 새롭게 대두한 신행동주의[3]를 매스미디어의 효과연구에 적용해서 그의 동료학자들과 함께 체계적

---

3) 신행동주의(modern behaviorism)는 '자극-유기체-반응(S-O-R)'이라는 모형에 근거해서 자극에 반응하는 인간의 행동을 내적인 심리 과정(mental process)과 함께 설명하려는 심리학의 새로운 사조를 말한다. 종래의 'S-R 모형'에 바탕을 둔 행동주의 심리학에서는 내적인 심리 과정은 관찰이 불가능한 어두운 상자(black box)와 같으므로 실험연구에 고려할 필요가 없다고 생각하는 데 반해, 신행동주의는 자극을 이해하고 해석하는 내부

이고 실증적인 연구(Hovland, Lumsdane, & Sheffield, 1949)를 진행했다. 이 연구는 당시 미국 전쟁성(War Department)에서 군인의 정훈교육을 위해 할리우드의 유명한 영화감독 프랭크 카프라(Frank Capra)에게 의뢰하여 '왜 우리는 싸우는가(Why we fight)'라는 제목으로 만든 7편의 영화 시리즈 중에서 4편을 선정하여 수행한 실험연구다.[4]

이러한 연구 과정에서 그들은 수용자의 속성이 커뮤니케이션 효과에 영향을 미친다는 사실과 탄환이론의 문제점을 발견하게 되었다. 즉, 전쟁의 국내외 상황과 같은 사실적 지식을 습득시키는 학습 효과는 있는 것으로 나타났으나 동맹국인 영국에 대한 일반적인 태도, 독일에 대한 적개심 유발, 격전을 치를 수 있는 동기유발에는 효과가 없는 것으로 밝혀졌다. 이러한 결과는 수용자가 결코 탄환이론에서 주장하는 것처럼 피동적이고 원자화된 존재가 아니라 오히려 어떤 목적을 추구하고 자신의 세계를 스스로 구축해 가는 적극적이고 능동적인 존재이기 때문에 미디어의 메시지를 무비판적으로 받아들이지 않고 나름대로 그것을 해석하고 의미를 부여할 수 있다는 점을 시사한다. 그러므로 매스미디어의 효과란 메시지에 대한 수용자 개인의 해석과 의미부여에 따라 다양하게 나타나기 때문에 미디어의 효과가 실제로는 그다지 강력하지 못하다는 결론에 이르게 되었다. 즉, 미디어의 효과는 획일적인 것도 아니며 강력하지도 않고, 직접적인 것이 아니라 수용자 개인의 심리적 차이, 사회계층, 사회적 관계 등에 의해 좌우되기 때문에 그 영향은 제한적일 수밖에 없다는 것이다. 여기서 심리적인 차이는 기존의 태도, 가치관 등 개인이 가지고 있는 내적인

의 정신적인 심리 과정을 중요하게 생각하고 있으며 이러한 심리 과정에 따라 그 반응도 다를 수 있다는 점을 강조하고 있다.

[4] 실험으로 선정된 4편의 영화는 <전쟁의 서곡(Prelude to War)>, <나치의 습격(The Nazis Strike)>, <분할과 점령(Divide and Conquer)>, 그리고 <영국의 전투(The Battle of Britain)>라는 시리즈 영화인데, 실험의 목적은 영화를 통해 특정한 사실적 지식을 얻는지의 여부를 파악하고, 전쟁과 관련한 특정 의견에 영향을 주는지를 알아내며, 군인의 역할을 받아들이고 전투에 참여할 의지가 있는지를 검토하기 위함이었다 (Severin & Tankard, 1992: 148~150).

속성의 차이를 일컫는 것이며, 사회계층은 연령, 성, 소득, 교육수준, 직업 등에 따라 분류된 소속집단을 의미한다. 그리고 사회적 관계란 개인이 원자화되고 고립된 존재가 아니라 친구, 가족, 동료, 조직 구성원과 상호작용하면서 살아가는 사회적 유기체라는 것을 뜻하는 말이다.

그 밖에 이 같은 일련의 연구에서 밝혀진 것은 미디어 수용자는 선택적 기제(selective mechanism)[5]를 가지고 있다는 내용이다. 이처럼 미디어 수용자는 개인차, 사회계층, 사회적 관계 속에서 미디어의 메시지를 선별적으로 수용하기 때문에 그 효과가 적을 수밖에 없다는 것이 제한효과 이론의 요체이며 일명 선별적 효과 이론(selective effects theory)이라고도 한다.

이용과 충족이론

매스미디어 효과를 지나치게 과소평가하던 당시의 제한효과 또는 소효과 이론에 대해 당시의 이 분야 연구에 대한 반응은 "매스커뮤니케이션 연구는 시들어가고 있다(The study of mass communication is withering away)"(Berelson, 1959)라는 표현으로 대변할 수 있다. 미디어 효과연구에 대한 이러한 회의적 분위기는 그렇다면 사람들은 왜 미디어를 이용하는가라는 이유에 대해 새로운 관심을 불러일으켰는데, 이것이 바로 미디어의 이용과 충족에 관한 관점이다.

미디어 효과에 대한 이러한 새로운 접근방법은 카츠(Katz)에 의해서 제기되었는데, 그는 베럴슨(Berelson)의 회의적인 시각에 대해 "죽어가고 있는 분야는 설득으로서의 미디어 효과일 뿐, 그 밖의 다른 분야는 그렇지 않다"라고 논박하면서 연구의 입장을 메시지를 전달하는 미디어의 입장에서 탈피하여 수용자의 관점에서 매스미디어의 효과를 연구하고자 시도했다. 즉, 그는 '미

---

5) 수용자가 자신이 기존에 가지고 있는 신념, 태도, 가치관 등과 일치하는 정보를 더 선호하는 경향을 의미하는데, 이러한 선택성에는 선택적 노출(selective exposure), 선택적 주의(selective attention), 선택적 지각(selective perception), 선택적 파지(selective retention)가 있다.

디어가 사람들에게 무엇을 하는가(What do the media do to people?)'에서 '사람들이 미디어를 가지고 무엇을 하는가(What do people do with the media?)'라는 연구의 관점으로 전환한 수용자 중심의 모형(audience-centered model)을 채택했다(Katz, 1959: 2).

이러한 모형의 기본적인 가정은 수용자는 능동적이고 목적 지향적인 존재이기 때문에 자신의 욕구충족을 위해 미디어를 선택하는 주도권을 가지고 있으며, 또 그러한 욕구를 충족시키는 면에 있어서 매스미디어는 다른 비미디어 정보원(non-media sources)과 경쟁관계에 있다는 것이다(Katz, Blumler, & Gurevich, 1973). 또 여기서 욕구(needs)란 행위로 이끄는 동기(motive)의 선행 요인이라고 할 수 있는데, 욕구의 유형에는 ① 정보와 지식의 습득 및 이해 등의 인지욕구(cognitive needs), ② 정서적·쾌락적·심미적 경험과 같은 정서욕구(affective needs), ③ 신뢰성·자신감·안정성·지위강화 등의 개인적 통합욕구(personal integrative needs), ④ 가족 및 친구 등과의 접촉강화 같은 사회적 통합욕구(social integrative needs), ⑤ 도피 및 기분전환 등의 긴장완화 욕구(tension release needs) 등이 있는데, 정서욕구와 개인적 통합욕구의 경우에는 매스미디어보다 대인 정보원(interpersonal sources)이 더 중요한 역할을 한다고 할 수 있다.

요약하며, 매스미디어를 통한 사람들의 상호작용 속에서 미디어의 내용을 어떻게 이용(uses)하며 또 그 이용으로부터 어떤 욕구에 대한 충족(gratification)을 얻는가 하는 고찰을 통해 매스커뮤니케이션 효과를 더 정확히 설명할 수 있다는 것이 카츠가 초기에 내세운 '이용과 충족'이론의 핵심이라고 하겠다. 소효과 이론에 대한 반작용에서 출발한 이용과 충족이론은 수용자 중심의 새로운 시각으로 매스미디어의 중효과 모형(moderate effecs model)의 장을 열어 준 것으로 평가되기는 하지만 그 접근방법이 너무 개인 중심적이기 때문에 폭넓은 사회체계에 적용하기에는 한계가 있으며, 미디어를 이용하는 수용자에 초점을 맞춘 나머지 미디어의 구체적인 내용에 주의를 기울이지 못했다는 비판을 받기도 한다(McQuail, 1979).

의제설정기능이론

매스미디어의 의제설정기능이란 매스미디어가 사람들에게 '무엇을 생각할 것인가(what to think)', 즉 새로운 아이디어를 제공하는 측면에서는 성공적이지 못하지만, '무엇에 대하여 생각할 것인가(what to think about)'를 결정하는 측면에서는 영향을 미칠 수 있다는 미디어의 효과를 말한다(Cohen, 1963: 13). 환언하면, 매스미디어가 특정 주제를 계속 강조하면 수용자가 그것을 중요한 것으로 인식해서 그 주제에 대해 관심을 가지게 된다는 주장이다. 이러한 견해는 "언론은 우리에게 외부 세계(the world outside)에 대한 관점을 제공하는데, 그것에서 우리 생각 속의 그림(pictures in our heads)을 형성한다"라고 이미 20세기 초에 매스미디어의 기능을 강조했던 미국의 저명한 언론인 리프만(Lippmann, 1922)의 주장과도 일맥상통한다고 볼 수 있다.

그러나 미디어의 의제설정효과를 실증적으로 연구한 최초의 시도는 맥콤스와 쇼우(McCombs & Shaw, 1973)였는데, 이들은 1968년 닉슨과 험프리의 미국 대통령 선거 캠페인 기간 중 매스미디어가 유권자들에게 미치는 영향(의제설정기능)을 검토하기 위해 미디어 메시지의 내용분석과 병행해서 설문을 통해 여론을 조사해 보았다.[6] 여기서 의제(agenda)란 어떤 시점에서 중요성의 위계에 따라 우선순위로 매겨진 이슈와 사건을 의미하는데, 이들은 미디어가 이슈에 대한 관여도(issue involvement)를 제고할 것이라는 가정에 기초해서 "미디어 의제의 내용과 그날 어떤 이슈가 중요한가 하는 공중의 지각(perception) 사이에 직접적·인과적 관계가 있을 것이다"라는 가설을 세우고 미디어의 효과 검증을 시도했다. 연구결과에 의하면, 매스미디어가 후보자에 대한 유권자들의 태도 변화에는 거의 영향을 미치지 못한 것으로 나타났으나 미디어가 시간이나

---

[6] 내용을 검토하기 위한 조사대상의 미디어는 노스캐롤라이나 지역의 4개 신문, ≪뉴욕타임스≫, ≪타임≫, ≪뉴스위크≫, 그리고 CBS와 NBC 텔레비전 뉴스 보도였으며, 이때 가장 중요한 다섯 가지 미디어 의제는 외교정책, 법과 질서, 재정정책, 공공복지, 시민의 권리인 것으로 밝혀졌다(Sparks, 2006: 176에서 재인용).

지면을 많이 할애한 의제는 이슈의 중요성에 대한 유권자들의 지각에 영향을 미친 것으로 나타났다.

이러한 연구결과를 얻었다고 미디어의 의제설정효과가 증명된다고는 볼 수 없는데, 그 이유는 상관관계가 반드시 인과관계를 의미하는 것은 아니기 때문이다. 이러한 이유로 쇼우와 맥콤스(Shaw & McCombs, 1977)는 추가적인 연구계획의 일환으로 1972년 대통령 선거 캠페인에 초점을 맞추어 그해 6월(전당대회 개최 전)과 10월(캠페인이 절정에 도달한 시기) 두 시기를 기점으로 미국 노스캐롤라이나 주의 샬럿(Charlotte) 지역에 거주하는 주민을 대상으로 해서 미디어 의제와 유권자 의제 사이에 시차상관관계(cross-lagged correlation)를 분석하는 기법[7]을 활용했다. 연구결과에 의하면, 신문 의제와 유권자 의제 사이에서는 시차상관관계가 어느 정도 의미가 있는 것으로 나타났으나 텔레비전에서 강조한 의제와 유권자 의제 간에는 의제설정효과에 대한 증거를 찾지 못했다.

이들의 연구에서는 미디어의 의제설정 가설이 부분적인 지지를 얻지 못했으므로 아이엔거·피터스·카인더(Iyengar, Peters, & Kinder, 1982)는 TV에 보도된 뉴스 기사에서 이슈의 중요성을 조작한 후 비디오로 편집한 실험방법을 활용하여 미디어의 의제설정 가설의 인과관계를 검증한 바 있다. 또한 이들은 이러한 연구 과정에서 이른바 점화효과(priming effects)라고 일컬어지는 현상을 발견했는데, 점화효과란 미디어가 어떤 특징 이슈를 강조함으로써 현저성(salience)을 증가시키고 그 문제에 대해 수용자가 이전에 습득했던 정보를 기억하도록 활성화(activation)시켜서 어떤 대상에 대한 평가를 변화시키는 것을 의미하는데, 연상(association) 과정의 일환으로 볼 수 있는 현상이다. 예컨대, 2002년 우리나라 대통령 선거 캠페인 기간 중 자녀의 병역문제가 미디어에서

---

[7] 시차상관관계 분석기법은 두 시기를 기점으로 두 변수(여기서는 미디어 의제와 유권자 의제) 간의 상호관계(제1시기의 미디어 의제와 제2시기의 유권자 의제 대 제1시기의 유권자 의제와 제2시기의 미디어 의제)와 자기 상관관계(제1시기의 미디어 의제와 제2시기의 미디어 의제 대 제1시기의 유권자 의제와 제2시기의 유권자 의제)의 계수를 비교해 보는 방법을 말한다.

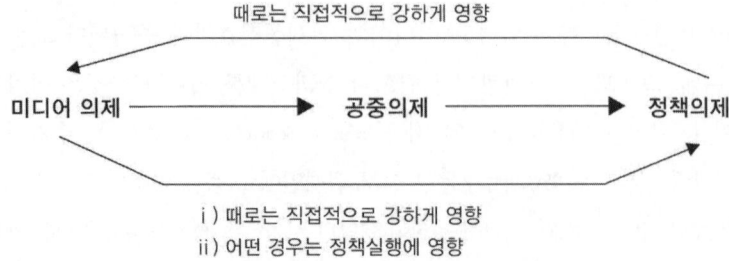

<그림 3-2> 의제의 유형에 따른 상호관계

i) 때로는 직접적으로 강하게 영향
ii) 어떤 경우는 정책실행에 영향

주요 이슈로 부각되어 대선에서 낙선한 이회창 후보의 경우라든지, 미국의 경우 당시 대통령으로서 재선에서도 승리가 유력했던 카터가 이란의 인질 위기상황 해결에 실패한 과거의 사건을 선거 직전에 미디어가 부각시켜 공화당의 도전자 레이건에게 패한 사실은 점화효과의 좋은 실례라고 하겠다.

이 밖에 로저스와 디어링(Rogers & Dearing, 1988)은 의제의 유형을 미디어 의제(media agenda), 공중 의제(public agenda), 정책 의제(policy agenda)로 구분한 후, 과거의 의제설정에 관한 논문들을 수집·정리하여 「의제설정연구: 어디까지 왔으며 어디로 가고 있는가?」라는 제목으로 발표하면서 의제설정효과에 관한 종합화를 시도했다. 미디어 의제는 매스미디어에서 두드러지게 강조된 이슈나 주제들을 지칭하며, 공중 의제는 공중의 마음속에서 중요하게 느껴지는 토픽을 의미하고, 정책 의제는 정책결정자에게 중요하게 느껴지는 의제를 일컫는다.

이러한 세 가지 유형의 관계 속에서 과거의 연구결과들을 정리한 바에 의하면, 매스미디어는 공중 의제에 영향을 미치며 때로는 정책 의제에도 직접적이고 강한 영향을 미친다는 것이다. 그리고 미디어에서 중요하게 부각시킨 의제가 일단 공중의 의제가 되어 여론이 조성되면 정책결정자들이 입법이나 부당법의 철폐 등 중요한 안건으로 논의하는 정책 의제가 될 수 있다. 이어서 정책 의제는 그 이슈가 미디어의 주목을 받을 만한 가치가 있을 경우 다시 미디어 의제에 영향을 미치는 순환 과정을 거치게 된다. 그러나 의제설정기능 및 태도변용과는 상관관계가 없거나 미미한 것으로 밝혀졌는데, 어떤 이슈에 대한 현저성(salience) 또는 중요성의 증가가 반드시 이슈에 대한 호의적인 태도나 의견에 영향을 준다고는 볼 수 없기 때문이다. 이 세 의제들의 상호관계는 <그림 3-2>와 같이 요약해서 표현할 수 있다.

미디어 효과에 관한 이전의 연구가 수용자의 태도나 행동변화에 초점을 맞추어왔기 때문에 그 효과가 미미하거나 극히 제한적일 수밖에 없다는 소효과 이론들과는 달리, 이 의제설정이론은 의제형성(agenda-building), 의제설정(agenda-setting), 점화(priming)라는 새로운 개념을 사용하여 미디어 효과에 대한 설명을 시도함으로써 베럴슨의 말처럼 매스미디어에 대한 연구의 열의가 식어갈 듯한 상황에서 이용과 충족이론과 함께 효과연구에 대한 학문적 열의에 다시 불을 지폈다는 점에서 평가할 만하다. 게다가 이 이론은 최근까지 매스커뮤니케이션 연구에 그 유효성이 입증된 이론적 공헌을 한 것으로 평가받고 있으며, 여러 다양한 주제에 관한 새로운 연구 프로젝트가 계속 양산되고 있는 실정이다(Sparks, 2006: 178).

예컨대 최근의 빌 클린턴 대통령과 모니카 르윈스키의 추문에 관한 미디어의 의제설정 연구(Kiousis, 2003)나 범죄에 관한 지역 뉴스 보도의 의제설정효과 연구(Gross & Aday, 2003) 등이 그러한 학문적 추세를 대변해 주고 있다. 키우시스(Kiousis)의 연구는 장기적이며 종단적인 연구(longitudinal study)인데, 그는 이 연구에서 스캔들에 관한 미디어의 집중보도가 클린턴에 대한 공중의 해석을 변경시킨 사실을 밝혀냈다. 즉, 뉴스 보도는 대통령으로서의 직책에 대한 적합성에서는 낮은 평가를 유도한 반면, 클린턴에 대한 공중의 호감을 증가시킨 것으로 나타났다. 또 그로스와 어데이(Gross & Aday, 2003)의 연구에서는 범죄에 관한 지역 TV 뉴스 보도를 시청한 주민들이 그렇지 않은 주민보다 범죄를 더 중요한 이슈로 지각하는 것으로 나타났다. 이러한 연구결과들은 미디어의 의제설정기능을 지지하는 것으로 평가할 수 있는데, 그러나 미디어 의제, 공중 의제, 정책 의제 사이의 인과관계를 명확히 하기 위해서는 이슈의 현저성, 경험을 통해 쉽게 접할 수 있는 가능성 등 미디어의 내용과 관계된 요인뿐만 아니라 수용자들의 노출 가능성, 이슈 관여도, 인구통계학적 특성, 심리적 특성 등 수용자요인을 고려하여 연구가 진행되어야 할 것이다.

뉴스확산모형

뉴스확산모형(The Diffusion of News Model)은 그린버그(Greenberg, 1964a)가 케네디 암살사건에 관한 뉴스의 전파 과정을 연구하다가 <그림 3-3>과 같이 사건의 현저성이나 중요성에 따라 대인 채널과 매스미디어의 기능이 다르게 나타나는 현상을 발견하여 그 특성을 정리한 모형으로서 일명 J곡선(J-curve) 모형이라고도 한다. 즉, 뉴스확산에 관한 연구는 1940년대 이후부터 미국 대통령 선거 캠페인을 대상으로 유권자의 투표행위 과정을 연구하면서 제기된 매스커뮤니케이션의 2단계 유통가설[8])에 대한 검증 과정의 맥락에서 진행되었는데, 사건의 중요성과 주목율의 정도에 따라 어떤 뉴스 정보는 2단계로 흐르기도 하고 또 다른 정보는 미디어에서 수용자에게 직접 전달되는 1단계 흐름의 현상을 발견한 후 학문적 연구가 계속 진행되어 가고 있는 모형이다.

그린버그(1964a)가 캘리포니아 산호세의 성인 419명을 대상으로 설문조사한 연구에 의하면, 조사대상의 약 50%가 다른 사람들로부터 암살소식을 들었다고 한다. 그린버그와 거의 동시에 조사된 힐과 본잔(Hill & Bonjean, 1964)의 연구에서도 거의 유사한 결과를 얻었는데, 조사대상자의 절반 이상이 암살소식을 구전(word of mouth)으로 들었으며 TV를 통해 소식을 접한 사람은 1/4, 그리고 라디오를 통해 접한 사람은 1/6밖에 되지 않는 것으로 나타났다. 그 밖에 레이건 암살기도 사건에 대한 뉴스의 확산 경로를 조사한 간츠(Gantz, 1983)의 연구에서도 대인적인 정보원이 뉴스의 확산 과정에서 중요한 역할을

---

8) 2단계 유통가설(two-step flow of mass communication)이란 매스미디어로부터 나온 정보는 직접 수용자에게 전달되는 것이 아니라 여론지도자(opinion leader)라는 대인 커뮤니케이션 채널을 거쳐 수용자에게 전달될 것이라는 가정적인 명제를 일컫는 개념이다.

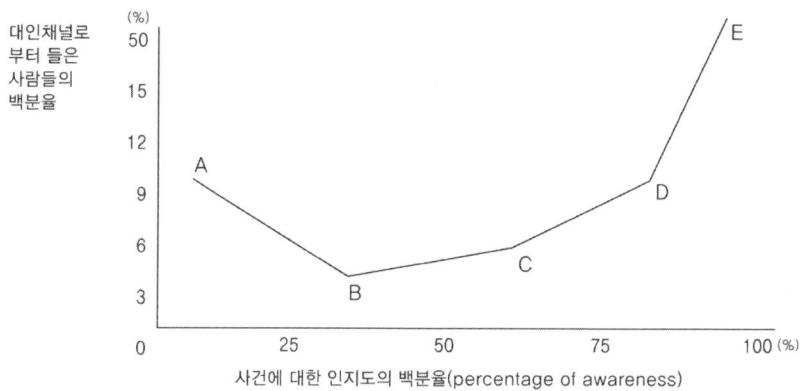

<그림 3-3> 뉴스확산모형(J곡선)

하는 것으로 밝혀졌다.

이러한 현상은 케네디 암살 이전까지만 해도 뉴스의 확산 과정은 대인 채널을 거의 거치지 않고 미디어로부터 사람들에게 직접 전달되는 1단계 현상으로 믿어왔던 생각(Deutschmann & Danielson, 1960)과 정면으로 배치되는 결과인데, 그렇다면 왜 이처럼 큰 뉴스거리가 주로 대인 채널을 통해서 전달되는가? 이러한 의문에 답하기 위해 그린버그(1964b)는 18개의 뉴스 스토리를 선정해서 연구를 수행했는데, 확산의 정도에 따라 사건의 중요성을 측정해서 집단을 구분하고 대인 채널을 통해 최초로 사건에 관한 뉴스를 접한 사람들의 백분율을 구성해서 만든 모형이 <그림 3-3>이다.

그린버그의 J곡선이 의미하는 바는 다음과 같이 요약할 수 있다. 첫째, 케네디의 암살사건과 같이 매우 긴급하고 중요한 뉴스(E의 경우)는 매우 높은 비율의 사람들이 대인적인 접촉을 통해서 사건을 알게 될 것이다. 둘째, 일상적인 매일매일의 평범한 뉴스(B, C, D의 경우)는 대인적인 접촉의 비율은 적어지고 대신 미디어에 대한 의존도는 높아질 것이다. 셋째, 사건이 일반인에게는 중요성이 낮으나 소수 이익집단에게는 중요성이 높은 뉴스(A의 경우)의 확산 경로는 대인적인 접촉의 비율은 평범한 뉴스보다는 높지만 그 인지도의 비율은 소수집단에 국한하기 때문에 극히 낮을 것이다.

그린버그가 뉴스확산에 관한 모형을 제시하기는 했지만 뉴스확산에 관한 이론을 완전히 정립한 것은 아니다. 사실 뉴스에 관한 한 그 정보의 확산 과정을 이론으로 정립하는 작업은 그리 쉬운 일이 아닐 것이다. 왜냐하면 "우리는 똑같은 강물을 두 번 건널 수 없다"(Gantz, 1983: 56)라는 속담과 같이 비록 뉴스확산에 관한 연구들이 많은데도 불구하고 각 사건은 저마다 독특하며 상황, 관련 인물, 대중에게 미치는 영향 등이 다르므로 통일되고 일관된 모형의 정립이 어렵기 때문이다. 그러나 이렇게 사건마다 독특성을 가지고 있음에도 불구하고 드플러(DeFleur, 1988)는 과거 수십 년간 수행된 정보의 확산에 관한 연구들을 20여 편 이상 수집해서 뉴스확산의 결정요인들을 밝혀냈는데, 사건의 뉴스 가치, 사건이 발생한 요일과 시간, 인물의 인구통계학적 특성, 미디어 기술의 변화가 그것들이다.

앞으로도 계속 뉴스확산에 관한 연구들을 종합해서 각 사건의 특성, 수용자 요인, 환경요인 등을 파악해 본다면 뉴스확산의 패턴을 이해하고 뉴스확산 패턴에 영향을 주는 여러 중개요인들을 밝혀낼 수 있을 것이다. 그리고 이러한 연구들이 활성화된다면 가까운 미래에 뉴스확산에 관한 좀 더 체계적인 이론도 정립할 수 있을 것으로 기대된다.

지식격차가설

정보는 우리의 일상생활에 매우 필요하고 중요한 지적인 자산이라고 할 수 있다. 그런데 우리는 많은 정보를 매스미디어로부터 얻고 있는 것이 현실이다. 그러므로 매스미디어는 필요한 정보를 얻을 수 있는 지식습득의 주요 수단이라고 할 수 있는데, 그렇다면 만일 미디어에서 전달하는 많은 정보가 사회계층에 따른 구분 없이 모두 똑같이 수용된다면 개인생활에 도움이 되거니와 계층 간에 정보의 차이를 줄여줌으로써 사회 전체나 국가의 발전에 이바지할 수 있을 것이다. 이렇게 된다면 매스미디어는 사회발전에 순기능을 하겠지만, 현실적으로 볼 때 수용자들은 지능, 교육수준, 정보에 대한 접근성, 경제적인 측면 등 정보습득의 효율성을 좌우하는 여러 가지 요인의 많고 적음에 따라 여러 계층으로 세분화되기 때문에 우리가 희망한 대로 매스미디어가 순기능을 발휘할 수 있을지에 대해 의문이 제기된다.

이러한 의문에서 출발해서 미디어의 효과를 검토하기 위한 학문적 시도가 바로 '지식격차가설(Knowledge Gap Hypothesis)'이다. 이 가설은 티치너·도노휴·올린(Tichenor, Donohue, & Olien, 1970: 159~160)에 의해서 처음 제기되었는데 다음과 같이 요약할 수 있다. "매스미디어의 정보가 증가하면 사회·경제적인 측면에서 상위계층이 하위계층보다 더 빠르게 정보를 습득하게 됨으로써 매스미디어는 계층 간의 지식격차를 증가시킬 것이다."

이들은 사회·경제적인 지위에 따라 두 계층 간의 지식격차가 증가하게 될 것이라는 가설 설정에 대한 근거를 다음과 같이 설명하고 있다. 첫째, 계층에 따라 커뮤니케이션 기술이 다르기 때문이다. 둘째, 교육은 이해와 기억에 영향을 줄 수 있으므로 정보습득량을 증가시키기 때문이다. 셋째, 하위계층과 비교할 때 상위계층은 특정 주제(공공의 문제, 과학 뉴스 등)와 관련해서 좀 더 적절한 사회적인 접촉이 가능하다. 넷째, 계층 간에 태도나 가치관 등이 다르므로 정보노출과 선택에 차이가 있다. 다섯째, 매스미디어는 그 시스템의 속성상 사회·경제적으로 높은 지위에 있는 집단에 맞추어져 있다.

그렇다면 지식격차가설에서처럼 매스미디어는 실제 계층 간의 지식격차를 증가시키고 있는가? 만일 이러한 질문에 대한 답이 어떤 조건 없이 '항상 그렇다'고 한다면 이는 국가나 사회에 심각한 문제가 아닐 수 없다. 왜냐하면 이른바 정보사회(information society)라고 일컬어지는 현대사회에서 정보습득 또는 지식은 부와 권력의 기반이라고 할 수 있을 정도로 매우 중요한 요소들 중 하나이므로 지식격차로 인한 사회·경제적인 부익부 빈익빈의 현상이 심화될 수 있기 때문이다.

이러한 까닭에 많은 학자들의 연구(Robinson, 1972; Donohue et al., 1975; Novak, 1977; Gaziano, 1983; Robinson & Levy, 1986)가 이어졌는데, 그 결과는

다음과 같이 요약할 수 있다. 첫째, 교육수준과 지식습득은 높은 상관관계가 있다. 둘째, 노년층과 여성에 비해 청장년층과 남성이 선거 캠페인의 내용을 더 잘 알고 있다. 셋째, 동질적인 집단보다 다원적인 집단에서 지식격차가 큰데, 그 이유는 정보원의 다양성 때문이다. 넷째, 이슈가 일반적인 관심사일 경우 및 사회갈등과 관련이 있을 때는 지식격차가 감소된다. 다섯째, 지식격차는 지식을 어떻게 정의하느냐에 달려있다. 즉, 지식이 인지도를 의미할 경우에는 격차가 감소하며, 심층적 내용의 습득을 의미할 경우에는 격차가 증가한다.

일반적으로 연구가 일회성 사례조사일 경우에는 지식격차와 교육수준 간의 상관관계가 어느 정도 존재하는 것으로 밝혀졌으나 장기적인 조사(time trends study)에서는 미디어 퍼블리시티의 증가로 인해 격차가 감소하는 것으로 나타났다(Donohue et al., 1975). 이러한 연구결과를 토대로 추론해 볼 때 미디어가 계층 간에 지식격차를 증대시킨다는 가설이 전반적으로 지지되었다고 보기는 어렵다. 왜냐하면 지식격차는 앞에서 언급한 것과 같이 여러 중개변수들의 개입 여부에 따라 증가할 수도 있고 감소할 수도 있기 때문이다.

제3자 효과

초기 탄환이론에서는 수용자를 너무 고립화되고 원자화된 피동적인 존재로 간주함으로써 미디어의 효과가 너무 과장되었다는 인식이 싹텄고, 이러한 인식은 곧바로 제한효과 또는 소효과 이론이 등장하게 된 배경이 되었다. 환언하면, 수용자는 피동적인 존재가 아니라 능동적이고 적극적으로 정보를 추구하며 목적 지향적인 존재라는 재인식과 함께 매스미디어는 태도나 행동변용에는 영향을 미치지 못하거나 영향을 미친다고 해도 극히 제한적이라는 연구들이 이어졌다. 그렇다면 왜 우리 생활 속에서 매스미디어의 보도내용을 접한 사람들이 미디어가 주장하는 방향으로 태도나 행동을 보이는 것일까 하는 의문이 남게 된다. 예컨대, 소비재의 공급이 불안정할 것 같다는 뉴스를 접하고 사재기를 한다든지, 언론에서 지지하는 후보가 당선될 것이라는 기대

속에서 나타나는 투표성향, 그리고 관람자가 판단할 때는 그다지 선정적인 것 같지 않은데 정책결정자들은 과도한 기준으로 영화를 검열하는 행위 등에 대해서는 제한효과 이론으로 어떻게 설명할 것인가?

이 같은 질문에 답하기 전에 먼저 우리가 어떤 매스미디어 메시지에 노출된 후 다음과 같은 질문을 받는 상황을 생각해 보자. "당신은 매스미디어가 다른 사람들의 태도나 행동에 영향을 미쳤다고 생각하십니까?"라는 질문을 받았을 때, 어떠한 대답을 하겠는가? 대부분의 사람들은 아마 "그렇다"라고 대답할 것이다. 그러나 이와는 대조적으로 만일 질문이 자기 자신에게 영향을 주었다고 생각하느냐는 방향으로 바뀌면, 대개 대답은 "그렇지 않다"일 것이다. 이와 같은 상황묘사가 바로 '제3자 효과(third-person effect)'의 핵심이라고 할 수 있다. 다시 말해서, 제3자 효과란 설득 메시지에 노출된 사람들은 타인이 자신보다 그 설득 메시지에 영향을 더 받을 것이라고 지각(perception)하는 경향이 있을 것이라는 가설을 일컫는다(Sparks, 2006: 169).

이 제3자 효과가설을 최초로 제안한 사람은 데이비슨(Davison, 1983: 1)인데, 제2차세계대전 당시 태평양의 이오지마 섬에서 일본군의 선전물에 노출된 백인 장교가 그 선전물에 흑인 병사들이 영향을 받을 것으로 판단해서 군대철수를 결정한 사건에 대한 기록과 또 서독 어느 신문사의 편집자와 인터뷰하는 과정에서 "신문 사설이 편집자 자신이나 질문 당사자와 같은 엘리트에게는 별로 영향을 줄 수 없지만 일반 독자들에게는 상당한 영향을 줄 것"이라는 편집자의 대답에서 착안하여 제3자[9] 효과라고 명명했다. 이와 같은 현상을 검증하기 위해 그는 4년에 걸쳐 주지사 선거, 제품광고, 대통령 선거를 주제로 4회의 소규모 실험을 수행했는데, 모든 실험에서 제3자 효과가 나타난 결과를 얻었다. 즉, 메시지가 실험에 참가한 자신이나 연구자 같은 사람에게는 영향을 줄 것으로 생각되지 않지만 유권자나 제품 소비자 같은 제3자에게는 영향을

---

9) 여기서 제3자(third-person)는 실험대상자로서 질문을 받는 당사자 '나'도 아니고 효과의 평가를 하기 위한 질문자 '너'도 아닌, 설득 메시지의 수용자로 생각되는 가상의 청중 (ostensible audience)을 지칭하는 용어다.

미칠 것이라는 지각(perception)을 촉발시켰다.

이 밖에 여러 학자들의 연구(Cohen et al., 1988; Gunther, 1991)에서도 미디어가 자신들에게 미치는 영향력은 과소평가하는 데 비해서 타인에게 미치는 영향력은 지나치게 과대평가하는 일종의 잘못된 지각현상을 발견하였다. 심리학자 짐바도는 이러한 사람의 성향을 일컬어 '부동심의환상(illusion of personal invulnerability)'이라고 명명했는데(Zimbardo et al., 1977), 이는 자기시중(self-serving)과 유사한 개념이다.[10]

메시지의 송신자 입장에서 볼 때, 제3자 효과는 여론을 조작하고 여론의 향배에 영향을 줄 수 있는 중요한 요인이 될 수 있다. 즉, 메시지 자체의 직접적인 영향보다는 그 영향에 대한 지각 효과가 더 클 수 있다는 점을 시사해 주고 있으므로 미디어의 부정적 영향을 과대평가하거나 잘못 지각함으로써 포르노그래피, 폭력물 영화, 제품광고 등에 관한 규제강화나 보도강화에 미칠 가능성은 제3자 효과에 대한 주제가 될 수 있는데, 이러한 점에서 제3자 효과라는 지각 효과는 앞으로 계속 연구해 볼 가치가 있는 개념이라고 하겠다.

집단적 무지와 침묵의 나선

여론형성에 미치는 매스미디어의 효과에 관한 문제는 매스커뮤니케이션 현상을 연구하는 학자들의 주된 관심사였다. 그런데 미디어에서 전달하는 의견이 공중의 대다수 의견, 즉 여론을 반영하는 것으로 사람들이 지각하느냐의 여부에 따라서 미디어가 여론형성에 미치는 효과는 다르게 나타날 수 있다. 사람들은 과연 여론을 정확하게 인지하고 있는가? 이와 같은 질문에 대한 논리적인 인지원리를 제공하고 매스미디어가 여론형성에 미치는 영향에 대해 설명해 줄 수 있는 이론이 다음에 소개할 '집단적 무지(pluralistic ignorance)'와

---

10) 자기시중(self-serving)은 "자신은 남들보다 분별력이 있어서 실수할 가능성이 거의 없기 때문에 잘한 것은 내 탓이고 잘못한 것은 네 탓이다"라는 식의 왜곡된 자기중심적 편향을 말한다.

'침묵의 나선(spiral of silence)'이라고 할 수 있다.

집단적 무지이론

집단적 무지라는 개념은 알포트(F. Allport)가 처음 사용한 개념인데, 이것은 어떤 문제에 대해 소수의 의견을 다수의 의견으로 잘못 지각하거나 다수의 의견을 소수의 의견으로 잘못 생각하는 현상을 설명하는 심리학적 용어다(Katz & Allport, 1931). 사람들이 다수의 의견을 지각하는 과정에는 문화적 편견(cultural bias)과 거울반사 지각(looking-glass perception)이 있다. 문화적 편견은 다수의 의견을 자신의 문화적 규범이나 가치관으로 생각하는 경향을 의미하며, 거울반사 지각은 여론을 관찰할 때 자신의 의견을 다른 사람에게 투사하여 남도 자신과 유사하게 생각하리라고 믿는 경향을 일컫는다(Fields & Schuman, 1976). 사람들은 미디어에서 제시한 의견을 이러한 지각 과정을 통해 추정하는 경향이 있으므로 소수의 의견인데도 다수의 의견인 것으로, 때로는 그 반대의 경우로 지각해서 여론을 잘못 판단할 수 있다.

이 집단적 무지이론은 노엘 노이만(Noelle-Neumann, 1974, 1991)의 침묵의 나선이론과 함께 매스미디어의 강력효과를 입증하는 이론적 틀을 제시했다. 즉, 사람들은 자신이 속한 집단의 영향을 받아 다수의 의견을 따르려는 성향을 보이는데, 이 과정에서 소속집단의 의견 또는 다른 사람의 의견을 파악하기 위한 정보원으로 매스미디어와 대인 커뮤니케이션에 의존한다는 것이다. 다음에 소개할 침묵의 나선이론은 다수의 의견을 따르게 되는 동기로서 소외의 두려움(fear of isolation)과 같은 심리적 과정의 일부만을 언급하고 있는 데 비해서, 집단적 무지이론은 거울반사 지각, 편견 등 개념을 사용해서 우세한 여론을 지각하는 과정을 실제로 측정할 수 있도록 도식화하여 다수의 의견을 따르게 되는 원리를 설명하려고 한 점에서 긍정적으로 평가할 만한 이론이라고 하겠다.

침묵의 나선이론

여론은 어떻게 형성되는가? 여론형성 과정에서 매스미디어의 영향력은 과연 소효과 이론에서처럼 미미하거나 제한적일 수밖에 없는 것인가? 이러한 질문에 대한 의문에서 출발하여 독일의 미디어 이론가인 노엘 노이만(1974, 1991)이 그 질문에 대한 해답의 하나로 제창한 이론이 바로 침묵의 나선이론이다. 이 이론은 매스미디어가 여론형성 과정에 강력한 효과를 미치고 있다고 전제하면서 그러한 주장을 다음과 같은 논리적 사고에 기초하고 있다. 대부분의 사람들은 만일 자신들의 견해가 소수의 생각에 불과하다고 지각하게 되면 그 의견을 표출해서 다수집단으로부터 배척을 받거나 고립(isolation)[11]을 자초하는 위험을 감수하기보다는 오히려 침묵하는 성향이 있다는 것이다.

그러므로 사람들은 자신들의 의견이 실제로 다수의 의견이라고 하더라도 소수의 의견이라고 생각이 들면 대부분은 침묵하게 되는데, 그러면 그만큼 타인으로부터 자신들과 같은 의견을 들을 기회가 적어지기 때문에 오히려 자신들과 다른 소수의 의견이 마치 다수의 의견인 양 착각하게 된다는 것이다. 그리고 이러한 과정이 반복되면서 침묵은 가속화되고 그 결과 침묵하는 다수(silent majority)가 생기는데, 이때 매스미디어가 그러한 침묵의 가속화를 촉진하여 여론의 향배에 강력한 영향력을 발휘한다는 것이 침묵의 나선이론의 요지이다.

침묵의 나선이론이 비록 여론형성 과정에 미치는 매스미디어의 영향을 강조했다고 해서 대인적인 커뮤니케이션의 역할을 부정하거나 과소평가하는 것은 아니며, 오히려 매스미디어, 대인적인 지지, 여론에 대한 지각이라는 세 요소가 상호작용하여 침묵의 나선을 가속화시키기도 하고 그 반대로 둔화시킬 수도 있음을 강조하고 있다. 그렇다면 매스미디어가 태도와 행동변화에는 거의 영향력을 발휘하지 못한다는 과거의 제한효과에서의 실증적 연구결과는 어떻게 설명할 것인가? 이러한 질문에 답하기 위해 그는 누적성(cumulation), 조화성

---

11) 노엘 노이만은 '고립에 대한 두려움(fear of isolation)'을 침묵의 나선을 가속화시키는 동기로 설명하고 있는데, 이에 대한 실증적 기반을 아슈의 연구(Asch, 1958)에 두고 있다. 아슈의 실험결과에 의하면, 사람들은 자신이 확실히 믿고 있는 것도 소속집단의 의견과 다를 경우 고립에 대한 불안 때문에 집단의 의견에 따르는 것으로 밝혀졌다.

(consonance), 편재성(ubiquity)이라는 매스미디어의 세 가지 개념적 특성을 도입하여 설명하고 있다. 여기서 누적성은 반복에 의한 장기적인 효과를, 편재성은 미디어의 보급률과 침투율의 극대화를, 조화성은 다양한 유형의 미디어가 특정 이슈에 대해 유사한 견해를 표방함을 의미한다. 이러한 특성으로 인해 제한효과의 근거로 내세우는 사람들의 선택적 기제(selective mechanism)를 극복할 수 있기 때문에 미디어의 효과는 강력하다는 것이 노엘 노이만의 주장이다. 즉, 과거의 제한효과 이론에서는 이러한 미디어의 특성을 간과했기 때문에 미디어가 여론형성에 미칠 수 있는 강력한 영향력을 과소평가했다는 것이다.

이 침묵의 나선이론이 1970년대에 학계에 소개된 이후 많은 학자들의 관심을 받아왔으며, 이를 검증하기 위한 여러 실증적 연구(Eveland et al., 1995; McDonald et al., 2001)가 이어졌다. 이블랜드 외(Eveland et al., 1995)는 쿠웨이트를 침공한 이라크와 미국이 벌인 걸프전쟁에 대한 미국인의 태도에 관한 설문조사를 실시했는데, 조사결과 실제 전쟁에 대한 지지자의 비율이 매우 낮았는데도(7%) 미디어의 전쟁 지향적인 보도 때문에 전쟁에 반대하거나 중립적인 대다수의 국민들이 여론에 대한 왜곡된 지각으로 인해 침묵하였으며, 그 결과 미디어가 참전에 대한 찬성여론을 조성할 수 있었음이 밝혀졌다. 또 맥도널드 외(McDonald et al., 2001)는 과거 1948년 미국 대통령 선거 캠페인에 관한 자료를 수집하여 다시 분석해 본 결과 침묵의 나선 효과가 있었음을 밝혀냈다.

침묵의 나선이론에서 제시하는 '침묵의 나선'이라는 개념은 기존의 대세편승 효과(bandwagon effects)나 앞서 소개한 집단적 무지와 개념상에 약간 차이만 있을 뿐 거의 대동소이하다는 비판도 있으나, 이 이론은 오늘날 많은 학자들에 의해서 이론적인 아이디어 이상으로 평가받고 있으며 여러 실증적인 연구결과의 지지를 받고 있다(Sparks, 2006: 179). 이 밖에도 이 이론은, 미디어의 효과를 지나치게 과장한 탄환이론과 이와는 반대로 수용자의 선택적 기제(selective mechanism)라는 개념을 앞세워 미디어 효과를 과소평가한 제한효과 이론과의 격차를 조정할 수 있는 논리적인 틀을 제시해 주는 모형으로 평가할 수도 있을 것이다.

문화계발이론

　문화계발이론(Theory of Media Cultivation)은 거브너와 그로스에 의해서 처음 제기된 이론으로서(Gerbner & Gross, 1976), 광범위한 사회화 과정(socialization)의 논리를 제공해 주고 있다. 이 문화계발이론은 사람들이 매스미디어, 특히 텔레비전에 많이 노출되면 될수록 그들의 실제 세계가 텔레비전에서 보고 관찰하는 것과 같다고 믿는 경향이 더 강하다는 견해를 갖는다. 다시 말해서, 이 이론은 대중에게 영화나 드라마 등 주로 오락적 내용을 많이 제공하는 TV 시청시간의 증가가 사람들이 세계를 바라보는 감각을 배양하여 사회적 실상(social reality)을 왜곡시킬 것이라는 가설에서 출발한 이론이다. 이 이론에서 문화계발(cultivation)이란 보편적 세계관(common world view), 보편적 역할(common roles), 보편적 가치(common values)를 가르치는 것을 의미한다. 즉, TV가 제시하는 상징적 환경이 수용자의 현실감각을 배양하여 사회적 실상에 대한 지각에 영향을 주는 일종의 이미지 왜곡현상을 말한다. 예컨대, TV 폭력물에 과다하게 노출된 시청자는 사회에서 실제 발생하는 범죄 건수보다 더 높게 평가하게 되며, 또 자신이 범죄에 희생될 수도 있다는 생각을 TV 경시청자(light viewer)보다 더 갖게 되어 실상에 대한 지각왜곡 현상이 발생한다는 것이다.

　미디어의 배양효과 또는 문화계발가설은 그것이 소개된 이후 여러 학자들 (Doob & Macdonald, 1979; Hirsch, 1981; Hughes, 1980)에 의해서 비판을 받아왔다. 시청자가 TV에 나오는 인물과 동일시(identification)하는 경우에만 "저속한 세상 증후군(mean world syndrome)"[12]이 나타날 수 있으며, 또 배양효과는 인구학적 특성, 지능, 기대, 사회적 고립감 등 개인적 요인의 영향을 받기

---

12) '저속한 세상 증후군'이란 TV 프로그램이 폭력, 성애 등과 같은 내용을 지나치게 다루게 되면 중시청자(heavy viewer)는 폭력과 성애가 현실에서 매우 일상적인 것으로 지각해서 이 세상을 매우 저속하고 위험한 곳으로 믿게 되는 배양효과를 말한다. (Gerbner, Gross, Morgan, & Signorielli, 1994).

때문에 실제 그 효과의 크기가 매우 작다는 것이다.

이러한 비판을 수용하여 거브너는 주류(main-streaming)와 공명(resonance)이라는 두 개념을 추가하여 문화계발이론에 수정을 가하였다(Gerbner et al., 1980). 첫째, 주류라는 개념은 TV의 과다노출로 모든 계층에 걸쳐 사회적 실상에 대해 같은 시각을 갖게 하는 현상을 말하는데, 즉 TV는 다양하고 이질적인 하부문화 그룹의 수용자들을 TV 내용을 통해 배양함으로써 동질적 사회인으로 만드는 과정을 말한다. 둘째, 공명이라는 개념은 TV 내용이 시청자들이 처한 상황과 유사하거나 일치할 경우에 공감을 느끼게 만드는 증폭된 커뮤니케이션 효과를 의미하는데, 이 공명은 TV의 배양효과를 촉진할 것이며 수용자의 주류화를 가속화할 것이라는 것이 수정·보완된 문화계발이론의 요지다.

이렇듯 거브너는 두 개념의 도입과 함께 문화계발효과가 적다는 여러 학자들의 비판을 일부 수용했지만 장시간에 걸친 TV 노출의 누적적 효과(long-term & cumulative effect)는 결코 무시하지 못할 문화계발효과를 가져온다고 주장하고 있다(Gerbner et al., 1994). 오늘날 이 이론은 발표된 후 수십 년간 실증적인 연구들이 축적되어 감에 따라 그 가치를 인정받고 있으며, 기존의 태도변용이론과는 달리 설득(persuasion)과 의도(intention)라는 용어를 사용하지 않고 미디어의 메시지가 실제 세계에 대해 사람들이 견지하는 신념과 태두에 누적적이고 점진적이며 비의도적인 영향을 미칠 수 있다는 문화계발(cultivation)이라는 아이디어는 많은 학자들로부터 다양한 평가를 받고 있다(Sparks, 2006: 151~153).

결론

이 장에서 우리는 지금까지 미디어의 효과에 관한 역사적 발전 과정과 더불어 각 시대마다 유행했던 세부적인 미디어 효과를 살펴보았다. 다시 요약해 보면, 매스미디어의 효과에 관한 이론은 초기 탄환이론과 같이 대효과 이론에서부터 제한효과 이론으로, 그리고 중효과를 거쳐 다시 강력효과로 회귀하는 연구적 동향을 엿볼 수 있다. 그렇다면 매스미디어가 개인이나 사회에 미치는 진정한 효과는 무엇일까? 매스미디어의 효과는 그동안 기술적 발전으로 인한 다양한 매체의 등장으로 효과 그 자체가 시대와 상황에 따라 변해왔는가? 이러한 일련의 의문에 대해 명쾌한 답을 내린다는 것은 그리 간단한 일도 아닐 뿐더러 어떤 면에서는 어리석은 질문이 될지도 모른다.

미디어 효과 이론에 대한 올바른 이해를 위해서는 그 효과의 크기나 변화의 방향에 초점을 맞추는 것보다는 오히려 우리의 시각을 달리해 보는 것이 좀 더 쉽고 빠른 방법이 될지도 모른다. 왜냐하면 지금까지 소개한 여러 이론들이 서로 상충되거나 차이가 있게 된 것은 미디어의 효과가 변해왔기 때문이라기보다는 미디어의 효과를 바라보는 연구자들의 시각이나 관점이 바뀌어왔기 때문이다. 그러므로 각 시대마다 등장한 이론들의 장단점을 잘 파악하고, 각 이론에서 간과했던 제3의 변수 또는 중개변수들을 하나씩 다시 검토해 보며, 가능하면 새로운 변수를 찾아가는 과정이 필요하다. 미디어 효과에 관한 앞으로의 연구가 이러한 과정을 꾸준히 거쳐서 수행된다면 나무가 모여 숲을 이루듯 부분적인 연구의 특성과 이론을 절충하거나 집대성하여 미디어 효과에 관한 종합적인 모형[13]도 개발할 수 있을 것이며, 또 그렇게 될 것으로 기대해 본다.

---

13) 지금까지 미디어 효과에 관한 종합적인 모형을 개발하려는 시도가 없었던 것은 아니다. 볼로키치와 드플러(Ball-Rokeach & DeFleur, 1976)는 의존이론(Dependency Model)이라는 이름으로 미디어 효과 이론의 종합화를 시도했다. 그 모형에서는 미디어 효과를 제대로 파악하기 위해서는 사회제도, 미디어 제도, 수용자의 미디어 의존 정도를 고려해야 한다고 주장한다. 관심이 있는 독자들은 저자의 원 논문이나 세버린과 탠커드(Severin & Tankard, 1992: 14장)를 참고하기 바란다.

생각해 볼 문제

1. 매스미디어 효과를 정의할 때, 우선 고려해야 할 요인은 어떠한 것들이 있는지 논의해 보자.

2. 미디어 효과에 대한 이론이 대효과, 소효과, 중효과, 그리고 다시 강력효과로 회귀하게 된 역사적 배경에 대해 논의해 보자.

3. 미디어 의제, 공중 의제, 정책 의제가 어떻게 설정되는지 그 형성 과정을 고려하여 이러한 의제들 간의 상호 인과적 관련성에 대해 논의해 보자.

4. 우리가 일상생활에서 흔히 접할 수 있는 일반적인 뉴스와 중요한 사건에 관한 뉴스가 사람들에게 확산되는 과정을 조사하여 각각의 특성이 어떻게 다른지 논의해 보자.

5. 광고 심의, 영화 검열, 미디어 편집자의 게이트키핑 등의 과정에서 매스미디어가 정책결정자들에게 미칠 수 있는 영향에 대해 논의해 보자.

6. 텔레비전 시청자들의 시청시간을 조사하여 그 많고 적음에 따라 중시청자와 경시청자로 나눈 후, 현실세계에 대한 지각에 어떠한 차이를 보이는지 각각 비교해 보자.

7. 침묵의 나선이론과 집단적 무지이론을 적용하여 매스미디어가 여론형성 과정에 어떻게 영향을 미칠 수 있는지 논의해 보자.

참고문헌

김영석. 2005. 『설득커뮤니케이션』. 나남.
차배근. 1990. 『설득커뮤니케이션 이론』. 서울대학교출판부.

_____. 2001. 『매스커뮤니케이션 효과 이론』. 나남.
최정호·강현두·오택섭. 1997. 『매스미디어와 사회』. 나남.
한국언론학회. 1994. 『언론학원론』. 범우사.

Asch, S. E. 1958. "Effects of Group Pressure upon the Modification and Distortion of Judgements." in E. E. Maccoby, T. M. Newcomb, & E. L. Hartley(eds.). *Readings in Social Psychology*. 3rd ed. Holt Rinehart and Winston3.
Ball-Rokeach, S. J. & M. L. DeFleur. 1976. "A Dependency Model of Mass Media Effects." *Communication Research*, 3, pp.3~21.
Baran, S. 1999. *Mass Communication: Media Literacy and Culture*. Mountain View, Mayfield.
Berelson, Bernard. 1959. "The State of Communication Research." *Public Opinion Quarterly*, 23(Spring), pp.1~17.
Blumer, H. & P. M. Hauser. 1933. *Movies, Delinquency, and Crime*. Macmillan.
Cantril, H. 1940. *The Invasion from Mars: A Study in the Psychology of Panic*. Princeton University Press.
Charters, W. W. 1933. *Motion Pictures and Youth: A Summary*. Macmillan.
Cohen, Bernard C. 1963. *The Press and Foreign Policy*. Princeton. Princeton University Press.
Cohen, J., D. Mutz, V. Price, & A. Gunther. 1988. "Perceived Impact of Defamation: An Experiment on Third-Person Effects." *Public Opinion Quarterly*, 52, pp.161~173.
Dale, E. 1935. *The Content of Motion Pictures*. Macmillan.
Davison, W. Phillips. 1983. "The Third-Person Effect in Communication." *Public Opinion Quarterly*, 47, pp.1~15.
DeFleur, Melvin L. 1988. "Diffusing Information." *Society*, 25, pp.72~81.
Deutchman, Paul J. & Wayne Danielson. 1960. "Diffusion of Knowledge of Major News Story." *Journalism Quarterly*, 37, pp.345~355.
Diebold, J. 1968. "Beyond Automation." R. E. Herbert & C. E. Spitzer. *The Voice of Government*. John Wiley & Sons, Inc.
Donohue, G. A., P. J. Tichenor, & C. N. Olien. 1970. "Mass Media and the Knowledge Gap." *Communication Research*, 2, pp.3~23.
_____. 1975. "Mass Media and the Knowledge Gap A Hypothesis Reconsidered." *Communication Research*, 2(1), pp.3~23.
Doob, A. N. & Glenn MacDonald. 1979. "Television Viewing and Fear of Victimization: Is the Relationship Causal?" *Journal of Personality and Social Psychology*, 37, pp.170~179.
Dysinger, W. S. & C. A. Ruckmick. 1933. *The Emotional Responses of Children to the Motion*

Picture Situation. Macmillan.

Eveland, W. P. Jr., D. M. McLeod, & N. Signorielli. 1995. "Actual and Perceived U.S. Public Opinion: The Spiral of Silence during the Persian Gulf War." *International Journal of Public Opinion Research*, 7, pp.91~109.

Fields, J. M. & H. Schuman 1976. "Public Beliefs about the Beliefs of the Public." *Public Opinion Quarterly*, 40, pp.427~448.

Gantz, Walter. 1983. "The Diffusion of News about the Attempted Reagan Assassination." *Journal of Communication*, 33, 1(Winter), pp.56~66.

Gaziano, C. 1983. "The Knowledge Gap: An Analytical Review of Media Effects." *Communication Research*, 10(4), pp.447~486.

Gerbner, G., & L. Gross. 1976. "TV Violence Profile 8: Trends in Network Television Drama and Viewer Conceptions of Social Reality." Philadelphia: Annenberg School of Communication, University of Philadelphia.

Gerbner, G., L. Gross, M. Morgan, & N. Signorielli. 1980. "The Mainstreaming of America: Violence Profile No. 11." *Journal of Communication*, 30(3), pp.10~29.

_____. 1994. "Growing up with Television: The Cultivation Perspective." In J. Bryant & D. Zillmann(eds.). *Media Effects: Advances in Theory and Research*. Hillsdale, Erlbaum.

Gerbner, G., L. Gross, N. Signorielli, M. Morgan, & M. Jackson-Beck. 1979. "The Demonstration of Power: Violence Profile No.10." *Journal of Communication*, 29, 3(Summer), pp.177~196.

Greenberg, Bradley S. 1964a. "Person to Person Communication in the Diffusion of News Events." *Journalism Quarterly*, 41, pp.489~494.

_____. 1964b. "Diffusion of News of the Kennedy Assassination." *Public Opinion Quarterly*, 28, pp.225~232.

Gross, K. & S. Aday. 2003. "The Scary World in Your Living Room and Neighborhood: Using Local Broadcast News, Neighborhood Crime Rates, and Personal Experience to Test Agenda Setting and Cultivation." *Journal of Communication*, 53(3), pp.411~426.

Gunther, A. C. 1991. "What We Think Others Think: Cause and Consequence in the Third-Person Effect." *Communication Research*, 18, pp.355~372.

Herrett-Skjellum, J. & M. Allen. 1996. "Television Programming and Sex Stereotyping: A Meta Analysis." In B. R. Burleson(ed.). *Communication Yearbook*. Thaousand Oaks, Sage.

Hill, Rechard J. & Charles M. Bonjean. 1964. "News Diffusion: A Test of the Regularity Hypothesis." *Journalism Quarterly*, 41, pp.336~342.

Hirsch, Paul M. 1981. "Distinguishing Good Speculation from Bad Theory: Rejoinder to Gerbner et al." *Communication Research*, 8, p.3.

Houseman, J. 1948. *The Man from Mars*. Harper's.

Hovland, C. I., A. A. Lumsdaine, & F. D. Sheffield. 1949. *Experiments on Mass Communication*. Princeton University Press.

Hovland, C. I. & I. L. Janis. 1959. *Personality and Persuasibility*. Yale University Press.

Hughes, Michael. 1980. "The Fruits of Cultivation Analysis: A Re-examination of the Effects of Television Watching on Fear Victimization, Alienation, and the Approval of Violence." *Public Opinion Quarterly*, 44, pp.287~302.

Iyengar, S., M. P. Peters, & D. R. Kinder. 1982. "Experimental Demonstrations of the Not-so-minimal Consequences of Television News Programs." *American Political Science Review*, 76, pp.848~858.

Katz, D. & F. H. Allport. 1931. *Student Attitudes*. Craftsman Press.

Katz, E., J. G. Blumler, & M. Gurevich. 1973. "Uses and Gratifications Research." *Public Opinion Quarterly*, 37, pp.509~523.

Katz, Elihu. 1959. "Mass Communication Research and the Study of Popular Culture." *Studies in Public Communication*, 2(Summer), p.2.

Kiousis, S. 2003. "Job Approval and Favorability: The Impact of Media Attention to the Monica Lewinsky Scandal on Public Opinion of President Bill Clinton." *Mass Communication & Society*, 6(4), pp.435~451.

Klapper, J. T. 1960. *The Effects of the Mass Media*. Glencoe, Free Press of Glencoe.

Klineberg, O. & J. T. Klapper. 1960. *The mass media: Their Impact on Children and Family Life*. Comments presented to the Study of association of America, Television Information Office.

Lazarsfeld, P. F., B. Berelson, & H. Gaudet. 1948. *The People's Choice*. Columbia University Press.

Liebert, R. M. & J. Sprafkin. 1988. *The Early Window: Effects of Television on Children and Youth*. Pergamon Press.

Lippmann, Walter. 1922. *Public Opinion*. Macmillan.

Lowery, S. A. & M. L. DeFleur. 1988. *Milestones in Mass communication Research*. 2nd ed. Longman.

McCombs, Maxwell E. & Donald L. Shaw. 1973. "The Agenda-Setting Function of the Mass Media." *Public Opinion Quarterly*, 37, pp.62~75.

McDonald, D. G., C. J. Glynn, S. Kim, & R. E. Ostman. 2001. "The Spiral of Silence in the 1948 Presidential Election." *Communication Research*, 28(2), pp. 139~155.

McLeod, J. M. & B. Reeves. 1980. "On the Nature of Media Effects." In S. B. Withey & R. P. Abeles(eds.). *Television and Social Behavior: Beyond Violence and Children*. Hillsdale, Erlbaum.

McQuail, Denis. 1979. "The Uses and Gratification Approach: Past, Troubles and Future." *Masscommunicate*, vii, 3, pp.73~89.

Mutz, D. C., D. F. Roberts, & D. P. van Vuuren. 1993. "Reconsidering the Displacement Hypothesis: Television's Influence on Children's Use of Time." *Communication Research*, 20, pp.51~75.

Noelle-Neumann, E. 1974. "The Spiral of Silence: A Theory of Public Opinion." *Journal of Communication*, 24, pp.43~51.

_____. 1991. "The Theory of Public Opinion: The Concept of the Spiral of Silence." In J. A. Anderson(ed.). *Communication Yearbook*, 14. Sage.

Novak, K. 1977. "From Information Gaps to Communication Potential in Berg." M. et al.(eds.). *Current Theories in Scandinavian Mass Communication*. Grenaa, GMT.

Robinson, J. & M. Levy. 1986. *The Main Source*. Sage.

Robinson, J. P. 1972. "Mass Communication and Information Diffusion, in Kline." F. G. & Tichenor(eds.). *Current Perspective in Mass Communication Research*. Sage Publications.

Rogers, Everett M. & James W. Dearing. 1988. "Agenda-Setting Research: Where Has It Been, Where Is It Going?" In James Anderson(ed.). *Communication Yearbook*, 11. Sage.

Severin, Werner J. & James W. Tankard Jr. 1992. *Communication Thepries: Origins, Methods, and Uses in the Mass Media*. Longman.

Shaw, Donald L. & Maxwell E. McCombs(eds.). 1977. *The Emergence of American Political Issues: The Agenda-Setting Function of the Press*. St. Paul, West.

Sparks, G. G. & C. Sparks. 2000. "Violence, Mayhem, and Horror." In D. Zillmann and P. Vorderer(eds.). *Media Entertainment: The Psychology of its Appeal*. Erlbaum.

Sparks, Glenn G. 2006. *Media Effects Research: A Basic Overview*. Thomson Wadsworth.

Straubhaar, J. & R. LaRose. 2000. *Media Now: Communication Media in the Information Age*. Wadsworth.

Tichenor, P. J., G. A. Donohue, & C. N. Olien. 1970. "Mass Media Flow and Differential Growth in Knowledge." *Public Opinion Quarterly*, 34, pp.159~170.

Wertham, F. 1954. *Seduction of the Innocent*. Rinehart.

Williams, T. M. & A. G. Handford. 1986. "Television and Other Leisure Activities." In T. M. Williams(ed.). *The Impact of Television: A Natural Experiment in Three Communities*. Academic Press.

Wilson, P. 1995. *Dealing with Pornography: The Case against Censorship*. University of New South Wales Press.

Zimbardo, P. G., E. B. Ebbesen, & C. Maslach. 1977. *Influencing Attitudes and Changing Behavior*. Addison-Wesley.

제4장 신문의 역사

안종묵 | 청주대학교 언론정보학부 교수

인류 최초의 전근대적 신문 형태는 로마의 《악타 퍼블릭카》와 《악타 듀르나》에 기원을 두고 있다. 동양의 중국에서도 로마에서 등장한 전근대적 신문이 나올 무렵 《저보》 또는 《조보》가 등장하였다. 중세인 11세기 이후 서한신문이 나왔으며, 이후 필사로 복제되어 필요로 하는 독자들에게 배포하는 필사신문이 등장하였다. 16세기에 인쇄술이 더욱 개량되고 동서 교류가 빈번해져서 뉴스의 수요가 증가하자 인쇄업자들은 정기적으로 신문을 발행하기에 이르렀다. 이것이 오늘날 서양 세계 근대신문의 모체가 되었다.

한국 저널리즘의 태동인 《한성순보》의 창간은 개화의 하나의 결실이면서 동시에 개화 세력이 한국 근대화를 위해 신문을 이용하고자 했던 노력의 결실이었다. 역시 개화 세력에 의해서 최초의 민간신문 《독립신문》이 창간되었으며, 이후 《매일신문》, 《황성신문》, 《뎨국신문》, 《대한매일신보》 등과 같은 민간신문이 등장하여 독자들에게 애국계몽사상을 전파하였다. 한말에 발행되었던 이들 근대신문은 한국 저널리즘의 형성과 발전을 위한 초석이 되었다.

중요 개념 및 용어 ┃ 인쇄술, 필사신문, 근대신문, 개화사상, 한성순보, 독립신문

세계 신문의 역사

전근대신문의 출현과 발전

전근대신문의 기원

　문자가 발명되면서 신문 현상도 나타나기 시작하였다. 최초의 신문이 언제 나왔느냐에 대해서는 여러 가지 학설이 있다. 왜냐하면 신문의 개념과 요건을 어떻게 규정하느냐에 따라 그 기원을 달리 볼 수 있기 때문이다. 그러나 일반적으로 로마 시대에 최초의 신문이 탄생하였다고 보고 있다(임근수, 1984: 17).
　기원전 800년경에 이탈리아 북부에 정착한 로마인들은 그리스 문화와 통합하여 라틴 문화를 건설하였다. 이들은 기원전 510년에 로마공화국을 건설함으로써 정치와 문화에 있어 큰 발전을 이룩하였다. 로마공화국이 수립되자 국가 공동생활을 위한 커뮤니케이션이 필요하게 되었으니, 여기서 역사상 처음으로 문자화된 신문 현상이 나타나게 되었다.
　이것이 ≪악타 퍼블릭카(Acta Publica)≫라고 불리는 관보적 성격의 필사신문이었다. 그러나 그 이전에 이미 종교적 행사 중 하나로서 '로마사제연보(司祭年報)'라는 것이 있어서 많은 사람들의 관심거리가 될 만한 공적인 사건에 대하여 사제가 그해 그해의 뉴스로서 이것을 흰 빛깔의 진흙판에 써서 붙였다고 한다. 따라서 이것이 바로 그 후에 나온 ≪악타 퍼블릭카≫의 전신이라고 할 수 있다. ≪악타 퍼블릭카≫는 로마 시민들에게 공공의 관심사를 도시의 주요 지점에 석고판으로 써서 내걸었던 전근대신문의 한 형태였다. 정부 입장에서 보면 시민들을 효율적으로 통치하기 위해선 공공의 고지(告知)가 필요했으며, 시민들의 입장에서도 실생활에 필요한 정보를 빨리 알 필요가 있었던 것이다.
　이후 로마는 기원전 30년에 제정(帝政) 시대를 통해 강력한 제국을 수립하였는데, 시저(Caesar)는 중앙집권제의 로마제국 건설에 힘을 쏟았다. 그는 거대한 제국을 지배하기 위하여 좀 더 유용한 커뮤니케이션의 수단으로서 관보적 성격의 신문을 만들었다(임근수, 1984: 17). 시저가 등장하기 이전에도 로마의 지방인사들 중에는 중앙에 노비통신원(slave reporter)을 두어 그날그날의 중요한 뉴스를 편지로 통보하는 풍습이 있었다. 특히 로마의 귀족은 1년의 태반을 자기들 소유의 장원에서 보냈으므로 반드시 통신원을 수도 중앙에 주재시켰고, 또한 전쟁터에 나가 있는 장군들은 전시통신원을 두어 전황을 중앙에 보고하게 하였다.

이와 같이 사적 통신원들에 의한 커뮤니케이션 형태를 총칭하여 ≪악타 듀르나(Acta Diurna)≫라고 불렀다. ≪악타 듀르나≫가 비록 관보적 또는 반관보적 성격을 가지고 있었으나, 그 이전의 '사제연보'나 ≪악타 퍼블릭카≫에 비하여 훨씬 발전한 신문적 현상이었다. 왜냐하면 ≪악타 듀르나≫는 조그만 사건에 대해서도 흥미를 자아낼 수 있도록 각별한 노력을 했을 뿐만 아니라 사건·사고에 대해서도 가능한 한 취재 기록을 하였기 때문이다. 그러나 아직 사실의 보도를 넘어선 의견이나 논평의 발표는 허용하지 않았다.

한편, 동양인 중국에서도 로마의 ≪악타 듀르나≫와 비슷한 신문 현상인 ≪저보(邸報)≫라는 것이 있었다. 이 ≪저보≫는 한나라와 당나라에서 시작되었는데, 이를 ≪조보(朝報)≫라고도 불렀다. ≪저보≫는 관보, 즉 국가의 제도로서 황실의 동정, 관리의 임명과 면직 및 상소 등을 게재하였다.

≪저보≫란 '저(邸)'에서 나온 말로서 '저'란 지방이 세후가 수도에 와서 황제를 접견할 때 머물렀던 숙소를 의미한다. 이 같은 '저'에서는 일체의 중앙의 소식들을 기록하여 지방의 제후에게 전달하였는데, 이러한 커뮤니케이션 형태를 ≪저보≫라 하였다. 그리고 반대로 지방에서 중앙으로 전달되는 것은 ≪변보(邊報)≫라 하였다(차배근, 1976: 512).

그러나 이러한 ≪저보≫는 일반 백성에게 공시된 것이 아니라 중앙과 지방 군신 사이의 커뮤니케이션 수단이었다. 따라서 ≪저보≫는 로마 시대에 등장한 ≪악타 퍼블릭카≫가 일반 대중을 상대로 했던 점에서 그 대상이 달랐다. 하지만 ≪저보≫는 지방과 중앙 사이의 중요한 커뮤니케이션 수단으로 평가할 수 있으며, 송(宋)대에 와서는 이 ≪저보≫를 신문으로 불렀다고 하니 동양

최초의 신문으로 볼 수 있다.

중국의 저보 제도는 우리나라에서도 그대로 채택·사용되었다. 그러나 서양의 경우와 달리, 중국이나 우리나라의 ≪저보≫는 근대적 신문으로 발전하지 못하고 계속 관보의 성격만을 띠어 오다가 19세기 말에 와서 서양의 신문제도를 도입하여, 동양에 신문이 생기게 되었다. 아마 동양에서 신문이 생성하지 못한 것은 그 정치적 제도가 항상 전제 군주제였고, 사회가 상업·산업화하지 못한 데 그 원인이 있다고 볼 수 있다(차배근, 1976: 513).

중세 유럽의 신문 현상

로마제국의 동서 분열과 서로마제국의 멸망 이후, 유럽에는 민족의 대이동이 시작되어 혼란이 계속되었고 문화의 발전은 일시 중단되었으니, 이 시기를 유럽의 중세 시기라 한다. 따라서 로마 시대에 등장하였던 신문 현상도 자취를 감추게 되었다.

유럽의 중세에 신문 현상이 없어지기는 하였으나, 인간들의 뉴스 추구의 욕구가 없어진 것은 아니었다. 따라서 정보 추구의 욕망을 달성하기 위하여 원시사회와 그리스 시대에 등장하였던 담화(談話)신문이 등장하였다. 담화신문이란 방랑시인의 민요, 행상인들의 구전 등을 말하는 것으로 문자로 된 신문과는 거리가 멀다. 그러나 이들은 당시의 유일한 뉴스원이었고, 그 내용이 정치, 경제, 국제 소식, 문화 등 오늘날 신문의 기사 내용과 다를 바 없었다. 이에 일부 학자는 이러한 현상을 민요 저널리즘(ballad journalism)이라고 부르기도 한다.

이후 11세기에 와서야 문자로 된 편지의 형식을 띤 서한(書翰)신문들이 나타나기 시작하였다. 교황이나 교회는 원래부터 편지를 이용함으로써 교회 조직을 운영할 수 있었으며, 황제와 제후들도 편지를 통한 커뮤니케이션 방법을 쓰기 시작하였다. 서한신문은 본래 상인들의 상업 통신에서 나왔다고 한다. 11세기 말 십자군 전쟁이 발발하자 상인들은 물자 보급을 위하여 국내외의 모든 중요한 뉴스와 정보를 필요로 하였다. 특히 십자군 전쟁의 군수품 발송지였던 베니스에는 많은 상인들이 모여 내외 각지에 지점을 설치하고 무역을 활발히 하였는데, 당시 이스라엘 소재의 지점에서 오는 상업편지에는 십자군 전황이 함께 게재되었다고 한다. 이것은 ≪노벨라(Novela, news)≫라고 불리는 것으로서 최초의 서한신문이었다고 한다(차배근, 1976: 514).

서한신문은 편지와 같은 성격을 띠고 있었으나, 이러한 서한신문을 필요로 하는 사람들에게 필사·복제하여 판매하는 사람들이 등장하였다. 따라서 이러한 서한신문은 필사(筆寫)신문으로 변화·발전하게 되었다. 물론 초기 필사신문과 서한신문을 구별하기란 어렵다. 그러나 이러한 필사신문이 계속 발전하여 중세 후기에는 신문 형태의 면모를 갖추게 되었다.[1]

그러나 역사상 최초의 대규모 공개적인 보급·판매를 시작한 필사신문으로는 이탈리아 베니스에서 1536년에 발간된 ≪가제트 가제타(Gazette Gazetta)≫를 들 수 있다. '가제트'의 어원은 베니스 거리에서 가판하던 신문판매원들의 시끄러운 소리를 'gazza(까마귀)'에 비유한 데서 시작되었다고 한다. ≪가제트 가제타≫의 발생 초기에는 각처에서 들어오는 통신문에서 중요한 것만을 추려서 만들었다고 하며, 그 대상은 시민 대중이 아닌 상류계층이었다고 한다. 사실 시민 대중 대다수가 문맹자였음을 생각할 때 당연한 것이었다.

한편, 독일에서도 16세기 후반에 와서 필사신문이 발생하였는데, 그중에서 가장 유명한 것은 아우크스부르크의 대무역상이사 금융가인 푸거(Fugger) 일가가 만든 ≪푸거 차이퉁겐(Fugger Zeitungen)≫이라는 필사신문이었다. 이 신문의 뉴스 출처는 대단히 광범하여 유럽 각지는 물론 근동과 중국, 신대륙 미국에서 보내온 통신까지 포함하였다고 한다. 특히 이 신문은 상업적인 뉴스뿐만 아니라 최초로 정치적인 뉴스까지 다루었다는 점에서 의의가 있다.

이탈리아, 독일과 마찬가지로 프랑스와 영국에서도 16세기 말부터 필사신문이 나타나기 시작하였다. 프랑스의 대표적인 필사신문으로 ≪누벨 아 라 멩

---

[1] 서한신문은 편지의 형태로 몇몇 사람들만이 돌려본 형태라면, 필사신문은 이러한 서한신문을 필사하여 여러 장을 만들어 다수가 볼 수 있는 형태이다.

<표 4-1> 중세 신문의 변천사

민요 저널리즘	⇨	서한신문	⇨	필사신문
방랑시인, 행상		≪노벨라≫		≪가제트 가제타≫
				≪푸거 차이퉁겐≫
				≪누벨 아 라 멩≫
				≪뉴스 레터≫

(Nouvelles a la Main)≫을 들 수 있는데, 이것은 정부에 반대하는 정치적인 뉴스를 게재함에 따라 탄압을 받았다. 한편 영국에서도 필사신문이 등장하였는데 대표적인 것이 ≪뉴스 레터(News Letter)≫였다. 이 필사신문은 주로 런던과 관련된 소식 및 궁정의 일들을 담은 내용을 각 지방의 영주들에게 송달해 준 것이었다.

이상에서 열거한 나라에서 발간된 필사신문 외에도, 유럽의 모든 국가에서 필사신문이 나왔다고 하며, 필사신문은 인쇄신문이 나온 18세기 후반에 이르기까지 200년 이상 뉴스의 공표매체로서 유럽에서 중요한 기능을 담당하였다.

매스커뮤니케이션으로서의 세계 신문

근대신문의 태동

근대신문의 생성과 발전에 결정적인 구실을 한 것은 인쇄술과 제지술의 발명이었다. 이외에도 십자군 이후 중세의 몰락과 그에 따른 문예부흥, 종교개혁, 시민사회의 대두와 형성, 계몽사상과 민권 개념의 대두, 근세국가의 성립, 자본주의의 형성, 세계무역경제의 형성 등의 시대적 상황이 모두 근대신문의 생성 요인들이다(임근수, 1984: 97).

인쇄술과 제지술이 급속히 발전·보급되자 초유의 인쇄신문이 나타나게 되었다. 그러나 이들은 현대의 신문과는 다른 부정기신문이었다. 이미 앞에서 언급하였듯이 당시 유럽에는 필사신문과 서한신문이 유행하였다. 이러한 신문에 인쇄술을 도입하면 광범한 독자층에 배포할 수 있다는 것을 느낀 인쇄업자들은 필사신문과 서한신문에서 흥미 있는 뉴스를 간추리는 한편, 행상인이나 여행인들로부터 이야깃거리를 모아 인쇄신문을 발행하게 되었으니, 그 최초의 것으로 독일 ≪플루크 블라트(Flug-blatt)≫를 꼽을 수 있다.

≪플루크 블라트≫는 15세기 말에 처음 나타나기 시작한 것으로 추정되는데 일반에게는 '노이에 자이퉁(Neue Zeitung)'으로 통칭되면서 인기를 끌었다. 그 체재는 대개 4~8절의 1면 인쇄였으며, 뒷면은 뉴스를 추가하기 위하여 여백으로 남겨두었고, 문장은 운문(韻文) 형식, 즉 노래 가사와 같이 쉽게 읽도록 쓰여졌다고 한다(곽복산, 1971: 90). 이 부정기 인쇄신문은 곧 독일로부터 이탈리아, 네덜란드, 스페인, 영국 등으로 전파되었다. 영국의 ≪뉴스 시트(News Sheet)≫, 이탈리아의 ≪레라치온(Relations)≫, 프랑스의 ≪누벨(Nouvelle)≫ 등은 모두 독일의 ≪플루크 블라트≫를 모방해서 생겨난 신문들이다. 따라서 독일을 근대신문의 발원지라고 말하기도 한다.

16세기에 인쇄술이 더욱 개량되고 동서 교류가 빈번해져서 뉴스의 수요가 증가하자 인쇄업자들은 정기적으로 신문을 발행하기에 이르렀다. 이것이 오늘날의 정기신문의 모체가 되었다. 그러나 매일 신문을 발행한 것은 아니며, 대개 월간, 순간, 주간 등으로 발행했다고 한다.

최초의 본격적인 주간 인쇄신문은 독일의 ≪레리치온(Relations)≫으로 알려져 있다(박유봉, 1987). 이어 네덜란드에서도 1631년에 ≪쿠란트(Courant)≫가 나타났고, 영국에서는 1662년 ≪위클리 뉴스(Weekly News)≫라는 주간 신문이 각각 발행되기에 이르렀다. 네덜란드의 ≪쿠란트≫는 영국에 수입되어 영국의 ≪위클리 뉴스≫ 발행을 자극하였다.[2]

---

2) ≪레라치온≫은 고대 프랑스어인 'relation'에서 유래된 말로서 신문의 발달 단계에서 볼 때, 필사신문이 인쇄된 형태를 거쳐 다시 인쇄된 정기신문으로 발전해 가기까지의 과도기적 단계에서 등장한 형태의 신문이었다. 한편 ≪레라치온≫, ≪쿠란트≫, ≪위클리 뉴스≫ 등은 신문의 제호가 아닌 당시 유행하였던 신문의 형태를 통칭하는 것이다. 신문의 제호가 본격적으로 등장한 때는 18세기 이후이다.

근대신문의 성립과 발전

주간 인쇄신문의 출현과 성장은 우편제도의 발달과 함께 발달되었거니와, 이 같은 주간신문의 발달은 신문업의 근대적 형성에도 직접적인 영향을 끼쳤다(임근수, 1984: 124). 즉, 17세기 말로부터 우편이 점차 발달되자 주간신문은 마침내 일간신문으로 전환하게 되었다. 그리하여 17세기 말에서 18세기 초에 이르러 진정한 의미의 근대신문이 성립하게 되었다.

세계 최초의 일간신문은 독일의 라이프치히에서 발행된 ≪라이프치거 자이퉁(Leipziger Zeitung)≫으로 알려져 있다. 이것은 본시 주간으로 오랫동안 발간되어 오다가 일간신문으로 전환되었다. 뒤이어 유럽 각지에서 일간신문이 속속 나타나기 시작하였다. 영국 런던에서는 1702년 3월 11일에 말렛(E. Mallet)에 의해 ≪데일리 쿠란트(Daily Courant)≫가 창간되었다. 한편 프랑스에서는 1777년 1월 1일에 민간신문인 ≪주르날 드 파리(Journal de Paris)≫라는 일간지가 탄생하였다. 신대륙인 미국에서도 1783년 6월 17일에 ≪이브닝 포스트 앤드 데일리 애드버타이저(The Pennsylvania Evening Post, and Daily Advertiser)≫라는 미국 최초의 일간지가 펜실베이니아에서 나왔다.[3]

17~18세기에 걸쳐 구미에서 근대신문의 성립을 보게 된 것은 우편제도의 발달과 함께 신문조직(기업)의 대규모화와 근대화 때문이었다. 그 밖에도 당시 구미를 휩쓴 자유와 평등사상도 여론형성의 매체인 신문의 근대화를 촉진시켰다. 그리하여 자본주의적 경제체제를 밑바탕으로 삼으면서, 기계적 기술에 의해 대중의 정신적 욕구를 만족시켜 주는 상품인 근대신문이 형성되었다.

18세기에 성립한 근대신문은 19세기에 들어와서, 자유민주주의 사조와 과학적 기술문명에 힘입어 더욱 발전하게 되었다. 특히 교통과 통신의 과학적 혁명은 신문에 새로운 변화를 가져왔다.

당시 자유민주주의 사조는 신문의 자유를 위한 투쟁을 벌이게 함으로써

---

[3] 미국의 최초의 주간신문은 1690년 보스턴에서 해리스(B. Harris)가 창간한 ≪퍼블릭 오큐런스(Public Occurrences)≫였다. 하지만 이 신문은 영국 식민지 정책을 비난하는 글을 게재하였다가 창간 직후 폐간되었다.

신문의 지위를 높이고 그 기능을 확대·발전시켰다. 한편 철도의 부설, 증기선의 발명, 우편제도의 근대화, 전신의 발명, 해저전신의 부설(1851년 대서양) 등은 광범한 뉴스 모집과 신문 배포의 신속화를 촉진시켰다. 특히 윤전기를 사용한 신문인쇄(≪런던타임스≫, 1812년), 라이노타입(Linotype)에 의한 조판(≪뉴욕 트리뷴≫, 1886년)은 신문제작 시간을 단축시켰다. '라이노타입'이란 기계를 이용하여 식자(typesetting)를 함으로써 종래 사람이 하는 것보다 시간과 경비를 단축할 수 있었던 방법이다. 또한 사진술의 발명(J. Niepoe, 1822년)은 생생한 뉴스 보도를 가능하게 하였다. 그리하여 신문은 세계의 뉴스를 지체 없이 대중에게 전달함으로써 근대신문으로 확립되었다.

이렇게 신문 문화의 발상지는 독일을 중심으로 이루어진 것이었지만, 역사·사회·사상·정치적 여러 요인으로 말미암아 그 발달의 무대는 영국과 미국으로 옮겨져, 이로부터 근대신문의 열매는 이 두 곳에서 맺어지는 느낌을 주고 있다(곽복산, 1971: 91). 다시 말하면, 근대신문이 발달할 수 있는 하드웨어와 소프트웨어가 영국과 미국에서 풍부히 공급되었던 것이다.[4]

각국의 근대신문

① 독일

프랑스 대혁명의 거센 물결은 곧바로 독일의 사회적 변동을 가져오지 못하였다. 그러다가 1840년 빌헬름 4세의 즉위를 계기로 시민계급이 정치활동에 참여함에 따라 신문의 자유가 인정되어 근대적 신문이 나타나기 시작하였다. 그후 1848년에 일어난 자유주의 혁명은 신문에 일대 변혁을 가져왔으니 1851~1860년 사이에 발간된 신문의 수효는 482개에 이르렀다고 한다. 또한 내용 면에서도 혁신을 가져와서, 그 이전의 보도적 신문에서 해설적 신문으로

---

4) 근대신문 발달의 소프트웨어는 수용자(문화적 경제적 능력), 언론과 사상의 자유, 정치적 안정 등이며, 하드웨어는 편집기술, 인쇄기술, 자본, 우편, 도로망 등이다.

변화를 추구하였다.

그 당시에 나타난 대표적인 신문으로는 1856년에 창간된 ≪프랑크푸르터 자이퉁(Frankfurter Zeitung)≫을 들 수 있다. 이 신문은 세계적 수준의 지적 신문으로 평가되어 온 것으로 특히 지식층 사이에서 호평을 받았으며, 경제와 정치기사를 비중 있게 다루었다. 이 신문은 1933년 나치 집권 이후에도 반나치 저항지로서 세계적인 권위를 잃지 않았다. 그러다가 세계대전 후에는 '프랑크푸르터 알게마네(Frankfurter Allgemine)'로 제호를 바꾸어 그 전통을 계승해 오고 있다(곽복산, 1971: 92).

그러나 자유주의 혁명에 의한 독일 신문의 자유는 오래 계속되지 못하고 1862년 프로이센의 재상이 된 비스마르크가 '신문조례'를 발표하고 반정부적 신문을 탄압하기 시작함으로써 모든 신문을 철저히 규제하였다. 이후 1919년 바이마르헌법이 제정되었는데, 제118조에 언론출판의 자유 보장을 명시한 이후 근대신문이 활발히 활동하기 시작하였다.

② 프랑스

18세기 말 혁명 시기 프랑스 신문은 과격하였다. 혁명가들은 신문을 이용하여 그들의 주장을 대중에게 이해시키고자 하였다. 그리하여 1789년부터 1793년 사이에 무려 1,000종 이상의 신문과 팸플릿이 간행되었다. 그러나 이들 신문은 1804년 나폴레옹이 집권하자 그에 의해서 모두 정리되었다.

이후 시민혁명으로 나폴레옹이 물러난 이후 수많은 신문이 다시 등장하였으나, 혁명 시기의 불안정한 정치적 상황 속에서 신문은 제대로 발전하지 못하였다. 다만 1836년에 지르딩(E. de Giradin)이라는 사람이 염가신문인 ≪라 프레스(La Press)≫을 창간하였는데, 이 신문은 대량판매와 광고수입으로 신문가격을 반으로 낮추어 신문경영에 새로운 시도를 하였다. 동시에 그는 신문편집 방법도 개혁하여 일반 독자가 좋아하지 않는 정치기사는 짧게 간추리고 그 대신에 문화와 오락기사를 많이 게재함으로써 많은 독자를 확보하였다.

그 뒤 프랑스 신문들은 혁명과 왕정의 정치적 악순환 속에서 통제와 자유라는 우여곡절을 겪다가, 1871년에 제3공화국이 탄생되어 1881년 7월에 '신문의 자유에 관한 법률'이 공포됨으로써 비로소 자유를 얻게 되었다.

③ 영국
영국의 근대신문은 18세기 후반부터 나타나기 시작하였다. 그 대표적인 신문들로서는 ≪모닝 포스트(Morning Post)≫(1772), ≪더 타임스(The Times)≫(1785), ≪모닝 애드버타이저(Morning Advertiser)≫(1794) 등을 들 수 있다. 월터(J. Walter)에 의해 창간된 ≪더 타임스≫는 국내외 취재망을 완비하는 한편, 불편부당을 내세움으로써 명예를 얻었다. 1814년에는 독일인 쾨니히가 발명한 윤전기를 최초로 도입하여 ≪더 타임스≫ 인쇄에 사용함으로써 신문제작 시간을 단축하기도 하였다.

하지만 영국에서는 대중신문이 나오는 데 시간이 걸렸다. 그 이유는 오랫동안 정권을 잡고 있던 귀족계급이 노동계급의 정치 참여를 막고, 그들만이 신문을 독점할 수 있는 방법으로 수차례에 걸쳐 인지세(Stamp Act)를 인상하여 구독료를 비싸게 했기 때문이다. 이 같은 인지세에 대해 최초로 반기를 들고 일어선 사람은 코베트(W. Cobbet)이다. 그는 당시 신문 1부당 4펜스의 인지세를 거부하면서 1816년에 ≪폴리티컬 레지스터(Political Register)≫라는 신문을 2펜스에 판매하였다. 그는 인지세에도 못 미치는 가격으로 시민들에게 판매함으로써 정부에 대항하였으며, 마침내 정부는 1836년에 인지세를 1펜스로 낮추었고, 1861년에 와서는 완전히 폐지되었다.[5]

이러한 인지세 철폐와 더불어 ≪런던 모닝 메일(London Morning Mail)≫, ≪모닝 레이티스트 뉴스(Morning Latest News)≫, ≪에코(Echo)≫ 등의 일간신문과 일요신문의 눈부신 발전이 있었다.

---

[5] 인지세는 지식에 대한 과세라 하여 지식세법(taxes on Knowledge)이라고 불리기도 했다. 이 법은 앤 여왕의 재위 시인 1712년 6월에 의회에서 통과되어 정부가 언론을 간접적인 방식인 경제적인 방법으로 언론을 통제하는 도구로 사용됐다.

④ 미국

독립 후 미국의 신문은 정치적 목적으로 사용되어 왔다. 19세기 초만 하더라도 정당 신문이 대부분을 차지했다. 그러다가 1833년부터 저널리즘에 변혁이 일어나기 시작하여 대중신문의 출현을 보게 되었다. 여기서 대중신문이란 '페니 페이퍼(penny paper)'라고 불리던 염가신문을 말하는데, 1833년 데이(B. Day)가 뉴욕에서 ≪선(Sun)≫을 창간함으로 발전하게 되었다. ≪선≫은 대중적인 흥미를 자극하여 창간 5개월 후 5,000부라는 당시 뉴욕에서 최대 발행부수를 기록하였다. ≪선≫이 성공을 거두자 각지에서 대중신문들이 쏟아져 나오게 되었다.

이러한 대중신문들은 부수경쟁에 돌입하게 되었고 신문들 간의 선정보도가 심하게 되었다. 당시 미국의 이러한 신문의 보도양태를 황색신문, 즉 '옐로 저널리즘(Yellow Journalism)'이라고 한다. 이러한 황색신문의 수법은 전국에 급속히 퍼져나가, 1899~1900년에는 그 절정을 달하였다.

그러나 이러한 황색신문에 대한 비난이 크게 일기 시작하였다. 1851년에 창간된 ≪뉴욕 타임스(New York Times)≫는 황색신문을 좇지 않았으며, 1898년에는 신문가격을 1센트로 낮추고 조간신문으로 개편하는 한편, 고급의 지적 신문으로 착실하게 그 발행부수를 쌓아나갔다. ≪뉴욕 타임스≫는 외신, 경제, 정치 면에서 특히 뛰어났을 뿐만 아니라 편집도 불편부당의 중립에 힘을 쏟았다. 황색신문의 보도양태에 대항하여 진실보도에 주력한 보도를 미국의 뉴 저널리즘(New Journalism) 운동이라 한다. 물론 이 운동에 앞장선 신문은 ≪뉴욕 타임스≫였다.

황색신문을 배격하여 나타난 ≪크리스천 사이언스 모니터(Christian Science Monitor)≫라는 또 하나의 지적 신문이 1908년 보스턴에서 창간되자, 황색신문은 서서히 자취를 감추게 되고, 오늘날과 같은 현대적 신문으로 정착되었다.[6]

---

6) 황색신문인 ≪뉴욕 월드(New York World)≫와 ≪모닝 저널(Morning Journal)≫ 간의 부수경쟁이 치열하였는데, 이 두 신문은 1900년을 전후하여 일요판에 노란 꼬마(The Yellow Kid)를 등장시킨 만화를 게재하였다. 이후 선정보도를 통해 부수확장에 힘을 쏟는 신문을 가리켜 황색신문이라 칭한다.

한국 신문의 역사

최초의 근대신문, 한성순보-주보

한성순보 창간의 경위

≪한성순보(漢城旬報)≫는 1883년 10월 31일(음력 1일)에 창간된 한국 최초의 근대신문이다. 따라서 ≪한성순보≫는 한국에서 근대적인 저널리즘의 길을 열어놓았다고 평가할 수 있다. ≪한성순보≫와 그 후신 ≪한성주보≫는 제호는 다르지만 발행 주체가 같고 동일한 사상을 담고 있다는 점에서 동일한 신문으로 보아야 할 것이다. 한국 저널리즘의 태동인 ≪한성순보≫의 창간은 개화의 결실이면서 동시에 개화 세력이 한국 근대화를 위해 신문을 이용하고자 했던 노력의 결실이었다(김민남 외, 1993: 65).

한국 근대신문의 형성과정을 설명하면서 '외인론', '내인론', '내외인합작론' 등이 제기되고 있다. 우선 ≪조보≫는 근대신문 등장의 '내인설'을 제공하기도 하며, ≪한성순보-주보≫의 주요 내용이 되었던 전근대적인 신문이었다. 조선은 중국에서 한(漢) 이래 역대 왕조가 발간해 온 ≪저보≫와 유사한 형태인 ≪조보≫를 발간하고 있었다. ≪조보≫는 국왕의 결재사항이나 관리의 임면(任免)을 예문춘추관이나 승성원에서 필사로 작성하여 서울에 주재하고 있는 경주인(京主人)과 지방에 파견 나간 영주인(營主人)을 통해 전국에 걸쳐 배포되었다. 이러한 ≪조보≫는 국가에서 발행되었고 부정기적으로 발행되었으며 그 내용은 모든 일반인이 공유할 수 없었다. 따라서 ≪조보≫는 오늘날의 신문과는 달랐으나, 서구의 전근대적인 신문도 한국의 ≪조보≫와 비슷한 형태를 지니다가 근대신문으로 발달하는 과정을 밟았다. 따라서 한국의 ≪조보≫도 한국 근대신문의 발달과정에서 귀중한 밑거름이 되었음에 틀림없다.

다음으로 근대신문 등장의 '외인설'로 볼 수 있는 것으로 청·일 양국의 신문과 관료 지식인이다(김봉진 외, 1996: 113~121). 청국과 일본에서 이미 근대신문이 발간되던 상황에서 한국에서도 근대신문의 발간을 위한 서막이 열리고 있었다. 조선과 일본이 1876년 일명 '강화도조약'을 체결한 이후 양국의 교류가 활발히 진행되기 시작하였다. ≪한성순보-주보≫의 발간과 직접적인 관련은 1882년 9월부터 1883년 3월까지 약 6개월 동안 파견된 수신사의 활동이었다. 박영효를 특명전권대신으로 한 일행은 김만식, 서광범, 김옥균 등이었다. 이들은 일본에서 구미 각국의 외교관을 만났으며, 일본의 문명개화, 산업, 부국강병 정책 등을 살펴보았다. 귀국 전 이들 일행은 일본 근대화의 선구자인 후쿠자와 유키치(福澤諭吉)를 만났다. 후쿠자와는 유학생 파견과 신문지 발간을 권유하면서 신문 발간에 필요한 편집기자로 이노우에(井上角五郎)을 비롯한 우시바(牛場卓藏), 다카하시(高橋正信) 등 3명과 식자공으로 사나다(眞田謙藏)와 미와(三輪廣藏) 2명을 한국으로 일행과 함께 가도록 하였다. 그리고 수신사 일행은 신문을 인쇄할 수 있는 인쇄기와 한자 활자를 구입하여 배송하였다.

　이처럼 수신사 일행은 신문 발간을 위하여 일본인 신문 편집자와 기술자, 인쇄기 및 활자 등을 마련하여 귀국하였다. 박영효는 귀국 즉시 한성판윤, 즉 오늘날의 서울시장에 임명되었으며, 신문 발간에 대한 고종의 허락을 받고 한성부에서 신문 발간을 착수하였다. 그리고 통리교섭통상사무아문(統理交涉通商事務衙門) 주사로 임명된 유길준 역시 신문 발간 사업에 참여하게 되었다. 이때 유길준은 한성부가 신문을 발간하는 데 필요한 기구와 그 인원 등을 규정한『한성부신문국 장정(漢城府新聞局 章程)』을 만들기까지 하였다. 그러나 박영효와 유길준의 신문 발간 노력은 좌절되었다. 박영효는 급진적인 개혁정책으로 권문사대부들과 마찰을 빚다가 마침내 한성부 판윤 자리에서 해임되었고, 유길준도 주사를 사임하고 민영익이 이끄는 미국 사절단의 일원으로 수행하면서 유학길에 올랐다. 이 과정에서 한국에서 신문을 발간하기 위해 왔던 일본인 신문 편집자 3명 중 이노우에만 남고 모두 일본으로 돌아갔으며, 다만 식자공 2명은 그대로 한국에 남았다(이광린, 1979: 100).

　이렇게 되자 신문 발간의 업무는 한성부에서 외부(外部)의 통리아문으로 이관되었다. 통리아문에는 산하 기관으로 동문학(同文學)이 있었는데, 동문학은 당시 중국에서 외국어 학교로 설치되어 있던 동문관(同文館)을 본뜬 것으로 외국어 교육기관이었다. 1882년 박영효와 함께 수신사 일행으로 참여하여 일본의 근대 문물을 접했던 김만식이 1883년 4월 26일에 동문학의 책임자인 장교(掌敎)로 임명되었다. 김만식은 박영효와 달리 온건 개화사상을 지녔던 사람이었다. 동문학은 외국어 교육기관이었으나 외국 서적의 간행도 담당하였다.

이렇게 박영효가 한성부에서 신문 발간을 추진하였으나, 박영효가 한성부를 떠나자 그것이 여의치 못하게 되었다. 하지만 신문의 필요성을 느꼈던 개화파 인사인 김만식이 동문학의 책임자가 되자 동문학에서 신문 발간을 준비하게 되었다. 마침내 8월 17일 동문학의 산하 기관으로 인쇄시설을 갖춘 박문국(博文局)이 설립되었고, 그 책임자로 김인식(金寅植) 주사, 그리고 장박(張博), 오용묵(吳容默), 김기준(金基駿) 등이 각각 사사(司事)로 임명되었다. 또한 일본인 이노우에가 신문 발간을 위하여 박문국에 참여하였다. 마침내 박문국에서 한국 최초의 근대신문인 《한성순보》가 창간되기에 이르렀으며, 이들은 한국 최초의 근대 언론인이라고 할 수 있다(안종묵, 2003: 23).

한성순보-주보의 체재와 내용

《한성순보》는 순한문으로 10일에 한 번 발간된 신문이었고, 《한성주보》는 한문 기사, 국한문혼용 기사, 한글전용 기사로 7일에 한 번 제작되었다. 1884년에 《한성순보》는 갑신정변으로 폐간되었으며, 이후 1886년에 속간된 《한성주보》는 속간 첫해에 이 같은 세 종류의 기사를 갖추었으나 이듬해부터는 한글 기사가 아예 없어지고 한문으로만 제작되었다(정진석, 1999: 246). 이렇게 《한성주보》가 한글전용 기사를 처음으로 시도하였지만 아직 사회·문화적 여건이 한글을 완전히 수용하기엔 일렀던 것으로 보인다.

《한성순보》는 순한문 기사, 4호 활자 사용, 가로·세로 19×25cm의 양식과 체재를 갖추었다. 분량은 24쪽이었으며, 제1호와 제2호에는 쪽당 17행 47자가 들어갔고 제3호부터는 행수가 늘어나 23행 47자로 되었다. 그 지면 구성은 창간호가 '순보서(旬報序)', '내국기사(內國紀事)', '각국근사(各國近事)',

'본국고백(本局告白)'이었으나, 제5호부터 1884년 12월 갑신정변으로 발행이 중지될 때까지는 '국내관보', '국내사보', '각국근사'의 세 가지 영역으로 되어 있었다.

주보의 경우, 순보에 비하여 15×20cm로 판형이 줄어들어 크기가 오늘날의 4.6배판과 비슷하였다. 분량은 18~20쪽으로 주보에 비해 기사량도 줄어들었다. 쪽당 글자 수는 제1호부터 제23호까지는 20행 40자였고, 제24호부터는 16행 40자이었다. 주보는 순보와 비교하여 다소 체재를 바꾸어서 '국내기사'와 함께 '사보', '외보', '사의(私議)', '집록(集錄)'으로 기사를 분류하였다. 각 난의 성격을 보면 외보는 순보의 각국근사에 해당되며, 사의는 논설란으로 볼 수 있고, 잡록은 논문 또는 피처 뉴스(feature news)에 해당된다. 전체 기사 건수로 보면, '국내기사'가 '외보'보다 적어서 외국의 기사에 더 비중을 두고 있는 것은 순보와 마찬가지였다. 다만 여기서 특징인 것은 주보에 '사의'란이 신설되어 순보에 비해 훨씬 의견기사가 많아졌다는 점이다(정진석, 1990: 74~75).[7]

한성순보-주보의 발간 의미

≪한성순보≫와 ≪한성주보≫는 한국 근대화 과정에서 개화사상을 가진 지식인들에 의해 발행되었다. 순보와 주보는 그 지면을 통해서 스스로 신문 발간의 취지와 기능을 언급하였다. 여기서 순보와 주보에 나타나 있는 발간 의미를 찾아보고자 한다.[8] 첫째, "국민의 문견(聞見)을 넓힐 목적"을 가지고 발간되었다. ≪한성순보≫는 창간사인 '순보서'에서 "외국의 폭넓은 지식과

---

7) 기사 작성의 스타일에 따라 스트레이트 뉴스(Straight News)와 피처 뉴스(Feature News)로 구분할 수 있는데, 스트레이트 뉴스는 객관보도 태도를, 피처 뉴스는 언론사의 입장을 반영한다.
8) 이러한 내용을 지닌 신문의 기사는 ≪한성순보≫, '旬報序'(1883.10.31), '國內私報'(1883.12.9), 제1호·3호·4호·5호까지의 '社告'; ≪한성주보≫, '周報序'(1886.1.25), '新報論'(1886.8.16), '論新聞紙之益'(1886.9.27), 제1호부터 99호까지의 '本局公告'. 정진석(1990: 56~62) 참조.

세계 정세를 신문에 게재하여 국민들에게 지식을 전달"하고자 했으며, ≪한성주보≫ 역시 '신보론(新報論)'을 통해 "세계 각국과 문화를 개방하고 자료를 수집하여 신문에 게재하겠다"라고 밝혔다. 이러한 순보와 주보의 글은 신문을 통해 국민의 지식을 넓히겠다는 목적을 밝힌 것이다.

두 번째, '국민의 교화와 나라의 안보'를 들 수 있다. ≪한성주보≫는 창간사에서 "국내 정세와 해외 변화를 국민들에게 알리는 것은 백성을 교화하는 동시에 외세를 막고 전쟁을 없앨 수 있다"라고 쓰고 있다. 이것은 신문 발간이 단지 백성의 견문을 넓히는 데 그치는 것이 아니라 부국강병도 이룩할 수 있다고 보았다.

세 번째, 신문 발간의 목적으로 '하의(下意)의 상달'을 들 수 있다. ≪한성주보≫의 '논신문지지익(論新聞紙之益)'에서 "하정(下情)을 상달시켜 군민이 일체가 되게 하여 국가의 안녕을 이루고자" 한다고 밝히고 있다. 이것은 국민들의 고통을 찾아내어 막힌 것을 제거하고 국가와 백성 모두 이롭게 하자는 목적을 나타낸 것이다.

마지막으로 '광고 기능'을 들 수 있다. ≪한성순보-주보≫가 근대화의 일환으로 발간되었다는 의미에서 신문 광고를 통해서 산업 진흥을 기하고자 하였다. ≪한성순보≫의 창간사에서 정치적 이익만이 아니라 상업에도 도움을 준다는 사실을 밝히고 있으며, 주보의 '본국공고'에서도 "농상공에 종사하는 사람들이 본보에 광고하면 구독자들에게 알리겠다"라고 하였다. 주보는 실제로 1866년 2월 22일 제4호에 한국 최초의 신문 광고를 게재하였다.

광고주는 독일 무역상인 '세창양행'이었다. 순한문으로 된 이 광고에는 당시 세창양행이 취급하는 수입품과 수출품을 게재하였다. 신문 광고에 나타난 수출품, 즉 한국 생산물은 말가죽, 소가죽, 인모(人毛) 등이었으며, 수입품은 서양 양복지, 성냥, 양초, 시계 등이었다. 이러한 광고 내용을 보면 당시 사회·경제적 상황을 이해할 수 있다. 따라서 광고는 한 시대의 거울이라고 말하기도 한다.

민간신문의 등장

최초의 민간지, 독립신문

한국 최초의 근대신문인 ≪한성순보-주보≫가 1888년 폐간된 이후 최초의 민간신문인 ≪독립신문≫이 한글전용으로 1896년 4월 7일에 서재필에 의해서 창간되었다. ≪독립신문≫은 주 3회(화, 목, 토) 격일로 발간되었다. 창간 당시에는 한글판 3면과 영문판 'The Independent' 1면을 한 신문에 같이 편집한 2국어 신문이었다. 판형은 A4판으로 판면이 20×29cm 정도이고 본문은 4호 활자로 한글전용이었다. 창간 이듬해인 1897년 1월부터 한글판과 영문판으로 분리하여 두 종류로 만들었다(정진석, 2001: 23).

≪독립신문≫은 한글을 전용하고 띄어쓰기를 실시하여 누구나 읽기 쉽도록 제작하였다. 독립신문의 한글 전용방식과 편집방식은 한말 다른 민간신문들에 영향을 미쳤다. 실제로 한말 민간신문 발간의 기폭제였던 ≪협성회회보≫는 1년 9개월 먼저 발간되기 시작한 ≪독립신문≫과 똑같은 체재를 따랐다.

서재필은 ≪독립신문≫을 창간하여 대중을 개화하는 데 앞장섰을 뿐만 아니라 독립협회, 만민공동회와 같은 단체에도 관여하여 활발히 활동하였으나, 정부 고위 관리들의 부정부패를 고발하자 이들과 마찰을 빚게 되었다. 마침내 정부는 1897년 12월 13일자로 서재필을 중추원 고문에서 해임한다고 통보하였다. 서재필은 이에 반발하였으나, 미국 공사 알렌의 주선으로 정부와 서재필 사이의 교섭이 이루어져 1898년 5월 14일에 미국으로 떠났다.

서재필은 미국으로 돌아가기에 앞서 윤치호와 아펜젤러에게 ≪독립신문≫의 편집과 경영을 위임하였다. 서재필은 정부와의 갈등으로 미국으로 떠나게 되었으나, 윤치호에게 주필을 맡김으로써 ≪독립신문≫의 논조가 계속 유지되기를 희망하였다. 또한 서재필의 입장에서 ≪독립신문≫이 한국에서 수구파의 압력에 굴하지 않고 계속 발간되기 위해선 명목상 사장으로 외국인이 필요하였으며, 서재필이 그동안 편집하였던 영문판 'The Independent'를 맡아줄 외국인이 필요하였다. 서재필은 입국 초기 아펜젤러의 배재학당에 유숙하였으며, 감리교 삼문출판사를 통해 신문을 발간하는 등 미국인 아펜젤러 목사와 인연을 맺고 있었다. 이에 서재필은 아펜젤러를 ≪독립신문≫의 명목상 사장 겸 영문판 편집자로 임명하였다.

여기서 ≪독립신문≫의 발간 의의를 살펴보면, 먼저 한국 민간신문의 효시를 이루었다는 점과 그 신문이 지닌 계몽적 기능을 들 수 있다. 정부의 자금 지원에 의해 창간되었다고 해서 정부의 '관보'로 볼 수 없다. 왜냐하면 서재필이 창간 자금을 정부에서 지원받은 것은 사실이나 서재필이 미국으로 가면서 정부 자금을 모두 갚았다. 따라서 ≪독립신문≫의 창간 때 정부가 지원한 자금은 정부 대출금의 형식으로 볼 수 있으며, 이에 ≪독립신문≫은 민간지로 보아야 할 것이다.

다음으로 ≪독립신문≫ 계몽지 기능이다. ≪독립신문≫의 창간자인 서재필은 갑신정변에 참여했던 급진 개화사상파였으며, 미국 생활을 통해 개명·개화를 직접 경험하였던 사람이었다. 따라서 서재필은 ≪독립신문≫을 통하여 국민을 개화·개명하여 한국이 근대국가로 나가도록 하였다. ≪독립신문≫은 3년 8개월이라는 짧은 기간밖에 발간되지 못했으나, 1880년대의 개화운동과는 다른 차원인 애국계몽운동을 확산시키는 데 중요한 기능을 담당하였다. 당시 민족운동은 애국계몽운동과 의병운동으로 나뉘어 외세에 대응하는 방식이 달랐는데, ≪독립신문≫은 애국계몽운동의 입장에 섰던 것이다. 따라서 ≪독립신문≫은 의병운동에 대해 부정적인 시각을 견지하였다. 이 점에 대해 ≪독립신문≫을 친일 행위 또는 반민족적 행위라고 비난하기보다는 당시 애국계몽운동이 지녔던 운동 방향과 그 한계로 바라보아야 한다(안종묵, 2005).[9]

배재학당과 협성회회보

아펜젤러 목사는 배재학당과 같은 교육 선교를 통해서 한국인들에게 복음을

---

9) 한말 대표적인 양대 민족운동으로는 애국계몽운동(일제와 합법적인 투쟁)과 의병운동(일제와 무장 항쟁)을 들 수 있다.

전하고 기독교로 개종시키고자 하였다.[10] 아펜젤러 입장에서 배재학당 학생들의 기독교 개종은 큰 수확이었지만, 한국 학생들 입장에서는 기독교를 수용함으로써 새로운 근대국가 건설의 힘을 얻고자 하였다. 기독교로 개종한 학생들은 새 사회를 이룩하려면 기독교를 신봉해야 한다고 믿었다(《독립신문》, 1897.1.26, 1899.9.12).

배재학당을 거친 한국 학생들은 대부분 전통적인 한학을 수학하였으면서도 신학문의 관심 때문에 배재학당에 다녔다. 배재학당을 거친 대표적인 학생들은 이승만, 유영석, 양홍묵, 최정식, 윤하영 등이었는데, 이후 이들은 한국 근대신문의 발달에도 큰 공헌을 하였다. 그리고 배재학당 학생들은 자조 정책이 엄격하게 적용되어 누구든지 다 월사금을 내었으며, 제 손으로 벌지 않는 학생에게는 도움을 주지 않았다. 또한 자조부가 설치되어 학교 구내를 돌보고 지키는 일을 학생들이 맡았다. 1889년 학교 구내에 설립된 감리교 출판사인 삼문출판사에서 일하는 아르바이트 학생들도 많았다(정진석, 2001: 22). 특히 삼문출판사에서 일했던 학생들은 졸업 후 근대신문의 발달에 중요한 하드웨어를 제공하기도 했다.

배재학당의 학생들은 선교사의 지도로 학생회 자치기구인 협성회를 1896년 11월 30일에 결성하였다. 협성회는 서양의 민주적 회의 진행방식을 따랐으며 매주 토요일 오후에는 공개토론회를 개최하였다(이광린, 1979: 118~125). 이들 회원은 이러한 공개토론회에서 논의된 내용들을 근거로 1898년 1월 1일 《협성회회보》를 창간하였다(농상공부 허가 1898.1.26). 이후 이들은 《협성회회보》를 바탕으로 한국 최초의 일간신문인 《민일신문》을 1898년 4월 5일에 창간되었다.

《협성회회보》는 협성회 회장이 최고 책임자였다. 창간 당시의 회장은 이익채(李益采)였고, 신문을 전담한 회보장은 양홍묵이었다. 따라서 양홍묵은

---

10) 배재학당은 1887년 2월 21일에 고종으로부터 '배재학당(倍材學堂, The Hall for the Rearing of Useful Men)'이라는 교명을 받고 3월 14일에 현판식을 가졌다.

≪협성회회보≫의 실질적인 책임자로 볼 수 있다. 이때 양홍묵은 이승만과 함께 ≪협성회회보≫를 이끌고 나갔는데, 이들은 모두 배재학당의 학생이었으나 이후 교사로도 활동할 정도로 핵심적인 사람들이었다. 또한 이들은 ≪협성회회보≫의 후신인 ≪믹일신문≫ 발간에 주도적인 역할을 하였으며, 독립협회와 만민공동회에서도 크게 활동함으로써 애국계몽운동에 전력하였다.

결국, 당시 선각 지식인이었던 배재학당의 협성회 회원들이 주도하여 ≪협성회회보≫를 발간하였던 것이다. 이들은 독립협회 회원으로 활동하면서 그들 자신의 신문인 ≪협성회회보≫를 통해서 애국계몽사상을 확산시키고자 하였다. 당시 ≪독립신문≫이 서재필과 기존의 개화 세력에 의해서 주도되었다면, ≪협성회회보≫는 젊은 개혁 세력에 의해서 주도되었다고 볼 수 있다. ≪협성회회보≫는 ≪독립신문≫의 애국계몽사상을 이어받은 동시에 민간신문의 기틀을 마련하였다고 평가할 수 있다.

최초의 일간지, 믹일신문

≪협성회회보≫는 일반인을 상대로 판매와 배달도 하여 대중에까지 그 영향력을 넓혀나갔다. 마침내 협성회 회원들은 ≪협성회회보≫ 제14호를 마지막으로 발간하고, 1898년 4월 9일에 한국 최초의 일간지인 ≪믹일신문≫을 창간하였다. ≪협성회회보≫와 ≪믹일신문≫을 만든 사람들은 협성회 간부들이었다. 협성회가 창립 당시 배재학당 학생들의 자치기구로서 결성되었으나, 점차 회의 취지에 찬동하는 사람도 가입할 수 있도록 문호를 개방하였다.

따라서 1898년 1월에 ≪협성회회보≫가 창간되었을 때의 상황과 4월에 ≪믹일신문≫이 창간되었을 때의 상황은 달랐다. 종래 학생들이 의욕만 가지고 신문을 발행하였다면, ≪믹일신문≫ 시기에 와서는 신문이 고본금(股本金), 즉 주식을 모아 운영되는 오늘날의 신문사 형태를 갖추게 되었다(정진석, 1990: 182).

일간지 ≪믹일신문≫은 2년 전에 나온 격일간 ≪독립신문≫과 마찬가지로 한글전용 신문이며 4호 활자를 사용하였다. 지면 구성을 보면, 제1면에는 '론설', 제2면에는 '내보', 즉 국내 정치문제를 다루었고, 제3면과 제4면에는 해외소식과 개화 관계 기사인 '외보'를 각각 다루었다. ≪믹일신문≫은 개화사상을 확산하고 국가의 독립보장을 주장하는 논설과 기사로 국민들을 각성시키는 기능을 하였다. 창간호의 '론설'에서는 "협성회회보가 주간신문으로 일주일 만에 소식을 전하여 지루하였으나, 이제 일간으로 신문을 발간하여 내외 정세와 국민들에게 유익한 정보를 전달하고자 한다"라고 밝히고 있다.

≪믹일신문≫은 협성회 기관지에서 일반 종합신문으로 바꿔 신문사 체제를 갖추었으나 초기부터 경영 주도권을 둘러싼 분규가 있었다. 분규의 핵심은 ≪믹일신문≫이 창간되는 과정에서 협성회와 주식회사인 신문사가 분리되면서 일어났다. ≪믹일신문≫은 자체 인쇄시설을 갖추지 못했을 뿐만 아니라 재정난으로 큰 어려움을 겪다가 1899년 4월 30일 제278호를 끝으로 완전히 폐간되었다. ≪믹일신문≫이 1년간의 짧은 발행을 기록한 것은 창간 초기부터 신문사를 둘러싼 내분에 원인이 있었으며, 또한 당시 사회 여건상 신문 경영에 경험이 없는 젊은 청년들이 외부의 보조 없이 자력으로 시작한 최초의 일간신문이 경영 면에서 자립하기에는 시기가 일렀고 신문 발간의 사회적 후원세력이 약했기 때문이다.

≪믹일신문≫이 내분과 신문 경영의 미숙으로 수명은 짧았으나 신문의 일간 시대를 가져온 점은 높이 평가할 수 있다. 또한 발행진들이 독립협회 또는 만민공동회에서 활동하였던 애국계몽사상가들로서 ≪믹일신문≫은 그들의 사상 전파의 중요한 매체였다.

민간신문의 발전과 활동

국한문혼용체 신문, 황성신문

국한문혼용체 신문인 ≪황성신문≫은 ≪대한황성신문≫의 판권을 인수하여 1898년 9월 5일에 창간된 것으로 사장 남궁억(南宮檍), 총무원 나수연(羅壽淵)을 경영진으로 한 국한문혼용체 일간신문(일요일 휴간, 1907년 9월 이후 월요일 휴간)이었다.

당시 서울에는 ≪독립신문≫, ≪협성회회보≫(이 신문의 후신 ≪미일신문≫), ≪뎨국신문≫ 등이 한글전용으로 간행되었는데, 여기에 또 한글전용으로 ≪황성신문≫을 간행한다면 무의미한 일이었다. 왜냐하면 이 신문들을 발행하던 사람들이 대부분 독립협회 회원이었으므로 신문들의 논조가 비슷했을 것이며, 한글전용을 구독하는 계층이 동일하였을 것이므로 독자 확보에 어려움이 예상되었기 때문이다.

이 같은 상황에서 ≪대한황성신문≫을 인수한 사람들은 기존의 한글전용 신문의 구독층에서 소외된 지식인층인 유생·양반계층을 새로운 구독자로 삼고자 하였다. 당시 신문들이 일반 대중의 계몽을 위해 한글전용으로 발행하였지만, 유생·양반계층은 한글을 언문(諺文)이라 하여 경시하고 있었다. ≪황성신문≫이 국한문혼용체 신문을 발간하여 구독층을 차별화함으로써 한글전용의 다른 신문들과 경쟁할 필요가 없게 되었다. 결국 국한문혼용체 신문의 발간은 여타 신문과 경쟁을 고려한 것이었으며, 그동안 소외된 구독층인 유생·양반계층을 계몽하고자 한 방안으로 볼 수 있다.

≪황성신문≫이 겪게 되는 일본의 대표적인 언론탄압은 1905년 11월 20일자 논설 '시일야방성대곡(是日也放聲大哭)'이었다. 사전검열 없이 배포된 ≪황성신문≫은 정간을 당하고 사장 장지연은 경무청에 체포되었다가 이듬해인 1906년 1월 24일 석방되고 신문도 복간되었으나 신문은 휴간의 후유증으로 경영난을 겪게 되었다(정진석, 1990: 169). 또한 황성신문은 1907년 국채보상운동에 적극 가담하여 신문 3면의 대부분을 의연금 기탁자 명단을 일일이 소개하는 데 할애하였다. 그리고 이완용 친일 내각에 대해서도 비난하는 논조를 전개하여 항일 의지를 보여주었다. 이러한 과정에서 일본과 마찰을 일으켜 '벽돌신문'이 등장하였다.[11]

---

11) 1904년 러일전쟁 이후 한국에 주둔한 일본 헌병사령부는 한국 민간신문을 사전 검열하였다. 그런데 검열과정에서 삭제된 기사를 다시 조판하지 않고 검열 부분을 검게 칠하여 그대로 인쇄하였다. 그 결과 검열 부분의 인쇄 모양이 마치 벽돌을 쌓아놓은 것 같은 모양을 하여 이를 '벽돌신문'이라 한다.

≪황성신문≫의 발행진들은 한말 국권이 기울어가는 상황에서도 신문을 계속 발간하였으나, 1910년에 들어서 한일병합을 앞두고 일본으로부터 노골적인 탄압을 받았다. 실제로 총독부 경무총감부는 1910년 8월 3일자 기사가 치안을 방해하였다 하여 3일간 발행정지 처분을 내렸다. 마침내 한일병합이 공포되기 이틀 전인 1910년 8월 27일 제3,456호를 끝으로 황성신문은 막을 내렸고, 8월 30일부터 제호를 '한성신문(漢城新聞)'으로 바꾸어 1910년 9월 15일까지 발간되다가 폐간되었다. ≪황성신문≫은 한말 시기에 가장 오랫동안 발행된 국한문혼용체 신문으로서 3,000여 부 내외를 발행하였고, 당시 여론의 지도적인 위치에 있었던 지식층인 유생·양반계층을 주요 구독층으로 삼아 발행하였다. 따라서 ≪황성신문≫은 당시 그 파급효과가 대단히 컸을 것으로 생각된다.

한글전용 신문, 뎨국신문

≪뎨국신문≫은 ≪황성신문≫과 함께 1898년에 창간되어, 한일병합이 되던 1910년까지 10년 넘게 간행되어 민간신문으로서 큰 기능을 담당하였다. ≪뎨국신문≫은 이종일(李鍾一)이 주도하여 4면 2단의 한글전용 일간신문으로 1898년 8월 10일에 창간되었다. 그리고 창간 당시 이 신문에 편집진으로 참여한 사람은 유영석과 이승만이었다. 유영석과 이승만은 ≪뎌일신문≫의 창간 멤버로서 ≪뎨국신문≫ 창간 직전에 ≪뎌일신문≫의 발간을 주도하였던 인물이다. 유영석과 이승만 모두 배재학당의 학생으로서 협성회 간부였다.

이종일은 순국문인 한글전용으로 ≪뎨국신문≫을 간행하여 부녀자와 하층계층도 신문을 널리 볼 수 있게 하였으며, 신문 제작 단가를 낮춤으로써 신문 보급을 확대하고자 하였다. ≪뎨국신문≫의 순국문 사용은 사회에서 소외받은 부녀자와 하층계층에게 읽기 쉽고 저렴하게 제작하여 신문을 널리 읽히도록 하기 위함이었던 것이다. 비슷한 시기에 창간된 ≪황성신문≫이 국한문혼용체를 사용하여 유생·양반계층을 주 구독층으로 삼은 것과는 대조를 이룬다.

합자회사로 운영되었던 ≪뎨국신문≫은 발간 기간 내내 경제적인 어려움을 겪었다. 당시 ≪뎨국신문≫은 구독료, 광고료, 보조금으로 운영되었으나, 신문의 주요 재정원은 구독료 수입이었다. ≪뎨국신문≫은 1908년 8월 8일자에 창간 10주년 기념호를 내고, 기념식을 가졌다. 그리고 며칠 뒤인 8월 19일에 '제국신문찬성회(帝國新聞贊成會)'가 결성되었는데, 이것은 ≪뎨국신문≫이 창간 10주년을 맞이해서도 재정난을 겪고 있기 때문에 의연금 모금과 부인 및 노동사회에 구독권고 등을 추진하기 위하여 결성된 것이었다.

≪뎨국신문≫은 재정난으로 1910년 4월 1일부터 휴간에 들어갔으나, 복간되지 못하고 폐간되었다. 이로써 ≪뎨국신문≫은 1898년 8월 10일자로 창간되어 1910년 3월 31일까지 발행되었다. 1910년 8월 29일 한일병합 직전에 한국인들이 발행하던 신문은 ≪황성신문≫[9월 14일자로 '한성신문(漢城新聞)'으로 개제], ≪대한민보(大韓民報)≫[8월 31일자로 '민보(民報)'로 개제], ≪대한신문(大韓新聞)≫[8월 31일자로 '한양신문(漢陽新聞)'으로 개제], ≪대한매일신보≫(1910년 6월 14일 이장훈 명의, 8월 30일 '매일신보'로 개제) 등이었는데, 이들 신문은 정치적인 이유로 폐간 또는 총독부 기관지가 되었다. 하지만 ≪뎨국신문≫은 합방되기 수개월 전에 경제적인 이유로 폐간되었다.

한말에 발행되었던 ≪뎨국신문≫은 ≪황성신문≫과 더불어 약 12년 동안 한국인이 발행 주최가 되어 발간되었던 대표적인 민간신문이라고 할 수 있다. ≪뎨국신문≫은 창간 이틀 후인 8월 13일자 논설을 통해 "공정한 논평과 사실보도"를 다짐한 것으로 보아 신문의 기능과 사명을 알고 있었다고 볼 수 있다. ≪뎨국신문≫은 한글전용을 통해 사회에서 소외되었던 부녀자와 하층계층을 주 구독자로 삼아 그들을 계몽하고자 하였다.

반일논조의 대한매일신보

≪대한매일신보(大韓每日申報)≫는 1904년 러일전쟁 이후에 창간되어 한일병합이 되던 1910년까지 발간되었던 신문이다. 이 신문은 한말 대표적인 민간신문이었던 ≪황성신문≫, ≪뎨국신문≫과는 달리 외국인이 발행함으로써 일본의 언론통제를 받지 않고 발간될 수 있었다. 일본은 1904년 러일전쟁에서

승리한 이후 한국의 식민지화를 구체화하고 있었으며, 이에 한국에 대한 탄압의 강도도 점차 강화하고 있었다. 이러한 상황에서 신문에 주어졌던 역사적 사명은 일본의 침략 상황을 한국민들에게 알려주고 나아가서 국권을 회복하고자 한국인들을 자극하는 것이었다. 특히 ≪대한매일신보≫는 영국인 배설에 의해 발간됨으로써 일본으로부터 치외법권의 지위를 누리면서 일본의 침략상황을 한국 독자들에게 전달할 수 있었다. 이에 일본 통감부와 ≪대한매일신보≫ 간에 마찰이 발생했으며, 나아가 영·일 간의 외교문제까지 야기되었다.

그러면 ≪대한매일신보≫[한글판 ≪대한민일신보≫, 국한문판 ≪大韓每日申報≫, 영문판 The Korea Daily News(이후 약칭 KDN)]을 창간한 배설은 누구인가. 한국 이름 배설(裵說, Ernest Thomas Bethell)은 1872년 영국 브리스틀에서 태어나 그곳에서 상업학교를 졸업한 후 1888년에 일본 고베로 건너가 무역업에 종사하였다. 그가 일본에서 무역업에 종사하고 있었을 때 러일전쟁이 일어났고, 런던의 ≪데일리 크로니클(Daily Chronicle)≫ 통신원으로 1904년 3월 10일 한국에 오게 되었다.

주필 겸 사장인 배설은 한국인 편집자들의 도움으로 한글전용 ≪대한민일신보≫와 영문전용 KDN을 발간하였다. 일찍이 선교사 게일(J. S. Gale)의 한영사전 편찬을 돕는 등 영어에 능통하였던 양기탁이 총무로서 배설과 함께 창간 때부터 있었으며, 박은식, 신채호, 최익, 옥관빈, 변일, 장도빈 등이 한글판 또는 국한문판 편집에 참여하였다. ≪대한매일신보≫ 창간 당시 한국인들에게 뜨거운 이슈는 황무지 개간이었다. 신문이 창간되기 1개월 전인 1904년 6월에 일본 공사 하야시(林權助)는 한국 영토의 1/4에 해당하는 황무지에 대한 개간을 요구하였다. 이것은 일본이 한국을 식민지화하려는 구체적인 계략이었다. ≪대한매일신보≫는 창간 시기부터 황무지 개간에 대해 보도하였는데, 이것은 배설 입장에서 아무리 객관적 보도를 하려 해도 일본 측에서 보면 '반일논조'일 수밖에 없었다. 한글전용 편집자인 양기탁을 비롯한 한국 논객들은 ≪대일매일신보≫의 치외법권 지위를 활용하여 한국인 독자들에게 배일사상을 전파하였다.

고종은 은밀히 배설에게 재정지원을 하였으며, 이에 더욱더 일본에 대한 반일논조를 견지하게 되었다. ≪대한매일신보≫의 한글판과 국한문판에는 양기탁, 박은식, 신채호 등과 같은 진보적인 애국계몽사상가들이 포진하면서 일본의 침략정책을 비난하였다. 이에 고종과 한국민들로부터 큰 호응을 얻으면서 ≪대한매일신보≫는 사세를 확장해 나갈 수 있었다. 1908년에 와서는 한글판, 국한문판, 영문판 세 종류의 신문을 동시에 발행하였으며 총 부수가 1만 부에 이르렀다. 이것은 당시 민간신문이 3,000부 내외였음을 생각할 때 엄청난 발행부수였으며, ≪대한매일신보≫의 영향력도 대단했음을 알 수 있다.

하지만 일본은 이러한 ≪대한매일신보≫를 폐간시키기 위하여 발행인인 배설 추방공작을 전개하였으며, 양기탁에 대해선 국채보상금 횡령이라는 죄를 씌워 구속하기까지 하였다. 배설이 죽은 이후 일본 통감부는 한일병합 3개월 전인 1910년 5월 21에 배설 후임인 만함(A. W. Marnham)에게 700파운드를 주고 ≪대한매일신보≫를 인수하였다. 이후 ≪대한매일신보≫는 1910년 8월 28일 제1461호까지 발행되고, 8월 29일 한일병합이 공포되자 '대한'이라는 두 자를 떼고 '매일신보(每日申報)'라는 제호로 총독부 기관지가 되었다.

┃생각해 볼 문제 ┃

1. ≪한성순보-주보≫의 의의 중에서 '국민교화'가 있는데, 개화사상파의 신문 발간의 목적과 연관하여 생각해 보자.

2. ≪독립신문≫이 왜 의병운동에 대해서 부정적인 입장을 견지했는지 생각해 보자.

┃참고문헌 ┃

곽복산. 1971. 『언론학 입문』. 일조각.
김민남 외. 1993. 『새로 쓰는 한국언론사』. 아침.
김봉진 외. 1996. 『한국 근대언론의 재조명』. 민음사.
김우룡·정인숙. 1990. 『현대 매스미디어의 이해』. 나남.
박유봉. 1987. 『신문학이론』. 박영사.
안종묵. 2003. 『한국 저널리즘의 출현과 사상운동』. 가온.
_____. 2005. 『신문학 입문』. 한국외국어대학교출판부.
_____. 2005. 『언론이데올로기 들여다보기』. 한국외국어대학교출판부.
이광린. 1979. 『한국개화사상사연구』. 일조각.
임근수. 1984. 『언론과 역사』. 정음사.
정진석. 1987. 『대한매일신보와 배설』. 나남.
_____. 1990. 『한국언론사』. 나남.
_____. 1999. 『언론유사』. 커뮤니케이션북스.
_____. 2001. 「개화사」. 『우리신문 100년』. 현암사.
차배근. 1976. 『커뮤니케이션학개론 (상)』. 세영사.
최정호·공용배. 1990. 『세계 신문의 역사』. 나남.

미디어와 정보사회

— 제2부 —

종합유선방송과 위성방송의 경쟁 _ 이산식
방송·통신융합과 멀티미디어 _ 황근
미디어 리터러시 _ 최영
매스미디어 선거 캠페인 _ 김춘식

제5장 종합유선방송과 위성방송의 경쟁

이상식 | 계명대학교 미디어영상대학 교수

2000년대 들어오면서 국내 매체환경은 급속하게 바뀌고 있다. 그 특징은 '규제완화로 인한 매체 간 경쟁 강화'로 요약된다. 규제가 완화된 케이블 TV(종합유선방송과 중계유선방송)와 뒤늦게 출범한 위성방송 간에 경쟁이 본격적으로 전개되고 있다. 다채널 유료매체라는 유사 성격을 가진 양 매체가 협소한 국내 시장에서 벌이는 경쟁에서, 종합유선방송이 우세를 유지하고 있다. 중계유선이 종합유선으로 전환되면서 가입자가 크게 증가하였고, 저가 수신료 전략과 초고속 인터넷 사업 강화, 그리고 위성방송의 지상파방송 재전송을 금지시키기 위한 노력 등을 통해 종합유선방송은 유료매체로 자리를 잡아가고 있다.

중요 개념 및 용어 ▮ 케이블 TV, 종합유선방송, 중계유선, 위성방송, 경쟁

서론

다채널 서비스를 제공하는 종합유선방송과 위성방송이라는 새로운 매체의 출현은 텔레비전 도입 이후, 그리고 1980년대 초 컬러 전송 이후 방송 분야의 가장 중요한 발전이다. 새로운 매체의 발전은 다음과 같은 비교적 분명한 단계를 거쳐 진화하고 있다. 1단계 CATV(Community Antenna Television), 2단계 케이블 TV와 위성방송의 경쟁, 3단계 디지털 시대이다. 우리나라 케이블 TV는 비교적 오랜 기간 1단계를 거쳐, 현재 빠른 속도로 2단계를 지나고 있으며, 향후 3단계 디지털 시대가 21세기를 지배할 것으로 보인다.

1995년 종합유선방송이 출범한 이후, 7년의 시차를 두고 위성방송이 2002년에 출범하였다. 세계에서 우리나라의 유료매체 보급률(케이블 TV와 위성방송 포함)은 2002년 기준으로 세계 9위를 기록하고 있다. 2004년 6월 83.5%의 높은 보급률과 증가하고 있는 속도를 감안하고, 2005년부터 출범한 위성과 지상파 DMB, 그리고 향후 출범하게 될 IPTV 같은 새로운 매체의 가입자 확산까지 고려한다면, 유료매체 시장이 세계에서 가장 빠르게 발전하고 있는 나라로 평가될 날이 머지 않았다.

광대역 케이블 TV 역시 세계에서 높이 평가받고 있다. 최근 OECD의 발표에 따르면, 2005년 12월 현재 한국은 100명당 광대역 통신의 가입자가 약 25명으로 OECD 국가의 평균인 10명의 2.5배 수준으로, 2004년 세계 1위에서 2005년 아이슬랜드에 1위를 내어주었지만 2위를 차지하고 있다.[1] 이 가운데, 통신사업자들의 전화망인 DSL의 비중이 13.6명으로 가장 높고 다음으로 케이블망이 8.3명을 차지하고 있다.[2]

---

1) 네덜란드가 19명으로 우리나라의 뒤를 따르고 있으며, 일본은 15명, 미국은 12.8명, 전통적인 통신 강국이었던 유럽 국가들 가운데 프랑스가 10.6명, 영국이 10.5명, 독일이 8.4명으로 훨씬 뒤처지고 있는 것으로 나타났다.
2) 최근 들어 발전이 이어지고 있는데, 2001년 17.2명, 2002년 21.8명, 2003년 24.2명, 2004년 24.9명, 2005년 25.4명으로 지속적으로 다른 OECD 국가들에 비해 비교적

지난 10년, 이러한 눈부신 종합유선방송의 외적 확장 이면에는 부침이 있었다. 사업자 수, 가입자 수, 경영지표, 기업가치, 법·제도 등 모든 면에서 극적인 변화를 겪었다. 1995년 종합유선방송이 출범한 이후, 내려진 평가는 한마디로 '실패한 국책사업'이었다. 새로운 매체의 경제성에 대한 깊은 고려 없이, 정치적 목적에 의해 도입한 당연한 결과였다. 2000년대에 들어오면서 매우 짧은 기간에 외형적 시장 확대가 이루어졌고, 시장성과가 급속도로 개선되고 있다.

우리나라 현실에서 과연 종합유선방송이 어느 정도 경제성이 있을 것인지, 그리고 시기적으로 적절한지에 대한 깊은 고려 없이, 대통령 공약으로 시작된 뉴미디어들이 좁은 유료매체 시장을 두고 제로섬(Zero-sum) 게임을 벌일 수밖에 없었고, 따라서 정책결정 과정에서 기득권 확보를 위해 사사건건 이해 당사자들은 첨예하게 대립할 수밖에 없었던 것이다.

이 장에서는 그동안 케이블 TV가 어떻게 발전되어 왔는지를 정책, 시장, 기술을 중심으로 살펴보고, 위성방송이 유료매체 시장에 진입함에 따라 종합유선방송과 어떻게 경쟁을 벌이고 있는지에 대해 살펴보기로 한다.[3]

종합유선방송의 도입과 초기 운영

종합유선방송 출범

노태우 대통령 후보는 1987년 선거공약 사항 중 하나로 종합유선방송 도입

높은 비율로 성장하고 있어, 향후 성장 가능성을 더욱 밝게 해주고 있다. OECD 국가들의 평균이 약 10명인데 거의 2.5배 수준이다(http://www.oecd.org/dataoecd/40/16/34919 335.xls; http://www.oecd.org/document/16/0,2340,en_2649_201185_35526608_1_1_1_1,00.html, 2006년 7월 검색).

[3] 이 글에서는 케이블 TV라는 용어를 기본적으로 사용하되, 중계유선방송과 구분하기 위해 종합유선방송이라는 표현을 사용하며, 종합유선방송국은 SO(System Operator), 프로그램 공급업자는 PP(Program Provider), 전송망 사업자는 NO(Network Operator) 라는 약자를 사용한다.

을 처음으로 언급하였다. 종합유선방송 도입 필요성이 논리적 골격을 갖추게 된 것은 1990년 방송위원회의 '방송제도연구위원회'에서다. 방송제도연구위원회의 건의에 따라 1990년 6월 정부가 방송제도 개편안을 공식 발표함으로써 종합유선방송사업이 본격적으로 추진되었다. 종합유선방송을 추진하기 위해 공보처는 종합유선방송법안을 1991년 12월 31일에 제정하였다. 이 법에 근거하여, 53개 종합유선방송국과 27개 프로그램 공급업체, 그리고 2개 전송망 사업자들이 선정되었다. 이때 소위 한국형 종합유선방송 제도가 만들어졌는데, 다른 나라에서는 볼 수 없는 특징들을 지니고 있었다.

종합유선방송사업자 구도의 가장 큰 특징 중 하나는 이른바 '삼분할' 구도의 원칙하에 정책이 수립·시행되어 왔다는 점이다. 방송제도연구위원회에서 삼분할체제의 도입이 바람직하다고 제시하였다. 이 연구결과가 삼분할체제를 도입하는 데 결정적 영향을 미치게 되었다(공보처, 1996b: 12~13). 종합유선방송은 방송의 특성과 함께 산업적 특성도 지니고 있음에도 불구하고, 당시 언론정책을 관장하던 공보처 주도로 사업 추진이 이루어짐에 따라 방송의 측면이 강조되면서 산업적 측면에 대한 고려가 부족했었다(조신 외, 1996: 10).

또 다른 정책의 특징은 중계유선방송과 종합유선방송의 이원화 구조이다. 중계유선방송과 종합유선방송을 분리하여 추진한 것은 종합유선방송을 추진한 공보처의 기본 정책에서 비롯되었다. 공보처는 중계유선방송과 종합유선방송을 전혀 별개의 매체로 인식하였다(공보처, 1996b: 11). 1993년 공보처가 김영삼 대통령에게 종합유선방송 추진정책을 보고했을 당시, 이미 전국적으로 875개의 중계유선 사업자들이 존재하고 있었고, 주로 지상파방송이나 외국 위성방송들을 재전송하고 있었다. 하지만 공보처는 종합유선방송을 국책사업으로 추진하면서, 중계유선은 이러한 국책사업으로 연계하기에 적합하지 않다고 판단하였다. 그 후 중계유선방송은 종합유선방송과 매체적 성격이 다르다는 명분을 제기하면서 정보통신부로 업무를 이관하였다.

한편 공보처는 '국책사업'으로 종합유선방송사업을 추진하면서, 위성방송이나 다른 뉴미디어와는 달리 각종 세제·금융 지원과 같은 지원정책도 추진하였다. 1994년 12월 '특별소비세법시행령'이 개정되어, '케이블 TV 컨버터의 특별소비세'가 면제되었다. 같은 해 '중소기업기본법시행령'과 '공업발전법 시행령'이 개정되어, '유선방송업 및 방송 프로그램제작업'이 제조업 수준의 각종 세제·금융 혜택을 받을 수 있게 되었다. '조세감면규제법'이 개정되어 소득세 및 법인세 감면이 이루어졌다(공보처, 1996b: 163~166). 1995년 12월에는 종합유선방송 수신료와 컨버터 사용료에 부과되던 부가가치세의 한시적인 면제가 이루어졌다.

종합유선방송 초기 운영의 문제점

종합유선방송 첫해인 1995년 말 12월 총 시청 가구 수는 50만 6,348가구로 정부에서 목표로 설정한 50만 가구를 약간 상회하였다(공보처, 1996a). 유료 시청은 1995년 12월 말 19만 가구에 불과하였다. 공보처는 총 시청 가구 수를 강조하면서 세계적으로 유례없는 성공을 보였다고 대대적인 홍보를 하였다(공보처, 1996a). 하지만 종합유선방송위원회의 종합유선방송 가입률 예측 자료에 따르면, 비관적인 예상치인 37만 가구를 밑돌았다(종합유선방송위원회, 1993). 홈패스(home passed) 가구의 13.9%가 가입한 것으로 나타나 망 부설 대비 가입률이 무척 낮았다.[4]

공보처는 1995년 4월 방송 초기의 문제점을 타개하기 위해 '케이블 TV 특별 대책반', 8월에는 '케이블 TV 추진기획단'을 구성하여, 시청자 확보 계획을 추진해 나갔다. 각 SO 지역에 '현장 점검반'을 투입하고, 매일 시청자 확보를 점검하여 정부에 보고하도록 하였다. 정부는 수요를 창출하기 위해 산업정책을 강력하게 추진하였다. 공보처는 컨버터 제조업체를 독려하거나 SO에 컨버터를 선투자하도록 하였다.[5] 이 결과, 본방송 개시 1년 만인 1996년

---

4) 홈패스란 케이블 TV 보급을 말할 때 중요한 개념으로 활용되는데, 홈패스가 되었다는 의미는 신청하면 바로 케이블에 연결될 수 있을 정도로 망이 집 부근까지 부설된 상태를 뜻한다.

3월에 78만 가구, 12월에 154만 가구를 확보하였다고 홍보하였다. 이 수치에는 선투자 가구가 다수 포함되어 있어, 사업자들에게 경영 압박요인이 되었다(이상식, 1995: 36). 선투자는 무료방송 서비스였고, 무료방송 기간이 끝난 후에 철거하는 데 따른 경제적 부담을 사업자들이 지게 된 것이다. 선투자정책의 결과, 무료 시청 가구 수가 1997년 말에는 170만 가구까지 달하였다(공보처, 1997).

종합유선방송과 중계유선방송에 대한 법령 및 규제기관이 이원화되고 사업자들이 난립함으로써, 케이블 TV 시장에서 적지 않은 문제점이 발생하였다(이상식, 1999: 2). 정통부가 1995년 12월에 유선방송관리법을 개정하여, 중계유선방송에 녹음·녹화를 통한 이시재전송을 허용하자, 양 매체 간의 경쟁은 물론이고 공보처와 정보통신부 간의 경쟁으로 비화하게 되었다. 공보처는 종합유선방송을 지원하였으나, 정보통신부는 중계유선을 보호하기 위한 정책들을 추진하게 된 것이다. 한 예를 들면, 정보통신부는 중계유선사들이 지상파 방송을 녹음·녹화하여 이시재송신하는 것을 허용하였다. 이 결과, 중계유선사들은 지상파방송의 음악, 영화, 드라마 등의 프로그램들을 녹화하여 음악 채널, 영화 채널, 드라마 채널들을 송출하였는데, 이러한 종합유선방송 전문 채널을 모방한 이시재송신 채널의 수는 평균 2.5개, 많게는 18개에 달하는 것으로 조사되었다(정보통신부, 1998). 이로 인해 종합유선방송은 중계유선과의 차별성을 크게 부각시키는 것이 어렵게 되었다. 시청자들은 거의 종합유선방송과 중계유선방송을 구분하지 못하였고, 오히려 중계유선방송이 저렴하게 다양한 전문 채널을 서비스한다고 생각하여 선호하는 경향이 나타났다.

중계유선들에 의한 PP 프로그램의 불법적인 송출도 이루어졌다. 나아가 중계유선방송업계는 종합유선방송 PP의 프로그램 송신을 합법적으로 허용해 줄 것과 216Mhz까지 제한되어 있는 가용 주파수 대역을 750Mhz까지 확대해

---

5) 선투자란 종합유선방송 조기 보급을 위해 사업자들이 무료로 컨버터를 설치해 주는 전략을 말한다.

줄 것을 지속적으로 요구하였고, 경쟁적으로 망을 업그레이드하기 시작해서 거의 종합유선방송 수준까지 망을 개선시켰다. 심지어 종합유선방송국의 지역독점권을 폐지해서 자신들에게도 종합유선방송사업권을 허용해 줄 것을 요청함으로써, 종합유선방송사업이 뿌리째 흔들리는 상태에까지 이르렀다.

삼분할 정책의 시행 역시 시장에서 적지 않은 문제를 야기하였다. 독립된 NO가 존재하고 공보처가 적극적으로 독려하여 사업 초기 단시간에 높은 홈패스율을 달성할 수 있었으나, 전송망 설치를 둘러싸고 SO와 NO 간에 많은 불협화음이 나타났다. 공보처가 기술 인력 등의 여건을 고려하지 않고 무리한 일정을 강요하였고, SO와 NO가 분리되어 있어 기술적 사고에 대해 서로가 책임을 전가하게 되었다. NO는 통신사업에 초점을 두고 있었기 때문에 원가 이하로 제공하고 있는 전송망 설비를 활발하게 포설할 유인을 갖지 못했고, 한국통신이나 한국전력과 같은 NO들의 경우 공기업이기 때문에 갖는 경영상의 경직성도 그 원인으로 작용하였다(조신 외, 1996: 10).

종합유선방송 산업 부진에 더하여, 1997년부터 한국 사회에 불어 닥친 국제 외환위기는 종합유선방송 산업을 존폐의 위기로 몰아넣었다. 가입자 확보 부진, PP들의 잇달은 도산, 기업들의 구조조정으로 인한 인력 감축, 전송망 사업자들의 사업 포기, 공보처 폐지 이후 행정 공백과 정책 표류 등 복합적 요인들이 영향을 미쳐 시장위기에 빠졌던 것이다. 이후 종합유선방송사업이 국책사업이라는 표현도 점차 사라졌다(김도연, 1998: 14~15).

이러한 좌초 직전의 케이블 TV 사업 실상은 1998년의 국회 국정감사를 통해 낱낱이 드러났다. 손실액이 누적 적자 규모로 1조 원 이상으로 나타났다. 분야별로는 PP 8,726억 원, SO 1,494억 원, NO 2,828억 원으로 나타났다(국회, 1998). IMF 경제위기는 PP들을 더욱 어려운 상황으로 몰아넣었다. 1997년 4월 진로그룹의 부도로 계열사이자 케이블 TV 여성 채널인 GTV가 29개 PP 가운데 첫 부도를 냈고, 다솜방송, 기독교TV, 동아TV, CTN 등 4개 PP가 연이어 부도를 냈다. 동아TV는 1998년 10월 31일에 정규방송을 중단하였다(한국케이블TV방송협회, 2000: 54~55).

이러한 상황은 사업자 간의 인수·합병과 같은 새로운 시장질서의 출현을 불가피하게 만들었다. 삼성, 대우, 현대, 진로 등 대기업들이 1998년부터 1999년에 걸쳐 퇴출하였다. 케이블 TV 출범 당시와 비교해서 소유주나 대주주가 바뀌었거나, 채널명 또는 채널 장르가 바뀐 경우가 빈번하였다.

PP가 직면한 불황은 프로그램의 편성·제작 면에도 자연히 심각한 타격을 주었다. 1998년 10월 국회 국감자료에 의하면, 26개 채널 가운데 19개 채널의 총 방송시간의 50% 이상을 순환편성, 즉 재방송한 것으로 나타났다. 종합유선방송에 대해 어떻게 해서 '돌아오지 않는 해병'(영화 제목)이 그렇게 자주 돌아오냐라는 농담 섞인 비판이 이어졌다.

신자유주의 출현과 새로운 정책의 도입

김대중 정권이 출현하면서 한국 사회 전반에 걸쳐 새로운 개혁이 시도되었다. 국제 외환위기로부터 탈출하기 위해 김 대통령은 신자유주의(neo-liberal ideology) 이념을 사회 각 분야에 적용하였는데, 미디어 분야도 예외는 아니었다. 종합유선방송 산업에서도 규제 완화와 함께 경쟁 강화를 통한 시장의 자율성이 확대되었다.

새로운 정책 도입을 위한 초기 움직임

1995년 7월 새로운 방송 질서에 부합되는 정책을 마련하기 위해 공보처는 '선진방송 5개년 계획'을 수립하였다. 본 제안을 토대로 1995년 12월 1일에 '통합방송법안'이 입법 예고되었으나, 정치적인 갈등으로 1996년 5월 29일에 폐기되었다. 같은 해 11월 20일, 다시 국회에 상정되었지만 같은 이유로 통과하지 못했다.

문화관광부는 종합유선방송을 활성화시키기 위해 1998년 8월 '방송영상산업진흥대책'을 발표하면서, PP를 허가제에서 등록제로 전환하기로 결정하였다. 같은 달 문화관광부는 '케이블 TV 현안 및 회생 지원 대책'을 발표하였다(문화관광부, 1998). 회생 대책의 핵심 내용은 종합유선방송과 중계유선방송을 단일법으로 관장함으로써 중계유선을 제도권으로 흡수, 이미 자가망을 가지고 있는 중계유선을 전송망사업자로 지정하여 복수 NO 도입, 종합유선방송 채널 티어링(tiering)을 허용해서 다양한 상품을 판매하도록 하여 시청자들의 선택 폭을 확대,[6] 중계유선 역무제공 범위를 명확하게 함으로써 불법 행위를 엄중하게 단속하여 혼돈에 빠진 종합유선방송 시장의 정상화 등이 포함되어 있었다.

정부의 이러한 정책 처방에도 불구하고, 통합방송법안이 국회를 통과하지 못하자 큰 위기에 직면해 있던 케이블 TV 산업을 회생시키기 위해 종합유선방송법만 1999년 1월에 개정하였다. 개정된 종합유선방송법에는 발전의 걸림돌로 지적되었던 소유규제가 대폭 완화되었다. 중요한 내용으로 세 분야 사업자 간의 겸영이 허용되었고, 수평적·수직적 결합이 허용되었다. 전송망 사업은 지정제에서 등록제로 변화되었고, SO 자가망 설치 및 기간통신사업자의 전기통신설비 이용이 허용됨으로써 종합유선방송사업자들이 인터넷 사업을 할 수 있는 제도적 발판이 마련되었다.

종합유선방송국의 복점화

정부는 1998년 12월 대통령 직속으로 '방송개혁위원회'를 구성하여, 종합유선방송과 중계유선 법령·규제기관의 일원화 및 양 사업의 단계별 통합방안을 제시하였다. 이러한 방송개혁위원회의 건의가 받아들여져서, 2000년 1월 새 방송법 제정 시 양 사업에 대한 법적 규제는 방송법으로 통합되었고, 규제기관은 방송위원회로 일원화되었다. 그리고 중계유선방송사업자들이 종합유

---

6) 티어링이란 채널들을 묶어서 판매하는 마케팅 전략을 의미하는데, 예를 들면, 국민형과 같은 저렴한 묶음, 오락형, 교양형, 시사·보도형, 영화형과 같은 비슷한 장르별 채널들의 묶음 등이 있다.

<표 5-1> 케이블 TV 방송국 사업자 현황

	1993	1994	1995	1996	1997	1998	1999	2000	2001	2002	2003	2004
종합유선		53	53	53	77	77	77	77	109	110	119	119
중계유선	875	896	908	852	860	860	855	821	696	638	408	299
허가/승인		53			24				33	9		
시기특성		1차 SO 허가 (광역시도)			2차 SO 허가 (중소도시)				3차 SO 전환승인 (광역시도)	4차 SO 전환승인 (중소도시)		
케이블TV 경쟁구조	중계유선 독점	종합유선방송과 중계유선방송의 경쟁							종합유선방송 독점 및 복점			

자료: 중계유선방송사업자 수는 구공보처, 정보통신부 및 관련 단체 자료를 취합하여 재구성하였고, 종합유선방송사업자 수는 『방송위원회 방송산업실태조사 보고서』(2004) 41쪽을 참조하였음.

선방송사업으로 전환할 수 있도록 승인제도가 신설되었다. 이 정책의 목표는 능력 있는 중계유선사업자들이 종합유선방송으로 전환하도록 하고 중계유선 가입자들을 종합유선방송 가입자로 전환하여 시장을 확대함으로써 부진한 종합유선방송 산업을 활성화시키는 데 있었다(방송위원회, 2000).

　방송위원회는 2001년 33개 사업자를 중계유선사업자에서 종합유선방송사업자로 전환 승인하였다. 2002년 11월, 9개 종합유선방송사업자를 추가로 선정하였다. 이 결과, 전국에서 119개 종합유선방송사업자가 등장하였다(<표 5-1> 참조). 전체 77개 지역 가운데 42개 지역에서 SO 간의 경쟁체제로 바뀌게 되었다.

프로그램 공급업의 등록제 도입과 완전경쟁

　김대중 정권은 방송개혁위원회를 구성하여 방송개혁의 방향과 과제들을 정리하면서, PP에 대한 허가제를 2001년 1월부터 등록제로 전환하겠다는 계획을 발표하였다(방송개혁위원회, 1999: 65). 종합유선방송 산업의 핵심은 프로그램 제작에 있다고 보고, 프로그램 제작업에 대한 진입장벽을 대폭 완화함으로써 많은 사업자들이 제작산업에 진출하도록 유도하기 위한 정책이었다. 등록제는 보도, 종합편성, 홈쇼핑과 같은 영향력이 큰 장르를 제외하고 적용되었다. 이 세 분야는 현재도 여전히 승인을 받아야 한다.

　등록제 실시 첫해인 2001년은 방송채널사용사업의 등록제 효과가 기대 이상으로 나타났다. 한 해 동안 방송위원회에 신규로 등록한 채널은 TV 채널이 116개에 달하였다. 홈쇼핑의 경우에는 2001년 4월 신규 사업자로 한국농수산방송, 우리홈쇼핑, 연합홈쇼핑 3개 사업자가 선정되었다. 2002년에는 PP 채널의 수가 187개로 대폭 증가했다. 틈새 장르, 마니아를 대상으로 하는 장르 등 다양한 장르가 출현했지만 영화 장르의 채널 수가 크게 늘어난 점이 특징이었다. 그 후 PP의 수는 폭증하여 2005년 4월을 기준으로 171개 법인이 415개 채널(텔레비전, 라디오, 데이터 채널 포함)을 운영하고 있는 것으로 나타났다.

<표 5-2> 방송채널사용사업자 현황(2005년 4월 기준)

구분	1차 ('93~'95)		2차 (2000)		신규 홈쇼핑 (2001)		3차 등록(2001.3~)						총계	
							텔레비전		데이터		라디오			
	법인수	채널수	법인수	채널수	법인수	채널수	법인수	채널수	법인수	채널수	법인수	채널수	법인수	채널수
전체	27	29	13	14	3	3	184	239	30	40	15	262	268	587
폐업	1	1	2	2	0	0	86	104	1	1	4	61	94	169
취소	0	0	0	0	0	0	3	3	0	0	0	0	3	3
현재	26	28	11	12	3	3	106	132	30	39	11	201	171	415

자료: 방송위원회(http://www.kbc.go.kr/data/part_view.asp?number=128&page=2, 2005년 7월 21일 검색).

① 1차 29개 채널: 구공보처, 문화관광부의 허가 및 승인 채널(1993, 1994, 1995)
② 2차 14개 채널: 방송위원회 등록제 유예기간 내 승인 채널(2000.5)
③ 3차: 등록제 시행 이후 등록 채널(2001.3~)

등록제로 인한 다수 사업자의 출현은 PP 간 본격적인 프로그램을 통한 질적 경쟁을 강화하였고, PP와 SO 마케팅을 강화하는 전기로 평가되고 있다. 그렇지만 PP 등록제가 심각한 부작용을 낳고 있다는 점도 지적되고 있다. 그것은 ① 지상파방송 3사 계열의 PP가 시장을 지배하는 경향, ② 채널 구성이 특정 장르에 편중되고 있어 방송법과 정책이 추구하는 다양성과 균형성이 위축되는 경향, ③ 과거 PP의 허가제는 SO 채널 편성권을 유명무실하게 한 반면, PP의 등록제는 SO의 채널 편성권 남용이라는 부메랑 효과를 낳고 있다는 점이다(김정기, 2003: 318).

MSO의 등장과 소유집중[7]

1999년 1월에 종합유선방송법이 개정되어 복수의 SO와 PP의 소유가 가능해지자 인수·합병이 본격화되었다. 우선 1999년 3월 대호가 서울 지역의 4개 SO와 지방의 SO를 통합하여 MSO를 형성하였고, 이어 7월 조선무역이 7개 SO를 소유하는 MSO가 되었다. 이 밖에도 2차 SO를 중심으로 한 중계유선방송과 SO 간의 협업도 활발히 진행되었다.

2004년 태광이 한빛아이앤비를 인수함에 따라 C&M를 제치고 국내 제1의 MSO로 등장하였다. 다음으로 조선무역의 SO가 C&M으로 이름을 바꾸고 17개의 SO를 소유함으로써 두번째 MSO로 자리를 잡았다. 대호가 소유하던 MSO는 현대백화점 계열로 넘어갔다. 아이팩이 소유하던 MSO는 온미디어가 인수, SO를 추가하여 MSO가 되었다. 큐릭스(미래), CJ케이블넷, 드림시티(유진기업) 등이 MSO로 등장하였고, 과거에 중계유선을 많이 소유하고 있었던 사업자들이 전환 정책의 결과 MSO의 소유주로 등장하였다. 중계유선에서 전환 승인한 CMB는 2004년에도 SO를 추가하여 2005년 6월 기준으로 17개의 SO를 소유함으로써, 네 번째 주요 MSO가 되었다.

MSO가 허용된 1999년 이후 종합유선방송 산업의 시장 집중도가 빠르게 증가하였다. MSO의 수가 증가하였고, MSO들이 소유한 SO의 수도 증가하였으며, 전체 SO 매출액에서 MSO들이 차지하는 비중도 증가하였다. 8대 MSO들의 소유 SO가 2001년 46개에서 2005년 87개사로 증가하였다. 8대 MSO들의 매출액 점유율은 2001년 42.6%에서 2005년 72.8%로 증가하였다. 4대 MSO들의 시장 점유율 역시 같은 기간 크게 증가하여 2001년 24.8%에 불과하던 것이 2005년에는 55.8%로 크게 늘어났다. 이러한 집중도 증가는 태광MSO

---

7) MSO(Multiple System Operator)란 복수의 종합유선방송국을 운영하는 것을 말한다.

<표 5-3> MSO 수와 매출액 점유율의 연도별 변화 추세

	MSO명	2001.6		2002.6		2003.6		2004.6		2005.3	
		SO 수	매출액 점유율(%)	SO 수	매출액 점유율(%)	SO 수	매출액 점유율(%)	SO 수	매출액 점유율(%)	SO 수	매출액 점유율(%)
1	태광	4	4.7	4	5.1	4	4.5	5	5.3	22	20.8
2	씨앤앰 커뮤니케이션	12	12.4	12	12.4	10	29.4	10	12.7	17	17.4
3	CJ케이블넷	3	3.4	5	5.1	5	6.3	7	7.9	8	9.0
4	CMB	10	4.3	14	7.3	13	7.9	10	5.4	17	8.6
	4대 MSO	29	24.8	35	29.9	32	48.1	32	31.3	64	55.8
5	현대 커뮤니케이션 &네트워크	7 (대호)	10.3	5	7.2	5	5.6	8	8.5	8	5.5
6	큐릭스	3 (미래)	3.7	6	4.8	6	2.8	5	4.1	8	5.5
7	온미디어	5	0.6	5	4.3	5	3.8	6	3.9	6	3.7
8	드림시티 미디어	2	3.2	2	5.5	2	6.2	2	5.4	-	-
9	GS홈쇼핑	-	-	-	-	-	-	-	-	2	2.3
	8대 MSO	46	42.6	53	51.7	50	66.5	53	53.2	87	72.8

자료: 방송위원회 방송산업실태조사보고서(2001~2005)

가 한빛MSO를 인수하면서 규모가 큰 폭으로 증가하였고, 제2대 MSO인 C&M 이 지속적으로 서울 및 경기 일원 SO를 인수하였고, CMB가 대전, 전남을 중심으로 지역적 통합을 추진하면서, MSO의 비중이 증가한 데 기인한다.

MPP의 등장과 지상파방송사의 진출[8]

PP의 경영난과 IMF 경제위기 한파로 PP의 매물이 많이 나와있는 상황에서

---

8) MPP(Multiple Program Provider)란 복수의 채널들을 운영하는 것을 말한다.

<표 5-4> 주요 MPP(2005년 6월 기준)

지배 주주	채널 수	운영 채널
온미디어	12	투니버스, OCN, 바둑TV, 캐치온, 슈퍼액션, 캐치온플러스, 온게임넷, MTV, 온스타일, 퀴니, 온PPV, 온디멘드
CJ	11	m.net, CJ홈쇼핑, 홈CGV, XTM, 푸드채널, m.net넌스탑, KMTV, 내셔널지오그래픽, CJ온디멘드(VOD), CGV초이스
KBS	3	KBS스카이드라마, KBS스카이스포츠, KBS코리아
MBC	4	MBC드라마넷, MBC-ESPN, MBC게임, MBC무비스
SBS	6	SBS골프채널, SBS스포츠채널, SBS드라마플러스, SBS위성
YTN	3	YTN, 코미디TV, YTN스타
중앙일보사	2	Q채널, 히스토리채널
EBS	2	EBS플러스1, EBS플러스2

자료: 방송위원회 방송산업실태조사보고서(2005).

1999년 1월에 MPP가 합법화되었다. 2005년 현재 국내 최대의 MPP는 온미디어인데, 온미디어는 MPP가 허용되자마자 가장 적극적으로 MPP를 추진하였다. 투니버스를 운영하던 동양그룹은 경제위기의 영향으로 매물로 나온 DCN, 바둑TV, 캐치원을 1999년 6월, 8월, 11월에 각각 인수하였다. 2000년 6월에 MPP 미디어 지주회사인 '온미디어'를 설립하였고 그 이후 채널을 계속 추가하여 2005년 현재 12개 채널을 운영하고 있다. 두 번째 MPP사인 CJ미디어는 1997년 4월에 m.net을 인수하면서 MPP화를 시작하였다. 2000년 6월에 채널F(푸드채널)를 출범시킨 이래 2005년 현재 11개의 채널을 운영하고 있다.

2005년 6월 기준으로, 18개 MPP사가 67개 채널을 운영하고 있으며, PP 전체 매출액의 45.4%를 점유하고 있는 것으로 나타났다.

한편 지상파방송사의 PP 진출은 SBS가 1999년 6월에 한국골프채널(구마이TV)를 인수하면서 시작되었다. SBS는 2000년 1월에 한국스포츠TV도 인수하였다. MBC는 드라마 채널이던 제일방송을 2001년 3월에 인수하면서 PP업에 진출하였고, KBS는 가장 늦게 PP업에 진출하였다. 이후 지상파방송 3사가 스포츠, 드라마 등 인기 장르에 경쟁적으로 진입하였다. KBS는 2003년 이후 지속적으로 오락 채널과 다큐멘터리 채널을 신설하려고 했으나 기존 PP와 여론의 반발로 무산되었다. 그렇지만 2006년 6월 KBS 스카이 오락 채널이 허용되었다.

프로그램 공급업과 종합유선방송국의 결합

1999년 1월, 인수·합병이 자유로워지자 수직적 결합 역시 활성화되기 시작하였다. 2000년에 MSP(Multiple System Operator and Program Provider)가 시작되자 곧바로 활성화된 것은 티어링 제도의 시행으로 PP들이 유리한 티어에 포함되기 위한 전략의 일환이었다. SO들은 같은 계열사 PP들을 우선적으로 송출할 뿐만 아니라 경쟁 PP들에 대해서는 차별하기 때문이다.9) MSP는 두 가지 형태로 진행되어 왔다. 하나는 PP가 SO를 인수하는 것이고, 또 다른 하나는 전략적 제휴이다.

대표적인 인수 사례로, 2000년 6월 온미디어는 영동방송을 포함하여 5개 SO를 인수함으로써 MPP사가 MSO사를 보유하게 되었다. 채널 간 경쟁이 심한 분야인 CJ, LG, 현대 홈쇼핑사들이 MSP에 매우 적극적이었다. 경쟁이 심한 홈쇼핑사들은 주로 자사 채널을 안정적으로 송출하기 위한 방편으로

---

9) 예를 들면, 계열사 채널들은 낮은 채널 번호로 송출하는 반면, 경쟁 채널들은 접근하기 어려운 높은 채널로 송출하거나 아예 송출하지 않는 방법이 주로 사용되고 있다.

<표 5-5> 주요 MSP 운영 현황(2005년 6월 기준)

지배 주주	채널 수	운영 채널 및 사업자
온미디어	PP(12)	OCN, OCN 수퍼Action, 캐치온, 캐치온plus, On Style, 바둑TV, 투니버스, 온게임네트워크, MTV, 퀴니, ON PPV, On Demand
	SO(6)	서남, 전남동부, 동구, 서대구, 수성케이블, 영동
CJ	PP(9)	m.net, m.net Nonstop, Home CGV, CGV CHOICE, XTM, Food Channel, KMTV, National Geographic Channel, CJ홈쇼핑
	SO(7)	양천, 중부산, 경남, 해운대기장, 가야, 북인천방송, 마산
LG홈쇼핑	SO(12), 위성	경북, 관악, 금호, 부산, 한빛새롬방송, 서초, 씨씨에스, 한강, 천안, 서남, 영동, 전남동부
우리홈쇼핑	SO(4)	안양, 영남, 천안, 영동
현대홈쇼핑	SO(10), 위성	강남, 경북, 관악, 금호, 디씨씨, 부산, 서초, 수원, 청주, 한빛아이앤비
한국농수산방송	SO(4)	한빛아이앤비, 한빛기남방송, 안양, 큐릭스네트웍스

자료: 방송위원회 방송산업실태조사보고서(2005).

SO를 매입하거나 전략적 제휴의 형태를 선호하는 것이다. 경우에 따라서는 SO들의 디지털화 전환 자금을 지원해 주면서 자사의 채널을 좋은 채널 번호에 송출해 줄 것을 부탁하기도 한다.

케이블 TV 디지털화와 방송·통신의 융합

우리나라 케이블 TV의 디지털화는 선진국과 비교할 때 추진이 조금 더딘 편이다. 선진국들의 경우 위성방송이나 케이블 TV의 디지털화가 지상파방송에 비해 조기에 이루어진 데 반해, 우리나라는 지상파방송과 위성방송의 디지털화가 케이블 TV보다 빨리 추진되었다. 특히 PP들의 디지털화에 비하면 SO들의 디지털 추진은 뒤늦게 시작되었다. 영세한 SO가 개별적으로 투자 재원을 마련하는 것이 어려웠기 때문이다.

정부는 2000년 3월 대통령 업무 보고를 통해, 2001년에 시험방송, 2002년부터 디지털 유선방송의 본방송을 실시하겠다는 추진 일정을 발표하였다. 2002년 4월에는 디지털 유선방송 추진반을 구성하여 미국 방식을 국내 표준방식으로 결정하였다.

케이블 TV의 디지털 전환에 있어 경제적 효율성과 사업성 확보를 극대화하기 위해, SO들이 연합해서 통합 디지털 헤드엔드 형태로 추진하는 것이 바람직하다는 판단 아래 DMC(Digital Meida Center)를 추진하였다. 권역별로 슈퍼 헤드엔드를 구축하는 것이다. DMC의 주요 역무는 PP 프로그램의 디지털 재전송, 데이터 방송 및 부가 서비스, 초고속 인터넷 서비스, VoIP(Voice over Internet Protocol) 등과 같은 서비스를 제공하고, 아울러 권역별로 광고를 송출하는 것을 DMC가 대행함으로써, 개별 SO들이 최소한의 투자로 디지털 방송을 시작할 수 있도록 한다는 취지를 지니고 있었다. 2000년 6월 서울 지역의 MSO들이 디지털 추진 계획을 수립하였고, 2001년 8월에 24개 SO들의 디지털화를 남낭힐 별도의 법인인 '한국 케이블TV 디지털 미디어센터(KDMC, 자본금 450억 원 규모)'를 설립하였다.

초기 DMC는 전국 SO 연합 형태의 단일 컨소시엄을 구성하여 추진하는 것으로 검토되었으나, 구성 단계에서 디지털 서비스 도입에 대해 SO별로 입장 차이가 존재하였고, DMC에 대한 투자 지분과 배분 문제, 사업 추진방식 등에 대해 이견이 생긴 결과, 2001년 8월 SO주도의 KDMC 설립 시 24개 SO만 참여하였다. <표 5-6>에서 보듯이, 이와는 별도로 MSO의 독자적인 디지털화 추진 및 통신사업자 주도의 DMC 모델 등이 검토되었다(손창용·여현철, 2003: 161).

발족 이후 KDMC는 전국적인 네트워크를 지향하여 꾸준히 SO 가입을

<표 5-6> DMC 추진 유형

사업체명	유형	주요 참여사	서비스 제공 SO
KDMC	SO 컨소시엄	44개 SO, SKT, 하나로통신	44개 SO (한빛·태광 MSO 포함)
BSI	전문 DMC	유진기업, 데이콤, 파워콤, LG CNS, 강남케이블TV	강남케이블TV, 드림시티 MSO, HCN MSO
CJ케이블넷	MSO 중심 DMC	CJ홈쇼핑	CJ케이블넷 MSO
C&M DMC센터	MSO 중심 DMC	C&M커뮤니케이션	서울과 경기지역 16개 SO
큐릭스	MSO 중심 DMC	큐릭스 네트워크	큐릭스 MSO

확대시켜 2005년 현재 전국 44개의 SO들이 주주로 참여하고 있다. 이 가운데는 한빛 계열과 태광 계열의 MSO도 포함되어 있다. 한편 SKT로부터 총 800억 원의 투자를 유치하였으며, 하나로통신과 DMC 사업을 통합하는 계약을 체결하는 등 통신사업자와의 협력관계를 활발하게 구축하여 왔다. 무선통신회사인 SKT가 참여한 것은 향후 유·무선망의 통합을 염두에 둔 전략으로 이해된다.

KDMC는 2005년 기준으로 전국 44개 참여 SO가 이미 확보한 460만 가구를 기반으로 수도권의 Key DMC를 비롯하여 대구, 광주 등 전국에 3~4개의 허브형 DMC 구축을 목표로 사업을 전개해 왔다. 2005년 2월, 센터 장비 구축을 완료하여, DTV 110개 채널 / RVOD 2,400stream / NVOD 20개 채널 / ISP(초고속 인터넷) 서비스를 서울, 안양, 부산, 대구, 광주에서 개시할 계획이다. 궁극적으로 Digital TV, 각종 양방향 서비스의 유통 및 ISP, VoIP 등

방송과 통신융합 서비스를 제공하는 광대역망을 구축하고 있다.

2004년 8월 31일, 정보통신부는 방송·통신의 융합 시대를 대비하기 위해 광대역통합망 1단계 시범사업자로 SK텔레콤·KT·데이콤의 3개 컨소시엄을 선정했다. 2005년 3월 23일, 정통부는 '케이블 BcN 컨소시엄'을 시범사업자로 추가 지정했다. 정부가 케이블망을 NGcN(Next Generation convergence Network)망으로 지정하자, 케이블 TV와 통신사업자들이 광동축혼합(HFC)망을 이용하여, BcN(Broadband convergence Network) 서비스를 2005년 7월부터 개시하였다. 2005년 3월 BcN 시범사업자로 추가 선정된 케이블 TV 방송사 컨소시엄은 VOD·양방향 데이터 방송을 중심으로 한 서비스를 선보이고, 망 고도화 작업에도 탄력을 붙인다는 방침이다. 통신·방송의 융합을 비롯한 융합 서비스들이 본격화되는 것은 물론, 현재보다 50배 빠른 50~100Mbps급 BcN 구축이 가속화될 것으로 예상된다.

데이콤이 주도하는 광개토 컨소시엄은 서울·울산·부천 등지의 350가구를 대상으로 하여 파워콤의 HFC망을 기반으로 TV포털·TV전자정부·영상전화 등 다양한 융합 서비스를 제공할 방침이다. 광개토 컨소시엄은 포털 업체인 다음과 공동으로 가정의 TV를 통해 포털 서비스를 비롯해 각종 콘텐츠를 이용할 수 있는 TV 포털 서비스도 제공하여 BcN 서비스 활성화에 적극 나선다는 계획이다(《디지털타임스》, 2005.7.5).

SK텔레콤·하나로텔레콤이 참여하는 유비넷 컨소시엄은 2005년 4일 서울 성북 지역 가입자를 대상으로 SCN(Satellite Cable Network) 시범 서비스를 개시했다. SCN은 케이블 TV망인 광동축 혼합망(HFC)에 위성방송을 실어 가입자에게 초고속 인터넷과 디지털 위성방송을 제공하는 융합 서비스다. 유비넷 컨소시엄은 SCN 시범 서비스에 이어 초고속 인터넷·방송·전화를 결합한 TPS(Triple Play Services), TV포털, 영상전화 등 본격적인 BCN 시범 서비스를 단계적으로 제공할 예정이다. KT가 주 사업자인 옥타브 컨소시엄도 영상전화, VOD(주문형 비디오) 기반의 iCOD(주문형 콘텐츠) 서비스 등으로 차별화된 BcN 시범 서비스를 전개할 계획을 가지고 있다.

위성방송의 등장으로 인한 종합유선방송과의 경쟁

케이블 TV와 위성방송의 매체 특성 비교

스카이라이프는 2000년 12월에 허가를 받고, 2002년 3월부터 유료방송 서비스를 시작하였다. 위성방송은 종합유선방송보다 열악한 환경에서 출범했다. 이미 종합유선방송 가입자가 크게 확산되었다는 점도 그렇지만, 위성방송을 수신하기 위해서 부담해야 할 장비 구입비가 종합유선방송보다 훨씬 비싸다는 점도 가입자 확보에 장애요인으로 작용했다. 하지만 스카이라이프는 거대한 모기업인 한국통신의 막강한 자본력을 바탕으로 수신 장비료를 크게 인하하거나 가입에 따른 상당한 혜택을 줄 수 있었다. 위성방송의 다양한 부가 서비스 개발에 요구되는 개발비를 부담할 수 있는 자본력이 있다는 장점을 가지고 있었다. 이러한 장점을 지니고 있었지만, 스카이라이프는 경쟁매체들의 강력한 반대와 지상파방송을 재송신하지 못하는 불리함으로 인해, 초기 가입자를 확보하는 데 많은 어려움을 겪었다(이영음, 2003: 10).

<표 5-7>에서 보듯이, 종합유선방송과 위성방송의 매체 특성은 유사한 점이 많다. 사업자 구조 측면에서 플랫폼 사업자, 전송망 사업자, 프로그램을 제공하는 소위 채널사용 사업자로 구성된 측면도 그러하고, 다채널 양방향 매체, 통신 서비스 제공 등 서비스 측면에서 거의 대체재로서의 특성을 지닌다. 차이점으로는 SO들은 비교적 영세한 데 반해, 위성방송에 대주주로 참여한 한국통신, KBS, MBC, SBS 등은 국내 최고의 통신 및 방송사업자들이라는 점을 들 수 있다.

케이블 TV와 위성방송의 산업구조 측면에서 차별성이 감소하고 서비스 간의 대체성이 증가하면서, 양 사업자는 동일한 시장을 대상으로 유사한 서비스를 통해 경쟁을 벌이고 있다. 이러한 경쟁은 시청자의 입장에서 요금인하, 내용 및 고객 서비스 개선, 설비 업그레이드 등 바람직한 결과를 가져올 수 있으나, 다른 한편으로 한정된 시장 쟁탈을 위해 무리한 투자, 상업주의 만연,

<표 5-7> 종합유선방송과 위성방송사업자 비교

	종합유선방송	위성방송
사업자 구조	• 지역 단위 소규모 사업자로 출발했으나, 소수 사업자(MSO)를 중심으로 집중화 경향 • 지역 독점사업자로 출발했으나, 현재는 독점 또는 복점 경쟁체제 • 중계유선방송사와 경쟁구조였으나, 종합유선방송으로 흡수되었음	• 종합유선방송에 비해 후발주자라는 약점이 있으나, 전국을 대상으로 하는 독점사업자
서비스 내용	• 450~750MHz로 아날로그 신호 제공 • 지속적으로 망의 업그레이드가 이루어지고 있으나 시스템에 따라서는 망용량 부족현상 발생 • 지상파·위성방송에 비해 디지털화가 상대적으로 느리게 진전되고 있음 • 다양한 PP 채널 외에 지역매체로서의 특성을 극대화시킨 지역 채널 서비스 제공 • 초고속 인터넷 접속 서비스	• 디지털화의 조기 진전에 따라 케이블 TV에 비해 다양한 고화질 서비스 제공 • CD 수준의 화질 및 음질 제공 • 기본 서비스 및 옵션 부가 서비스의 다양한 영상 채널 패키지 제공 • 유사 주문형(NVOD) 및 PPV (Pay per View) 서비스 제공 • 데이터 채널과 전화선을 결합시켜 다양한 데이터 방송 및 부가 서비스 제공
서비스 가격	• 비교적 저렴한 초기 설치비 및 월 수신료	• 디지털 위성방송의 경우, 가구의 수신기 및 안테나 설치

자료: 이선희·최성진·이광직(2003: 100)에서 수정.

경쟁 지역에서 약탈적 가격설정, 그에 따른 손실을 경쟁이 약한 지역에 전가하는 문제 등 과열경쟁의 폐해가 발생할 수 있다.

유료방송 시장에서 경쟁이 심화되면서, 불공정행위들이 발생하고 있다. 종합유선방송이 많은 가입자 수를 기반으로 PP들에게 위성방송으로의 송출을 방해하고 있다. 그리고 종합유선방송이 우월적 지위를 이용하여 PP들에게 불리한 계약을 강요하고 있으며, 역으로 일부 영향력 있는 PP가 SO나 위성방송사로부터 많은 혜택을 요구하고 있는 것으로 알려지고 있다(권호영, 2005b).

종합유선방송과 위성방송의 가입자 증가 현황

케이블 TV 가입자

2005년 6월 기준으로, 케이블 TV 총가입자는 1,165만 2,924가구, 대상 가구 수 대비 67.0%의 높은 가입률을 보이고 있다. 그 가운데 종합유선방송이 1,113만 3,775가구로 95.5%를 차지하고 있고, 중계유선방송은 가입자가 크게 감소하여 51만 9,149가구로 이제 시장에서 거의 사라져 가고 있다. 종합유선방송 가입자는 IMF 외환위기 시기를 제외하고 꾸준히 성장해 왔으나, 2005년에 들어와서 유료매체 시장이 포화상태인 상태에서 위성방송 가입자가 증가하면서 감소세로 돌아섰다.

초기 운영에서 살펴보았듯이, 종합유선방송 출범이후 1998년 말까지만 해도 종합유선방송 가입자의 수적 증가는 기대 이하로 저조하였다. 방송 가입자가 본격적으로 증가하기 시작한 것은 티어링 제도가 도입된 1999년 이후부터이다.[10] 그 이후 기본형 가입자 수는 크게 증가하지 않은 반면, 티어 가입자 수는 매년 기하급수적으로 증가하였다. <그림 5-1>에서 보듯이, 티어 도입 첫해인 1999년 말 티어 가입 가구 수가 91만 6,176가구이던 것이 2004년 6월에는 938만 4,086가구로 불과 5년 사이에 약 10배가량 폭발적으로 증가하였다.

종합유선방송 가입자 증가에 영향을 미친 또 다른 정책은 중계유선방송의 전환 승인이었다. 두 차례에 걸친 전환 승인의 결과, 중계유선사업자의 23%에 해당하는 181개 사업자가 종합유선방송으로 전환하였다. 사업자들이 전환하면서 중계유선 가입자 역시 종합유선방송 가입자로 자연스럽게 전환하게 되었

---

[10] 티어링(tiering)이란 채널들을 묶어서 판매하는 일종의 상품 전략 중 하나로, 예를 들면 국민형, 보급형, 경제형, 기본형 등의 다양한 이름을 가지고 있고, 보도, 교양교육, 영화, 스포츠 등 장르나 채널의 특성에 따라 여러 채널들을 묶어 가격을 차등화하여 판매한다.

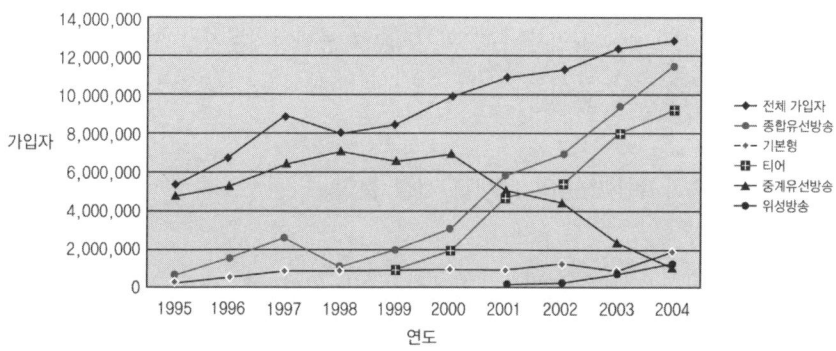

<그림 5-1> 케이블 TV와 위성방송 가입자 증가

다. 중계유선이 종합유선방송으로 전환 승인하기 바로 전인 2001년 3월 종합유선방송 가구 수는 327만 5,240가구였다. 1차 전환 승인이 끝난 후, 2001년 12월 말 종합유선방송 가구 수는 584만 4,118가구로 불과 9개월 사이에 256만 가구나 증가하였다.

그런데 가입자가 이렇게 증가했는데도 불구하고, 문제는 유료 가구가 PP에게 수신료를 배분하지 않는 가구를 중심으로 확대되었다는 점이다. PP에게 수신료를 배분하는 유료 가구는 1997년 이후 거의 증가하지 않고 있다. 1997년 12월 82만 5,075가구였던 것이, 2003년 6월까지 87만 4,554가구로 거의 제자리에 머물러 있다(방송위원회, 2004: 155). 전환 승인 정책이 가시적 시장 성과는 달성했지만, 확대된 가입자 규모가 종합유선방송 프로그램 산업의 발전에 기여하고 있지 못한 것이다.

위성방송 가입자

한편 2002년 3월에 본방송을 시작한 위성방송은 사업 첫해 말에 53만 가입자를 확보하고, 본방송 1년 만인 2003년 2월 말에는 60만 가입자를 확보하여 비교적 순조로운 출발을 보였다. 2004년 6월에는 가구 점유율이 7.6% (129만 7,214가구)를 차지하였다. 그렇지만 후술하게 될 지상파방송의 재송신이 난항을 겪으면서 가입자가 급격하게 증가할 수 있는 호기를 놓쳐버렸고 기대만큼 빠른 성장을 보이지 못했다. 위성을 통한 지상파 재전송이 허용된 2005년 3월 이후에는 가입자 수가 획기적으로 증가하기는커녕 오히려 이전보다 가입자 수의 증가율이 감소하는 추세에 있는 것으로 나타났다.

종합유선방송과 위성방송의 다채널 시장 분할

스카이라이프가 출범하면서, 종합유선방송과 위성방송 간에 유료매체 시장을 두고 경쟁이 심화되고 있다. 양 매체 간의 시청점유율 비교는 현재로서는 어렵다. 양 매체의 시청률이나 시청점유율 자료가 있으나, 조사대상이 달라서 비교하는 것이 불가능하기 때문이다. 따라서 채널 상품을 중심으로 시장 분할에 대해 살펴보기로 한다.

종합유선방송 도입 초기, 기본 채널 수신료는 1만 5,000원이었다. 제공되는 프로그램의 질에 비해 수신료가 비싸다는 인식이 높았는데, 1999년부터 티어링 제도가 본격적으로 도입되면서, 저가 티어 상품을 위주로 가입자가 증가되어 왔다. 이러한 경향은 지속되어, 2004년 현재 티어 운영에도 여실히 나타나고 있다. 한마디로 티어 운영과 관련해서 주요한 특징 중 하나는 '다양한 채널 상품(티어) 구성 없는 저가 상품 의존구조'라는 점이다. 평균 가입 가구당 수신료 매출(ARPU)은 5,492원으로 2003년 하반기(5,436원)와 별다른 차이를 보이지 않는다.

하나로텔레콤은 'Triple Play Service'라 하여, 초고속 인터넷·인터넷 전화·케이블 TV를 포함한 서비스를 2004년 8월부터 제공하기 시작하였다. 케이블 TV사들 역시 2006년 전화 사업을 위해 허가를 받았기 때문에, 케이블 TV와 초고속 인터넷 서비스, 그리고 전화 서비스(VoIP)를 결합하여 판매할 예정이다.

2006년 현재, 위성방송사는 비디오와 오디오를 합쳐 170여 개의 채널을 50% 할인한 2만 8,000원에 스카이 플레티늄이라는 이름으로 제공하고 있다. SO와 비슷한 티어링 서비스 역시 제공하고 있다. 기본형 SkyFamily는 121개

<표 5-8> 채널 상품별 현황

	기준 시점	의무형	묶음2	묶음3	묶음4	기본형
가입 가구 수 (점유율)	2004. 6.30	520,818 (4.4%)	6,753,828 (57.6%)	1,788,129 (15.3%)	703,589 (6.0%)	1,957,691 (16.7%)
	2003.12.31	570,358 (5.1%)	7,045,179 (63.2%)	1,440,254 (12.9%)	117,817 (1.1%)	1,975,877 (17.7%)
ARPU(원)	2004. 6.30	3,167	4,684	5,404	4,471	8,383
	2003.12.31	2,764	4,639	5,188	7,502	8,545
운영 SO 수	2004. 6.30	89	92	76	26	117
	2003.12.31	74	97	69	21	110
평균 공급 채널 수	2004. 6.30	21.8	44.9	57.3	59.0	70.1
	2003.12.31	21.5	44.2	56.6	62.8	68.6

자료: 방송위원회(2004).

채널(비디오 81개 채널과 오디오 40개 채널)을 제공하며 2만 원의 수신료를 받고 있다. 그 외 영화 전문 패키지인 SkyMovie+, 스포츠 마니아를 대상으로 한 스포츠 프로그램에 더해 시사·교양 프로그램을 함께 제공하는 Times & Sports 패키지, 여성과 아이들을 대상으로 한 Kids & Mom 패키지, 디지털 오디오 채널만을 제공하는 Sky Sound 패키지 등이 있다.[11]

그 외 채널 단위로 가입할 수 있는 프리미엄 서비스를 제공하고 있고, 휴대폰을 통해 위성방송을 시청할 수 있는 Fimm, PDA를 통해 시청할 수 있는 Swing 서비스 등을 제공하고 있다. 아울러 가입자 유치를 위해 초고속 인터넷

---

11) http://www.skylife.co.kr/index.html(2006년 1월 18일 검색).

<표 5-9> 상품별 가입자 현황

구분	2002년 6월	12월	2003년 1월	6월	2004년 10월
Sky On	37%	33%	32%	28%	34.7%
Sky Family	46%	51%	52%	57%	61.6%
기타	17%	16%	16%	15%	3.7%
계	100%	100%	100%	100%	100%

주: 기타는 Sky On(+) 선택형, Sky Movie+, Sky Movie+(+) 선택형이며, 프리미엄 채널은 제외.
자료: 스카이라이프 내부 자료(2003, 2004).

상품과 함께 번들로 서비스를 제공하고 있는데, 번들 상품의 경우 할인을 통해 가입자를 유인하고 있다.

위성방송의 상품별 가입자 추이를 분석해 보면, 고가 상품인 기본형 Sky Family / Sky Family+(월 1만 8,000원)가 꾸준히 증가하고 있는 추세이다(<표 5-9> 참조). Sky On(8,000원)은 30%대 전후에서 약간의 편차를 보이고 있다. 고가 상품을 중심으로 위성방송의 가입자가 확산되고 있어, 저가 상품 중심의 케이블 TV와 좋은 대조를 보이고 있다. 가격을 중심으로 유료매체 시장이 분점화(fragmentation)되는 경향을 보이는 것이다.

종합유선방송과 위성방송의 초고속 인터넷 시장 분할

OECD나 ITU 발표에 따르면, 우리나라의 초고속 인터넷 보급률은 세계 최고 수준을 유지하고 있다. 초고속 인터넷 서비스는 xDSL(ADSL, VDSL), 케이블모뎀, 아파트 랜(LAN), 무선 랜, 위성 등 다양한 기술방식에 의해 제공되고 있으며 전력선통신, 휴대 인터넷 등 신기술 개발도 지속적으로 진행되고 있다. 우리나라에서는 케이블 TV망에 의한 초고속 인터넷이 먼저 제공되기 시작하였으나, 하나로텔레콤과 KT의 시장 진입 이후 ADSL 방식의 서비스가 2004년 현재 61.7%를 차지하고 있다. 이어 케이블 TV 모뎀이 초고속 인터넷 시장의 약 30%를 차지하고 있다. 이렇게 통신회사들의 시장점유율이 높은 것은 성공적인 마케팅 전략 때문인데, 하나로텔레콤의 경우 집단 주거 지역을 중점적으로 공략했으며, 한국통신의 경우에는 기존 전화 가입자를 대상으로 마케팅을 강화하여 가입자를 확보하였기 때문이다. 위성방송의 경우, 2004년 부터 초고속 인터넷 서비스를 제공하고 있지만, 점유율이 매우 미약하여 케이블 TV와 비교할 때 양방향 매체로서의 한계를 보여준다.

1999년 이후 우리나라 초고속 인터넷 시장은 급격히 성장하여 2002년까지 연평균 92.9%라는 높은 증가율을 보였으나, 최근에는 1% 미만의 낮은 수준을 보이고 있어 시장이 성장기를 지나 포화상태에 도달한 상황이다. 향후 2008년까지 연평균 5.8%의 낮은 성장률을 예상하고 있다.

그렇지만 이러한 초고속 인터넷 발전에 대한 국내외의 부정적인 평가에도 불구하고, 최근 들어 국내 인터넷 확산과 관련하여 큰 변화가 일어나고 있다. 2005년 들어서면서, 아파트 거주자를 대상으로 서비스 속도가 최대 100Mbps에 육박하는 '아파트 랜' 서비스가 급속하게 보급되고 있는 것이다. 광랜으로도 불리는 아파트 랜은 아파트 단지까지는 광케이블로 연결하고 각 가정까지 LAN(근거리통신망)으로 연결하는 초고속 인터넷 서비스를 말한다. 기존의 ADSL과 VDSL보다 2~20배 빠른 100Mbps 속도의 인터넷 서비스를 상대적으로 저렴한 가격에 제공하고 있다. 2004년 말 100만 가입자 돌파 이래 꾸준한 보급 증가로 2005년 9월 말 기준으로 가입자는 140만 명에 달하고 있다. 지난 9개월간 아파트 랜 가입자는 34만 명이 증가하였으나, xDSL(ADSL, VDSL) 가입자는 14만여 명이 감소하였다. 현재 KT의 엔토피아, 하나로텔레콤의 하나포스 광랜, 파워콤의 엑스피드 등의 서비스가 제공되고 있다.

이번 100메가 아파트 랜 보급 확산을 통해 ADSL에서 VDSL로 진화한 뒤 한동안 정체되어 있던 초고속 인터넷 시장이 새로운 활력을 찾고 있다.

<표 5-10> 망별 초고속 인터넷 가입자 증가 추세

	1999	2000	2001	2002	2003	2004
DSL	156,138	2,559,115	4,452,589	5,664,415	6,379,781	6,692,524
케이블 모뎀	182,726	1,354,970	2,708,644	3,553,830	3,222,375	3,247,854
위성						3,533
아파트 랜						902,046
기타			1,662,784	1,181,352	775,357	
전체	338,864	3,914,085	8,824,017	10,399,597	10,377,513	10,845,957

자료: IT통계정보센터(2005), www.itstat.go.kr.

향후 저속의 ADSL 등은 광랜, FTTH, 50Mbps급 이상의 VDSL 등에 의해 빠르게 대체될 전망이다. 케이블 TV 역시 100메가 시대에 접어들면서 통신사 업자들과 경쟁해야 하는 과제를 안고 있다.

종합위성방송과 위성방송의 경영 비교

가입자가 크게 증가함에 따라, 종합유선방송 SO의 매출액이 1996년도 857억 원이었던 것이, 2004년 1조 3,479억 원으로 약 15.7배가량 증가하였다. 수신료 수입은 같은 기간 812억 원에서 655억 원으로 약 8.1배가량 증가하였다. 수신료 수입 증가에 비해 매출액 증가 비율이 높은 이유는 인터넷과 같은 부가 서비스 사업으로 인한 결과이다. 한편 위성방송의 경우 2002년 635억 원에서 2004년 2,550억 원으로 약 4배가량 증가하였으며, 수신료 수입은 같은 기간 367억 원에서 1,824억 원으로 약 5배가량 증가하였다.

SO들이 PP에 배분한 수신료 수입의 비율이 2004년 기준으로 15%에 불과한 반면, 위성방송사는 PP에 프로그램 이용료로 수신료 수입의 44% 수준을

<표 5-11> 종합유선방송, 위성방송 매출액과 수신료 수입

연도	1996	1997	1998	1999	2000	2001	2002	2003	2004
(1) 종합유선방송 SO 전체(100만 원)									
매출액	85,668	159,562	199,610	236,035	364,224	547,897	788,698	1,074,954	1,347,948
수신료 수입	81,208	115,846	144,103	175,272	200,511	275,782	381,332	516,805	655,050
(2) 위성방송(100만 원)									
매출액							63,535	149,631	255,035
수신료 수입							36,687	101,089	182,471
(3) 수신료 중 PP에게 배분한 비율(%)									
SO	24.0	33.8	33.8	20.9	25.4	19.1	20.9	13.2	15.0
위성							44.3	44.0	43.3

자료: 권호영(2005a)에서 재구성.

배분하였다.

프로그램 사용료 수입은 PP가 발전하기 위해 필요한 매우 중요한 수익원인데, 이렇게 수입이 저조한 이유는 시장경쟁이 강화된 것에 기인한다. 2002년, PP와 SO 간의 프로그램 사용료에 대한 개별계약제가 행해지기 이전(PP와 SO 간에 단체계약을 한 후 PP들이 다시 자체적으로 배분했음)에는 SO들은 수신료 수입 중 32.5%를 PP에 배분하였다. 티어링이 본격화된 1999년에는 배분 비율이 20.9%로 감소하였고, 개별계약제가 실시된 이후인 2003년에는 13.2%, 2004년에는 15.0% 수준으로 크게 감소하였다. 이 결과, 시청률이 낮은 PP나 MPP가 아닌 단일 PP들의 프로그램 사용료 수입은 현저하게 감소하였다.

또 다른 중요한 이유는 종합유선방송사들이 저가 티어 상품에 대해서는 거의 수신료를 배분하지 않는 경향이 있었고, 특히 초고속 인터넷과 함께 종합유선방송 상품(bundling)을 판매하는 경우에는 무료로 종합유선방송 서비스를 제공하는 경우가 많았다. 이 경우에 수신료 수입이 없다 하여 아예 PP들에게 수신료를 배분하지 않았다.[12] 이에 대해 방송위원회는 영상산업 발전을 저해한다 하여 시정 명령을 내린 바 있으나, 합리적 수신료 배분 문제는 앞으로도 해결해야 할 주요한 과제로 남아있다.

지상파 재송신을 둘러싼 종합유선방송과 위성방송의 경쟁

위성방송이 등장하면서, 정부는 매체 간 균형발전을 위해 방송 채널 정책에 역점을 두게 된다. 새 방송위원회는 2001년 11월 19일 종합적인 방송 채널 운영정책을 발표하였는데, 핵심 쟁점 중 하나가 바로 지상파 위성방송사에 의한 지상파 재전송이다. KBS와 교육방송은 의무재송신하되, MBC와 SBS의 경우에는 당해 방송 구역을 벗어나는 재송신을 2년간 허용하지 않았다. 2002년 4월 국회를 통과한 개정 방송법에서는 KBS 1TV와 EBS만을 재송신하는 의무를 지니도록 하였다. 개정된 방송법 제78조 제4항에 따르면, 종합유선방송과 중계유선방송의 경우에는 구역 외의 지상파방송 채널을 동시 재송신하려 할 때, 그리고 위성의 경우에는 ― 전국이 방송 구역에 해당하므로 ― 의무동시재송신 채널 이외의 모든 지상파방송을 재송신하려고 할 때, 방송위원회의 승인을 받도록 하여 방송 구역의 전국적 확대와 역외재송신 문제에 대응하고 있다.

이러한 정부 정책의 결정 과정에서 이해 당사자들인 지역방송, 케이블 TV,

---

12) 케이블 시청 가구당 200원의 프로그램 사용료를 받았던 한 PP는 한 SO로부터 "사용료를 가구당 20원만 지급하겠다"라는 통보를 받았다. SO는 "계약 조건이 맘에 들지 않으면 아예 채널을 빼겠다"라고 덧붙였다. 프로그램 이용료를 가구당으로 계산하지 않고 월정액으로 주는 경우도 있다. 다른 PP 관계자는 "시청 가구 20만 규모의 SO로부터 월 20만 원을 주겠다는 제의를 받았다"라면서 "우리 채널의 시청료가 가구당 월 1원인 셈"이라고 말했다(≪조선일보≫, 2002.4.24).

위성방송사들이 첨예하게 대립하였다.[13]

위성방송이 실질적으로 네트워크화되어 있는 MBC, SBS, KBS 2 등이 위성을 통하여 재전송하려고 하였기 때문에 내용상 별 차이가 없는 관련 지역방송사들이 지역성을 해친다는 명분하에 위성방송의 지상파 재송신을 반대하였고, 위성방송의 성장을 견제한 종합유선방송이 지역방송사들의 입장을 지지하면서 그 과정에 뛰어들게 되어 전 방송산업계가 내홍을 치르게 되었다(이병섭, 2003: 45).

스카이라이프가 출범하면서 KBS를 재송신하는 것은 공공 서비스의 차원에서 허용되었다. 종합유선방송업계 및 지역방송국은, 지역방송국을 계열사로 지니고 있는 MBC나 지역방송사들을 가맹국으로 확보하고 있는 SBS를 스카이라이프가 재송신할 경우, 전국망을 장악할 가능성이 있다고 보고 강력하게 반발하였다.

지상파 재송신 금지조치로 인해, 스카이라이프는 신규 가입자 확보에 차질이 빚어졌으며, 이는 기존 가입자들조차 해지하는 주요 원인이 되었다. 종합유선방송 PP 가운데 지상파방송 프로그램을 재방송하는 MBC나 KBS 드라마 채널의 시청률이 상위 5위 안에 들고 있다는 사실에서 엿볼 수 있듯이, 지상파 방송의 재송신은 가입자 유치에 적지 않은 영향력을 미쳤던 것이다.

한편 종합유선방송업계가 위성방송에 비해 지니고 있는 가장 큰 장점은 지상파를 재송신하고 있다는 점이있다. 이에 종합유선방송업계는 스카이라이프의 지상파방송 재송신을 결사반대하였다. 특히 2003년 10월 스카이라이프가 지역방송국들과 협약을 통해 권역별 지역방송에 대한 협의를 마무리 짓고 있는 상태에서 종합유선방송업계는 지역방송 재송신을 중단하겠다고 위협하였다. 이는 지상파방송의 재송신이 이루어질 경우, 종합유선방송 가입자가 위성방송으로 전환할 것을 염려하였기 때문이다(이영음, 2003: 11~12).

---

13) 지상파방송 재송신정책에 대해서는 김정기(2003: 제14장), 윤상길·홍종윤(2004)을 참고할 것.

SMATV를 둘러싼 종합유선방송과 위성방송의 경쟁

위성방송이 도입되면서, 네트워크 확보경쟁이 발생하였다. 공동주택에서 공청선로(Satellite Master Antenna Television, 이하 SMATV) 이용을 두고 유사 서비스를 제공하고 있는 종합유선방송과 위성방송이 심한 경쟁을 벌였다. 최근에는 아날로그 MATV 논의에서 한 걸음 더 나아가 디지털 SDM(Satellite Distribution Method)에 대한 논의로 확대되고 있다.

스카이라이프사는 가입자 확보를 위해 2002년 3월부터 고층 아파트의 저층에서 많이 나타난 전파음영지역 해소를 위해 리피터(repeater)를 개발하여 보급하였다. 2004년 8월 말 현재 전국 700개 단지 3,500동에서 약 7,000개 정도 설치된 것으로 파악되고 있으며, 가시청 가구 28만 세대 중 약 2만 세대가 리피터를 통해 스카이라이프를 시청하는 것으로 조사되었다.

그러나 리피터는 궁극적으로 음영지역을 해소하기 위한 방안이라기보다는 민원을 해결하기 위한 임시방편에 불과하였고, SMATV를 통한 확산 전략을 2001년부터 적극적으로 추진하였다. 2001년 10월, 스카이라이프사는 SMATV 수신방식 도입과 관련하여 정책 건의안을 작성하여 관련 기관에 제출하였다. 이러한 스카이라이프사의 전략에 대해 종합유선방송업계에서는 강하게 반발하였다.[14] 이미 아파트에는 종합유선방송사들이 단체계약을 통해 종합유선방송 신호를 공시청 안테나를 통해 내보내고 있었다. 위성방송사들의 SMATV를 통한 가입자 확보 노력은 종합유선방송 시장의 잠식을 의미하는 것이었다.

양 사업자 간에 갈등이 발생하자, SMATV에 대한 방송위원회와 정보통신부의 법 개정 시도가 있었으나, 양 부처 간에 차별적 입장만 나타났을 뿐 아직까지 결론에 이르지는 못한 상태이다.

방송위원회는 2003년 7월 위성방송의 공시청 수신설비 이용을 허용하기로

---

14) 한국디지털위성방송, 위성방송 SDM 방식 관련 SkyLife 입장(2003.2).

결정하고 방송법 개정안을 마련하였다. 이에 대해 정보통신부는 공시청 수신설비의 이용에 대한 선택권은 공동주택 주민에게 있으므로 방송법에서 규제하는 것은 적절하지 않다는 부처 의견을 방송위원회에 전달하였다. 앞으로 법 개정을 두고, 양 사업자 간에 치열한 공방이 예상된다.

미래 전망

도입 10년이 지나면서, 종합유선방송사업은 SO들을 중심으로 정착 단계에 접어들었다. 김대중 정부의 신자유주의 이념으로 인해 규제 완화가 이루어졌고, 두 차례에 걸친 중계유선방송의 종합유선방송 전환 승인정책으로 가입자들이 대폭 증가하였다. SO들의 경영 상태도 많이 나아졌다. 하지만 SO와 PP 간에 수신료 배분이 제대로 이루어지지 않아, MPP나 인기 있는 PP를 제외하고 대부분의 PP들은 경영 측면에서 어려움을 겪고 있다. 영상산업의 활성화를 위해 PP와 SO 사이에 균형 있는 발전방안이 시급히 요구되고 있다.

7년의 시차를 두고 출범한 위성방송은 유료매체 시장에서 종합유선방송과 심한 경쟁을 전개하고 있으나, 이미 종합유선방송이 유료매체 시장을 선점하고 있고 견제가 매우 심하기 때문에 가입자 확보에 어려움을 겪고 있다 종합유선방송의 경우, 아직까지 아날로그 서비스가 지배적이기 때문에 채널 용량이나 신호 품질 면에서 위성방송에 뒤처진다는 문제가 있다. 그렇지만 디지털 케이블 TV 서비스가 최근에 보급되고 있기 때문에 이러한 차이가 감소될 전망이다. 위성방송 서비스 및 수신기 가격이 인하되고 있고 저가 티어 서비스의 제공으로 시청료 가격이 지속적으로 감소되는 반면, 종합유선방송의 경우 디지털 서비스 제공으로 가격이 인상되어 양 매체 간의 경쟁이 더욱 심해질 것으로 예상된다.

경쟁매체의 발전을 의식한 나머지, 종합유선방송과 위성방송 사이에 지상파방송의 재송신과 SMATV 전송방식을 두고 갈등이 나타났다. 지상파방송의 재송신과 관련하여, 위성방송을 통한 지상파방송의 역내 재전송만을 허용하는 방향으로 정책적 논의가 매듭지어졌지만, SMATV에 대해서는 아직 정부에서 결정을 내리지 못한 상태여서 또 한 차례의 정책적 대립이 예상된다.

향후 종합유선방송과 위성방송 간의 경쟁에 더하여, 인터넷망을 이용한 방송(IPTV)이나 DMB와 같은 다채널 뉴미디어가 경쟁에 가세할 전망이다. 종합유선방송은 케이블망을 통한 전화 서비스(VoIP)를 제공하거나 100메가급의 초고속 인터넷 서비스를 제공함으로써 통신사업으로 영역을 확대하고 있다. 그렇지만 위성방송의 경우, 영상 서비스는 물론 현재 제공하고 있는 부가 서비스들이 경쟁매체에서 모두 제공하는 있는 서비스들이어서 특단의 조처를 취하지 않는 이상 성장 동력에 한계가 있어보인다. 따라서 현재 종합유선방송과 위성방송 간의 경쟁은 유사 서비스를 제공하게 될 종합유선방송과 IPTV 간 경쟁으로 전이될 가능성이 매우 높다.

┃ 생각해 볼 문제 ┃

1. 현재 나타나고 있는 종합유선방송과 위성방송의 문제점은 각각 어떠한 것들이 있는가?

2. 향후 유사한 서비스를 제공하게 될 IPTV(통신사업자들이 인터넷망을 이용하여 방송 서비스를 제공하게 되는 새로운 매체)가 등장하면, 종합유선방송과 위성방송은 어떻게 될 것인가?

┃ 참고문헌 ┃

공보처. 1995. 『선진방송5개년 계획(안)』.
_____. 1996a. 「케이블TV 출범 1년의 주요 성과」.
_____. 1996b. 『케이블TV백서』.
_____. 1997. 「케이블TV 출범 2년의 성과와 전망」. 보도참고자료.
국회. 1998. 『국정감사요구자료집』.
권호영. 2005a. 「유료방송시장의 현황과 개선 방안」. 국회 발표 논문.
_____. 2005b. 「유료방송 시장획정」. 한국뉴미디어방송협회.
김도연. 1998. 「종합유선방송과 중계유선방송의 경쟁원리 정착 방안: 하나의 케이블TV를 향하여」. 정보통신정책연구원 주체 정책 토론회 발제 논문.
김정기. 2003. 『전환기의 방송정책』. 한울.
문화관광부. 1998. 『케이블TV 현안 및 회생 지원 대책』.
방송개혁위원회. 1999. 『방송개혁의 방향과 과제』.
방송위원회. 2000. 『중계유선방송의 종합유선방송사업 승인 방안』. 공청회 자료집.
_____. 2001·2002·2003·2004·2005. 『방송산업실태조사보고서』.
_____. 2002. 『케이블·라디오방송의 디지털전환 및 데이터방송에 관한 종합계획』.
_____. 2003. 『제1기 방송위원회 백서』.
_____. 2005. 「케이블TV가입자현황조사결과」. http://www.kbc.or.kr/data/part_view.asp?number=119&page=3.
방송제도연구위원회. 1990. 『2000년대를 향한 한국방송의 좌표』.
손창용·여현철. 2003. 『한국케이블TV산업론』. 커뮤니케이션북스.
윤상길·홍종윤. 2004. 「지상파 위성동시재송신 정책의 논쟁과정과 그 평가」, ≪방송연구≫, 겨울호.

이병섭. 2003. 「종합유선방송과 위성방송의 관계 정립방안」. ≪방송연구≫, 겨울호.
이상식. 1995. 「케이블TV 사업구조의 변화와 대응방안」. 종합유선방송위원회 주최 제3차 종합유선방송 정책 수립 세미나 발제 논문.
_____. 1996. 「케이블TV 보급률에 영향을 미친 요인에 관한 연구」. ≪언론과사회≫, 제13호.
_____. 1999. 「종합유선방송과 중계유선방송의 효율적 통합방안」. 한국무선국사업단.
이선희·최성진·이광직. 2003. 『유선방송과 위성방송의 균형발전방안 연구』. 무선관리단.
이영음. 2003. 「위성방송과 케이블방송간의 공정경쟁과 공존방안」 한국방송학회-한국디지털위성방송 주최 학술 세미나 발표 논문.
정보통신부. 1990. 「방송관련 주요 현안 및 대책 보고」.
_____. 1998. 「중계유선방송 현황분석」.
조신 외. 1996. 『케이블TV 산업 활성화를 위한 정책 방향』. 통신개발연구원.
종합유선방송국협의회. 1996.11. 「종합유선방송사업자와 중계유선방송사업자의 효율적 업무권한 부여를 위한 건의」. 미간행 자료.
종합유선방송위원회. 1993. 『종합유선방송 산업 발전 5개년 전략』.
_____. 1997. 『케이블TV 당면 현안 극복 및 활성화를 위한 연구보고서』.
_____. 1999. 『케이블TV 산업 구조 개편과 대응 방안』.
한국유선방송협회. 1998.3. 「중계유선방송의 실체와 위상정립」.
한국케이블TV방송국협의회. 1999.1.18. 「케이블TV관련 현안 해결방안: 방송, 영상산업진흥을 위한 제언(1)」. 미간행 방송개혁위원회 제출 의견문.
한국케이블TV방송협회. 2000. 『케이블TV5년』.
_____. 2005. 『케이블TV10년사』.

≪디지털타임스≫ "TV 포털·위성 케이블 방송·TPS 등 속속 선보여"(2005.7.5).
≪스카이 드림≫ 2004년 3월호(한국디지털위성방송).
≪케이블TV회보≫ 2003년 8월(한국케이블TV방송협회).
≪SERI≫ 경제 포커스 제69호. http://www.seri.org.

제6장 방송·통신융합과 멀티미디어

황근 | 선문대학교 언론광고학부 교수

말과 문자로 시작된 인간의 커뮤니케이션 행위는 최근 모든 미디어가 하나의 네트워크와 단말기로 통합되는 멀티미디어 시대에 들어서고 있다. 상호작용성, 비동시성, 세분화, 유료성, 수용자 책임성 등을 특징으로 하는 멀티미디어는 인간의 커뮤니케이션 양식을 근본적으로 변화시키고 있다. 지금까지 실용단계에 들어선 멀티미디어로는 DMC, IPTV, VOD, 데이터 방송, 인터넷 방송, DMB, 휴대폰 방송 등이 있다. 이들 매체는 수용자 개개인과 사회·문화 전체에 긍정적이거나 부정적인 영향을 미치는 양면성을 가지고 있다. 이러한 신규 멀티미디어 도입의 성패 여부는 개별 미디어들의 사적 이익과 수용자라고 하는 공적 이익을 얼마나 균형 있게 조화시키느냐에 달렸다고 할 수 있을 것이다.

중요 개념 및 용어 | 멀티미디어(multimedia), 방송·통신융합(convergence), IPTV, DMB, DMC

새로운 미디어 시대의 도래

　신문과 방송이 지배하던 산업사회가 20세기 말부터 크게 변화해 오고 있다. 1970년 후반 앨빈 토플러(Toffler, 1980)는 '표준화'·'집중화'·'대량생산'을 특성으로 하던 산업사회가 '개인화'·'분권화'·'다양화'를 지향하는 정보사회로 이전하게 될 것이라고 주장한 바 있다. 그 변화의 중심에 커뮤니케이션 기술이 위치하고 있다는 것이다. 이미 인터넷 사용자가 국내에서도 2,000만 명을 넘어섰고, 개인 휴대전화가 일반화되면서 유선전화는 거의 용도폐기 단계에 들어섰다. 여기에 그치지 않고 언제 어디서나 휴대폰을 통해 채팅하고 드라마를 시청하며 게임을 즐기는 젊은이들을 쉽게 찾아볼 수 있다. 또한 오랫동안 원거리 의사소통 수단으로 사용되어 온 자필 편지가 사라지고 이메일이나 휴대폰 SMS 문자 서비스로 대체되고 있다. 그뿐만 아니라 인터넷 화상 채팅이 일반화되었고, 많은 젊은 계층들은 개인 미니 홈페이지를 만들어 마음껏 자기 의사를 표현하고 소규모 커뮤니케이션 집단을 형성하고 있다.

　한편 무려 500년 이상 인류를 지배해 왔던 종이신문은 구시대의 전유물로 급락하고 있다. 일부 학자들은 불과 몇 년 안에 종이신문이 실종될 것이라고 전망하기도 한다. 20세기 내내 인간 생활을 지배해 왔던 TV와 라디오 같은 전파매체들 역시 최근 시장 지배력이나 정치·사회·문화적 영향력이 급감하고 있다. 반대로 케이블 TV, 위성방송, 인터넷 언론 등은 급속히 그 영역을 확대해 나가고 있다. 물론 아직까지는 기존 매스미디어의 위력이 만만치 않은 것은 사실이지만, 그 힘이 급격히 약화되고 있는 것만은 분명하다.

　더 중요한 것은 역사 이래 모든 미디어들이 그래 왔던 것처럼 새로운 미디어의 등장이 인간의 삶의 방식에 근본적인 변화를 야기한다는 점이다. 일례로 모든 가족 구성원들을 한자리에 모이게 만들었던 라디오와 TV가 인터넷이나 모바일 방송으로 대체되면서 사람들이 급격히 개인화되고 있다. 한자리에 모여 축구 중계나 드라마를 보고 함께 흥분하던 광경은 이제 점점 더 찾아보기 힘들게 될 것이다. 여기에 채널 급증으로 프로그램이 다양화되고 시간적·공간적 선택성이 강화되면서 수용자들의 능동적인 메시지 접근은 더욱 강화될 것이다. 더 나아가 멀지 않은 시기에 드라마 주인공을 개별 시청자들이 원하는 연예인으로 재설정해 시청하거나, 다양한 줄거리 중에 원하는 시나리오를 각 개인이 직접 선택해서 보는 시뮬레이션 형태의 시청도 가능하게 될 것이다. 그렇게 된다면 얼마 전 인기리에 방송되었던 드라마 <파리의 연인>이나 <내이름은 김삼순>의 결말을 놓고 논쟁을 벌이는 일은 더 이상 없게 될 것이다.

이렇게 우리 생활을 본질적으로 변화시키고 있는 인터넷, 케이블 TV, 위성 방송, 휴대전화 등을 흔히 '뉴미디어(new media)'라고 한다. 뉴미디어란 말 그대로 '새로운 매체'라는 뜻이다. 여기서 '새롭다'라는 용어는 '기존의 매체와 다른 기능이 부가되거나 아니면 새로운 기능을 하는 매체'라는 상대적 의미를 가지고 있다(강상현, 1998). 1920년대에 등장한 라디오도 그 당시에는 기존 매체인 신문에 비해 뉴미디어인 셈이다. 지금은 그렇게 생각되지 않지만, 1970년대에 등장한 VCR(video cassette recorder) 역시 대단한 뉴미디어였다. 그 이유는 시청자들이 보려고 하는 프로그램과 시청시간을 능동적으로 선택할 수 있게 만든 최초의 매체였기 때문이다. 마찬가지로 1980년대 후반 이후 다채널 TV 시장을 주도하고 있는 케이블 TV를 일부 학자들은 뉴미디어 범주에 포함시키지 않기도 한다.

이처럼 1980년대와 1990년대 초반까지 등장한 케이블 TV, 위성방송, CD 플레이어 같은 매체들과 구별해, 1990년대 중반 이후 디지털 기술에 바탕을 둔 양방향 미디어들, 즉 인터넷, 디지털 멀티플레이어, 모바일 휴대단말기 등을 '멀티미디어(multimedia)'라고 부른다. 그러므로 21세기 디지털 시대의 미디어를 이해하기 위해서는 양방향 멀티미디어 매체에 대한 정확한 이해가 필요하다.

미디어 발달과 멀티미디어의 등장

그러면 지금 우리 사회를 점차 지배해 가고 있는 뉴미디어, 즉 멀티미디어는 어떤 의미를 가지고 있는 것인가? 거시적으로 본다면, 인류가 사용해 온 모든 미디어들은 인간들 간의 의사소통을 원활하게 하는 방향으로 진화해 왔다. 인간은 동물과 달리 사회적 생활을 영위하기 위해 여러 의사소통 수단을 개발해 왔다. 다른 말로 하면, 인간은 인위적인 의사소통 수단을 통해 환경을 지배해 왔다는 뜻도 된다. 결국 인간의 사회생활은 타인들과의 창조적 커뮤니케이션 활동이라고 할 수 있다. 언어, 즉 말과 문자의 발견은 그러한 창조적 커뮤니케이션 행위의 시작인 것이다. 특히 문자의 발견은 인간이 문명을 축적하게 되는 결정적인 계기가 되었다. 여기에 그치지 않고 지식을 더 오래 보존하고 더 멀리 전달할 수 있는 미디어를 개발하고자 노력하였다. 초기에 의사를 전달하기 위해 사용되었던 돌, 석고, 청동 등과 같은 미디어들은 오래 보존할 수는 있었지만, 멀리 전달하는 데는 한계를 가지고 있었다. 이러한 매체들을 통해 소규모 부족국가나 도시국가를 통치·운용하는 데는 별 어려움이 없었다. 하지만 넓은 지역을 통치한 제국들이 건설되면서 이러한 매체들의 효율성도 급속히 약화될 수밖에 없었다. 공간적으로 급팽창한 로마제국과 같은 거대 국가를 통치하는 데는 한계가 있었다. 이 때문에 해럴드 이니스(Harold Innis, 1991)는 돌, 석고, 청동과 같은 매체들을 공간적 전달성보다 시간적 보존성이 강조되는 '시간 지향적 매체'라고 정의하고 있다.

이 같은 생활공간의 확장에 대비하기 위해 공간적으로 전달하기에 용이한 가벼운 종이를 만들게 되었고, 결국 1455년에 구텐베르크(Gutenberg)의 인쇄활자가 개발되었다. 인쇄활자 발명 이후 서적·잡지·신문과 같은 대중매체들이 등장하게 되었고, 이는 근대사회로의 이행을 촉진하였다. 불특정 다수를 상대로 하는 대중매체의 등장은 역사 이래 모든 정치권력을 독점해 왔던 소수 지배계층의 지식 독점력을 붕괴시켜 민주정치체제와 같은 수평적 사회구조를 형성하게 하였다고 할 수 있다. 이렇게 공간적으로 쉽게 전달될 수 있는 매체들을 이니스는 '공간 지향적 매체'라고 지칭한다. 특히 20세기 초반에 등장한 라디오와 TV는 문자해독이라는 물리적 장애요인을 제거해 줌으로써 본격적인 대중매체 시대를 열게 되었다.

이러한 대중매체들은 광역성·동시성과 같은 장점은 가지고 있었지만, 개별 수용자들의 선택성을 보장해 주지는 못했다. 여기서 선택성(selectivity)이란 '수용자들이 원하는 정보를 원하는 시간에 원하는 장소에서 접근할 수 있는 것'을 의미한다. 즉, '내용적'·'시간적'·'공간적'으로 시청자들의 선택의 자유(degree of freedom)를 의미한다. 이처럼 수용자들에게 선택성을 부여한 최초의 매체는 VCR이라고 할 수 있다. VCR은 방송사가 제공하는 프로그램을 정해진 장소에서 동일한 시간에 수동적으로 시청하던 매체 접근방식을 변화시키는 전환점이 되었다. 1980년대 초, 최진실이라는 배우가 "남편은 아내 하기 나름이에요"라는 카피를 통해 남편이 좋아하던 프로야구 경기를 녹화해 두어 일찍 귀가하게 만든다는 광고물이 이를 잘 보여준다. 이러한 낮은 수준의 선택성은 그 후 발전해 최근에는 VOD(video on demand) 서비스나, 이동 중에 모바일 TV를 가지고 장소에 구애받지 않고 원하는 정보를 접근할 수 있는 수준까지 발전해 왔다.

또한 여러 유형의 메시지들을 별도 단말기를 통해 수용하던 것과 달리 멀티미디어는 디지털 기술을 통해 하나의 단말기를 통해 모든 유형이 정보를 받아볼 수 있게 만들었다. 이로 인해 방송과 통신이 융합되는 방송·통신융합(convergence)이 더욱 가속화되고 있다. 1990년대 중반 당시 미국의 부통령 엘 고어(El Gore)가 추진했던 '정보고속도로(information super highway)'는 전송망 융합을 통해 서비스와 단말기 융합을 유도하는 초기 멀티미디어 형태라 할 수 있다.

한편 멀티미디어는 시간적·공간적 선택성뿐만 아니라 '상호작용성(interactivity)'을 실현해 주고 있다. 과거 매스미디어에서는 거의 불가능했거나 극히 미비했던 수용자로부터 송신자로의 즉각적인 피드백(feedback)을 가능하게 만들어주고 있다. 이러한 상호작용성은 신문사나 방송사가 가지고 있던 정보

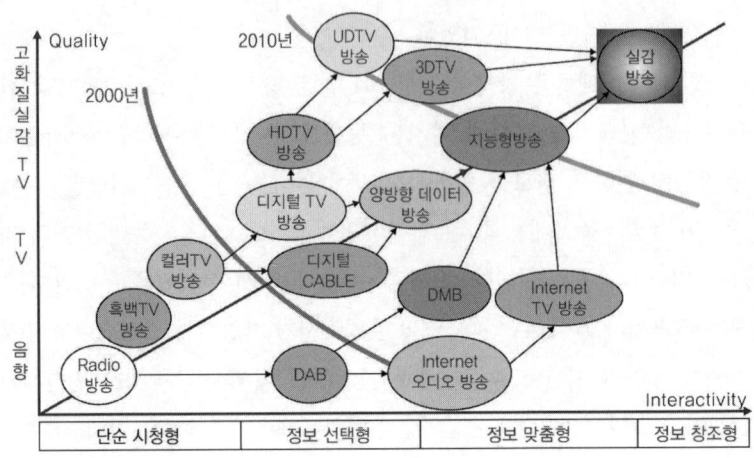

<그림 6-1> 방송의 진화 전망

통제권을 수용자들과 공유하게 만들었다. 이는 송신자와 수신자 간의 불평등한 권력관계를 붕괴시키고 수평적 커뮤니케이션을 가능하게 해주었다. 인터넷 신문인 ≪오마이뉴스(ohmynews)≫나 ≪프레시안(pressian)≫은 이러한 수평적 매체의 대표적인 예라고 할 수 있다.

결국 지금 우리가 뉴미디어라고 지칭하는 것은 엄밀히 말하면 멀티미디어라고 할 수 있으며, 그 바탕에는 디지털 기술에 기반을 둔 새로운 커뮤니케이션 기술과 컴퓨터 기술이 존재하고 있다고 할 수 있다. 이러한 배경에서 향후 양방향 멀티미디어 발달 양상은 <그림 6-1>과 같을 것으로 전망되고 있다.

멀티미디어 커뮤니케이션의 특성

그러면 이러한 멀티미디어들은 어떤 커뮤니케이션 특성을 가지고 있는가? 이를 위해서는 우선 우리들의 커뮤니케이션 행위에는 어떤 것들이 있는가를

<표 6-1> 커뮤니케이션 유형별 특성

	정보의 보관	
	집중적인 경우	개별적인 경우
시간의 통제와 주제의 선택: 집중적인 경우	훈시	기재
시간의 통제와 주제의 선택: 개별적인 경우	자문	대화

자료: J. L. Bordewijk & B. Van Kaam(1986)에서 발췌.

우선 알아볼 필요가 있다. <표 6-1>은 보데윅과 반 캄(Bordewijk & Van Kaam, 1986)이 분류한 커뮤니케이션 유형 분류다. 그들은 정보가 보관 또는 저장되어 있는 곳이 집중·분산되어 있는지와 주제·시간을 통제하는 권한이 소수에게 집중 또는 분산되어 있는지에 따라 네 가지 커뮤니케이션 유형으로 나누고 있다.

첫째, 정보의 보관은 물론이고 제공되는 주제 및 시간이 모두 소수에게 집중되어 있는 훈시(allocution) 형태의 커뮤니케이션이다. 전통적인 대중연설이나 강의 같은 것들로, 현재의 매스미디어들이 제공하는 커뮤니케이션 방식이 여기에 포함된다. 이 경우 정보를 제공하는 공급자와 수용자 간에 권력관계가 형성될 수밖에 없고, 수용자들의 선택성은 극히 제한적일 수밖에 없다.

둘째, 시간과 주제 선택권은 여전히 소수에게 집중되어 있지만, 정보의 보관은 분산되어 있는 기재(registration) 형태이다. 대표적인 예로는, 주민등록처럼 각 개인이 등록한 개인기록들을 정치적 또는 경제적으로 사용하는 데이터베이스 형태를 들 수 있다. 인터넷 스팸메일이나 우편으로 배달되는 광고지 같은 것들도 여기에 포함된다. 이에 대해 마크 포스터(Poster, 1998)는 『제2미디어시대』에서 데이터베이스에 의한 자발적 감시사회가 될 수 있다고 비판하기도 한다. 이러한 커뮤니케이션은 사회적 통제 효율성을 제고한다는 점에서 긍정적인 측면이 있으나, 정치적 통제나 개인의 프라이버시를 침해할 가능성이 있다. 최근 심각하게 문제가 되고 있는 개인 사생활 침해나 초상권 남용, 개인정보 해킹 등은 이러한 커뮤니케이션 형태의 부정적 효과라고 할 수 있다. 특히 최근 저작권 문제로 갈등을 빚은 바 있는 음악공유 사이트 '소리바다' 같은 P2P 기술도 여기에 포함된다고 볼 수 있다.

셋째, 특정 소수에게 정보가 집중되어 있지만, 정보를 사용하려고 하는 사람이 개별적으로 주제와 시간을 선택하는 '자문(consultation)' 형태의 커뮤니케이션이다. 대표적으로 도서관을 들 수 있고, 최근에는 인터넷이나 데이터베이스에서도 개인이 필요한 정보를 선택해 이용하고 있다. 물론 전자도서관은 자문 형태의 커뮤니케이션이지만 여러 도서관을 통합해 운영하는 통합도서검색기술은 기재 형태를 융합한 것이라고 할 수 있다. 이외에도 '야후'나 '심마니' 같은 검색사이트도 자문 형태 기술로 볼 수 있다.

이러한 자문 형태의 커뮤니케이션은 각 개인들이 커뮤니케이션 기술이 제공하는 정보를 무비판적으로 진실로 받아들이는 소위 기술에 대한 '물신화(fetishism)' 효과를 유발할 수도 있다. 실제로 인터넷 공간에 떠다니는 검증되지 않은 수많은 정보를 수용자들이 맹신하게 만들 위험성이 있다. 최근에 검색능력이 고도로 강화된 인터넷 검색엔진을 통해 고급정보를 제공하는 사이트들이 늘어나는 것은 이러한 문제점을 보강하기 위한 것이라고 할 수 있다.

마지막으로 정보의 보관은 물론이고 주제와 시간 선택권도 개별 수용자들에게 분산되어 있는 '대화(conversation)' 형태의 커뮤니케이션이다. 이 유형에는 '대인 커뮤니케이션(interpersonal communication)' 또는 '소집단 커뮤니케이션(small group communication)'이 포함된다. 이 유형에 속하는 전화·편지 같은 형태들은 전통적으로 통신(telecommunication) 영역으로 규정해 왔다. 이 영역은 송신자와 수신자 간의 지속적인 역할교환과 즉각적인 피드백, 전달 내용의 사적 성격 등을 특징으로 한다. 그러므로 매스미디어와 달리 내용에 대한 규제가 허용되지 않는다. 많은 부작용에도 불구하고 인터넷에 대한 내용규제가 쉽지 않은 것도 인터넷을 통신매체가 진화한 것으로 간주하기 때문이다.

그렇지만 인터넷 영향력이 급증하고 있으며, 여과 없는 음란물 제공으로 인해 많은 청소년들이나 어린이에게 나쁜 영향을 미칠 수 있고, 인터넷을 통한 음해성 인신공격이나 유언비어가 유포되고 있다는 점 때문에 '인터넷 게시판 실명제'나 '내용등급제' 같은 방안들의 도입이 추진되고 있으며, 일부에서는 자율적으로 규제하기도 한다.

과거에는 이러한 여러 유형의 커뮤니케이션들이 서로 다른 공간과 전송수단을 통해 배타적인 별개의 커뮤니케이션 행위로 존재해 왔다. 하지만 최근에 새로운 멀티미디어들이 전송로와 전송수단을 공유하면서 논란이 되고 있다. 방송·통신융합은 앞에서 설명한 모든 커뮤니케이션 행위들이 한 네트워크와 단말기를 통해 실현 가능해지는 것을 의미한다. 이 때문에 그동안 서로 다른 규제 형태와 수준을 고수해 왔던 다양한 커뮤니케이션 유형들을 어떻게 규율할 것인가를 놓고 갈등이 증폭될 수밖에 없다. 더 큰 고민은 이러한 다양한 커뮤니케이션 유형들이 상호 융합되면서 새로운 형태의 커뮤니케이션을 창출하고 있다는 점이다. 최근 도입되었거나 논의되고 있는 DMB(digital multimedia broadcasting), DMC(digital media center), IPTV, 휴대 인터넷 등을 어떻게 규제할 것인가를 놓고 갈등이 벌어지는 이유도 여기에 있다.

이처럼 커뮤니케이션 행위의 융합 현상은 <그림 6-2>를 통해 더 분명히 이해할 수 있을 것이다. <그림 6 2>에서 좌측을 송신자, 우측을 수신자라고 하면, 우선 첫 번째 유형은 전화 같은 통신형의 커뮤니케이션이라고 할 수 있다. 이때 만약 제공할 수 있는 채널이 4개라면 오직 4개의 커뮤니케이션 행위만 가능하다. 그러므로 각각의 커뮤니케이션 행위들은 지극히 개인적이며 절대 비밀이 보장된다. 이 때문에 커뮤니케이션 효과 역시 각 개인에게 한정될 뿐이다. PTP(person to person) 방식의 커뮤니케이션이다. 두 번째 유형 역시 정보를 제공할 수 있는 커뮤니케이션 채널은 4개로 제한되어 있지만, 각 채널이 제공한 정보를 이용할 수 있는 수용자는 다수의 불특정 대중이다. 이 때문에 전달된 내용은 4개에 불과하지만 여러 사람들에게 메시지를 전달하는 '1 대 다수'의 매스커뮤니케이션 형식이 된다. 지상파방송을 비롯한 매스미디어들

<그림 6-2> 커뮤니케이션 유형과 미래의 방송

유형	특징	종류
1:1 커뮤니케이션	송신자 → 수신자 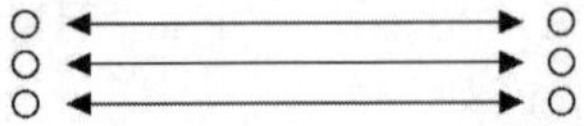	전화, FAX, 편지 등
1:다수 커뮤니케이션	송신자 → 수신자 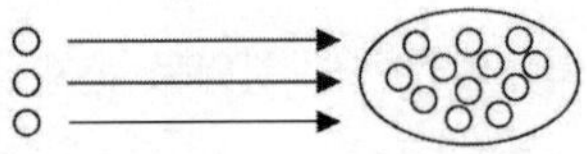	방송, 신문, 잡지, 영화, 등
다수:다수 커뮤니케이션	송신자 → 가상 공간 ← 수신자 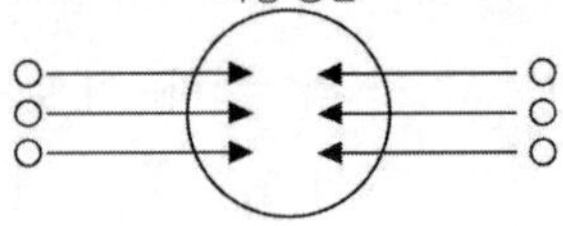	인터넷, 쌍방향 TV, VOD 등

자료: 한진만 외(2000: 404~407).

이 바로 이 유형의 커뮤니케이션 방식이라고 할 수 있다. 이때 정보를 제공받는 수용자들은 시간적으로나 주제선택에서 수동적일 수밖에 없다. 이처럼 전달받는 대상은 다수인 반면 제공되는 채널은 소수로 한정되어 있어 '공공성' 또는 '공익성'과 같은 제공자의 사회적 책임이 요구될 수밖에 없다. 결국 이 유형의 매체들은 불특정 다수의 평균적 욕구를 만족시키는 보편적 성격을 가질 수밖에 없다. 그렇지만 세 번째 유형은 프로그램을 제공하는 자가 정해진 시간에 정보를 제공하는 것이 아니라 마치 도서관처럼 정보를 가상공간에 저장해 두면, 원하는 사람 개개인이 정보에 접근하는 커뮤니케이션 형태를 보여준다. 그렇지만 도서관처럼 수용자가 정보를 제공받기 위해 특정 지역에 가지 않아도 되는 형태다. 이 때문에 정보제공자와 수용자가 항상 같은 시간에 프로그램을 주고받는 '1 대 다수'의 방식이 아니라, 제공하는 자와 제공받는 자가 모두 능동적으로 커뮤니케이션 행위를 하는 '다수 대 다수'의 커뮤니케이션이 가능해진다. 이처럼 비동시성과 비공시성이 미래의 커뮤니케이션 형태, 즉 멀티미디어의 가장 본질적인 특성이라 할 수 있다.

멀티미디어 서비스의 특성

이미 살펴본 바와 같이, 최근의 디지털 기반 뉴미디어들은 멀티미디어가 가진 특성을 그대로 가지고 있다고 할 수 있다. 그러므로 최근에 등장하고 있는 멀티미디어형 뉴미디어들은 기존 미디어들의 특성인 '일방성', '광역성', '동시성', '획일성'과는 대조되는 '상호작용성', '비동시성', '세분화', '유료화', '수용자 책임성' 등의 성격을 가지고 있다. 이는 미래의 뉴미디어들이 비경합성, 비배제성과 같은 매스미디어의 공공재적 성격과 근본적으로 차이 나는 점이다. 이러한 멀티미디어형 뉴미디어의 특성들을 자세히 살펴보자.

상호작용성

뉴미디어 또는 멀티미디어의 가장 대표적인 속성은 상호작용성(interactivity)이라 할 수 있다. 상호작용성이란 '송신자와 수신자의 관계가 일방적이 아니라 상호 교섭적'이라는 뜻이다. 지금처럼 정보원이 제공하는 정보를 수용자가 일방적으로 수용하는 것이 아니라 능동적으로 접근하게 된다는 의미다. 물론 매스미디어 역시 이용과 충족(uses & gratification) 연구에서 지적되었던 것처럼, 수용자들이 완전히 수동적인 것은 아니었다. 개인적으로 원하는 프로그램을 능동적으로 취사선택하기도 하였다. 그렇지만 원천적으로 그러한 능동성은 한계가 있을 수밖에 없었다. 하지만 새롭게 등장하는 멀티미디어들은 수용자가 원하는 내용, 원하는 시간, 원하는 장소를 능동적으로 선택할 수 있게 하였다.

물론 멀티미디어 형태가 아닌 케이블 TV도 선택할 수 있는 채널들을 전문화시켜 방송(broadcasting)이라는 용어 대신 협송(narrowcasting) 형태가 가능하였다. 기술적으로 양방향성에 난점을 가지고 있는 위성방송은 동일 프로그램 편성을 시차를 두고 몇 개 채널이 순차적으로 방송하는 NVOD(Near Video On Demand)방송을 실시하고 있다. 그러나 이러한 선택성은 소극적 의미의 상호작용이라고 할 수 있다. 반면에 멀티미디어들이 제공하는 VOD 서비스는 개별 수용자들이 원하는 시간에 원하는 프로그램을 선택 가능하게 함으로써 방송의 편성 개념까지도 위협하고 있다. 더 나아가 새로운 멀티미디어들은 수용자가 자신이 프로그램 내용을 변경할 수도 있고, 주인공을 좋아하는 연예 인으로 바꾸어볼 수도 있다. 즉, 수용자가 원하는 형태로 내용을 변형할 수 있게 해 방송 개념 자체를 완전히 바꾸어놓고 있다. 결국 새로 등장한 멀티미디 어들은 불특정 다수를 대상으로 하지 않고, 전문화되고 개인화된 형태의 커뮤 니케이션을 가능하게 해 수용자 주권을 강화시킬 수도 있을 것이다.

비동시성

비동시성(asynchronizing)이란 송신자와 수신자가 같은 시간에 커뮤니케이션 행위에 참여하지 않아도 된다는 것을 의미한다. 기존 미디어들은 송신자가 미리 정해놓은 시간 계획에 따라 프로그램이 제공되고 수용자는 그 시간에 맞추어 수용해야만 한다. 하지만 멀티미디어형 뉴미디어의 경우 마치 도서관에서 정보 를 찾는 것처럼 원하는 시간에 원하는 정보를 원하는 장소에서 수용이 가능하다.

대표적인 형태가 이미 상용화되고 있는 인터넷 VOD 서비스나 위성방송의 PPV(pay-per view)를 들 수 있다. 특히 인터넷 방송은 실시간 중계도 가능하지만 프로그램을 사이트에 저장해 놓으면 시청자들이 원하는 시간에 필요한 프로그 램을 시청하는 소위 'pull 방식'의 전송방식을 사용하고 있다. 이는 'push 방식'을 이용하는 방송과 달리 통신형 서비스와 구별하기 어렵게 만든다. 최근 도입 여부를 놓고 논란이 되고 있는 IPTV가 'pull 방식' 형태가 변형된 '멀티캐스트(muliticast) 방식'을 사용하면서 방송이냐 통신이냐를 놓고 논란이 되고 있는 것도 바로 이 때문이다. 또 휴대전화를 통해 보는 '준'이나 '핌'

같은 서비스들 역시 전형적인 비동시성을 특성으로 하는 서비스이다. 지상파 방송 역시 디지털화가 완료되게 되면 비동시성이 일반화될 것이고, 케이블 TV 방송사들이 공동으로 추진하고 있는 DMC 역시 비동시성을 실현해 줄 것으로 전망된다.

세분화 및 전문화

현재 우리가 시청하고 있는 지상파방송, 즉 KBS, MBC, SBS TV는 뉴스·오락·교양 프로그램을 모두 포함한 종합편성방송들이다. 이는 주파수 희소성에서 파생된 지상파방송의 대표적인 특성 중 하나이다. 신문 역시 아직도 ≪조선일보≫, ≪동아일보≫, ≪중앙일보≫, ≪한겨레신문≫ 등 종합지들이 주를 이루고 있다. 그렇지만 점차 경제신문, 스포츠신문 등 세분화되고 있다. 방송 역시 케이블 TV나 위성방송처럼 다채널 방송들이 늘어나고 있어 전문화되고 있다. 특히 전송망 기술과 디지털 기술 발달로 이러한 추세는 더욱 가속화되고 있다. 특히 디지털 압축기술 발달로 위성방송의 경우 100개 이상의 다채널 방송이 가능하고, IPTV는 이론적으로 1,000개 이상의 HD급 비디오 채널이 제공 가능하다고 한다.

그렇지만 이러한 다양성과 전문화가 허구일 뿐이라는 주장도 적지 않다. 배그디키언(Bagdlikian, 1985)은 미국의 다채널 TV들이 가진 경제적 속성 때문에 '채널의 다양화'에도 불구하고 '프로그램의 다양화'는 잘 이루어지지 않고 있다고 지적한다. 다채널화가 가속되면서 전문 채널이 많이 생겨나고 있지만 대부분 인기 오락 채널에 한정되어 있다는 것이다. 실제로 우리나라의 경우에도 새로운 전문 채널들이 대부분 오락이나 스포츠, 영화에 집중되어 있는 것을 볼 수 있다. 이 때문에 일부 학자들은 멀티미디어의 다양성은 오락 영역 내에서의 다양화이지 진정한 의미의 다양화는 아니라고 비판한다. 워터맨(Waterman, 1986)의 연구에 의하면, 대부분의 미국 시청자들은 유료 TV를 통해 고급전문 프로그램을 시청하는 협송 수용자가 아니라는 사실을 실증적으로 검증하기도 하였다. 그렇지만 점차 멀티미디어가 보편화되면서 전문화·세분화될 것만은 분명하다.

유료성

기존의 매스미디어들은 주로 광고수입과 시청료 같은 간접적인 재원에 의존해 왔다. 그렇지만 새로 등장하는 멀티미디어들은 수용자들이 직접 사용료를 지불하는 유료매체라는 특성을 가지고 있다. 물론 케이블 TV도 기본 가입비와 월 수신료를 지불해야 하고, 캐치원 같은 유료 채널은 별도의 수신료를 지불해야 시청이 가능하다. 물론 개별 프로그램 단위로 요금을 부과하는 PPV 방식이 점점 늘어나게 될 것이다. 이미 인터넷을 이용한 VOD 서비스들은 콘텐트 단위별 요금 지불방식을 사용하고 있다. 앞으로 멀티미디어 서비스는 거의 대부분 개별 지불방식이 될 것이다.

이 같이 요금 부과방식이 직접 지불방식으로 전환됨에 따라 몇 가지 부정적 현상이 나타날 수 있다. 우선 수용자 확보를 위해 매체 간 과열경쟁이 벌어질 수 있고, 이는 상업화나 저질화를 가속화시킬 수 있다는 점이다. 이미 많은 나라에서 저질 오락 프로그램이 폭발적으로 증가하는 추세이다. 인터넷 상황은 더욱 심각해, 그나마 시장에서 명맥을 유지하고 있는 지상파방송사들의 인터넷 방송을 제외하고는 기껏해야 성인방송들뿐이다. 이러한 뉴미디어들의 상업화와 저질화가 기존 매체들의 공공성마저 위협해 '악화가 양화를 구축하는' 현상이 우려되고 있다. 이 때문에 영국과 같은 나라는 뉴미디어 방송을 활성화하는 대신 공영방송인 BBC의 공영성을 더욱 공고히 보장하는 이원 정책을 추진해 오고 있다.[1] 상업방송이 주도해 온 미국조차도 뉴미디어 시대

---

[1] 영국 정부는 1992년 11월 24일 방송산업화에 의해 공영성이 약화되는 BBC를 다시 철저한 공영방송으로 복원하는 내용을 제시한 "The Future of the BBC: A Consultation Document"를 발표하고, 이틀 뒤에 BBC는 거의 같은 내용의 "Extending Choice: The BBC's Role in The New Broadcasting Age"를 발표했다. 즉, 보고서의 주된 내용은 국가 기간방송으로서 BBC의 공영성을 강화하고 다원성을 추구해야 한다는 것이다.

공익성 보존을 위해 상업 채널들의 이익 일부를 공적 채널 운영에 사용하는 정책을 모색하고 있다.

또한 멀티미디어의 유료화는 경제적으로 부유한 자와 그렇지 못한 자 간에 정보격차를 야기할 수도 있다. 즉, 직접 지불방식으로 인해 경제적으로 부유한 사람들과 열악한 사람들 간에 프로그램 접근능력에서 차이가 벌어지고 있는 것이다. 최근 인터넷에서도 고급정보를 제공하는 사이트들이 유료화되는 것을 볼 수 있다. 결국 정보가 고부가가치를 갖는 정보사회에서 경제적 능력에 의한 정보접근격차는 다시 경제적 격차를 낳고 또다시 정보격차로 이어지는 악순환을 유발한다는 것이다(Gandy, 1986). 이는 1970년대에 등장한 지식격차 가설이 발전한 정보격차 이론의 골격이다. 이 같은 이유로 모스코(Mosco)는 정보사회를 '유료사회(pay per society)'라고도 한다(Mosco, 1989). 최근에는 디지털 기술에 의한 정보격차를 사회복지 차원에서 접근하는 디지털 격차(digital divide) 문제가 정책과제로 부각되고 있다.

수용자 책임성

뉴미디어, 특히 멀티미디어가 급속히 발달하면서 함께 몰아닥친 신보수주의 사상과 탈규제정책은 매체의 사회적 책임성을 수용자에게 이전시키고 있다. 전통적으로 방송파 같은 매스미디어들은 주파수 희소성이나 사회적 영향력 같은 이유로 강한 사회적 책임을 요구받아 왔다. 미국의 방송수탁 이론(the trusteeship theory)이나 유럽 국가들의 일반전송체 이론(common carrier)이 대표적인 경우이다. 그러나 매체의 사회적 책임이 수용자 개개인에게 주어져야 한다는 주장도 만만치 않다. 심지어 신문매체에 적용되어 왔던 '사상의 공개시장(the open marketplace of idea)' 이론이 모든 매체에 적용되어야 한다는 주장까지도 제기되고 있다.

이처럼 언론사들의 공적 책임은 점점 완화되는 반면 수용자 책임은 강화되는 상징적인 사례가 1996년 미국의 통신법에 규정된 V-chip이다. V-chip은 방송의 음란물이나 폭력물로부터 어린이를 보호하기 위해 모든 텔레비전 수상기에 비밀 코드가 기억된 반도체 칩의 내장을 의무화한 것이다. 이 코드에 내장된 비밀 코드가 어린이에게 알려져 폭력물이나 음란물에 노출되는 것은 결국 소비자 책임으로 간주하는 것이다. 최근에 여러 나라에서 인터넷 음란물에 대한 비슷한 규제입법이 시도되고 있지만, 기술적 문제와 통신매체가 가진 '표현의 자유'를 침해할 수 있다는 반대에 부딪치고 있다. 그러나 시청자의 개별적 접근성이 커지는 멀티미디어에 있어 전달내용에 대한 책임은 개별 수용자들로 이전해 가는 추세임에 틀림없다.

멀티미디어 유형

그러면 새롭게 등장하는 멀티미디어에는 어떤 것들이 있는가? 물론 현재의 기술발달 속도로 보아 정확하게 어떤 멀티미디어들이 등장할 것인가에 대해서는 쉽게 단정할 수 없다. 그렇지만 기존의 방송형 뉴미디어와 달리 새롭게 방송·통신융합에 따라 등장할 것으로 예상되는 융합형 뉴미디어 서비스로는 대체로 다음과 같은 것들을 들 수 있다.

디지털미디어센터

본래 디지털미디어센터(DMC: Digital Media Center)는 종합유선방송사업자와 계약하여 자체 또는 방송채널사용사업자 등이 제공하는 방송 콘텐츠를 디지털화해 종합유선방송사업자에게 공급하는 것을 목적으로 설립된 디지털 방송 센터를 말한다. 디지털미디어센터에서는 디지털 영상 콘텐츠의 송출뿐만 아니라 VoIP, 초고속 인터넷, VOD, T-Commerce 등의 통신 및 융합 서비스 제공도 가능하다. DMC 시스템은 크게 Main-DMC, Sub-DMC, SO와 이들을 연결하는 Transport Network(Network Integration: NI), 가입자 단말장치인

<그림 6-3> 디지털미디어센터(DMC)의 시스템 구성도

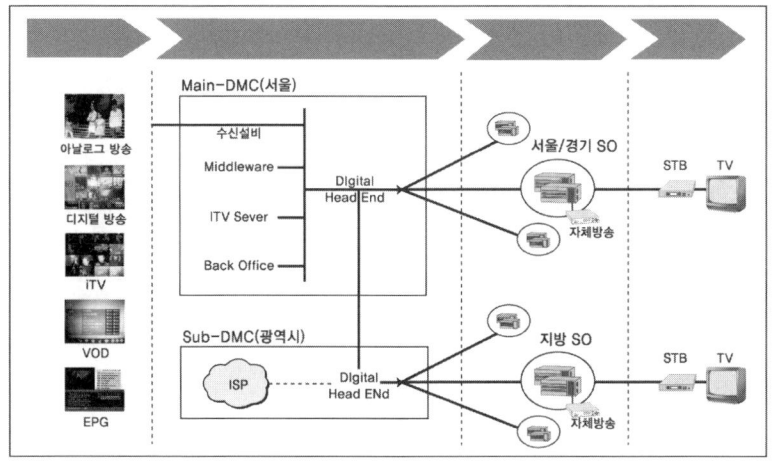

STB(Set Top Box), 전 시스템의 운용과 가입자 관리 및 과금을 담당하는 Back Office로 구성된다.

이러한 디지털미디어센터는 분산된 케이블 TV 사업자들에게 규모의 경제 효과를 가져다줄 것이다. 즉, 투자비를 절감하고 효율적인 디지털 전환을 위해 여러 SO들을 함께 묶어서 지역 또는 권역별로 집중화된 광역방송 센터의 설치가 가능하게 될 것이다. 현재 종합유선방송사업자인 KDMC, C&M, 큐릭스, CJ 미디어 등이 디지털미디어센터를 설치하고 시범 서비스를 제공하고 있다.

IPTV

IPTV는 인터넷망을 통해 가입자에게 실시간 방송을 하거나 가입자 요청에 따라 VOD 형태의 서비스를 제공하는 멀티미디어이다. 즉, IPTV 센터와 셋톱박스가 설치된 가입자의 TV를 초고속 인터넷망으로 연결하고 방송 프로그램, VOD 및 이메일·쇼핑정보 등 부가 서비스를 양방향으로 제공하는 것이다.

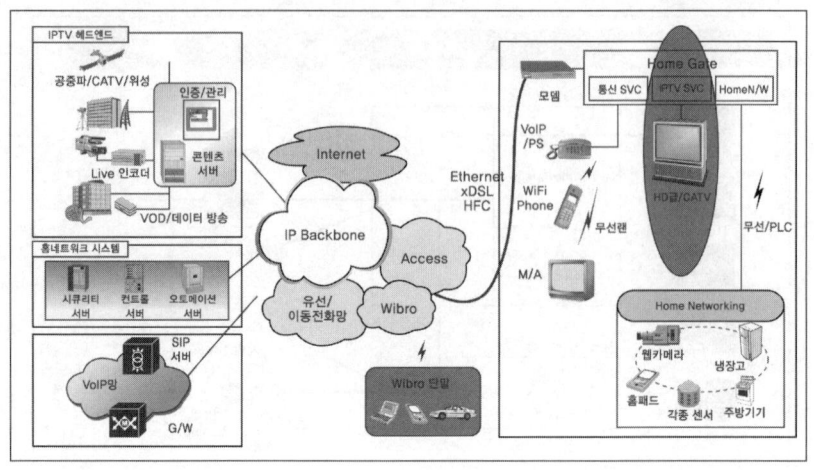

<그림 6-4> IPTV의 시스템 구성도

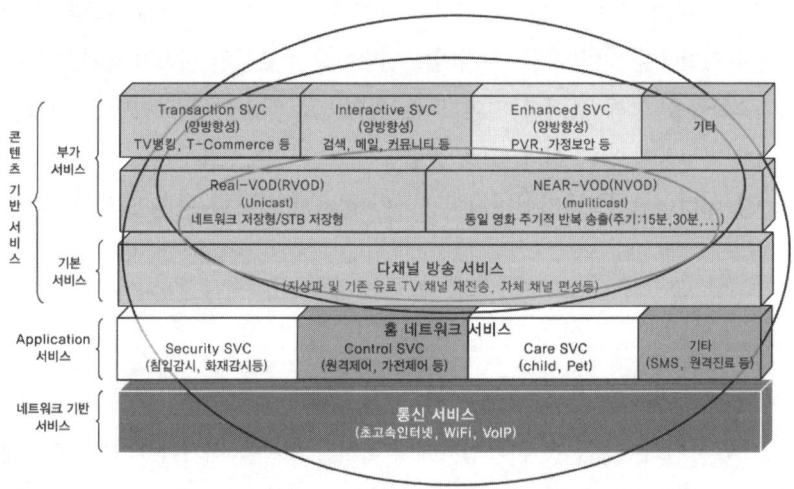

<그림 6-5> IPTV 서비스 제공 형태

IPTV의 장점은 특정 가입자의 요청이 있을 경우, 해당 가입자가 속한 구역의 최종 라우터가 해당 콘텐츠를 복사해 구역 전체에 캐스팅하는 방식으로 효율적으로 제공할 수 있다는 것이다. 이러한 기술을 배경으로 <그림 6-4>에서 보는 바와 같이, 텔레뱅킹이나 인터넷 메일, PVR 등의 콘텐츠 서비스와 VOD나 다채널 실시간 방송을 제공하면서 동시에 홈네트워크를 구현할 수 있는 장점을 가지고 있다. 아울러 인터넷 초고속 서비스도 제공 가능하게 해 '전화 + 초고속 인터넷 + 방송 서비스'를 동시에 구현하는 소위 '트리플 플레이 서비스(triple play service)'를 실현하게 될 것이다. 이 때문에 케이블 TV 사업자들이 추진하는 DMC와 거의 유사한 매체로서 시장에서 경쟁하게 될 것으로 전망되고 있다.

전 세계적으로 홍콩의 PCCW, 이탈리아의 Festweb, 일본의 YahooBB, 미국의 Surewest 등의 사업자들이 있고, 영국의 BT 같은 통신사업자들과 MS 같은 인터넷 사업자들도 사업을 적극 추진하고 있다(김영석·김훈, 2005).

VOD

VOD(Video-on-demand) 서비스는 디지털 압축기술을 근간으로 1989년 미국의 통신사업자들에 의해 처음 시도되었다. FCC가 통신사업자의 케이블 TV 사업진입을 허용하지 않자, 통신사업자들은 자신이 소유한 전화선을 이용해 프로그램을 제공하기 시작하였고 명칭도 VOD가 아니라 VDT(Video Dial Tone)라고 했다. 특히 1996년 FCC가 VDT를 '개방형 영상시스템(open video system)'으로 규정해 규제를 대폭 완화하고, 새로 제정된 '통신법'에서 전화사업자의 방송사업 진입장벽을 완전 철폐함에 따라 케이블 TV사업자들도 VOD 서비스에 참여하고 있다.[2]

---

2) 1996년 제정된 통신법(Telecommunication Act)에서 "지역전화사업자는 해당 지역에서 케이블 TV 서비스를 제공할 수 있고, 해당 사업 전역 이외 지역에서 지역 케이블 시스템을 소유·운영 할 수 있다"라고 하고 있고, "지역 케이블 TV 사업자도 시내 및 장거리 전화사업자에 진출할 수 있다"라고 하여 완전히 진입장벽을 철폐하였다.

<그림 6-6> VOD 서비스의 유형

		정액제		종량제	
		Streaming	Download	Streaming	Download
단방향	1 대 1	정액제 단방향 1 대 1 Streaming	정액제 단방향 1 대 1 Download	종량제 단방향 1 대 1 Streaming	종량제 단방향 1 대 1 Download
	1 대 N(All)	정액제 단방향 1 대 1 Streaming	정액제 단방향 무시형 콘텐츠 전송 서비스	PPV	종량제 단방향 무시형 콘텐츠 전송 서비스
양방향	1 대 1	SVOD	정액제 Download	iPPV	종량제 Download
	1 대 N(All)	정액제 QVOD	정액제 양방향 1 대 N(All) Download	종량제 QVOD	종량제 양방향 1 대 N(All) Download

VOD 서비스는 기존의 전화선이나 케이블선을 이용하여 원하는 프로그램을 제공하고 가입자들은 설치된 셋톱박스를 통해 프로그램을 재생하는 서비스를 말한다. 즉, 영상압축 기술을 이용해 각종 동영상 프로그램을 서버에 저장하여 일반 통신망 및 전용망을 통해 가입자가 요구하는 프로그램을 주문 즉시 제공하는 서비스로, 이용자는 마치 VCR을 이용하듯이 프로그램을 볼 수 있다. 이러한 VOD 서비스가 가능한 매체로는 DMC, IPTV, 휴대폰 TV, 데이터방송, DMB 등 다양하다. VOD 서비스는 향후 방송 및 콘텐츠 제공 서비스의 일반적인 형태로 <그림 6-6>과 같이 다양한 형태들이 있을 것으로 전망된다(최성진, 2005).

데이터 방송

데이터 방송은 방송주파수의 틈새 대역을 이용해 프로그램 관련 정보나 기상·뉴스·교통 정보 및 전자상거래 등을 제공하는 서비스이다. 데이터 방송은 프로그램 연동형 데이터 방송과 독립형 데이터 방송으로 나눌 수 있다.

프로그램 연동형 데이터 방송은 프로그램과 관련된 내용을 동기화된 데이터로 제공하는 것이고, 독립형 데이터 방송은 독립된 채널을 통해 증권, 날씨, 운세, 교통상황 등 각종 정보를 제공하는 것이다. 우리나라의 경우, 위성방송사업자인 스카이라이프가 EPG채널과 Skytouch라는 이름으로 독립형 데이터 방송을 제공하고 있다.

지난 2003년 디지털방송추진위원회에서 지상파방송도 디지털 방송전환과 함께 실시하기로 하였다. 그렇지만 연동형 데이터 방송을 이용한 T-commerce 허용 문제가 아직도 정책적으로 논란이 되고 있다. 그 이유는 방송 프로그램이 연동형 광고를 위해 제작되는 부작용이 발생할 수도 있기 때문이다. 더구나 최근 지상파방송사들이 연동형 데이터 방송을 통해 T-commerce를 추진하기로 하면서, 이 문제는 상당한 갈등이 있을 것으로 전망된다.

인터넷 방송

인터넷 방송(webcasting)은 인터넷에 웹사이트를 개설하여 동화상을 포함한 여러 종류의 서비스를 제공하는 것부터 디지털 정보를 수집·가공하여 제공하는 인터넷 독립방송, 기존 방송사의 프로그램을 재송신하는 인터캐스트까지를 모두 포함하는 용어이다. 기술적으로 인터넷 방송은 스트리밍(streaming) 기술에 의해 화면이 연속적으로 제공되는 것을 의미한다. 이 때문에 다른 나라에서는 인터넷 방송이라고 하지 않고 웹캐스트(Webcast) 또는 웹캐스팅(webcasting)이라는 용어를 사용한다.

세계적으로 인터넷 방송이 얼마나 되는지는 알 수 없다. 그러나 우리나라의 경우 1997년에 개국한 m2station을 시작으로 지금은 2,000여 개의 인터넷 방송사들이 독립방송사, 교육기관, 행정기관, 언론매체들에 의해 운영되고 있는 것으로 추정된다. 하지만 대다수 인터넷 방송이 주로 인터넷 사이트에 일부 동영상을 제공하는 수준에 머물고 있고, 본격적인 콘텐츠를 제공하는 인터넷 방송은 그렇게 많지 않은 실정이다. 이 때문에 지상파방송사들이 운영하는 인터넷 사이트와 성인방송만이 나름대로 명목을 유지하고 있다.

그렇지만 인터넷 방송은 소규모·저비용으로 기존 거대매체에 대응하는 대안매체화될 가능성을 보이고 있다. 특히 기존 언론에서 소외되었던 계층을 대상으로 한다는 점에서 주목되고 있다. 최근 위력을 발휘하고 있는 ≪오마이뉴스≫나 ≪프레시안≫ 같은 인터넷 신문과 패러디 뉴스채널 ≪헤딩라인뉴스≫ 등은 대표적인 예라고 할 수 있다. 하지만 이러한 인터넷 방송이나 신문들이 독자적인 광고시장과 수용자를 확보하는 것은 그렇게 쉬워 보이지 않는다. 또 인터넷 방송이 기존 방송사를 능가할 정도로 고급정보와 프로그램을 제공할 수 있을 것인가 하는 것도 여전히 불투명하다. 더구나 최근에는 인터넷 포털에 저가로 뉴스를 제공해 온 신문사·통신사들이 본격적인 유료화를 모색하고 있다. 이 때문에 프로그램 콘텐츠 시장이 활성화되기 전까지 인터넷 방송은 적지 않은 어려움을 겪을 것으로 예상된다.

디지털 멀티미디어 방송

DMB(Digital Multimedia Broadcasting)는 이동환경에서 개인용 휴대단말기나 차량용 터미널로 비디오, 오디오 등 멀티미디어 정보를 제공하는 서비스로서 지상파 DMB와 위성 DMB로 나뉜다. 원래 DMB는 FM 라디오의 디지털 전환을 의미하는 DAB(digital audio broadcasting)였지만, 디지털 압축기술이 발달해 동영상 서비스도 가능해지면서 등장한 융합형 방송형태라 할 수 있다. 방송위원회도 DMB를 'CD 수준의 음질과 데이터 또는 영상 서비스 등이 가능하고 우수한 고정 및 이동수신 품질을 제공하는 디지털 방식의 멀티미디어 방송'이라고 정의한 바 있다. 이 말은 음악·교육·영화·뉴스·증권 등과 같은 세분화된 오디오·비디오·데이터 형태의 서비스들을 한 단말기를 통해 제공한다는 것을 의미한다. 실제로 DAB는 미국이나 유럽에서 이동차량을 대상으로 오디오 채널을 운영하고 있지만, 동영상 TV 방송은 우리나라가 처음이다. 즉, SKT가 일본의 MBCo사와 공동으로 멀티미디어 이동방송 위성체 '한별'을

<표 6-2> 위성 DMB와 지상파 DMB 비교

구분	위성 이동 멀티미디어 방송	시장영향 (경쟁력 예상)	지상파 이동 멀티미디어 방송
서비스 개시	2005년 1월 시험방송, 5월 상용 서비스	>	2005년 초(수도권, 예상)
서비스 지역	전국 • 2005년 말 전체 광역시 생활권(G / F)	>>>	수도권 / 지역 확대 • 2006년 권역별 1개 채널
요금 수준	유료 • 요금(월): 13,000원 • 가입비: 20,000원	<<<	무료
수익 모델	가입자 기반 • 수신료(분배) + 광고 + 유료 데이터 방송 수익	>	광고시장 기반 • 광고(주 수입) + 송출료(채널 임대료) + 유료 데이터 방송 수익
(초기) 투자비	4,000~8,000억 원 (초기 투자비 많음) ※ 정통부 산출		500억 원 (전국 중계기 규모에 따라 변동)
제공 채널	1개 사업자, 총 38개 (예비 2개) • 비디오: 14개 모바일 전용 1개, 종합 3개 • 오디오: 24개 • 데이터: 2006년 실시	> (※ 제공 채널 수)	6개 사업자(확대), 총 30여 개 • 비디오: 6~12개(최대) • 오디오: 18개(±) • 데이터: 6(±) (1사: 비디오 1 / 오디오 3 / 데이터 1) (1사: 비디오 2 / 오디오 + 데이터 3)
기술방식	System-E / CDM		Eureka-147(시스템 A) / OFDM
주파수 / 전파 특성 / 전송 용량	2.63~2.65GHz(25MHz) / S-Band • 직진성(가시거리 확보)		TV ch8(추가) + ch12(6MHz×2=12MHz) • 회절특성(장거리 도달)

	• 7.68Mbps		• 6.912Mps (1Mpx당 1.152Mbps)
주도 사업자	통신사업자(신규방송사업자)		지상파방송사업자, PP 등 14개사 • 기존 지상파방송사업자(위주) / 방송채널사용사업자 / 신규 사업자
사업 지위	위성방송사업자 • 플랫폼사업(채널 운용 / 임대) • 종합·보도·전문편성 PP 송출		지상파방송사업자 • 플랫폼사업(채널운용 / 임대) • 종합·보도·전문편성 PP 송출
직접사용 채널	TV 2개, 데이터 1개 (계획) • 전문편성 (보도편성 제한) ※ 자체제작능력 미약	< (자체 제작 능력)	1사당 2~3개 채널(데이터방송 유무) • 종합·보도편성 / 전문편성 ※ 기존 방송사 제작능력 보유
소유제한 등 (매체 성격)	위성방송의 소유, 겸영 제한 동일 (상업적 성격: 유료 → 가입자 선택 大) • 대기업, 외국자본, 일간신문·통신: 33%, 1인 지분: 없음 • SO 겸영: 33% • 위성 겸영: 33%, 1개 초과 금지	>> (대규모 자본 투자, 소유규제 등)	지상파방송의 소유, 겸영제한 동일 (공익적 성격: 무료 → 가입자 선택 小) • 대기업, 외국자본, 일반신문·통신: 금지, 1인 지분: 30% • SO 겸영: 금지, 위성 겸영: 33% • 지상파 DMB 겸영: 3~5개 1/3, 6개 이상 1/5
수신기 (경쟁관계)	휴대전용 수신기 / 차량용 수신기	↔ / <	휴대전용 수신기 / 차량용 수신기
	휴대폰 겸용 수신기 (PDA 겸용)	>	휴대폰 겸용 수신기 (후발 예상) (PDA 겸용)

※ 이동통신사 간 가입자(수신기) 경쟁
※ DMB 통합 단말기(기술적으로 가능 / 기술표준 상이, 경제성, CLOSE 마켓 문제 등)

자료: 방송위원회, '위성 이동 멀티미디어 방송의 지상파방송 콘텐츠 활용방안 마련 전문가 토론회' 자료(2005.3.25), 20쪽.

발사하고 서비스를 시작하면서 나온 개념이다.

그러자 지상파방송 역시 이동방송이 가능하다는 기술적 발달에 힘입어 지상파 DMB를 실시할 예정이다. 그러므로 지상파 DMB는 우리나라가 세계 최초로 실시하는 방송이다. 지상파 DMB는 VHF 12번과 8번 채널을 각 3개의 주파수 블럭 6개 멀티플렉스 사업자를 선정하였고, 위성 DMB는 12개 비디오 채널과 30여 개의 라디오 채널이 운영되고 있다. 특히 우리나라의 위성 DMB는 주 단말기를 이동휴대전화로 설정해, 개인형 이동수신에서 멀티미디어의 특성을 극대화하는 방향으로 사업을 추진할 계획이다.

위성 DMB는 2004년 TU미디어가 사업권을 획득한 후, 2005년 6월 본방송을 실시해 2005년 말을 기준으로 약 40만 명의 가입자를 확보하고 있다. 반면 지상파 DMB는 2005년 12월 시험방송이 시작되었다. 이로써 우리나라는 세계에서 명실상부한 모바일 방송의 선도국가가 되었다. 하지만 두 매체는 정책적으로 유료·무료방송으로 구분하고, 디지털 지상파방송 재전송이라는 공익적 목표와 산업적 목표로 분리하고 있지만, 상호 시장이 중첩된다는 점에서 공정경쟁 문제가 논란이 되고 있다. 현재 지상파 DMB와 위성 DMB는 <표 6-2>에서 보는 바와 같은 정책적인 차이점을 가지고 있다.

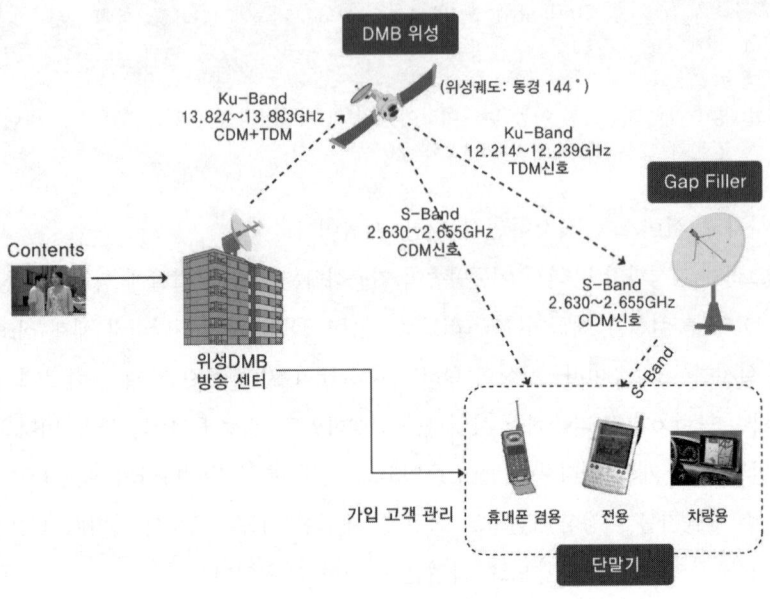

<그림 6-7> 위성 DMB 시스템

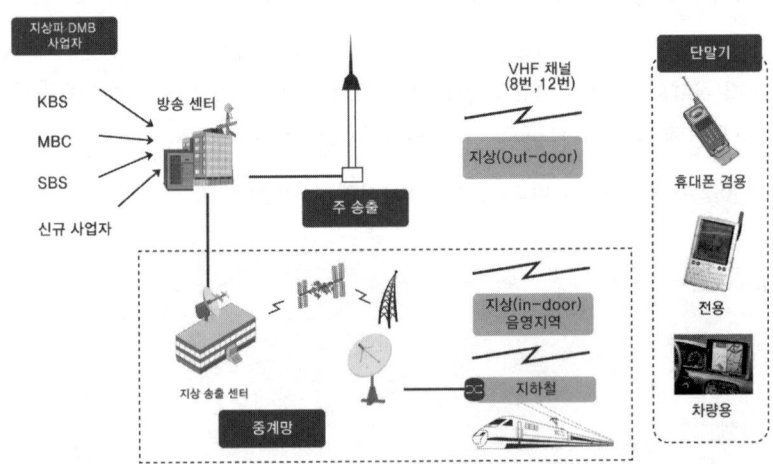

<그림 6-8> 지상파 DMB 시스템

<그림 6-9> Media FLO의 시스템

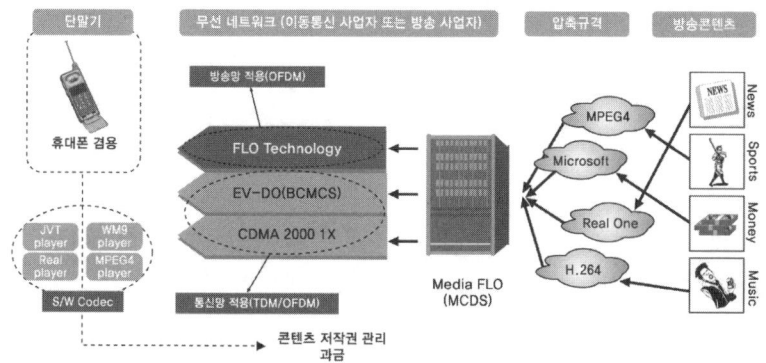

휴대폰 방송

휴대폰 방송은 이동전화를 통해 지상파 및 케이블 방송 프로그램을 실시간 전송하고 VOD 및 부가 서비스를 제공하는 것으로, 현재 SKT와 KTF가 '준'과 '핌'이라는 이름으로 서비스를 제공하고 있다. 이는 기존의 방송매체와 달리 가입자가 원하는 프로그램은 끌어당겨 사용하는 pull 방식이지만, 수용자 입장에서는 방송 서비스와 차이를 느낄 수 없고 통신사업자로서 내용규제를 널 받는다는 섬에서 우리나라와 같이 방송 신입장벽이 높은 나라에서는 시장 진입에 비교적 유용한 유사방송 형태라고 할 수 있다.

중요한 것은 최근 우리나라의 DMB 출범과 더불어 다른 나라들에서도 휴대폰을 이용한 이동형 방송기술 개발에 박차를 가하고 있다는 점이다. 이러한 매체에는 유럽의 노키아(Nokia)사가 개발한 DVB-H와 미국의 퀄컴(Qualcom)이 개발한 MediaFLO가 있다. 그러므로 세계의 향후 이동수신방송 시장은 우리나라의 DMB와 노키아, 퀄컴 간의 각축장이 될 것으로 전망된다.

이 중에서 MediaFLO는 지상파를 이용하여 비디오, 오디오, 데이터 등 다양한 멀티미디어 방송신호를 디지털화하여 개인휴대용 또는 차량용 수신기를 통해 시청하는 방송 서비스이다. 즉, 'MCDS(MediaFLO Contents Distribution

<표 6-3> 이동형 방송매체 간 특성 비교

구분	방송망 활용			
	지상파 DMB	위성 DMB	DVB-H	FLO Technology
기반기술	Eureka-147	System E	DVB-T	OFDM
사용주파수 대역	VHF	2.6GHz	VHF / UHF / 2.6GHz(위성)	VHF / UHF
기술 제안	ETRI 등	도시바	노키아	퀄컴
FA	1.536MHz	25MHz	5 / 6 / 7 / 8MHz	5 / 6 / 7 / 8MHz
유효 전송률	1~1.5Mbps	7.68Mbps	8.25~15Mbps	6~11Mbps
채널 수	2CH / 512K	15CH / 512K	16CH / 512K	12CH / 512K
사용자 수	무제한	무제한	무제한	무제한
상용화 시기	2005.1Q	2004.4Q	2005 / 2006	2006
투자 규모	중계망 수도권: 400억 원 전국: 1,000~2,000억 원	위성망: 3,000억 원 중계망: 1조 원	지상파: 1,000~2,000억 원 위성: 위성 DMB와 유사	DVB-H와 유사

System) + FLO(Forward Link Only)'를 결합한 형태이다. 여기서 MCDS란 '클립 단위의 동영상 파일을 유휴시간대를 활용하여 전달하는 클립캐스팅 콘텐츠 전송 시스템(Platinum Multicasting) 기술'이고, FLO란 '휴대폰의 멀티캐스트를 위해 퀄컴이 개발한 전송기능'이다. MediaFLO는 기존 휴대방송의 단점을

해결한 것으로 평가되고 있다. 즉, 서비스에 따라 주파수를 나눌 필요 없이 비디오, 오디오, 데이터를 멀티플렉스로 제공 가능하고, IP 기반의 기술적 업그레이드와 다양한 컨버전스가 가능하다. 또한 이동성, 전력효율성, 채널변경 신속성, 고품질, 비디오·오디오 분리전송 등에서 장점을 가지고 있다. 특히 기존의 사용자 인터페이스를 유지하면서 멀티미디어 서비스가 가능하다는 것도 장점이다. 더구나 지역단위 방송과 전국단위 방송을 동시에 수용 가능하다는 점에서 매력적일 수도 있다(KTF DMB팀, 2004).

더불어 유럽의 노키아에서 개발한 DVB-H는 채널 수가 조금 많고, 유효 전송률이 높다는 점에서 장점을 가지고 있다. 더 나아가 2006년부터 노키아사는 EU 연구 프로젝트로 DXB Project를 실시할 예정이다. 이 프로젝트는 방송 콘텐츠를 DVB-H와 지상파 DMB에 모두 제공할 수 있는 매체를 개발하는 것이다. 여기에 WCDMA 기술에서 진화한 HSDPA나 상용화 단계에 들어선 휴대 인터넷(Wi-Bro)도 통신방식에서 진화된 것이기는 하지만, 종전의 셀룰러(cellular) 방식과 달리 대용량 다운로드가 가능해 DMB나 DVB-H의 강력한 경쟁자가 될 수도 있다. <표 6-3>은 이러한 이동형 방송매체들 간의 특성을 비교한 것이다.

멀티미디어의 효과

같은 융합형 멀티미디어 매체들이 우리 사회에 도입되었을 때 나타날 수 있는 긍정적·부정적 영향은 수용자 개인과 사회·문화적 차원으로 나누어 살펴볼 수 있다. 또 이러한 뉴미디어 또는 멀티미디어의 효과에 대한 전망은 이들 뉴미디어의 기술적 속성이라고 할 수 있는 '상호작용성', '접근성', '다양성'으로 나누어 살펴볼 수 있다(McNair, 2002).

<표 6-4> 멀티미디어 기술의 양면성

	기술적 속성	유포피아(utopia)적 전망	디스토피아(dystopia)적 전망
매체 및 수용자 환경	상호 작용성	• 쌍방향 멀티미디어 서비스 활성화 • personaliting 실현 (능동적 수용자)	• 일방향 방송 서비스의 반복활용 • 제한된 '인간 : 기계' 간 상호작용 (예: 게임 중독, 다운로드)
	접근성	• 적재적소의 정보 제공 • 유비쿼터스 환경 • 인간의 시간·공간적 통제 능력 강화	• 매체 의존도 증가로 중독현상 • 자발적 감시사회의 도래 • 기술문명의 패러독스 현상
	다양성	• 모바일 콘텐츠 산업 활성화 • 맞춤형 서비스 • 취향화 실현	• 지상파 재송신을 비롯한 기존 방송 서비스 재활용 지배 • 다양성의 허구 • 수동적 문화소비계층 증가 • 문화과잉소비 현상
사회·문화	상호 작용성	• 네트워크 사회의 구축	• 대인 커뮤니케이션·1차 집단의 소멸
	접근성	• 경제적·사회적 효율성 증대 • 보편적 서비스 실현	• 감시사회 • 정보격차(digital divide) 심화
	다양성	• 공공 서비스와 상업적 서비스 이중 목적 조화	• 상업적 서비스 지배 • 소비의 다양성

매체와 수용자 환경에 미치는 영향

상호작용성

무엇보다 멀티미디어의 특성은 양방향성이다. 이미 상용화된 위성 DMB나 IPTV 등은 한결같이 멀티미디어 방송으로서 본격적인 양방향 방송시대를 열게 된다는 점을 강조하고 있다. 물론 아직까지 기술적으로 양방향성이 가능한 케이블 TV는 디지털 전환 지체로, 위성방송은 upstream의 비대칭성으로

<표 6-5> 무선 인터넷 서비스 형태

	서비스 형태
정보제공	SMS, MMS, 모바일 방송 서비스, 이메일, 주식정보, 교통정보, 뉴스, 기상정보 등
대화형	채팅 / 미팅, VOD, 화상전화, 비디오 메시지
엔터테인먼트	캐릭터 / 벨소리 다운로드, 게임 다운로드, 노래방, 온라인게임
전자상거래	모바일 지불결제, 신용카드 무선결제, 주식거래, 예약, 복권, 은행조회 / 이체, 쇼핑
위치 기반	위치추적, 디지털 물류운반, 택시 콜
텔리미터	전력량 원격검침, 자판기 원격검침, 무선 홈 시큐리티

자료: 김충남(2002).

인해 완전한 양방향 서비스 구현에 이르지 못하고 있다. 그렇지만 위성 DMB나 휴대 인터넷 같은 융합형 매체들은 주파수 출력에 제한을 받지 않아 개인단말기를 통해 대칭형 멀티미디어 서비스가 가능해 고품질 이동형 방송 서비스 시대를 열게 될 것으로 전망된다. <표 6-5>는 등장할 것으로 예상되는 휴대 인터넷이나 위성 DMB 같은 멀티미디어 서비스들이 제공 가능한 양방향 서비스들이다.

스티브 존스(Jones, 2003; 241~244)는 상호작용성(interactivity)을 'user to user interactivity', 'user to system interactivity', 'user to documents interactivity'로 나누어 설명하고 있다. 우선 'user to user interactivity'는 이용자 상호 간에 직접 커뮤니케이션 형태로 내용을 이용자들이 창조·통제할 수 있는 실시간 커뮤니케이션 성격을 가지고 있다. 그러나 'user to system interactivity'는 수용자가 다양한 전송 플랫폼 또는 시스템에 전송하는 것으로 내용에 대한 통제권이 부분적으로만 허용되기 때문에 이용자가 시스템에 종속되는 현상이 나타날 수도 있다. 마지막으로 'user to documents interactivity'는 시스템에 제공하는 내용에만 제한적으로 접근할 수 있는 가장 낮은 형태의 상호작용성이라고 할 수 있다.

이렇게 본다면 지금까지 등장한 VOD 또는 COD 서비스들은 대부분 수용자에 의한 콘텐츠의 변형 및 창조 가능성이 거의 없다. 그렇지만 지금까지 제기되는 서비스들은 'user to user' 형태의 완전한 상호작용성을 가진 서비스가 아니라 대부분 'user to system' 형태의 제한된 상호작용 서비스들이다. 물론 이러한 서비스들로 제한적으로 상호작용성이 증대되었다고는 할 수 있겠지만, 진정한 의미의 상호작용성을 실현했다고 보기는 어렵다. 그렇다면 멀티미디어의 상호작용성에 의한 양방향 사회는 아직 더 시간이 필요해 보인다.

접근성(accessibility)

융합형 멀티미디어들은 주로 무선매체들이 주를 이룰 가능성이 높다. 이 때문에 개별 수용자들이 장소와 시간에 구애되지 않고 매체에 직접 접근이 가능한 '이동성(mobility)'을 기본 속성으로 하게 될 것이다. 이처럼 이동성을 기반으로 적재적소에 필요한 정보가 개별 수용자들에게 제공될 수 있다는 것은 최근 제기되고 있는 유비쿼터스(ubiquitous) 환경이 도래할 수 있음을 의미한다. 유비쿼터스라 함은 '컴퓨팅 객체가 실생활 공간의 사물과 환경 속으로 스며들어 상호 연결되어 인간·사물·정보 간의 자율적 컴퓨팅 환경이 제공되는 것'이다. 즉, '물리적 세상(일상생활)+사람+정보+컴퓨터(소형 컴퓨터 칩+센서+네트워크)'의 개념으로 존재할 수 있는 모든 곳에 컴퓨터가 존재한다는 의미다. 한마디로 모바일 컴퓨팅과 지적 환경의 결합이라 할 수 있다(Weiser, 1991).

그러므로 유비쿼터스 환경은 모든 현실세계의 디바이스, 사물과 환경 속으로 스며들어 상호 연결됨으로써 언제 어디서나 어떤 단말기로도 망에 접속해 서비스를 이용할 수 있는 인간·사물·공간 간의 최적 '컴퓨팅+네트워킹' 환경이라 할 수 있다. 이 때문에 유비쿼터스 공간은 물리적 공간, 전자공간을 거쳐 진화한 제3공간이라고 할 수 있다. 즉, 어디서나 존재하는 유비쿼터스 네트워크(broadband network + mobile network + wireless network)와 센서(sensor), 칩(chip) 등 같은 소형 컴퓨터가 내재되어 있는 사물들(things)이 연결·통합되어 물리적 공간의 비효율성과 전자공간의 불안정성을 극복할 수 있다(전석호·김원제, 2003).

또한 유비쿼터스 공간 속에서 생활하는 시민들을 유비티즌(Ubitizen)이라 한다. 유비티즌은 PC 네트워크뿐만 아니라 휴대전화, 게임기, 휴대용 단말기, 자동차 내비게이터 등 모든 단말기들을 네트워크에 연결하여 언제 어디서나 대용량의 통신망을 저비용으로 이용할 수 있다. 특히 유비티즌은 지능화된 생활공간에서 자신의 욕구에 맞는 콘시어지(concierge)형 서비스를 제공받게 된다. 이런 점에서 유비티즌은 디지털 노마드(Digital Nomad)로서 삶을 영위한다. 이 같은 'U-미디어 환경'은 미디어와 인간 간의 상관성이 극대화된 환경으로, 새롭게 제공되는 환경과의 상호작용성 증대, 자신의 기호·욕구·취향에 맞는 정보에 대한 선택성의 강화, 시간 조절 증대, 영상화된 정보에 의한 소구력 증대, 정보처리에서의 생산성과 효율성 증대라는 장점을 가지고 있다.

그러나 이러한 멀티미디어의 접근성 증가는 인간의 과도한 매체 의존 현상이나 매체로부터 지배되는 현상을 유발할 수도 있다. 유비쿼터스 환경을 주도하는 멀티미디어 매체들이 방송과 통신 경계를 초월해 인간의 커뮤니케이션 활성을 지배하게 되며, 자칫 인간의 다양성과 자율성을 파괴하면서 '과잉제도화(over-institutionalization)'와 '상시적 과잉가동(over-engagement)' 현상이 일어날 수도 있다(박승관 외, 2003). 특히 중앙 집중화된 메시지에 대한 완충장치인 대인 커뮤니케이션 채널을 소멸시켜 각 개인 중심 권력에 무방비 상태에서 직접 노출하게 만들 가능성도 있다. 결과적으로 인간의 내적 성찰 기회를 박탈해 인간 존재의 위기현상을 유발하고 더 나아가 매체에 대한 과도한 탐닉 현상을 부추겨 병리현상으로 이어질 수도 있다.

또 우리나라의 경우 인터넷 인프라는 세계 최고를 자랑하지만, 실제로는 게임이나 오락이 지배하고 있다. 접속은 세계적이지만 그 활용은 생산적인 유비쿼터스 환경과는 거리가 멀다는 것이다. 이러한 부작용을 막기 위해서는

<표 6-6> 유비쿼터스 사회 시스템의 적용 분야

분야	적용
의료·복지	• 토털 헬스 매니지먼트 구축(보건, 의료복지): 포괄적 지역 건강관리 시스템, 원격의료 시스템
교통이동	• 모빌리티 시스템의 혁신(이동교통): 온 디맨드 교통 시스템, 유비쿼터스 ITS(스마트웨이, 스마트카드 등의 통합화), 유비쿼터스 IDM(교통수요 매니지먼트), 맨 내비게이션 시스템 • 디스트리뷰션 시스템(물류, 유통): 시티 로지스틱 시스템, 개별 배송형 딜리버리 시스템
인재육성	• 지역학습 시스템 혁신: 지역교육 시스템, 평생교육 시스템 • 고등교육기관의 교육시스템 혁신: 고등교육기관 원격교육 시스템
취업지원	• 취업촉진 시스템 구축: 고용수급 중개 시스템, 취업능력 향상지원 시스템
순환환경	• 환경 매니지먼트 시스템 혁신(환경, 폐기물): 환경 텔레미터링(원격계측) 시스템, 환경 포어캐스팅 시스템, 리사이클 관리 시스템, 생태계 텔레미터링 시스템
시민참가	• 데모크라시 시스템 혁신: e-데모크라시 시스템, 팜톰 정부
지적 협동	• 지역 커뮤니케이션 시스템 혁신(시민협동): 리얼타임 협동 시스템, 유니버설 콘택 센터 시스템
시스템 위기관리	• 지역 시큐리티 네트워크 구축(방범/방재): 지역종합 시큐리티 시스템, 대규모 수해 대응 시스템, 홈 시큐리티 시스템
기타 사회 플랫폼	• 사회조사 시스템 혁신(조사, 정보수집): 동적 GIS, 상시 경제사회조사 시스템 • 어드레스 시스템 혁신(주소체계): 유니버설 어드레스(절대 주소) • 금융결제 시스템 혁신: 유비쿼터스 금융결제 시스템 • 커뮤니티 기반 시스템 구축: 커뮤니티 네트워크, 퍼스널 콘텐츠 송신 시스템

유비쿼터스 컴퓨팅과 네트워크 구축을 통해 게임·오락이 아닌 신뢰성 있고 스마트한 생산적 생활양식이 실현되어야 한다.

다양성(diversity)

　멀티미디어의 긍정적 측면 중 하나가 각 개인의 취향에 맞는 개인화된 서비스가 제공될 수 있다는 점이다. 이러한 양방향성이 강화되면서 방송(broadcasting) → 협송(narrow casting)을 거쳐 차세대 맞춤형 방송(customized broadcasting)으로 진화해 나갈 가능성이 있다. 특히 개인 휴대용 단말기를 이용하는 DMB나 휴대 인터넷 등은 개별 시청형태를 가능하게 해 소위 퍼스널리팅(personaliting)으로서 각자 취향에 따른 맞춤형 서비스를 실현시킬 수 있을 것이다. 그렇게 된다면 현재 지상파방송 같은 특정 채널 단위나 편성 단위의 프로그램 제공 형태를 가진 고정형 다채널 뉴미디어 방송들과는 그 성격이 판이하게 다를 수 있다.

　그렇지만 이러한 기술적 가능성에도 불구하고 많은 멀티미디어들은 기존의 뉴미디어들과 마찬가지로 '다양성의 허구' 현상이 나타날 가능성도 높다. 이제까지 도입되었던 대부분의 뉴미디어들이 경험한 것처럼, 오락물과 성인물이 주를 이루게 될 수도 있다. 특히 가입자 수신료로 운영되는 유료 뉴미디어 방송 서비스들은 우선 시상성을 고려할 수밖에 없고, 이 때문에 다채널 방송이 자연스럽게 프로그램 다양성을 조성해 주는 것은 아니다. 한편 인터넷과 마찬가지로 멀티미디어들이 적극적이고 능동적인 수용자를 만들어내는 것이 아니라 수동적으로 특정 유형의 프로그램에 탐닉하는 '문화탐닉자' 또는 '과잉소비자'를 양산할 가능성도 높다는 것이다. 이는 결국 채널의 다양성이 제공되는 문화들 간에 유형별·수준별로 차별화를 유도해 소위 '취향문화(taste culture)'를 실현 가능하게 할 것이라는 주장과는 정면으로 배치되는 것이다.

사회·문화적 영향

상호작용성

멀티미디어의 상호작용성이 사회·문화적으로 유발할 수 있는 가장 분명한 효과는 실질적으로 네트워크 사회를 구현할 수 있다는 것이다. 따라서 멀티미디어들은 인간의 커뮤니케이션 욕구 중에 공간적 제한성을 획기적으로 극복해 줄 수 있는 매체라 할 수 있다. 특히 이전 매체들과 달리 대용량의 양방향 서비스가 가능해 실질적인 방송·통신 네트워크 융합을 실현하게 될 것이다. 이전에 방송 서비스와 같은 '1 대 다수형' 메시지 전송이 집단적 확산 효과 또는 중간 매개체를 통해 개인에게 전달되는 간접적 확산 효과를 갖는다면, 멀티미디어를 통한 메시지 전송은 각자 개인이 방송 서비스 또는 다른 개인들과 직접 연결되게 됨을 의미한다. 즉, 실질적으로 모든 구성원들이 직접 네트워크로 연결된 소위 'wired society'가 도래하게 되는 셈이다.

그러나 이러한 네트워크 사회의 이면에는 전통적으로 인간사회를 유지해 온 대인 커뮤니케이션 또는 1차 집단이 소멸될 위험성을 내포하고 있다. 이로 인해 거대 네트워크의 힘에 개인이 무저항 상태로 편입되는 위험성이 나타날 수 있다. 이는 대중사회에서 문제되었던 개인의 파편화로 인한 인간소외 현상이 더욱 심각한 수준에서 다시 제기될 수 있음을 의미한다. 즉, 상호작용 커뮤니케이션 채널을 이용함에 있어 upstream보다 downstream이 양적으로나 질적으로 우세할 경우, 거대한 사회적 또는 네트워크의 힘에 의해 개인은 무기력해지고 분산되어 소외된 존재로 전락할 수도 있다. <표 6-7>은 방송 공동체와 상호작용 공동체의 특성 차이를 비교한 것이다.

접근성

멀티미디어가 가지고 있는 '개인화(personality)'와 '이동성(mobility)'은 사회 전체 측면에서 경제적·정치적·사회적으로 효율성이 극대화될 수 있다. 이는 멀티미디어들이 방송 개념을 넘어 복지 서비스 성격을 가지고 있다는 것을

<표 6-7> 방송 공동체와 상호작용 공동체의 비교

방송 공동체	멀티미디어 공동체
미디어 노동자나 문화산업체를 경유에 다수가 다수에게 말하는 형식	컴퓨터에 의해 매개된(CMC) 형태로 다수가 다수에게 말하는 형식
집중화	탈집중화
의식에 영향을 미침	개인의 시·공간 경험에 영향을 미침
개인들 간에 고수준의 재인(recognition) 및 동질화(identification)	개인들 간에 저수준의 재인(recognition) 및 동질화(identification)
낮은 수준의 상호교환 수준	높은 수준의 상호교환 수준
집중화된 수용자가 광고주에게 판매됨	고도로 도시화된 상황에서 의사소통에 대한 욕구를 개인에게 판매함
정보사회에서 사회적 상호작용이 세포분열화하는 기본적인 배경	가정뿐만 아니라 노동현장에서 사회적 상호작용의 세포분열화가 팽창됨

자료: Holmes(1997: 32).

의미한다. 그러므로 멀티미디어의 접근성은 소위 보편적 서비스(universal service) 관점에서 사회 구성원들에게 어떤 의미를 가지고 제공되는가가 대단히 중요하다. 흔히 보편적 서비스란 ① 어디서나 서비스를 제공받을 수 있는 보편성(universality), ② 누구에게나 공평하게 제공될 수 있는 평등성(equality), ③ 서비스 제공의 지속성(continuity), ④ 저렴한 요금으로 이용 가능한 가격 적정성(affordability) 등을 의미한다.

그러나 실제로 네트워크 접근 가능성은 기술적 타당성에도 불구하고 유료 서비스 성격을 띤다는 점에서 한계를 가질 수밖에 없는 것이 현실이다. 그러므로 보편적 서비스보다 정보격차를 유발할 가능성이 더 크다고 하겠다. 결국 소득 수준에 따라 차별적으로 진입할 수밖에 없는 유료 네트워크 때문에 정보 불평등 현상을 심화시킬 수도 있다.

한편 멀티미디어의 접근 가능성은 개인에서 중앙으로의 접근 가능성뿐만 아니라 중앙에서 개인으로의 접근 가능성도 동시에 가지고 있다. 따라서 오래 전부터 지적되어 온 감시사회(surveillance society)를 촉진할 수도 있다. 더 우려되는 것은 피감시자의 자발적인 협조에 의해 이루어지는 소위 슈퍼파놉티콘(superpanopticon) 현상이다. 즉, 감시당하는 사람이 생활의 편리함으로 인해 자발적으로 정보를 제공하게 된다는 것이다. 이는 벤담(Bentham)이 구상한 파놉티콘(panopticon)보다 더 무서운 것으로 '속박과 감시를 통한 통제가 아니라 미묘하고, 협력에 기초하며, 강제 없이 느슨하게 퍼져있는 통제의 네트워크'인 것이다(홍성욱, 2003: 99~103). 다시 말해 멀티미디어 서비스와 양방향성이 가진 편리함으로 인해 개개의 이용자들이 자발적으로 감시 네트워크에 편입되는 현상이 만연될 수도 있다. 실제로 최근 휴대단말기의 수신지역 추적장치는 이러한 초기 징조를 보여주는 것이라 할 수 있다.

다양성

앞에서도 언급한 바와 같이, 향후 멀티미디어에 기대되는 부분은 개인화된 이동형 공공 서비스로의 활용 가능성이라고 할 수 있다. 물론 IPTV의 공익적 책무와 재난 시 위성 DMB를 재해방송매체로 활용해야 한다는 것처럼 공공적 활용이 모색되고는 있다. 그럼에도 불구하고 융합형 서비스들이 가진 용량이나 콘텐츠 부족으로 인해 공공적 서비스와 상업적 서비스를 병행하기 어렵게 만들고 있다. 물론 공공 서비스와 상업적 서비스 간에 균형을 맞추는 정책적 노력이 요구되는 상황이다. 이 때문에 새로 등장하는 디지털 미디어들에게 공공 서비스에 대한 적정 비율을 정하는 방법과 이익의 일부를 공익 서비스에 환원하는 소위 'play or pay' 방식이 모색되고 있는 것이다.

맺음말

지금 등장하고 있는 멀티미디어들은 이제까지와는 전혀 다른 성격을 가지고 있다. 더구나 기존의 매체들과 달리 민간 사업자들이 새로운 기술을 개발해 신규 서비스 도입을 추진하고 있다. 이 때문에 미디어 도입에 있어 가장 중요한 부분이라 할 수 있는 수용자 이익이 자칫 소외될 수도 있다(황근·강미은, 2003). 특히 그 과정에서 새로운 멀티미디어의 장점만 부각되고 부작용이나 문제점은 은폐되는 기술결정론의 함정에 빠질 가능성도 있다. 그러므로 새로운 멀티미디어를 검토할 때는 긍정적·부정적 측면을 균형 있게 살펴봐야 한다. 멀티미디어 도입에 있어 장밋빛 그림에만 매몰되어서는 안 되고, 모든 가능성을 치밀하게 검토해야 한다. 따라서 기술적 가능성뿐만 아니라 현실적인 문제점과 대응 방안을 포함하는 사회적 노력이 반드시 요구된다.

그렇지만 지금까지 우리가 추진해 온 신규 멀티미디어 도입정책은 주로 국가적 차원에서 주파수 자원 효율성 제고, 순조로운 디지털 전환, 새로운 방송 사업 및 서비스 제공과 같이 사회·문화적 목표들과는 다분히 거리가 있었다(김평호, 2003). 물론 시청자들에게 새로운 서비스 제공과 선택의 폭 확대라는 목표가 없었던 것은 아니지만 다분히 수사적인 측면이 강했다. 결국 멀티미디어 도입에 있어서 가장 중요한 핵심 고리는 개별 사업자들의 영리적 목적으로 개발된 서비스를 국가가 어떻게 공공 이익과 부합시키는가 하는 문제일 것이다.

신규 멀티미디어는 이제 모든 나라들이 향후 방송·통신융합 시대의 주도권을 쥐기 위해 강력하게 개발·상용화하려고 전력하는 매체들이다. 그러므로 국가적인 이익 역시 무시할 수 없다. 그렇다고 그러한 국가적인 목표가 개별 수용자의 이익을 위협해서는 안 될 것이다. 결국 홍수처럼 쏟아져 나오는 멀티미디어 도입에 대한 정책적·사회적 대응이 대단히 중요한 시점에 우리는 살고 있다.

| 생각해 볼 문제 |

1. 기존의 대인 커뮤니케이션, 매스커뮤니케이션과 비교하여 멀티미디어 커뮤니케이션 행위의 특성을 설명해 보시오.

2. 신규 멀티미디어 매체들을 실제 접촉 또는 이용해 보고, 기존의 매스미디어와 비교하여 메시지 형태 및 내용, 수용 방법 등에서 어떤 차이가 있는지 알아보시오.

3. 멀티미디어 매체들이 개인 또는 정치·사회·문화적으로 미치는 긍정적·부정적 영향 사례를 조사해서 논의해 보시오.

| 참고문헌 |

강상현. 1998. 『정보통신혁명과 한국사회』. 한나래.
김영석·김훈. 2005. 『해외주요국의 IPTV 서비스 및 정책 / 규제 동향』. KT경영연구소.
김충남. 2002. 『차세대 무선인터넷』. 전자신문사.
김평호. 2003. 「DMB도입정책에 대한 비판적 시론」. 한국언론정보학회 주최 '제2기 방송위원
   회 출범과 방송의 균형발전 세미나' 발제문.
박승관·김대호·김은미. 2003. 「한국사회에서의 DMB 도입과 그 의의」. 한국언론학회 주최
   '위성 DMB 국제세미나' 발제문.
송민정. 2003. 「DMB사업자의 경쟁전략(competitive Strategy) 방향 연구: 산업구조 분석을
   토대로」. ≪방송문화연구≫, 제15권 2호.
송해룡·김원제. 2003. 「정보미디어·서비스의 여가적 수용에 관한 시론적 연구」. ≪방송연구≫,
   통권 제56호.
전석호·김원제. 2003. 「유비쿼터스 환경에서의 방송개념 및 비즈니스 전략 연구: 방송서비스
   및 콘텐츠 전략을 중심으로」. ≪방송문화연구≫, 제15권 2호.
최성진. 2005. 「기술적 측면에서 본 VOD」. 한국정보법학회 KAFIL 워크숍 2005-08 발표문.
포스터, 마크(M. Poster). 1988. 『제2미디어 시대』. 이미옥·김준기 옮김. 민음사.
한진만 외. 2000. 『방송론』. 커뮤니케이션북스.
홍성욱. 2003. 『파놉티콘: 정보사회 정보감옥』. 책세상.

황근·강미은. 2003. 「위성DMB 사업관련 법·제도 및 정책 환경 분석」. 한국문화콘텐츠학회 주최 '위성 DMB 도입의 현황과제와 전망 세미나' 발제문.

KTF DMB팀. 2004. 「이동휴대수신 방송의 종류 및 개념: 지상파/ 위성 DMB, DVB-H, Media FLO, BCMCS, MBMS」. KTF 내부 자료.

Bagdikian, B. H. 1985. "The U. S. Media: Supermarket or Assembly Line?" *Journal of Communication*, Vol.35, No.3.

BBC. 1992a. The Future of the BBC: A Consultation Document.

_____. 1992b. Extending Choice: The BBC's Role in The New Broadcasting Age.

Bodewijk, J. L. & B. van Kaam. 1986. "Towards a New Classification of Tele-Information Services." *Intermedia*, 14, pp.16~21. as cited in Denis McQuail(1994). *Mass Communication Theory*. Sage.

Gandy, O. H. Jr. 1986. "Inequality: You Don't Even Notice It After a While" in J. Miller(ed.). *Telecommunication and Equity: Policy Research Issues*. North-Holland.

Green, L. 2002. *Communication, Technology and Society*. Allen & Unwin.

Holmes, D. 1997. "Virtual Identity: communities of broadcast, communities of interactivity." in D. Holmes(ed.). *Virtual Politics: identity and community in cyberspace*. SAGE.

Innis, H. 1991. *The bias of communication*. 1th ed. University of Toronto Press.

Jones, S. 2003. *Encyclopedia of New Media*. The Noschovitis Group Inc.

McNair, B. 2002. "Technology: new technologies and the media." in A. Briggs and P. Cobley(eds.). *The Media: an introduction*. Longman.

Mosco, V. 1989. *The Pay-per Society*. Ablex.

Toffler, A. 1980. *The Third Wave*. Collins.

Waterman, D. 1986. "The Failure of cultural Programming on Cable TV: An Economic Interpretation." *Journal of Communication*, Vol.36, No3.

Weiser. M. 1991. "The Computer for 21th Century." *Scientific American*, Sep.

제7장 미디어 리터러시

최영 | 한국외국어대학교 언론정보학부 교수

이 장에서는 방송과 통신의 융합으로 급변하는 미래의 유비쿼터스 네트워크 사회에서 매체이용자의 위치와 역할을 '미디어 리터러시'라는 개념을 통해 진단하였다. 시장과 정부의 2원 체제하에서 움직여 왔던 과거의 사회와는 달리 앞으로의 사회는 이른바 시민사회의 등장과 함께 시장, 정부, 소비자(시민)의 3각 축을 바탕으로 변화·발전한다. 그럼에도 불구하고 제3의 영역이라 할 수 있는 소비자 또는 시민 섹터에서의 능동적 변화는 시장에 비해 턱없이 못 미치고 있는 실정이다. 이 장의 목적은 산업논리로만 진행되는 현재의 미디어 환경 변화 속에서 매체이용자의 위치를 재정립함으로써 정부와 산업, 그리고 매체이용자 간의 균형 잡힌 관계와 조화를 모색하는 데 있다. 구체적으로 리터러시의 대상, 주체, 내용을 재정립하여 21세기 유비쿼터스 환경 속에서 새로운 매체이용과 소비 현상의 이해를 위한 이론적 토대와 구체적인 방법론을 제시하고자 하였다. 이러한 새로운 매체환경에서의 미디어 리터러시에 대한 연구를 통해 콘텐츠를 해독하고 감상하며 비판하고 제작할 수 있는 능력의 함양은 물론, 콘텐츠가 제작·배급되는 매체환경을 둘러싼 전반적인 사회적·경제적·역사적 맥락에 관한 광범위한 이해를 얻을 수 있고, 또한 매체이용자의 능동적 매체 선택성을 높일 수 있는 계기를 마련한다고 할 수 있다.

중요 개념 및 용어 | 미디어 융합, 미디어 리터러시, 컨버전스, 네트워크, 유비쿼터스, 미디어 교육

방송과 통신의 융합

　21세기 새로운 커뮤니케이션 환경의 가장 중요한 특징은 모든 것이 융합되는 컨버전스화라고 할 수 있다. 디지털을 근간으로 하는 멀티미디어 기술의 보급과 함께 다양한 매체의 융합으로 산업 간의 경계는 사라지고 있다. ADSL(Asymmetrical Digital Subscriber Line)을 바탕으로 전화선을 이용하여 영상서비스를 가능하게 한 VOD(Video On Demand)는 방송과 통신의 융합을 알리는 기술적 신호탄이었다. 이러한 융합의 기술적 가능성으로 인해 1996년 미국 연방 텔레커뮤니케이션 법안(Telecommunication Acts of 1996)은 통신회사에서도 방송 서비스가 가능한 법적인 환경을 조성하였고, 이러한 추세는 결국 전 세계의 모든 매체환경에 영향을 미치게 되었다.

　방송과 통신의 융합으로 시작된 컨버전스화는 궁극적으로 모든 매체가 유기적으로 결합되는 통합환경을 의미하는 것이다. 컴퓨터와 TV는 물론이고 이동전화, 게임기, 가전기기 등 우리를 둘러싼 모든 사물이 유·무선 네트워크를 통해 융합되며 하나의 거대한 커뮤니케이션 시스템을 구축한다. 또한 이와 같이 유기적으로 연결된 매체들에서 유통되는 모든 정보도 서로 연결되어 있어 새로운 정보환경을 만들어간다. 이러한 유기체적 생태계 안에서 인간을 포함한 모든 사물은 거미줄같이 연결되어 정보를 주고받게 될 것이다. 인간과 인간의 커뮤니케이션은 물론 인간과 매체 또는 커뮤니케이션 매체 간의 유기적인 연결을 통해 정보가 흐른다. 모든 사물이 고도의 네트워크화를 통해 유기적으로 연결되는 컨버전스화를 이루는 것이다.

　이러한 커뮤니케이션 환경의 변화는 곧 미디어 생태계 전반의 변화로 이어지게 된다. 결국 전화·방송·인터넷의 결합을 시작으로 모든 매체는 하나의 유기적인 커뮤니케이션 네트워크 환경의 한 요소로서 작용하며 우리들의 주변에 스며들게 될 것이다. 이러한 네트워크의 효율적인 이용을 통해 커뮤니케이션 환경은 좀 더 빨리 변화하고 있으며 관련 산업이나 이용자의 환경도 급속하게 변하고 있다.

산업적 측면에서는 통신, 방송 등 매체와 관련된 모든 영역이 하나의 거대한 컨버전스 시장을 향하여 모여드는 이른바 미디어 빅뱅(Media Big Bang)이 일어날 것이고, 결국 매체산업의 새로운 지형도가 그려질 것이다. 한편 이용자는 이제 매체를 따로 선택할 필요 없이 때와 장소에 따라 원하는 서비스를 쉽게 제공받을 수 있게 되었다. 즉, 이용자에게 매체 자체는 중요하지 않게 되며 원하는 서비스만을 원하는 시간과 장소에서 제공받게 될 것이다. 이른바 유비쿼터스 환경인 셈이다.

그럼에도 불구하고 이렇게 고도로 급변하는 매체환경 속에서 매체이용자의 위치가 흔들리고 있다. 방송과 통신의 융합으로부터 시작되는 컨버전스 환경에서는 자유경쟁과 시장주의가 최우선의 가치로 떠오르게 된다. 이러한 매체환경에서는 거의 모든 커뮤니케이션이 이른바 거래적 서비스(transactional services)로 전락할 가능성이 많아지며, 또한 이용자로 하여금 구조적으로 강요된 소비를 강요할 가능성(Tomlinson, 1994)을 불러일으킬 가능성도 높아진다. 따라서 매체이용자의 복지는 자칫 추상적인 구호 속에서 실종될 수도 있다.

이 장에서는 새롭게 변화하는 매체환경 속에서 매체이용자에 초점을 맞추어 미디어 리터러시를 중심으로 논의를 진행하려고 한다. 미디어 리터러시는 말 그대로 우리를 둘러싸고 있는 매체를 잘 이해하고 활용하는 것을 의미하는 것으로, 특히 유비쿼터스 네트워크 사회에서의 미디어 리터러시의 의미를 살펴봄으로써 미래의 매체이용자의 위치와 역할을 진단해 보려고 한다. 산업논리로만 진행되는 현재의 미디어 환경 변화 속에서 미디어 리터러시의 재개념화를 통해 매체이용자의 위치를 재정립함으로써 정부와 산업, 그리고 매체이용자 간의 균형 잡힌 관계와 조화를 모색하려고 한다.

새로운 미디어 생태계

모든 매체는 네트워크화되어 우리들 주변에 스며들게 되고, 이용자는 매체보다는 서비스에 접근하는 시대에 살게 될 것이다. 매체는 사라지고 서비스만 우리들에게 다가오게 되는 것이다. 새로운 미디어 생태계의 탄생이라 할 수 있다. 이러한 미디어 생태계의 특징은 네트워크화, 컨버전스화, 유비쿼터스화 등으로 설명할 수 있다.

네트워크화

네트워크는 이른바 정보사회의 실핏줄에서 백본(backbone)에 이르기까지 근간을 이루는 가장 중요한 요소라고 할 수 있다. 텔레커뮤니케이션 분야에서의 네트워크는 정보를 공유하기 위해 전화선 및 기타 방법에 의해 서로 연결되어 있는 컴퓨터 시스템을 뜻한다(Walters, 1992). 그러나 네트워크라는 개념은 분야에 따라, 그리고 상황에 따라 매우 다양하게 해석될 수 있다. 예를 들면, 사회학자나 사회인류학자들에게 네트워크란 세상을 보는 하나의 방법으로서, 상호작용으로 맺어지는 조직이 구성원의 행위에 영향을 미치는 것에 초점을 맞추고 있다. 정치학에서는 서열(hierarchy)·상호작용·게이트키퍼 등을 설명할 때 네트워크 개념을 이용한다. 수학자들에게 네트워크란 위상(位相, topology)을 뜻하며, 생물학자들에겐 셀의 구조를 뜻하는 개념으로 받아들여진다. 또한 화학자들에게는 분자의 행렬구조를 의미하기도 한다(Noam, 1994).

그러나 여러 학문 분야에서 쓰이는 네트워크의 다양한 개념 정의들에는 한 가지 공통점이 있다. 네트워크란 다름 아닌 구성원들 간의 관계를 바탕으로 이루어지는 그 어떤 것을 의미한다는 점이다. 네트워크 커뮤니케이션의 전제조건이 각 네트워크의 형성과 함께 각 네트워크들 간의 관계유지이듯이, 커뮤니케이션 네트워크는 네트워크를 통해 정보가 오고 감으로써 관계를 유지한다. 네트워크란 동질 또는 이질적 집단이나 시스템들 간의 모임을 전제로 하는 개념이다. 다시 말해 네트워크란 항상 외부 세계와의 연결에 그 의미를 두고 있다.

이와 같이 둘 이상이 서로 연결되어 파생되는 관계(relation)라는 개념은 우리에게 많은 것을 시사한다. 정보기술(IT)이라는 용어는 이제 관계기술(RT: Relation Technology)로 불러야 한다고 주장하는 것처럼 커뮤니케이션 기술이 정보를 관리하는 수단이 아니라 관계를 위한 매개물이라는 주장이 확산되고 있다(Kelly, 1998).

이러한 네트워킹의 의의는 디지털 기술에서도 찾아볼 수 있다. 디지털 기술이 가공할 만한 힘을 갖는 것은 정보가 디지털화되어서 생산·유통·소비에서 새로운 과정이 도출되기 때문만이 아니라 이러한 정보들이 새롭게 연결되어 아주 새로운 의미를 창출해 내기 때문이다. 즉, 비선형 정보처리에 따른 정보의 결합은 단순한 산술적 의미의 결합 이상의 것을 제공하기 때문이다. 이러한 디지털 환경에서는 'prepurposing', 'repurposing', 'sampling', 'manipulation' 등의 과정을 거쳐 하나의 콘텐츠는 다양한 환경(예를 들면, 정지화면과 동영상 또는 인터넷과 TV 등)에서 사전·사후의 목적을 가지고 선별·조작되어 새로운 의미와 가치를 지니게 된다(Olson & Pollard, 2004). 이러한 특징은 물론 아날로그에 대비되는 디지털의 내재된 기술적인 특성이라기보다는 인간에 의해 새롭게 의도화되는 디지털 기술의 새로운 모습이라 하겠다.

결국 모든 것이 연결되는 네트워크 사회의 탄생으로 인해서 생겨나는 커뮤니케이션 환경은 이러한 관계가 어떻게 설정되느냐에 따라 새롭게 규정될 것이다. 예를 들면, 유·무선 네트워크 기술의 발전으로 새로운 온라인 공동체가 활성화될 수 있는 것도 구성원 간의 새로운 관계가 설정됨으로써 가능해지는 것이며, 반면에 파놉티콘(Panopticon)의 불안감 역시 정보를 들여다볼 수 있는 새로운 형태의 감시자와 피감시자 간의 새로운 관계 설정에서 나온 것이라 할 수 있다.

네트워크에서 또 하나 중요한 점은 전술한 것처럼 네트워크의 구성에 있어 정보를 유통·처리할 수 있는 컴퓨터가 연결되어 있다는 점이다. 네트워크 커뮤니케이션하에서의 컴퓨터 도입은 바로 과거 매스미디어 환경에서의 커뮤니케이션의 특징이라 할 수 있는 정보 제공자와 소비자 간의 주종(master-slave) 관계의 틀을 깨는 획기적인 변화를 의미한다. 즉, 지능이 내재되어 있는 컴퓨터의 도입은 정보를 처리할 수 있는 권한을 매체이용자에게 대폭 부여함으로써, 기존의 피동적 입장에서 능동적 정보이용자로의 탈바꿈을 가능하게 한다. 즉, 새로운 커뮤니케이터(communicator)의 탄생을 가능하게 한다.

커뮤니케이터는 정보를 주고받는 각 주체(개인, node, 시스템 등) 간의 상호작용을 통해 다양한 종류의 정보를 효과적이고 능동적으로 선택 및 첨가할 수 있으며, 정보의 내용뿐만 아니라 채널(소리·문자·영상 등)의 종류를 선택할 수 있다. 따라서 커뮤니케이터는 정보를 얻을 수 있는 시스템에 대한 통제와 조절의 기능을 일정 부분 부여받게 된다. 물론 이러한 통제와 조절의 기능은 전술한 커뮤니케이터에게만 전수되는 것은 아니다. 커뮤니케이터들에 의해 생산된 정보를 감시하고 활용하는 또 다른 측에서도 새로운 기술의 발달에 따라 커뮤니케이션의 통제 및 조절 기능을 강화하게 된다. 예를 들어 인터넷 서비스 사용 시 개별 고객은 작은 감시능력과 쌍방향 소통능력을 제공받는 것이 사실이지만 고객이 회사에 대해 단편적으로 아는 지식보다는 회사가 고객에 대해 알고 있는 지식이 훨씬 많게 된다(Rifkin, 2000).

결국 통제 및 조절의 기능은 그 활용 여부에 따라 상반된 결과를 낳을 수 있다. 전술한 커뮤니케이터들의 성숙과 이해를 바탕으로 적절한 커뮤니케이션 통제와 조절의 기능을 통해 민주적 다원주의의 기초가 될 수 있는 능동적인 사회집단의 형성을 가능하게 할 수 있다는 긍정적인 시각은 물론, 커뮤니케이터의 파편화와 함몰로 인해 사회 구성원 모두가 이른바 원형감옥에 갇혀 감시당하는 환경 속으로 빠져들 위험을 내포한다는 부정적 시각 모두가 미래의 가능성을 이야기하는 것이라 할 수 있다. 결국 성숙된 커뮤니케이터의 확산 여부에 따라 참여민주주의의 부활을 가져올 수도 있고, 조지오웰의 감시사회가 될 수도 있는 것이다.

컨버전스화

모든 것이 융합되는 컨버전스 환경에서 커뮤니케이션의 의미는 새로운 시각으로 접근해야 할 필요가 있다. 주지하다시피 멀티미디어란 다양한 미디어, 즉 정보를 전달할 수 있는 다양한 그릇들이 합쳐진 것을 의미한다. 따라서 종래에는 소리, 문자 및 이미지나 동영상을 위한 채널이 분리되었던 것이 멀티미디어의 상황하에서는 합쳐지는 것이다. 이러한 멀티미디어 기술은 곧바로 관련 산업에 영향을 미쳐 이른바 미디어 컨버전스(media convergence), 즉 매체융합 현상이 일어나게 되는 것이다. 결국 과거에는 엄격하게 분리가 되었던 신문, 라디오, TV, 이동전화 등 모든 커뮤니케이션 관련 산업이 뭉쳐지는 것이다.

매체융합에 의해 탄생되는 매체들은 다양한 멀티미디어 서비스를 소비자에게 제공하게 되고, 이것이 결국 미래의 뉴미디어 환경이라 할 수 있다. 이러한 컨버전스 환경하에서의 커뮤니케이션은 그 개념이나 기능 측면에서 새로운 모습을 띠게 될 것이다. 마치 멀티미디어 기술을 통해 매체융합이 일어났듯이, 그러한 매체융합을 통해 태어난 새로운 매체는 새로운 내용의 서비스를 하게 되는 것이다. 그것은 단순한 커뮤니케이션 서비스의 기능만이 아닌 새로운 복합적 형태의 서비스가 될 것이다. 커뮤니케이션의 고유 기능이라 할 수 있는 의사전달만이 아닌 다양한 기능을 지니게 된다는 것이다.

인터넷상의 주요 웹사이트들이 벌이고 있는 포털사이트 경쟁도 따지고 보면 단순한 정보만을 전달하는 커뮤니케이션 이외의 기능이나 서비스를 통해서 남들보다 앞서 나가겠다는 발상이다. 전자우편이나 채팅 등의 기본적인 커뮤니케이션 서비스는 물론이고 정보검색에서부터 본격적인 전자상거래에 이르기까지 이른바 원스톱서비스를 제공하는 것이다. 이와 같이 모든 것이 통합·연결되어 서비스되는 것은 인터넷 포털사이트만의 이야기는 아니다. 미래의 모든 미디어는 이와 같은 형태로 점진적인 변화를 해나갈 것이며, 이것이 바로 미래의 매체환경인 셈이다.

방송의 예를 들자면, 컨버전스 환경에서는 단순한 방송만으로 21세기의 매체이용자를 불러들이기에는 한계가 있다. 물론 뉴스, 드라마, 토크쇼, 음악 등 이른바 방송의 주요 프로그램은 소비자들이 원하는 내용이다. 그러나 21세기 방송은 전술한 프로그램을 바탕으로 하는 고전적인 의미의 방송보다는 훨씬 넓고 다양한 분야의 서비스가 제공되어야만 이용자들의 관심을 끌 것이다. 전자우편과 채팅은 물론이고 전자상거래 등과 같이 커뮤니케이션과 직접적으로 관련이 없는 분야의 서비스도 방송에서 다루어져야 할 것이다. 왜냐하면 20세기 산업 시대와 달리 21세기 정보 시대는 인간 활동의 많은 부분이 이른바 네트워크를 통해 이루어지게 될 것이고, 곧 우리들의 삶의 방식 자체가 변화될 것이기 때문이다. 새로운 모습의 방송을 통해서 드라마를 즐기고, 또 한편으로는 그 드라마 속의 주인공이 입고 나온 옷가지를 구입하는 복합적인 행위, 즉 광의의 방송을 즐기게 된다는 것이다.

결국 드라마를 보면서 새로운 지식을 찾고, 또한 이러한 융합화된 상황 속에서 쇼핑을 즐기는 것이 미래의 우리들의 생활 패턴이라 할 수 있다. 이 같은 영역의 붕괴 현상은 책이나 언론매체에서 회자되는 많은 개념 속에서도 잘 드러난다. 정보(information)와 오락(entertainment)을 결합한 인포테인먼트(infortainment), 교육(education)과 오락(entertainment)을 합친 에듀테인먼트(edutainment), 광고(advertising)와 뉴스(editorial)를 결합한 애드버토리얼(advertorial) 등과 같은 개념들은 기존의 분리된 영역이 합쳐지는 것을 의미하는 것으로, 우리들의 삶의 양식도 바뀌게 될 것임을 암시한다.

이러한 컨버전스하는 커뮤니케이션만이 아닌 사회의 모든 분야에 걸쳐 일어날 것이다. 멀티미디어와 매체융합이 기술과 산업에서의 컨버전스라면, 이러한 현상을 이해하기 위한 학문적 컨버전스도 이루어질 것이다. 니그로폰테가 다이어그램을 통해 멀티미디어와 매체융합을 설명하면서 학문의 통합화를 주장했듯이 분리된 학문 영역의 일체화가 필요하게 된다(Brand, 1988). 즉, 분리되어 접근되었던 기존의 영역들을 동시에 하나의 연결고리를 통해서 바라봐야만 정확한 현상을 파악할 수 있고, 따라서 기존의 전통적인 학문 영역이라 할 수 있는 인문학, 사회과학, 자연과학 등의 분야가 자연스럽게 모여서 하나의 대상, 즉 컨버전스 현상에 접근해야 한다.

컨버전스 현상은 기술의 융합, 산업의 융합, 그리고 그러한 상황을 설명해

주는 학문의 융합에서만 찾을 수 있는 것은 아니다. 탭스콧(Tapscott, 1996)이 주장하듯이 이제는 노동, 교육, 여가라는 고유한 영역도 불분명해지는 시대가 오고 있다. 미래에는 모든 것이 정보에 의해 움직이게 될 것이고, 그러한 정보를 기반으로 하는 지식경제(knowledge economy)의 시대가 도래할 것이다. 지식의 순환 주기가 매우 짧은 21세기 지식경제하에서는 끊임없는 교육만이 새로운 상황과 문제점을 해결할 수 있는 계기를 마련해 줄 것이다. 흔히들 이야기하는 평생교육은 노인들을 위한 교육만이 아닌 바로 일터에서 새로운 지식을 수혈하기 위한 제도라고 할 수 있다. 이러한 환경이 있어야만 끊임없이 변화하는 지식을 공급받을 수 있고, 이렇게 새로운 지식으로 무장한 사람들만이 살아남을 수 있는 시대가 지식·정보의 시대인 것이다. 노동을 하면서 교육을 받고, 그것이 다시 노동으로 이어지는 순환 과정이 필요한 것이다.

또한 과거에는 일과 여가가 명확히 구분되었으나 앞으로의 컨버전스 사회에서는 그 경계 또한 불분명해질 것이다. 즉, 노동과 여가는 반드시 분리가 되어야 하고, 그래야만 휴식을 통해 다음 날의 노동에 대비할 수 있다는 전통적인 사고는 이제 낡은 것이 되었다. 특히 컴퓨터를 통한 업무처리와 게임 등은 전술한 노동과 여가를 하나로 통합하는 대표적인 예라고 할 수 있다. 물론 노동과 교육의 관계처럼 반드시 여가라는 개념이 노동과 합쳐지지는 않겠지만 상당 부분 겹치리라고 예상된다. 결국 노동, 교육, 여가라는 고유한 영역들로 이루어진 기존의 삶의 방식도 컨버전스화를 이루게 된다. 노동을 하면서 교육을 받고, 그러는 사이에 휴식을 취하는 새로운 삶의 방식이 정착될 것이다.

유비쿼터스화

현재의 매체환경 변화와 관련된 논의의 초점은 멀티미디어에서 컨버전스로, 컨버전스에서 유비쿼터스로 이행되고 있다. 멀티미디어가 기술융합이라면 매체융합을 뜻하는 컨버전스는 산업적 의미가 강하게 풍기는 개념이라 할 수 있다. 또한 컨버전스가 산업의 문제라면 유비쿼터스에 대한 논의에서는 소비자 또는 매체이용자와 관련된 내용이 중요하게 다가온다. 매체는 사라지고 서비스만 남기 때문이다. 물론 이러한 유비쿼터스 환경은 네트워크화를 바탕으로 미디어의 융합, 즉 컨버전스를 기반으로 원활하게 구축될 것이다. 디지털 기술의 도입으로 모든 정보가 비트로 통일되면서 메시지, 즉 콘텐츠는 더 이상 미디어를 구속하지 않고 미디어의 성격을 규정하지도 않게 된다.

유비쿼터스는 편재되어 있는 상황을 의미하는 것으로, 유비쿼터스 매체환경은 기존의 기술적 한계로 인해 시간·공간적으로 제한된 미디어 서비스를 받을 수밖에 없는 상황에서 벗어나 이용자가 원하면 언제든지 미디어에 접근할 수 있는 상황을 일컫는다고 하겠다. 물론 무선통신기술의 발달이 이러한 유비쿼터스 환경을 뒷받침하는 주요 원동력이라 하겠다. 기존 커뮤니케이션의 경우 유선기술을 바탕으로 정지된 상태에서의 커뮤니케이션이 이른바 텔레커뮤니케이션 환경의 주를 이루어왔다. 반면에 이동성을 담보하는 무선기술의 발전은 비교적 제한적으로 이루어져 왔다. 그러나 유·무선기술의 발전은 좀 더 자연스러운 인간 커뮤니케이션을 가능하게 한다. 즉, 움직일 때는 무선으로, 실내이거나 고정된 상태에서는 유선으로 간다는 네그로폰테 스위칭(Negroponte Switching)의 개념처럼 좀 더 자유스러운 커뮤니케이션 환경이 가능해진다. 특히 방송 분야에서의 무선기술의 발전은 이동성과 휴대성을 확보해 준다. 현재 제공되는 위성 DMB 서비스가 좋은 예이다.

DMB 서비스의 실시는 전술한 논의처럼 기존의 기술 한계를 극복함으로써 좀 더 자연스러운 커뮤니케이션 환경으로의 진입을 뜻한다고 할 수 있다. DMB의 기술적 특성이라 할 수 있는 이동의 편의성과 휴대의 용이성은 종래 TV의 시간·공간적 고정성을 해체하여 기존 미디어의 소비 패턴은 물론 소비자 라이프사이클에도 많은 영향을 줄 것으로 예상된다. 특히 궁극적으로는 수면시간을 제외하고는 우리의 모든 시간대에 걸쳐 방송 서비스가 이루어질 수 있어 나타나는 매체의 과소비가 대표적인 예라고 할 수 있다. 결국 이러한 변화로 기존의 방송 지향적 일상생활은 고착화되고 TV에 의한 일상적 구속은 더욱 강화되리라 예상할 수 있다. 이러한 개인화된 이동 텔레비전은 결국 "인간 시청각 기능의 상시적 과잉가동(over-engagement)의 위험성"을 높일 수 밖에 없다(박승관 외, 2003). 이 같은 사적이며 이동성을 지닌 매체는 공적 공간에서의 사적 행위가 더욱 다양해졌기 때문에 개인주의의 향상 및 공적 삶과 커뮤니티 가치의 파괴라는 측면을 동시에 지니게 될 것이다(이호규 외, 2003).

결론적으로 유비쿼터스 환경이 뜻하는 것은 모든 사물들이 하나의 유기체로 연결된다는 점이다. 그것이 컴퓨터이건 게임기이건 아니면 주방의 냉장고이건 간에 네트워크로 연결된다는 것이다. 인간도 이러한 환경 속에서 하나의 커뮤니케이터로서 그렇지만 능동적인 주체로서 역할해야 할 것이다. 그러나 쏟아지는 뉴미디어의 홍수 속에서 인간은 자칫 하나의 방관자적 소비자로 전락할지도 모른다. 이러한 환경하에서 우리들에게 중요한 것은 매체 자체에 대한 문제라기보다는 우리들을 둘러싸고 있는 매체환경에 어떻게 접근해서 유용하게 매체들을 활용하고 콘텐츠를 생산하느냐에 대한 것이며, 유기적으로 연결된 관계망 속에서 매체이용자의 역할과 위치를 어떻게 설정하느냐에 대한 고민이라고 할 수 있다. 결국 전술한 것처럼 변화하는 커뮤니케이션 환경에 따른 성숙한 커뮤니케이터의 탄생과 육성에 관한 문제라고 할 수 있다.

새로운 미디어 생태계

네트워크를 바탕으로 이루어지는 유비쿼터스 환경은 결국 매체 생태학 관점에서 시사하는 바가 매우 크다. 미디어가 단순한 네트워크나 콘텐츠의 문제가 아니라 환경 그 자체가 될 수 있다는 미디어 생태학계의 주장은 뉴미디어 기술의 발달과 함께 더욱 정교하게 뒷받침되어 가고 있다. 즉, 융합이라는 차원에서 현재 이루어지고 있는 커뮤니케이션 환경 변화는 단순히 새로운 매체가 하나 등장함으로써 또 하나의 새로운 서비스가 사회에 제공되는 의미를 넘어서서 인간의 경험공간을 재편성하는 인간 환경의 총체적인 변화라는 점에서 볼 때, 미디어 생태학의 의미는 더욱 새롭게 다가온다. 컨버전스로 시작되고 있는 미래의 매체환경은 이용자에게도 새로운 변신을 요구하고 있다. 이용자에게 가장 친숙한 서비스라 할 수 있는 TV의 경우 2030년경에는 앰비언트 TV(Ambient TV)를 거쳐 이머전 TV(Immersion TV)로 거듭나게 될 것이다(Lugmayr et al., 2004). TV는 하나의 매체가 아닌 환경이 되는 것이며, TV만이 아니라 모든 매체 서비스가 비슷한 모습을 보일 것이다.

이와 같이 미디어 생태계는 끊임없이 변화·발전하고 있다. 새로운 미디어가 끊임없이 탄생하는 미디어 생태계에서 각각의 구성원, 즉 개별 미디어들은 다양한 형식을 통해 변화를 꾀한다. 예를 들면 매체변이(mediamorphosis) 가설(Fidler, 1998)처럼 기존의 유전인자를 받아들이는 정도에 따라 기존 매체와 거의 비슷하게 호환성을 유지하면서 변화하거나, 아니면 혁명적으로 기존 매체를 대체하는 변화의 형태가 나타나기도 한다. 이러한 경우에 해당되지 않고 변신되지 못한 경우에는 마치 사실주의 회화가 사진의 발달과 함께 사라지면서 예술적 의미로서 남게 되는 것처럼 기존 미디어는 구식이 되어 예술적 형태로 보호받게 될 것이다(McLuhan, 1964). 한편 전술한 어떠한 경우에도 해당되지 않으면 구매체는 소멸될 것이다.

이러한 변화와 소멸의 과정 속에서 가장 중요한 동인으로 작용하는 것은 결국 인간 감각기관의 재구성과 변화라고 할 수 있다. 대개의 경우 새로운 미디어의 도입이 이용자 측면에서 의미하는 바는 또 하나의 감각(기관)의 확장(extension of sensorium)을 가져와 결국 이용자가 새로운 매체를 통해 또 다른 새로운 경험의 세계를 맛보게 되는 것이다. 맥루언의 주장대로 새로운 미디어에서 제공하는 콘텐츠의 소비 자체가 중요한 것이 아니라, 그러한 콘텐츠를 제공하는 미디어의 탄생으로 인해 변화하는 인간의 경험세계가 중요하고 이러한 인간의 경험세계를 지배하는 것이 바로 '미디어 생태계'라고 할 수 있다.

특히 현대사회에서 인간의 경험은 대부분 미디어 매개를 통해서 이루어지고 있는 점을 감안할 때, 새로운 미디어의 탄생은 또 다른 경험의 매개를 가속하는 결과를 가져오게 된다. 그런데 혹자는 이러한 경험의 매개의 가속화는 사회적 손실로서 인간이 직접적인 상호작용을 통해 얻을 수 있는 경험의 기회와 권리를 침해하게 되고, 결국 인간 커뮤니케이션 능력의 상실을 수반하게 된다고 주장하기도 한다. 특히 비주얼을 기반으로 하는 뉴미디어의 일방적인 수용과 관련하여 발생하는 '경험의 손실'을 비판한다. 즉, 뉴미디어 기술의 발달과 도입으로 인해 본연의 인간 커뮤니케이션을 대체한 미디어 커뮤니케이션의 확장은 인간의 경험을 축소시키고 왜곡함으로써 커뮤니케이션 능력을 상실하게 만든다는 것이다(Mettler-Meibom, 1987; 이정춘, 2004 재인용).

각 미디어는 결국 그 환경에 맞게 어떠한 형식으로든 변화를 꾀하고 있다. 그렇다면 이러한 미디어 생태계의 변화 정도와 속도에 따른 매체이용자, 즉 인간의 변화 정도는 어떠한가? 혹자는 커뮤니케이션 생태학적 위기의 핵심은 결국 관계의 문제로 귀결된다고 주장한다(이정춘, 2004). 간접경험의 매개 확대로 인한 인간관계의 단절 및 감각 확장의 불균형성은 인간을 적절한 통제와 조절이 가능한 진정한 의미의 커뮤니케이터가 아닌 단순한 소비자로 머물게 할 가능성도 많이 내포하고 있기 때문이다.

새로운 미디어 생태계에서의 미디어 리터러시

미디어 리터러시의 개념

미디어 리터러시는 다양한 상황 속에서 커뮤니케이션 채널에 접근하고 이해하며 커뮤니케이션을 만들어낼 수 있는 능력(the ability to access, understand and create communications in a variety of contexts)이라고 할 수 있다(OFCOM, 2005). 결국 이러한 OFCOM(영국 방송위원회)의 정의처럼 미디어 리터러시는 접근·이해·창조라는 세 가지 요소를 바탕으로 이루어진다. 이러한 미디어 리터러시는 ① 민주주의에서의 참여 및 능동적인 시민의식, ② 지식경제하에서의 경쟁력과 선택, ③ 평생학습, 문화적 표현과 자기충족 등을 이룰 수 있게 한다(Livingstone, 2004).

접근

접근은 기본적인 접근권과 소유권, 정보탐색 능력, 통제력 및 규제력 등을 포함한다. 매체에 대한 접근과 관련된 논의는 가장 고전적인 형태로서, 특히 정보격차 이론(information gap)과 관련하여 많은 논의가 이루어져 왔다. 통상적으로 정보격차가 벌어지는 이유에 관해 매체 자체에 대한 접근의 차이에서 기인한다는 주장은 과거 매스미디어의 환경에서 논의되었던 정보격차 이론에서 출발하여 현재의 유비쿼터스 환경에서도 물론 일정 부분 유효한 설명이라고 할 수 있다. 그러나 요즈음의 연구 경향은 단순히 주어진 PC나 인터넷의 접속능력 등 물리적 환경에 대한 복지의 의미를 넘어 인터넷을 통해 수집된 정보를 선별하고 자신의 경제적·사회적 삶에 활용하는 정보이용이 강조된다(서이종, 1998).

그리고 정보접근의 개념도 재해석되고 있다. 우선 정보기술과 정보를 가진 자와 그렇지 못한 자, 접속한 자와 접속에서 배제된 자 등과 같이 이분법적인 구분으로 보는 것이 아니라, 수준(level)이나 정도(degree)의 문제로 정보접근의 개념을 해석하는 것이다. 지금까지의 정보접근에 대한 논의가 기술적 접근(technical access)이라는 측면이 강조되었다면, 앞으로는 사회적 접근(social access)을 포함하는 개념으로 발전하고 있다는 점이다. 즉, 특정 기술이나 매체에 대한 개인의 접근과 활용 가능성에 대한 논의에서부터 하나의 기술이나 매체가 사회 전체적인 맥락에서 어떻게 활용되는지와 같은 좀 더 거시적인 측면으로 확대·접근된다. 특히 이러한 사회적 접근은 결국 정보기술에 대한 접근에 있어서 나이, 성, 수입, 언어, 지리적 위치, 콘텐츠의 내용과 유용성 등 사회적 맥락에서 이해되어야 하고, 이러한 사회적 맥락은 산업, 수용자, 텍스트 등 다양한 요소가 동시에 고려되는 상황이라 할 수 있다. 결국 인프라와 하드웨어, 소프트웨어와 같은 정보기술에 대한 접근기회의 제공이 지금까지 정보격차

해소정책이나 제도에서 가장 주안점이 되었다면, 앞으로는 새로운 환경 변화를 고려하여 기술적인 접근 이외에 사회적인 측면에 대한 고려가 강조되고 있다는 점이다.

이해

이해의 요소는 크게 독해와 비판 등 두 가지 측면에서 접근할 수 있다. 미디어 리터러시에서 리터러시라는 개념 자체는 글을 읽을 수 있는 여부, 즉 독해력을 의미하는 것으로, 이러한 독해의 능력은 가장 기본적인 요소라 할 수 있다. 또한 독해를 넘어서 신문의 행간을 읽는다든가 TV 프로그램에 대한 비판적 접근 등이 리터러시에 포함된다고 할 수 있다. 특히 이해라는 요소는 영상 리터러시의 개념에서 잘 나타나고 있다. 영상 리터러시는 문자보다는 영상언어가 주류를 이루는 현재의 매체환경에서 미디어의 해독은 영상에 초점이 맞추어져 있어야 한다는 것으로(Kress, 2003), 이러한 영상 리터러시는 영상언어의 해독과 비판적 시청기술뿐만 아니라 미디어 미학의 중요성에 대해서도 인식하는 것으로 그 지평을 넓히고 있다.

창조

창조의 측면은 기존 미디어 교육을 포함한 미디어 리터러시의 전반에 걸쳐 가장 취약한 부분으로 지적되고 있다. 현재 사용되는 리터러시 개념은 정보에 대한 접근이나 이해에 초점이 맞추어져 있어서 정보의 이용자만이 아닌 정보의 창조자 또는 제공자로서의 능력배양에 대한 내용은 포함되어 있지 않은 것으로 비판받고 있다. 예컨대 가장 최근에 부상하는 리터러시 관련 개념인 디지털 리터러시 개념도 정보기술의 습득과 검색에 초점이 맞추어져 있어서 정보의 이용자만이 아닌 정보의 창조자·제공자로서의 능력배양에 대해서는 무관심하다는 비판을 받는다(안정임·이창현, 2003). 따라서 미디어 리터러시의 실현에서 이러한 창조의 차원은 최근 들어 대부분의 리터러시 연구자들에 의해 제기되고 있는 부분이라 할 수 있다. 창조는 미디어와의 상호작용성과 일반 시민에 의해 창조되는 미디어와 메시지 등으로 세분화될 수 있다.

미디어 리터러시 개념의 다양성

미디어 리터러시는 "다양한 형태의 메시지에 접근하고, 그것을 분석하고 평가하며 커뮤니케이션하는 능력"(안정임·전경란, 1999)으로, 특정 매체에 한정되어 있기보다는 매체환경 전반을 대상으로 한 복합적인 개념이다. 이러한 미디어 리터러시는 문자 리터러시나 새로운 영상매체의 이해와 접근을 주요 주제로 다루는 영상 리터러시(Kress, 2003)는 물론이고, 컴퓨터의 기술적 이해를 높이는 컴퓨터 리터러시, 다양한 차원의 리터러시가 연결되는 네트워크 리터러시(McClure, 1994), 정보의 흐름을 조절하고 정보를 적절히 필터링하는 능력을 우선시하는 디지털 리터러시(Gilster, 1999) 등 다양한 영역들을 아우르는 개념이라 할 수 있다.

이러한 개념 중 영상 리터러시는 문자보다는 영상언어가 주류를 이루는 매체환경에서 미디어의 해독은 영상에 초점이 맞추어져 있어야 한다는 것으로(Messaris, 1994), 영상언의 해독과 비판적 시청기술뿐만 아니라 미디어 미학의 중요성에 대해서도 인식하는 것으로 그 지평을 넓히고 있다. 통합 리터러시(multiple literacy)의 개념도 떠오른다. 메이로비치(Meyrowitz)에 의해 제시된 통합 리터러시는 영상 또는 미디어 리터러시를 포함한 다수의 리터러시들을 내포하는 개념으로서, 미디어 교육의 대상을 어린이나 청소년만이 아닌 성인들까지 포함한다(김양은, 2003).

디지털 리터러시는 디지털 미디어의 도입에 따라 새롭게 부상하는 개념으로서 디지털 환경의 특성이라 할 수 있는 쌍방향성, 커뮤니케이션의 네트워크화, 정보의 통합성 등을 기반으로 생성되는 매체환경에 대응하는 리터러시 개념이다. 디지털 리터러시는 세 가지로 나누어 접근할 수 있다. 첫째, 기술적 액세스이다. 이는 물리적인 접근으로서 컴퓨터나 네트워크에 접근하는 고전적 의미의 리터러시라 할 수 있다. 둘째, 콘텐츠 활용능력이다. 이는 이용자에게 필요한 정보가 무엇이고 그러한 정보를 어떻게 찾을 수 있는지, 이른바 검색능력이 중심이 된다. 마지막으로, 공동체 형성과 지식정보의 나눔 능력이다. 쌍방향성과 커뮤니케이션의 네트워크화라는 디지털 미디어의 특성을 가장 잘 반영한 이 개념은 전통적인 교육환경에서는 물론이고 일반인들이 가상공간 속의 커뮤니티에서 스스로에게 필요한 적절한 정보를 주고받으면서 대화와 교류를 통한 학습을 자연스럽게 경험하도록 한다(백욱인, 2001).

결국 미디어 리터러시는 개별 매체에 대한 개념이라기보다 매체환경 전반에 대한 이해와 그러한 매체환경 속에서 개인이 소비의 능동적 주체로서 선택성을 극대화할 수 있는 상태로 나아가는 것을 의미한다. 이런 의미에서 맥클루어(McClure, 1994)의 정보 리터러시 개념은 중요한 의미를 지닌다. 맥클루어의 정보 리터러시는 전통적 의미의 리터러시는 물론이고 컴퓨터 리터러시, 미디어 리터러시, 네트워크 리터러시 등의 연계를 통해 나타난다.

정보 리터러시에서 중요한 것은 이용자의 필요와 욕구가 고려되며 좀 더 총체적인 문제 해결 능력을 함양하는 데 있다. '왜' 그리고 '어떻게' 소비자들이 미디어를 이용하는가를 이해하는 것이 중요하다는 것이다(김은미, 2004). 즉, 미디어의 이용에 대한 논의는 사회적 맥락 속에서 이루어져야 하고 이러한 논의 속에서 매체이용자의 선택성의 극대화를 이룰 수 있다. 맥클루어에 따르면, 사회적 맥락이 없는 상황에서의 뉴미디어 이용은 의미가 없다. 즉, 개개인이나 집단이 처한 사회·문화적 맥락에 대한 이해가 있어야만 진정한 의미의 수용자 복지가 논의될 수 있다는 것이다. 결국 매체 중심, 기술 중심에서 개인 중심, 사회·문화적 맥락 중심의 미디어 리터러시가 요구된다고 할 수 있다.

미디어 교육

미디어 리터러시는 이른바 미디어 교육에서 그 실천적 의미를 찾아볼 수 있다. NIE(Newspaper In Education)으로 많이 알려진 미디어 교육은 매스미디어의 폐해로부터 어린이와 청소년을 보호한다는 보호주의(protectionism) 관점에 서부터 시작하여 그 개념적 논의와 실천적 방법론은 민주주의 이념의 구현 및 사회 참여와 실천에 이르기까지 매우 넓고 다양하게 정의되고 있다.

초기의 미디어 교육 개념은 사회 안에서 미디어의 역할과 본질, 또 미디어 조직과 제도의 구조 및 기능을 잘 알고 이해함과 동시에, 미디어의 내용을 평가하고, 매스미디어를 사용할 때 적절한 선택을 할 수 있도록 가르치려는 노력으로 정의된다. 한편 안정임·전경란(1999)은 이러한 미디어 교육의 개념을 다음과 같이 확대하여 정의한다. "어린이와 청소년을 비롯한 수용자들에게 미디어가 무슨 일을 하고, 어떤 영향을 미치는가를 알려주며, 그들 스스로의 의견을 제시하고 미디어의 영향에 대해 자발적으로 결정을 내리게 하며, 또 무엇을 보고 듣고 읽을 것인지에 대한 결정을 내릴 수 있도록 지도하는 것을 말한다. 미디어 교육은 미디어에 대한 올바른 이해 및 수용교육일 뿐만 아니라 동시에 주체적인 창조 활동이며, 인간성 함양을 위한 전인교육이다."

이러한 미디어 교육의 개념 변화는 세 가지 차원에서 이루어지고 있다. 첫째, 교육 내용의 변화를 들 수 있다. 미디어 교육의 내용 중에서 특히 정보 리터러시 개념의 확대를 들 수 있다. 과거의 미디어 교육이 정보를 어떻게 수용할 것인가라는 문제에 머물렀던 것에 비해 앞으로의 교육은 정보를 어떻게 생산하고 창조할 것인가에 대한 문제로까지 확대된다. 또한 해당 매체도 기존의 신문이나 TV는 물론이고 전화나 인터넷 등 모든 커뮤니케이션 형태를 포함한다고 할 수 있다. 둘째, 교육 대상의 변화를 들 수 있다. 기존의 어린이와 청소년 중심의 교육에서 성인을 포함한 모든 연령층이 대상이 되며, 또한 한시적인 교육 형태가 아니라 평생교육의 관점에서 접근해야 한다는 것이다. 셋째, 교육 공간의 변화를 들 수 있다. 학교에서 일반 사회로 교육 공간의 확대는 물론이고 오프라인만이 아니라 온라인 또한 미디어 교육의 중요한 환경이 된다(김양은, 2003).

한편 미디어 리터러시의 구체적인 실현 방법이라 할 수 있는 미디어 교육은 제작·언어·재현(representation)·청중 등의 네 가지 차원에서 접근할 수 있다

(Buckingham, 2003). 제작은 기술, 기업, 규제, 배급, 접근과 참여 등의 차원에서 논의가 진행될 수 있으며, 언어의 차원은 의미, 관습, 코드, 장르 등으로 구분할 수 있다. 한편 재현의 경우에는 리얼리즘에 대한 논의에서부터 편견과 객관성, 해석, 진실 등에 대한 논의가 수반되어야 하며, 청중에 대한 논의는 사용, 타게팅(targeting), 배급, 이해 또는 사회적 자아(social difference)의 차원에서 접근할 수 있다. 이러한 실현 방법은 모든 미디어에 적용이 가능하며 각 요소들은 상호 긴밀하게 연결되어 있어서 실제 활용에 있어서도 같이 다루어져야 한다.

새로운 미디어 생태계에서의 미디어 리터러시

매스미디어의 폐해로부터 어린이와 청소년을 보호한다는 보호주의 관점에서 시작한 미디어 교육과 미디어 리터러시의 개념은 현재 매우 다양한 논의를 포함하고 있다. 특히 기존의 논의가 미디어에 대한 접근과 이해에 머물러 있었던 것에 비해 최근에는 미디어 리터러시의 마지막 단계라 할 수 있는 커뮤니케이션 프로세스에 직접 참여하는 창조의 범위까지 그 논의가 확대되고 있다. 또한 그 범위도 개인의 범주에서 벗어나 사회적 맥락 속에서 미디어 리터러시의 논의가 접근되어야 한다는 점에 많은 사람들이 동의하고 있다.
그럼에도 불구하고 기존의 논의는 역시 매스미디어 환경 속에서 발전된 미디어 리터러시에 대한 논의의 범주에서 벗어나지 못한다고 할 수 있다. 전술한 것처럼 유비쿼터스 매체환경의 가장 큰 특징은 네트워크 사회로 발전되면서 모든 사물들이 하나의 유기체로 연결되고 서로 간의 끊임없는 상호작용과 커뮤니케이션을 통해 새로운 가치가 창조된다는 점이다.
이러한 유비쿼터스 환경에서의 미디어 리터러시는 두 가지 차원에서 새롭게 접근되어야 한다. 첫째는 경험의 차원이고, 둘째는 관계의 차원이라 할 수 있다. 우선 경험의 차원의 경우, 전술한 것처럼 미래의 매체환경하에서 매체이용과 소비는 경험의 획득이라는 차원에서 접근되어야 한다. 즉, 매체를 소비하는 것이 커다란 의미를 지녔던 매스미디어의 환경과는 달리 경험의 확대가 가져다주는 의미를 점검해야 한다. 한편 관계의 차원은 각 커뮤니케이터들 간의 경험의 과정으로 인해 파생되는 결과에 대한 이해가 고려되어야 한다. 이와 같은 새로운 생태계에서의 미디어 리터러시는 대상, 주체, 내용 등 리터러시 관련 세 가지 차원을 통해서 재개념화를 시도할 수 있다.

대상

기존 미디어 리터러시의 대상은 신문과 방송 등 대중매체에 한정되었다. 그러나 미래의 유비쿼터스 환경에서는 커뮤니케이션 매체의 구분이 매우 모호해지고, 그러한 커뮤니케이션 기제가 유기적으로 연결되어 있어 리터러시의 대상이 매우 불분명하다. 또한 전술한 것처럼 특정 매체에 대한 소유가 아닌 서비스, 즉 경험의 차원이 중요시되고 있다. 따라서 이러한 상황 속에서 매체접근이 어떻게 이루어져야 할지에 대한 논의가 필요하다. 결국 새로운 미디어 리터러시는 개별 매체에 대한 개념이라기보다 매체환경 전반에 대한 이해와 그러한 매체환경 속에서 개인이 매체소비와 생산의 능동적 주체로서 선택성을 극대화할 수 있는 환경에 대한 논의라고 할 수 있다. 즉, 새로운 미디어 생태계의 탄생에 대한 새로운 이해를 바탕으로 미디어 리터러시의 논의가 진행되어야 한다.

소만과 줄(Thoman & Julls, 2004)은 새로운 리디러시 교육의 대상을 몇 가지로 나누어 접근한다. 우선 리터러시의 대상이라 할 수 있는 메시지나 콘텐츠 자체의 범위와 내용이 텍스트에만 머물러 있지 않고 다양한 언어, 비언어 및 영상 메시지가 함께 고려되어야 한다. 특히 영상언어에 대한 주목은 다른 연구(Kress, 2003)에서도 나타나는 부분이라 할 수 있다. 또한 리터러시는 보고 듣고 읽은 것에 대한 끊임없는 질문과 탐색(inquiry)이 뒤따라야 한다. 가령 뉴스와 함께 게재된 사진이 이러한 앵글로 소개되는 이유는 무엇일까에 대해 고민해야 한다는 것이다. 마지막으로 리터러시는 콘텐츠 자체가 아닌 프로세스(process)에 초점을 맞추어야 한다는 것이다. 즉, 21세기 리터러시는 단순히 읽고 쓰는 능력이 아니라 배우고(learn), 중단하고(unlearn), 또다시 재교육 (relearn)을 받을 수 있는 능력과 여지를 의미한다.

이러한 새로운 리터러시의 대상은 미국 미디어 리터러시 센터(the Center for Media Literacy)에서 제시한 다섯 가지 질문을 통해 완성될 수 있다(Thoman & Jolls, 2004). 첫째, 이 메시지를 누가 만들었는지? 둘째, 주의를 끌기 위해 어떠한 창조적인 기법이 사용되었는지? 셋째, 같은 메시지가 다른 사람들에게는 어떻게 달리 해석될 수 있는지? 넷째, 메시지에 어떠한 가치관과 관점이 들어가 있는지 아니면 빠져있는지? 다섯째, 왜 이 메시지가 보내졌을지?

주체

기존의 미디어 리터러시는 개인이 주체가 되어 특정 매체를 소비하는 과정에 초점이 맞추어져 있다. 개인이 단순히 읽고 보고 해독하는 능력의 배양과 함께 매체소비에 있어서의 부작용과 폐해를 줄이는 데 초점을 맞추어왔다. 그러나 전술한 것처럼 유비쿼터스 환경에서는 개인의 매체소비도 중요하지만 개인 차원에서부터 문화적 차원, 교육기관, 공공정책의 대상으로까지 미디어 리터러시의 주체는 넓혀질 수 있다. 또한 개인과 개인, 즉 커뮤니케이터 간의 상호작용과 커뮤니케이션으로 일어나는 다양한 차원의 논의도 중요한 의미를 지닌다.

우선 개인의 차원에서 살펴보면, 유비쿼터스 환경에서의 매체이용은 소비가 아닌 선택의 차원에서 다루어져야 한다. 즉, 개인의 선택성에 관한 논의가 반드시 다루어져야 한다. 이용자의 선택성이 미래의 매체환경에서 중요한 이유는 미래의 대다수 융합 서비스는 전통적인 가족과 같은 집단적 이용 상황이 아닌 개인적인 상황에서 자신이 필요한 정보에 접근하는 과정을 거치게 되므로, 결국 융합 서비스는 대중적인 영향력은 약할지라도 개인적인 차원에서의 영향은 비교적 클 수 있기 때문이다. 이러한 환경에서는 그동안 공개성에 기초한 공익성의 논리가 희석되고, 개인 위주의 정보이용 논리에 적합한 통신 서비스의 법적 접근논리가 적용될 수 있다는 사실도 보여준다. 수동적 의미의 수용자(audience)로 개념 지어왔던 미디어 소비자를 능동적이고 참여적인 정보의 이용자(user)인 프로슈머(prosumer)로 위치를 변화시키는 것은 결국 이용자의 선택성을 극대화시키는 최상의 환경이라 할 수 있다. 단순한 소비의 선택이 아닌 새로운 경험을 위한 또 다른 차원의 선택이 일어나는 것이다.

한편 개인과 개인의 관계와 관련지어 볼 때, 미디어 리터러시는 개인의 차원을 넘어 사회적 맥락 속에서 다루어져야 할 것이다. 즉, 미디어 리터러시는 개인적 차원만이 아닌 사회적 맥락 속에서 좀 더 거시적이고 통합적인 차원에서 다루어져야 한다. 이 부분은 거대한 사회 속에서의 개인의 위치와 역할에 대한 논의만이 아니라 개인과 개인의 커뮤니케이션에 의해 파생되는 새로운 의미에 주목하여 분절화된 개인이 아닌 커뮤니케이터들 간의 관계 속에서 규정되는 개인에 대한 논의가 중요하다. 파편화된 개인이 아닌 네트워크에 접속된 개인들로 이루어진 커뮤니케이션의 주체, 즉 커뮤니케이터에 대한 논의라고 할 수 있다.

특히 이러한 맥락 속에서 미디어 리터러시는 네트워크 같은 매체환경이 어떻게 변화해야 하고, 사람들은 그러한 환경을 어떻게 활용하는가에 대한 논의보다는 변화하는 환경 속에서 개인들이 매체를 이용하여 어떻게 힘을 얻을 수 있는지(empowered by)에 초점이 맞추어져야 한다(McClure, 1994).

내용

기존 미디어 리터러시의 내용은 대중매체에서 제공되는 메시지의 올바른 해독과 이해에 초점이 맞추어져 왔다. 그러나 유비쿼터스 환경에서의 미디어 리터러시에 대한 논의는 단순한 메시지의 해독이 아닌 매체의 선택·소비·생산 등이 사회적 맥락 속에서 이해되어야 하고, 이러한 상황 속에서 작용되는 다양한 요소들에 대한 점검이 이루어져야 한다. 특히 사회이론(social theory of literacies)에 입각한 미디어 리터러시는 사회적·제도적 구조 속에서 이해되어야 하며, 개개인이 일정한 학습으로 보유하게 되는 일련의 인지능력 이상의 것을 요구한다고 할 수 있다. 이러한 리터러시는 현실과 동떨어진 인지기능이 아니라 사회적 활동이며, 리터러시의 결과는 사회적 맥락과 목적에 따라 달라진다(Buckingham, 2003).

또한 미디어 리터러시의 내용은 전술한 것처럼 경험과 관계라는 두 가지 차원의 논의가 중요하다. 미디어에 대한 접근은 소비나 소유가 아닌 경험을 얻기 위한 것으로, 이러한 새로운 경험의 세계가 가져다주는 다양한 함의들이 미디어 리터러시와 함께 논의되어야 할 것이다. 특히 매개경험의 확대에 따른 직접경험 영역의 감소와 함께 나타나는 인간관계의 단절 및 감각 확장의 불균형성은 커뮤니케이터의 불안정성을 확대시킨다. 결국 매개경험의 확대가 가져오는 부작용을 최소화할 수 있는 능력이야말로 미디어 리터러시의 핵심이라고 할 수 있다. 이러한 능력은 올바른 정보에 대한 이해와 활용을 바탕으로 데이터 스모그에서 벗어나 정보 다이어트를 원활히 수행할 수 있는 능력에서부터 자신의 프라이버시를 보호할 수 있는 측면에 이르기까지 매우 다양하게 펼쳐질 수 있다는 점을 고려해야 한다.

결국 미디어 리터러시는 새로운 미디어 생태계에서 커뮤니케이터들이 미디어 생태계와 끊임없이 상호작용하면서 스스로 발달시켜야 하는 능력들로, 이것은 이미 정해지거나 규정된 것이 아닌 주변 환경에 맞춰 새롭게 구성하는 것이라 하겠다. 미디어 리터러시는 커뮤니케이터 개개인의 역사적·사회적 상황 속에서 미디어를 적극적으로 수용하는 자아형성의 확대된 과정이라 할 수 있다. 즉, 자신이 속한 역사와 사회집단에서 능동적이며 선택적인 미디어의 선택과 소비 및 창조를 통해 맥락화된 자기 것으로 만드는 한 과정으로, 그 안에서 자신의 위치를 형성시키는 창조적 과정이 미디어 리터러시라고 하겠다. 결국 미디어 생태계는 스스로 적절한 변신을 해가고 있지만 미디어 생태계의 일부분이라 할 수 있는 커뮤니케이터, 즉 이용자의 변화 속도와 방향은 적절한 것인가에 대한 문제라고 할 수 있다.

맺으면서

　미래의 커뮤니케이션 환경이 뜻하는 것은 모든 사물들이 하나의 유기체로 연결된다는 점이다. 그것이 컴퓨터이건 게임기이건 아니면 주방의 냉장고이건 간에 네트워크로 연결된다는 것이다. 인간도 이러한 환경 속에서 하나의 요소로서, 그렇지만 능동적인 주체로서 역할하게 될 것이다. 그러나 쏟아지는 뉴미디어의 홍수 속에서 인간은 자칫 하나의 방관자적 소비자로 전락할지도 모른다. 결국 이러한 환경하에서 우리들에게 중요한 것은 매체 자체에 대한 문제라기보다는 우리들을 둘러싸고 있는 매체에 어떻게 접근해서 유용하게 이용하느냐에 대한 문제이다. 결국 소유가 아닌 접속에 관한 문제인 것이다. 매체는 이제 하드웨어적 측면에서는 더 이상 아무런 의미를 갖지 못할 것이다. 매체는 이제 돌출되지 않고 주변 환경에 자연스럽게 스며들게 될 것이며, 매체이용자는 필요할 때마다 자연스럽게 다양한 매체에 접근하여 원하는 정보이용의 욕구를 충족하게 될 것이다. 이것이 바로 미래 매체환경의 본 모습이라 할 수 있다.

　전술한 것처럼 컨버전스 환경하에서 매체이용자들은 TV 시청과 같은 기존 매체소비만이 아닌 다양한 커뮤니케이션 활동을 하게 될 것이고, 이러한 행위는 이제 미래의 삶의 일부가 아닌 전체가 될 것이다. 다시 말해 모든 매체이용자는 끊임없는 커뮤니케이션상의 의사결정 과정을 거쳐야 할 것이다. 그것이 특정 방송의 시청이 되었건 쇼핑이 되었건 아니면 좀 더 근본적인 의사결정이라 할 수 있는 개인의 커뮤니케이션 환경 조성에 관한 것이건 간에 이제는 개인 스스로 판단해서 결정해야 할 것이다. 혹자는 21세기에는 우리의 모든 삶에 관여하는 로봇의 시대가 열리고, 조금 더 나아가서는 우리의 몸과 로봇이 융합하는 로봇의 시대가 열릴 것으로 진단한다. 공상과학소설에서나 나올 법한 이야기가 현실로 다가오는 것이다. 이제까지 공장에서 활동했던 로봇이 우리들 주변 가까이 다가오고 있다. 이제 곧 로봇은 가정 안으로 들어와 우리들의 일상생활의 한 부분을 차지하게 될 것이다. 또한 이러한 로봇의 일상화가 어느 정도 경과하면 로봇은 이제 우리들의 몸과 융합되리라는 예견도 있다. 이른바 인간과 로봇(flesh and machine)의 결합인 셈이다. 이러한 결합은 초기에는 인공귀(cochlea implants)나 인공안구(artificial retina) 등의 삽입과 같은 장애나 병을 고치기 위한 수단일 수도 있고, 인간의 오감 확대를 통한 좀 더 자유로운 커뮤니케이션을 위한 노력이나 인간 능력의 극대화의 결과일 수도 있다. 물론 이러한 이야기는 인간과 기계의 결합을 긍정적인 관점에서 바라보고 있지만, 이러한 환경 속에서 인간의 의지와 개인의 선택이야말로 최고의 덕목이라고 할 수 있다. 무엇을 어느 정도 해야 하고, 하지 말아야 할지를 우리들은 끊임없이 선택해야 하기 때문이다.

새로운 미디어 생태계에서 어떤 매체를 이용하느냐는 사실 중대한 사안이 아니다. 매우 다양한 매체들이 편재되어 있는 상황 속에서 논의의 초점은 매체이용자에게 맞추어져 있어야 하며, 이는 너무나도 자명한 일이다. 매체이용자는 어떤 목적과 동기에 의해서 매체에 접근하며, 그러한 매체의 이용을 통해 무엇을 얻느냐라는 논의가 그들 주변의 사회적 맥락과 같이 연결되어 해석되어야 할 것이다. 이것이야말로 미디어 리터러시의 핵심이며, 매체이용자의 능동적인 선택성을 극대화할 수 있는 최상의 방법이라 할 수 있다.

미디어 리터러시는 이제 단편적인 미디어 교육의 실천 목표가 아니다. 미디어 리터러시는 미디어 생태계 속에서 미디어와 함께 삶을 영위해 가는 개개인의 생활방식 중 하나이다. 미디어의 접근, 메시지의 독해와 비판, 그리고 콘텐츠 제작 참여에 이르기까지 기존 미디어 리터러시의 영역은 이제 새롭게 설정되어야 할 것이다. 미디어 리터러시는 적당한 교육을 통해 한순간에 취득할 수 있는 성질의 것이 아니다. 미디어 리터러시는 단순한 지식이나 접근 또는 이용 기술의 획득이 아닌 인간의 모든 커뮤니케이션 행위를 관통하는 삶의 한 과정(process)이라 할 수 있다. 또한 미디어 리터러시는 개인적인 능력의 향상만이 아니라 사회적 환경(social context) 속에서 새롭게 조망되어야 하며, 궁극적으로 미디어 생태계 속에서 인간이 미디어와 더불어 살아가는 새로운 삶의 방식을 제공해 주어야 한다.

생각해 볼 문제

1. 방송과 통신의 융합에 따른 우리들의 삶의 변화는 어떻게 진행될까?

2. 유비쿼터스 미디어 환경이 의미하는 바는 무엇인가?

3. 미디어 교육이란 무엇인가? 기존의 미디어 교육의 문제점에는 어떤 것들이 있는가?

4. 미디어 리터러시가 우리에게 의미하는 바는 무엇인가?

5. 미디어 소비의 주체로서 우리들이 갖추어야 할 기본 소양에는 어떠한 것들이 있을까?

참고문헌

김양은. 2003. 「미디어 교육의 현재, 과거 그리고 미래」. 한국언론학회 미디어교육위원회 제1차 심포지엄 '미디어교육이 변화하고 있다'.
김은미. 2004. [「미디어와 정보화 정책의 유효성 제고를 위한 '미디어 리터러시' 개념의 적용에 관한 탐색] 수용자 복지와 '미디어 리터러시'-정보화 정책의 유효성 제고를 위한 탐색」. 유재천 외 엮음. 『디지털 컨버전스』. 커뮤니케이션북스.
박승관·김대호·김은미. 2003. 「한국사회에서의 DMB 도입과 그 의의」. 한국언론학회 위성 DMB 국제세미나 보고서.
백욱인. 2001. 「디지털 시대의 지식과 교육?」. 『사이버 교육의 이해』. 한국교육개발원.
서이종. 1998. 「정보화의 공고목표로서 "보편적 서비스(universal service)" 개념과 그 문제점」. ≪한국사회과학≫, 제20권 제2호.
안정임·이창현. 2003. 「언론학 교육 변화 속에서 미디어 교육」. 한국언론학회 주최 제1차 미디어 교육 국내 심포지엄 『미디어 교육이 변하고 있다』 발표문(2003.5.9).
안정임·전경란. 1999. 『미디어교육의 이해』. 한나래.
이정춘. 2004. 『미디어교육론』. 집문당.
이호규. 2000. 「이용자의 성향을 고려한 보편적 서비스 개념의 재정립」. ≪한국언론학보≫, 45권 1호.

이호규·이창현·윤태진. 2003. 「위성 DMB 서비스 도입에 따른 사회문화적 효과」. 한국언론학회 위성 DMB 국제세미나 보고서.

Bolter, J & R. Grusin. 1999. *Remediation: Understanding New media*. MIT Press.
Brand, S. 1988. *The media lab: Inventing the future at M.I.T.* New York: Penguin Books.
Buckingham, D. 2003. *Media education: literacy, learning and contemporary culture*. Blackwell publishing.
_____. 2005. "The media literacy of children and young people." from http://www.ofcom.org.uk
Buxton, W. 2002. "Less is More(More or Less)." in Peter J. Denning(ed.). *The Invisible Future*. McGraw-Hill.
Downes, L. & C. Mui. 1998. *Unleashing the Killer App: Digital Strategies for Market Dominance*. Harvard Business School Press.
Fidler, R. 1998. *Mediamorphosis: Understanding New Media*. Pine Forge Press.
Gilster, P. 1999. *Digital Literacy*. John Wiley & Sons, Inc.
Kelly, K. 1998. *New Rules for the New Economy: 10 Radical Strategies for a Commercial World*. Viking.
Kress, G. 2003. *Literacy in the New Media Age*. Routledge.
Livingstone, S. 2004. "Media literacy and the challenge of New information and communication technologies." *Communication Review*, 7, pp.3~14.
Livingstone, S., E. Couvering, & N. Thumin. 2005. "Adult Media Literacy." from http://www.ofcom.org.uk.
Lugmayr, A., S. Miiranen, & S. Kali. 2004. *Digital Interactive TV and Metadata*. Springer.
McClure, Charles. 1994. "Network Literacy: A role for libraries?" Information Technology and Libraries.
McLuhan, M. 1964. *Understanding Media: the extensions of man*. McGraw-Hill.
Messaris, P. 1994. *Visual 'Literacy': Image, Mind and Reality*. Boulder, Colorado: Westview.
Mettler-medibom, Barbara. 1987. *Soziale Kosten in der Informationsagesellschaft: Ueberlegungen zu einer Kommunikationsoekologie*. Frankfurt a.M.
Noam, E. 1994. "A theory for the instability of public telecommunications systems." in C. Antonelli(ed.). *The Economics of Information Networks*. North-Holland.
Olson, S. & T. Pollard. 2004. "The Muse Pixeliope." *American Behavioral Scientist*, 48(2), pp.248~255.
Potter, J. 2004. *Theory of Media Literacy: A cognitive approach*. Thousand Sage.
Rifkin, J. 2000. *The age of access*. New York: Tarcher Putnam.

Shapiro, C. & H. Varian. 1999. *Information Rules*. Harvard Business School Press.

Silverstone, R. 1999. *Why study the media?* Sage.

_____. 2004. "Regulation, media literacy and media civics." *Media, culture & Society*, 26(3), pp.440~449.

Thoman, E. & T. Jolls. 2004. "Media literacy-A national priority for a changing world." *American Behavioral Scientist*, 48(1), pp.18~29.

Tomlinson, A. 1994. "A Phenomenology of Globalization? Giddens on global modernity." *European Journal of Communication*, 9, pp.149~172.

Walters, G. 1992. "Computer networks—an introduction." in G. Walters(ed.). *Computer Communication Networks*. McGraw-Hill.

Zetter, E.(Hrgs.). 1995. *Medienerziejung fuer Gryndschueler. Das Forschung- und Entwicklungsprojekt zur Medienpaedagogischen Aus- und Weiterbildung von Lehrerinnen und Lehren der Primastufe*. Frankfurt a.M.

제8장 매스미디어 선거 캠페인*

김춘식 | 한국외국어대학교 언론정보학부 교수

현대사회에서는 정치적 이데올로기나 정당 소속감(party identification)보다 정당이나 정치인 개인의 이미지가 유권자의 정치인(정당) 평가에 미치는 영향력이 더 크다. 따라서 선거에 출마한 정치인(정당)은 유권자들에게 자신의 정치적 입장이나 긍정적인 이미지를 전달하기 위해 노력한다. 그리고 선거과정에서 정치인(정당)은 유권자의 정치적 지지를 얻기 위해 유권자와 개인적으로 접촉하거나 텔레비전, 신문과 같은 매스미디어를 통해서 끊임없이 커뮤니케이션한다. 그런데 현대사회에서는 정치인과 유권자의 면대면 접촉보다는 매스미디어를 이용한 캠페인 커뮤니케이션이 훨씬 중요하고 효과적이다. 대부분의 유권자들이 텔레비전·신문·인터넷과 같은 미디어를 통해 선거 정보를 습득하기 때문이다. 즉, 오늘날에는 매스미디어가 정치인(정당)과 유권자 사이를 매개한다고 해도 과언이 아니다. 이 장에서는 언론의 선거보도, 텔레비전 토론, 정치광고에 관한 역사적 배경 및 법적 규제, 쟁점사항에 대해 자세히 알아본다.

중요 개념 및 용어 | 미디어 선거 캠페인, 선거보도, 텔레비전 토론, 정치광고, 학습효과, 선택효과, 공명 모델, 전략 모델

---

* 이 글은 필자의 저서와 연구논문 가운데 '미디어 선거 캠페인'에 관한 문헌연구를 이용하여 작성되었음을 밝힌다. 이 글의 작성에 사용된 대표적인 연구물은 『미디어와 유권자: 미디어의 영향에 관한 이론적 접근』(공저)(커뮤니케이션북스, 2005), 『대통령선거와 정치광고』(한국방송광고공사, 2005), 『미디어 정치시대의 미디어와 선거법』(공저)(한국언론재단, 2005), 『PR캠페인』(공저)(한울, 2001) 등이다.

정치적 정보의 2단계 흐름

선거는 민주주의 정치체제의 근간이다. 선거에 출마한 정당이나 후보자는 정치적 메시지를 전달해서 자신의 정치적 리더십을 받아들이도록 유권자를 설득해야 하며, 유권자는 선거를 통해 정부의 과거 국정운영을 심판하고 미래의 방향을 선택하며 공직을 맡기기에 적합하다고 판단되는 후보자를 선출한다. 따라서 선거 캠페인 상황에서 정치인과 유권자 사이의 커뮤니케이션은 매우 중요하다.

정치인과 유권자 사이의 커뮤니케이션은 여러 가지 형태로 이루어지겠지만, 가장 전통적인 형태는 대중집회 연설과 같은 면대면(face-to-face) 커뮤니케이션이다(Berelson, Lazarsfeld & McPhee, 1986). 정치인이 유권자를 직접 만나 자신의 정치적 입장을 설명하고 지지를 호소하는 형태를 의미한다. 그런데 현대 대중사회에서는 정치인과 유권자가 직접 커뮤니케이션할 수 있는 기회가 갈수록 줄어들고 있다. 오히려 유권자는 신문이나 텔레비전과 같은 매스미디어에서 전달해 주는 뉴스를 통해 정당과 정치인의 활동이나 정책에 관한 정보를 얻는다. 매스미디어가 정당이나 정치인과 유권자 사이를 매개하는 커뮤니케이션 과정(정치인 → 매스미디어 → 유권자)을 앤솔라베헤어 등은 '커뮤니케이션의 2단계 흐름(two step flow of communication)'[1]이라는 개념으로 설명하고 있다

---

[1] 앤솔라베헤어 등이 사용한 '커뮤니케이션의 2단계 흐름' 개념은 라자스펠드 등이 주창한 '매스커뮤니케이션의 2단계 유통 이론(two-step flow theory of mass communication)'과는 다르다. 라자스펠드 등이 주창한 매스커뮤니케이션의 2단계 유통 이론은 매스미디어로부터의 정보나 영향은 먼저 여론선도자(opinion leader)를 거쳐 유권자에게로 전달 또는 유통된다는 가정의 이론이다. 이들은 1940년 미국 대통령 선거 시 유권자들의 의사결정 행동을 연구하다가 매스커뮤니케이션의 2단계 유통 현상을 우연히 발견하였으며, 1948년 『인민의 선택(The people's choice: How the voter makes up his mind in a presidential election)』이라는 책을 통하여 '매스커뮤니케이션의 2단계 유통가설'로 처음 발표되었다. 이후 실증적 검증을 거쳐 1955년에 2단계 유통이론이란 이름으로 널리 알려졌다.

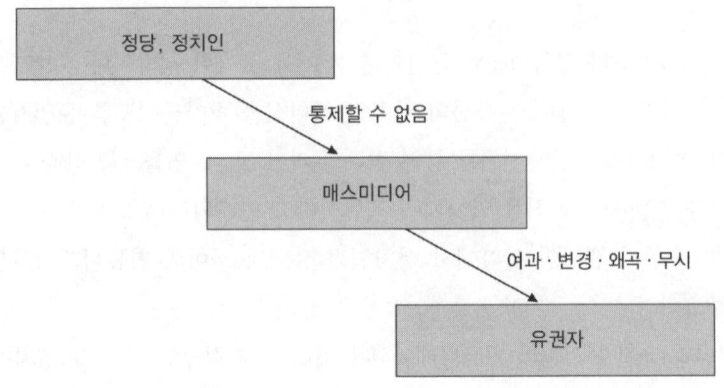

<그림 8-1> 정치커뮤니케이션의 2단계 흐름

(Ansolabehere, Behr, & Iyengar, 1993: 1). 이를 그림으로 나타내면 <그림 8-1>과 같다.

정치적 정보의 2단계 흐름에서 알 수 있듯이, 뉴스 미디어의 가장 중요한 기능은 정치인과 유권자 사이를 매개하는 것이다. 정당이나 정치인은 대변인을 통해서 또는 직접 뉴스 미디어를 대상으로 자신의 정치적 입장을 밝히고 뉴스 미디어는 이를 유권자에게 해석하여 전달한다. 정치인들은 미디어가 전달하는 뉴스의 내용을 통제할 수 없다(do not control). 하지만 뉴스 미디어는 정치인이 말한 내용을 거르고(filter), 원래의 내용과는 다르게 변경하며(alter), 심지어는 왜곡하거나(distort), 무시하기도(ignore) 한다.[2] 따라서 매스미디어가 정치적 정보를 매개하는 선거 캠페인 상황에서는 미디어를 이용하거나 효율적으로 관리하는 능력이 요구된다. 미디어 전략은 선거에서의 승패와 직결될 만큼 매우 중요한 요인이기 때문이다. 물론 언론을 지나치게 중시하는 현상이 민주주의 실현에 바람직하지 못하다는 의견이 있지만, 언론이 정치인과 유권

---

[2] 오늘날 민주주의 사회에서 언론의 가장 중요한 기능 중 하나는 정치적 환경을 감시하는 것이다. 선거에 출마한 후보자가 어떤 사람인지, 그리고 정당이나 정치인이 제시하는 정책이 국민의 이익과 어떻게 부합하는지에 관해 취재하고 분석해서 국민에게 알려준다.

자의 접촉관계를 본질적으로 변화시킨 것은 분명하다.

선거와 관련하여 언론의 기능은 분명하다. 정당이나 후보자의 선거 캠페인 커뮤니케이션에 관한 기사내용 및 사진을 전달하고 정치광고를 방영한다. 그렇다면 언론이 매개하는 선거 캠페인 관련 정보를 접한 유권자는 선거 캠페인 상황을 어떻게 인식할까? 정치언론학자 패터슨은 선거 상황에서 유권자들이 매스미디어에 의존하는 정도를 다음과 같이 설명하고 있다.

> 오늘날의 대통령 선거 캠페인은 필수적으로 매스미디어 캠페인이다. …… 이는 과장된 표현이 아니다. 대부분의 유권자들이 인식하고 있는 캠페인 현실은 매스미디어에서 보여주는 캠페인 버전과 거의 차이가 없다(Patterson, 1980: 3).

선거 캠페인에 관한 유권자 인식이 매스미디어에서 들려주고 보여주는 미디어 캠페인 버전과 크게 다르지 않다는 패터슨의 지적을 되새겨보면 선거 캠페인 과정에서 매스미디어가 수행하는 기능이 얼마나 중요한지 짐작할 수 있다.

미디어와 선거 캠페인 환경의 변화

2004년 제17대 국회의원 선거기간에 실시된 한 조사에 따르면, 우리나라의 유권자들이 국회의원 선거 후보자에 관한 정보를 얻는 주요 원천은 텔레비전 뉴스(34.7%)와 신문보도(20.6%)인 것으로 나타났다. 이외에 주변 사람들과의 대화(9.7%), 텔레비전 토론회(5.4%), 텔레비전 정치연설(3.7%), 인터넷(3.5%), 정치인의 인터넷 웹사이트(2.2%) 등도 유용한 정보원이었다(권혁남·김춘식, 2005).

조사결과를 종합하면 후보자에 관련된 정보를 얻는 정보원의 중요성 평가에서 텔레비전, 신문, 인터넷 등 언론매체들이 주변 사람과의 대화 같은 대인 커뮤니케이션을 압도하고 있다는 것을 알 수 있다. 이와 같은 결과가 선거 캠페인 영역에 시사하는 바는 무엇일까? 그것은 바로 앞서 언급한 것처럼 정치인과 유권자의 접촉관계는 이들 사이를 매개하는 언론을 의식하지 않으면 안 된다는 점이다. 무엇보다도 우리나라 성인의 주요 매체 이용시간이 하루에 약 5시간 정도라는 것을 고려한다면 개인과 사회적 현실 사이에서 매개 기능을 수행하는 언론매체가 한국인의 사고방식에 영향을 미칠 수 있는 잠재력은 이미 충분하다.

> **캠페인 노트 : 한국 유권자의 미디어 이용**
>
> 2004년 제17대 국회의원 선거기간에 실시된 유권자의 미디어 이용행태에 관한 조사에 따르면, 우리나라 유권자는 하루 평균 텔레비전은 2시간 30분 이상(158.6분) 시청하고, 신문은 38.3분 읽으며, 인터넷은 한 시간 이상(80.5분) 사용하는 것으로 나타났다. 이를 단순히 합산하면 유권자 한 사람이 하루에 텔레비전, 신문, 인터넷 이용에 할애하는 시간은 275.6분으로 4시간 30분을 넘는다. 또한 미디어 이용을 정치적인 정보를 습득하기 위한 목적으로만 국한할 경우에는 71.1분(텔레비전 37.1분, 신문 17.9분, 인터넷 16.1분)이었다(권혁남·김춘식, 2005).

정치언론학자들은 미디어가 정치 캠페인 영역에 미치는 영향을 다음과 같이 설명하고 있다.

첫째, 선거 캠페인은 미디어를 중심으로 이루어진다. 학자들은 공직에 출마한 정치인의 경우 기존의 대인관계를 잘 유지하는 것도 중요하지만 언론을 효율적으로 관리하여 호의적인 이미지를 구축하고, 정치적 책임을 회피하거나 신망을 얻기 위한 PR 능력의 중요성이 더욱 커졌다고 진단하고 있다. 전문성이나 입법 활동 또는 문제 해결 능력이나 정치적 연합 모색 능력은 정치인이 갖추어야 할 매우 중요한 자질이지만, 매스미디어를 통해 선거 캠페인 관련 정보가 유통되는 현대사회에서는 유권자에게 호감을 주는 외모나 이미지를 심는 것이 지상 최고의 과제가 되었다. 결과적으로 정치인은 유권자들이 긍정적으로 평가하는 특정한 퍼스낼리티 속성을 찾아내고 언론을 통해 자신이 이러한 속성을 갖추었다고 유권자에게 호소하는 새로운 스타일의 정치적 수사(修辭)와 리더십을 채택할 수밖에 없다(Ansolabehere et al., 1993).

둘째, 과거에는 정당이 유권자와 커뮤니케이션하는 주요 통로였지만, 오늘날에는 정당의 역할은 상대적으로 퇴조하고 선거 캠페인은 후보자를 중심으로 진행된다. 특히 미국의 경우 특정 정당을 지지하는 유권자는 1940년대의 80%에서 1980년대 후반에는 65%로 감소했으며(Alger, 1989), 지지하는 정당이 없는 무소속 유권자는 계속 증가하는 추세이다(Ansolabehere et al., 1993). 그뿐만 아니라 자신이 지지하는 정당 소속의 후보자에게 투표하는 성향도 극적으로 감소하고 있다. 결과적으로 정당 근간의 정치적 연합이 붕괴되고 정치인 개인의 평판이 더 중요해졌다. 따라서 선출직 공직자들은 인기가 없는 결정이나 정책(예: 세금 인상)과는 일정한 거리를 두려 한다. 즉, 정책의 방향이 옳음에도 불구하고 새로운 정책이 실시되면 기존의 이득이 침해된다는 이유로 유권자들로부터 부정적인 평가를 받는다면 정치인은 자신의 입장을 공개적으로 표명하는 것을 꺼리게 된다. 결국 다양한 정치적 이익이 부딪히는 다원주의 사회에서 서로 다른 정당이나 정파와의 정치적 연합을 모색하는 것이 문제해결을 위해 매우 중요한 요소임에도 불구하고, 개인의 평판이 중시되는 미디어 중심의 선거 캠페인에서는 정치인의 이러한 능력을 그다지 중요하지 않은 것으로 간주하게 하는 경향이 있다.

언론의 선거보도[3]

패터슨은 선거 뉴스를 "무엇을 관찰하여 보도하며, 보도기사의 다양한 부분

---

3) 매스미디어를 이용한 정치 캠페인은 선거 뉴스, 텔레비전 토론회, 정치광고, 이 세 가지가 가장 대표적이다. 선거 뉴스의 경우 캠페인 관련 쟁점이나 정치인의 정치적 활동 중 뉴스 가치가 있다고 판단되는 내용을 언론이 결정하여 보도하며 정치인이나 정당은 보도내용과 방향을 통제할 수 없다(Kaid, 2004). 텔레비전 토론회의 경우 후보자는 정해진 포맷을 따라야 하지만 뉴스와 달리 후보자가 상황을 일정 수준 통제할 수 있다는 특징이 있다. 정치광고는 매체이용 시간이나 지면을 구매하기 위해 돈을 지불해야 하지만 스폰서인 정당이나 후보자가 메시지의 내용과 방향을 직접 통제할 수 있다는 장점이 있는 매력적인 수단이다(Kaid, 2004).

중 어떤 측면을 강조할 것인가에 대해 뉴스 조직이 내린 일련의 의사결정의 결과"라고 정의하고 있다(Patterson, 1980: 9). 이러한 정의를 고려할 때, 선거에 관한 언론의 보도내용이 어떠한지를 분석한다면 언론이 선거과정에서 무엇을 중요하게 여기고 무엇을 소홀히 하는지를 확인할 수 있다.

일반적으로 선거 캠페인 과정에서의 언론의 선거보도 기능에 대해서는 긍정적인 입장과 부정적인 입장이 혼재하고 있다.

먼저 학자들은 언론이 선거에서 쟁점이 되는 이슈나 정책을 비교·검증하기보다는 후보자의 선거 캠페인 전략에 지나치게 많은 관심을 둔다면서 언론의 기능을 부정적으로 평가한다. 즉, 언론이 선거 캠페인을 경마경주로 간주하고, 유권자의 관심을 끌기 위해 선거를 게임의 관점에서 바라보며, 정당 간 또는 후보자 간의 갈등만을 보도하기 때문에 유권자로 하여금 정치과정에 대해 냉소적이게 만든다고 비판한다(Patterson, 1993).

그럼에도 불구하고 많은 학자들은 언론이 선거에 출마한 정당이나 후보자가 어떤 존재인지에 관한 유용한 정보를 유권자에게 제공한다고 강조한다. 그뿐만 아니라 언론은 정당이나 후보자가 주장하는 정책의 구체적 내용이나 정치·사회적 쟁점에 대한 입장이 무엇인지를 알려줌으로써 유권자의 합리적 선택에 도움이 되는 배경정보를 제공하여 유권자의 투표의사 결정과정에 영향을 미친다고 주장한다(Ansolabehere et al., 1993). 유권자는 언론이 보도하는 선거 관련 정보를 통해 후보자가 어떤 사람인지에 대해 익숙해진다. 그리고 언론의 선거 보도내용은 후보자의 정책에 대한 선호도나 후보자의 개인적 속성 등 후보자의 이미지를 차별화시키는 기능을 하기도 한다.[4]

---

[4] 후보자에 대한 유권자의 이미지는 후보자 관련 뉴스를 보거나 읽은 후에 형성된다. 더구나 후보자에 대한 첫인상은 유권자의 가슴속에 깊이 새겨져 캠페인 기간 내 보도되는 뉴스 보도의 영향을 감소시킨다. 또한 신문은 텔레비전보다 이슈 지각(awareness)과 이슈 학습(learning)에 훨씬 효과적이다. 특히 정치적 관심도가 낮거나 중간 정도인 유권자는 관심도가 높은 유권자보다 언론이 보도하는 이슈 관련 내용에 상대적으로 더 의존적이다(Davis, 1992). 따라서 캠페인 초기 단계에 후보자에 대한 긍정적인 이미지를 창조하는 것이 필요하므로, 후보자는 뉴스 생산에 영향을 미치는 여러 가지 요인을 고려하는 체계적인 대언론 전략을 수립해야 한다.

경마 저널리즘과 게임 중심 보도

정치언론학자들은 언론이 선거 캠페인을 게임의 관점에서 바라본다고 비판한다. '경마 저널리즘(horse-race journalism)'이 대표적이다. 일반적으로 경마 저널리즘이란 "저널리스트들이 선거에서 누가 앞서고 있고 누가 뒤쳐져 있는지에만 관심을 보여 지면을 할애하고 시간을 쏟아붓는 뉴스 제작 관행"을 말한다(Holley, 1991: 217). 구체적으로 "이슈나 후보자의 자질, 배경 등 본질적인 내용보다는 투표율 예측이나 어느 후보가 얼마나 앞서고 있는가에 관한 여론조사 보도라든지, 특정 지역이나 선거구의 분위기, 캠페인 전략이나 캠페인 활동, 군중 수와 반응에 관한 내용을 중심으로 기사화하는 보도방식"을 의미한다(권혁남, 1997: 109). 그래버는 미국 선거에 관한 언론보도를 분석한 후 선거와 관련해 언론의 가장 중요한 관심사는 국가의 정치적 방향 측면에서 승리와 패배가 무엇을 의미하는지에 관한 것이 아니라 어느 후보가 앞서가고 어떤 후보가 뒤쳐져 있는가라면서 언론의 게임 중심 보도방식을 비판했다(Graber, 1989).

> **캠페인 노트 : 미국 언론의 게임 중심 보도**
>
> 1976년 미국 대통령 선거보도를 분석한 연구에 따르면 분석 대상 뉴스의 51~58%가 게임(예를 들면, 누가 이기고 졌는지, 전략과 병참술, 외모와 요란한 선전)에 관한 내용이었으며, 28~32%만이 선거에 관한 구체적 이슈 내용(이슈나 정책, 후보자의 리더십 능력, 전략, 후보자 지지 등)에 관한 것이었다. 그리고 이슈나 정책보도에 있어서도 언론은 후보자들 사이에 분명한 입장 차이를 보이는 이슈들을 상대적으로 더 빈번하게 보도한 것으로 나타났다. 이러한 결과는 언론이 갈등적 사안에 대해 상대적으로 더 많은 관심을 기울이는 뉴스 제작 관행이 반영된 것으로 패터슨은 해석하고 있다(Patterson, 1980).[5]

---

5) 패터슨(1980)은 1976년 미국 대통령 선거를 대상으로 유권자의 미디어 이용 및 선거보도가 유권자에게 미치는 영향을 분석했다. 무작위 표집방법을 통해 분석기사를 선정했다(6,567건의 거대 표본). 3개 네트워크 텔레비전의 뉴스 프로그램, ≪타임(Time)≫과 ≪뉴스위크(Newsweek)≫, ≪LA 타임스(LA Times)≫, 중간 규모와 소규모 지역신문. 공식 선거 캠페인 기간인 1월 1일부터 11월 투표일까지의 기간을 대상으로 기사를 수집하여 분석했다.

언론인들은 선거 중에 새로운 정보를 접하게 되면 전략적인 틀 속에서 어떤 후보가 유리한 경쟁을 벌이는지 해석하려는 경향이 강하다. 따라서 언론은 후보들이 게임을 잘 풀어가는지 또는 잘못하고 있는지에 초점을 맞추게 된다. 경마 저널리즘의 원인에 대한 논의는 다양하지만, 패터슨(1993)은 기자들이 정치를 전략적 게임으로 바라보는 것은 승리 자체를 목적으로 생각하는 이른바 게임 스키마(game schema)가 저널리스트들을 지배하기 때문이라고 지적한다. 게임 스키마의 핵심 원칙은 후보자는 전략적 배우이기 때문에 그의 모든 움직임, 즉 일거수일투족이 의미를 지닌다고 간주한다. 일반적으로 정치 게임은 정부제도, 공공문제, 정책논쟁 등과 같은 것을 배경으로 삼아 벌어진다.

캠페인 노트: 게임 스키마

≪뉴욕 타임스(New York Times)≫의 1면에 게재된 기사를 무작위로 표집하여 기사를 프레이밍한 스키마(schematic framework)를 분류한 결과, 선거보도에서 게임 스키마가 적용된 것은 1960년 이후 꾸준히 증가했다. 게임 스키마로 프레이밍(어떤 상황을 독자에게 설명할 때의 방식을 의미)된 기사는 1992년의 경우 1960년보다 두 배나 많은 것으로 나타났다. 특히 이 기간 통치 스키마의 범주에 들어가는 기사는 50% 이상에서 20% 이하로 감소했다(Patterson, 1993).6)

패터슨(1993)은 언론이 게임의 연속성을 위해 여론조사를 기사작성에 활용한다고 비판한다. 여론조사는 캠페인 보도에서 '승리와 패배(win and lose)', '공격과 방어(attack and defend)'와 같은 전략 지향적 단어를 사용하게 하는 원인이 되기 때문이다. 따라서 정치는 경쟁적인 정책적 대안에 대한 토론과 논의의 과정임에도 불구하고, 저널리스트들을 지배하는 전략적 게임 스키마는

---

6) 뉴스 기사가 만약 전략이나 선거 성패의 맥락에서 틀 짓기 되었으면 게임으로 분류했으며, 정책이나 리더십 문제, 이슈 등의 맥락에서 틀 짓기 되었으면 정책으로 분류했다. 다른 스키마(예: 인권)에 기반을 둔 기사는 이 기간에 15%를 차지했으며 분석에서는 제외했다.

유권자로 하여금 정치를 전략적 게임의 승패라는 관점에서 바라보게 만든다는 것이 비판론자의 입장이다(Cappella & Jamieson, 1997 참조).

> **캠페인 노트: 통치 스키마**
>
> 패터슨에 따르면 유권자들은 정치를 지도자 선택과 문제 해결 수단으로 바라보며, 대권정치의 주요 구성요소로 정책문제나 지도자의 자질, 정책논쟁 등과 같은 것들을 고려한다. 승리 자체를 목적으로 생각하지 않는다. 즉, 유권자의 스키마 구조에서 발견되는 공통된 요소는 통치와 관련된 광범위한 문제이다. 패터슨은 이를 '통치 스키마(governing schema)'라 명명하고, 캠페인 정치에 대한 유권자의 시각(the voters' perspective on campaign politics)을 뜻하는 개념으로 사용한다(Patterson, 1993).

미디어와 정치적 냉소주의

최근 정치적 측면에서 매스미디어의 영향력을 얘기할 때 가장 빈번하게 언급되는 것이 정치적 냉소주의(political cynicism)이다. 정치적 냉소주의는 정치인과 정치제도를 포함한 정치체제 전반에 대한 시민들의 불신감 또는 신뢰의 결여라고 정의할 수 있다(Perloff & Kinsey, 1992). 냉소주의의 핵심이 '신뢰의 부재'라는 점을 감안한다면 냉소주의는 정치적 불신과 매우 유사하다.[7] 그리고 묵시의 내용은 정치인의 개인적 동기나 정치 시스템의 반응성(responsiveness) ─ 정치 시스템이 국민의 요구에 얼마나 주의를 기울이면서 반응하는가의 정도 ─ 으로 구성되었다(이강형, 2005).

립셋과 쉬나이더(Lipset & Schneider, 1987)는 국가기관이 수행하는 업무는 주로 언론을 통해 전달되기 때문에 공공기관에 대한 유권자의 인상 형성에

---

[7] 1994년 7월 《워싱턴 포스트(Washington Post)》와 ABC뉴스가 공동으로 실시한 여론 조사 결과에 따르면, 압도적인 다수의 응답자는 의회가 일반 유권자를 위하기보다는 자신들의 이해를, 그리고 국익을 위하기보다는 자신들의 지위를 유지하기 위해 더 애쓴다고 응답했으며, 37%의 응답자가 의회의 일처리 관행이나 도덕성, 성실성을 부정적으로 평가한 것으로 나타났다(Cappella & Jamieson, 1997: 17~18).

대한 책임은 주로 언론에 있다고 주장했다. 이러한 주장은 정치인이나 정치권에 대한 부정적 보도가 증가하는 것과 무관하지 않다고 지적되지만, 일부 미디어 전문가와 비평가들은 정치적·사회적 문제와 이러한 문제의 해결보다는 정치의 게임과 전략적인 측면에 몰두하는 미디어의 과실을 비난하고 책임을 묻기도 한다.

패터슨은 1960~1992년에 주요 정당의 대통령 후보지명자에 대한 ≪타임≫과 ≪뉴스위크≫의 기사분석을 통해 기자들은 후보자를 신뢰할 수 없다는 관점에서 매우 다양하고 부정적인 뉴스를 보도했다는 것을 발견했다(Patterson, 1993). 패터슨(1993)과 제이미슨(Jamieson, 1992)은 언론의 이러한 보도 경향을 현대 저널리즘의 게임 또는 전략보도라 불렀다.[8]

캠페인 노트 : 전략 프레임이 유권자에게 미치는 효과

카펠라와 제이미슨은 전략 프레임[9]을 사용한 보도가 유권자들로 하여금 정치에 대해 냉소적이 되게 만든다는 것을 밝혀냈다. 이들은 내용분석, 실험실 실험연구, 설문조사, 2차 자료분석, 현장 실험연구 등 다양한 방법론을 이용하여 뉴스가 어떻게 틀 지어졌는가[전략적 프레임 뉴스 기사 대(對) 이슈 지향적 뉴스]에 따라 수용자의 반응이 어떠한 차이를 보이는지 분석했다. 분석결과, 뉴스 수용자들은 후보자가 유권자의 표를 얻기 위해 어떠한 전략을 구사하는지, 누가 더 앞서고 누가 뒤쳐져 있는지, 후보자가 어떤 거짓말을 하고 있는지, 기업으로부터 정치자금을 얼마나 받았는지 등을 해석하여 새롭게 틀 지어주는(interpretive reframing) 전략적 프레임 기사에 노출되었을 경우 이슈 지향적 뉴스에 노출되었을 때보다 관련 정보를 상대적으로 더 오랫동안 기억하며 정치인에 대한 냉소주의의 수준도 더 높은 것으로 나타났다(Cappella & Jamieson, 1997).

---

8) 제이미슨은 전략보도의 특징으로 ① 승패가 가장 큰 관심사이고, ② 전쟁, 게임, 경쟁에 관한 언어를 사용하며, ③ 정치인, 비평가, 유권자에 대한 언급이 많고, ④ 후보자의 연기 또는 재주 부리기, 스타일 등에 중점을 두며, ⑤ 여론조사 결과, 캠페인과 후보자의 평가 순위에 가장 많은 관심을 둔다는 점을 들었다. 전략보도는 선거 캠페인 관련 기사에서 쉽게 발견할 수 있지만, 저널리스트의 전략 프레임은 선거 캠페인은 물론 통치와 공공정책 이슈에 대한 논의까지 일반화되었다(Jamieson, 1992).
9) 프레임은 '틀', 프레이밍은 '틀 짓기'로 번역된다. 미디어 프레임(또는 뉴스 프레임)은

정치적 냉소주의를 초래하는 원인은 분명하지 않다. 1차적으로 정치권의 책임을 거론하지만, 적지 않은 사람들이 언론매체가 냉소주의의 주요 원인이라고 지적하기도 한다. 현대 대중사회에서 미디어는 유권자에게 정치적 정보를 전달해 주는 제1의 원천이므로 정치에 대해 냉소적인 자는 저널리스트가 정치적 과정을 왜곡시킨다는 믿음을 갖는 미디어 냉소자가 될 가능성이 존재하기 때문이다. 분명한 것은 후보자, 캠페인, 공공정책, 통치행위를 전략 프레임에 근거하여 보도할 때 정치적 냉소주의를 자극한다는 것이다.

텔레비전 토론

텔레비전 토론회는 유권자로 하여금 정확하고 다양한 정보를 바탕으로 올바른 선택을 할 수 있도록 후보자들을 서로 비교할 수 있는 기회를 제공하는 데 가장 큰 의미가 있다. 이러한 이유로 인해 후보자는 토론회에서 눈에 띄는 큰 실수를 저지르지 않는 것을 목표로 삼고, 자신의 인간적인 특색에 대한 정보를 전달하도록 노력한다(Trent & Friedenberg, 2000).

선거마다 후보자, 쟁점, 경선 수준(예: 대통령, 지방자치단체장) 등 선거 상황이 다르고 다른 캠페인 수단과 분리하여 후보자 지지에 영향을 미치는 정도를 정확히 평가하기는 힘들다. 또한 토론회의 경우 일반 실험실 연구와는 달리 변인을 통제할 수 없기 때문에 효과를 정확히 평가할 수도 없다.

기자들이 상징들을 조직하는 체계적인 방법을 지칭하는 개념이다. 이 개념에는 뉴스 미디어가 어떤 사건들을 골라서 강조하고 어떤 사건들을 배제할지를 결정하는 데 작용하는 기본 가정들이 함축되어 있다. 이러한 가정들은 뉴스 미디어의 가치 중립적 관심에서 기인하는 것이 아니라 뉴스 수집의 관행이나 지배적인 정치문화 속에 정립되어 있다. 결과적으로 미디어 프레임은 미디어 자신들의 독특한 시각으로 사회적 실재를 구성해 나가는 여과과정이라 할 수 있다.

트렌트와 프리덴버그는 선거 상황에서 텔레비전 토론의 기능이나 기대 효과로 다음의 여덟 가지를 들고 있다(Trent & Friedenberg, 2000: 274~282).10)

<그림 8-2> 1997년 대통령 선거 텔레비전 합동토론회

먼저, 토론회는 드라마의 필수 요소인 갈등을 만들어낸다. 따라서 거대한 규모의 유권자들로 하여금 선거에 관심을 갖게 한다. 1960년의 케네디(kennedy)와 닉슨(Nixon)의 토론회는 약 1억 명이, 1976년의 포드(Ford)와 카터(Carter)의 토론회는 전체 국민의 약 70%가 시청한 것으로 보고되었다. 둘째, 지지하는 후보자에 대한 지지 정도를 더욱 강화한다. 셋째, 제한된 수의 유권자만이 지지 후보를 변경한다. 넷째, 유권자 의제설정에 도움을 준다. 다섯째, 이슈에 대한 유권자의 지식 수준을 높인다. 여섯째, 후보자 이미지 평가에 영향을 미친다. 일곱째, 토론회 종료 시까지 유권자의 의사결정을 어렵게 해 캠페인을 특정 단계에 머물게 한다. 여덟째, 민주주의 발전에 기여한다.

---

10) 텔레비전의 유용성에 대한 논란은 1960년의 닉슨과 케네디의 토론 이후 끊임없이 제기되고 있다. 토론은 주어진 명제에 대해 긍정 또는 부정을 나누어 대결이나 경쟁하는 것을 원칙으로 하는 이성적 행위인데, 텔레비전은 감성매체로서 후보자의 용모, 복장, 표정, 몸동작, 목소리 등과 같은 겉모습이 정책실현 가능성이나 업무수행 능력과 같은 자질보다 더 중요한 요인으로 평가받을 가능성이 상존한다는 것이 텔레비전 토론회에 대한 비판의 핵심이다.

역사적 배경

텔레비전을 이용한 후보자 간 토론이 중요한 선거 캠페인 도구로 인식된 결정적 시점은 1960년 미국 대통령 선거에서 매사추세츠 주 출신 상원의원인 케네디가 현직 부통령인 닉슨을 물리치고 대통령에 당선되면서부터이다. 이른바 '대토론회(Great Debates)'라 이름 붙여진 1960년 대통령 선거 토론회는 미디어 시대에 정치 캠페인의 영향력을 보여준 상징적 사건으로 평가된다(Trent & Friedenberg, 2000).

캠페인 노트: 미국 선거 캠페인 토론의 역사적 배경

미국 최초의 정치토론은 미래의 대통령들인 매디슨(Madison: 4대)과 먼로(Monroe: 5대)가 1788년에 하원의원 자리를 두고 가진 토론회이다. 하지만 미국 역사에서 정치적으로 매우 중요한 의미를 지닌 최초의 토론회로는 1858년 일리노이(Illinois) 주 상원의원 자리를 놓고 벌인 링컨(Lincoln)과 더글러스(Douglas)의 토론회를 들고 있다. 이 토론회는 한 후보가 먼저 1시간 연설하고 상대 후보가 1시간 30분 연설한 후 다시 처음 후보가 30분 동안 연설하는 식으로 진행되었다.

1934년에 제정된 연방커뮤니케이션법(Federal Communication Act of 1934) 제315조인 '등시간(equal time)' 조항은 법적으로 자격을 갖춘 모든 후보자에게 방송을 이용할 수 있는 권리를 부여하여 미디어를 이용한 정치 캠페인이 활성화될 수 있는 기회를 마련해 주었다. 방송을 이용한 최초의 토론회는 1948년에 실시된 공화당 대통령 후보 지명전에 출마한 스태슨(Stassen)과 듀이(Dewey)의 라디오 토론회이다. 또한 1952년에도 아이젠하워(Eisenhower) 대통령과 민주당의 스티븐슨(Stevenson) 후보 사이에 라디오 토론회가 열렸다. 텔레비전 토론회는 모든 국민이 텔레비전에 접근할 수 있게 된 1956년에 실시되었으며, 최초의 토론회는 민주당 대통령 후보 지명을 위한 플로리다(Florida) 예비선거에 출마한 스티븐슨과 키포버(Kefauver) 후보 사이에 이루어졌다(Trent & Friedenberg, 2000).

우리나라에서는 1987년 제13대 대통령 선거부터 텔레비전 토론을 선거 캠페인 수단으로 고려하기 시작하였다. 대통령선거법 제44조에 방송시설을 이용한 대담 토론이 명문화되었는데 법적인 미비와 후보자의 이해관계로 실시되지 못했다. 1994년에 제정된 선거법은 이전의 대통령선거법보다 후보자 토론회 실시조건을 완화하였으며, 절차와 방법을 방송사에 위임하여 텔레비전 토론이 이루어질 수 있는 현실적인 여건을 제공하였다. 이 법에 따라 1995년 제1회 전국동시지방선거에서 역사적인 최초의 텔레비전 토론이 이루어졌다. 이후 1997년 11월 고비용 정치구조 개선과 선거공영제 및 선거운동의 공정성 확대 차원에서 선거법이 개정되어 대통령 선거의 경우 방송사는 1인 또는 그 이상을 초청하여 대담·토론회를 3회 이상 의무적으로 개최하여 보도하도록 규정하였다. 이처럼 텔레비전 토론은 후보자 간 또는 정당 간 합의사항이 아니라 의무조항이라는 법적 규제로 인해 우리나라에서도 진정한 의미의 텔레비전 정치 토론회 시대가 열리게 되었다.

텔레비전 토론과 선거법

선거 캠페인 토론에 관한 내용은 2005년 8월 4일에 개정된 선거법 제7장(선거운동) 제82조에 명시되어 있다. 먼저 제82조는 언론기관의 후보자 등 초청 대담·토론회에 관한 내용을 담고 있다. 텔레비전 및 라디오 방송사는 선거운동 기간 중 후보자 또는 대담·토론자 1인 또는 여러 명을 초청하여 정당의 정강·정책이나 후보자의 정견 및 기타 사항을 알아보기 위한 대담·토론회를 개최하고 이를 보도할 수 있다. 선거운동기간(제59조)은 후보자 등록 마감일 다음 날부터 선거일 전일까지로 규정하고 있지만, 대통령 선거의 경우 선거일 전 120일부터, 국회의원 선거 또는 시·도지사 선거는 선거일 전 60일부터 선거기간 개시일 전일까지 후보자가 되고자 하는 자를 초청하여 대담·토론회를 개최하고 이를 보도할 수 있도록 허용하고 있다.

후보자 등록이 끝난 후 공식적인 선거운동 기간이 시작되며, 선거운동 기간에 이루어지는 대담·토론회는 선거방송토론위원회가 주관한다. 선거방송토론위원회는 중앙선거방송토론위원회, 시·도선거방송토론위원회, 구·시·군선거방송토론위원회의 세 가지 형태가 존재하며, 대통령 선거와 비례대표 국회의

<표 8-1> 텔레비전 토론 관계법령

법조항		내용	
대담·토론회 (제82조의 2)	중앙선거 방송토론 위원회	• 대통령 후보자 1인 또는 여러 명을 초청하여 3회 이상 대담·토론회 개최 • 비례대표 국회의원 후보자 가운데 정당의 대표자가 지정하는 1인 또는 여러 명을 초청하여 2회 이상 대담·토론회 개최	
	시·도선거 방송토론 위원회	시·도지사 선거	• 후보자 1인 또는 여러 명을 초청하여 1회 이상
		비례대표 시·도의원 선거	• 후보자 중 정당 대표자가 지정하는 1인 또는 여러 명을 초청하여 1회 이상
	구·시·군선거 방송토론 위원회	• 지역구 의원 및 단체장 선거 후보자를 초청하여 1회 이상의 대담·토론회 또는 합동연설회 개최 • 합동연설회 연설시간은 후보자별로 10분 이내의 범위에서 균등하게 배분	
정책토론회 (제82조의 3)	중앙선거 방송토론 위원회	• 임기만료에 의한 선거의 선거일 전 90일부터 후보자 등록 신청개시일 전일 • 정당의 대표자 또는 정당의 대표자가 지정하는 자를 대상으로 월 1회 이상 • 국회의원 5인 이상을 가진 정당, 직전 대통령 선거, 비례대표 국회의원 선거, 비례대표 시·도의원 선거에서 전국 유효 투표총수의 3/100 이상을 득표한 정당	

원 선거는 중앙선거방송토론위원회가, 시·도지사 선거 및 비례대표 시·도의원 선거는 시·도선거방송토론위원회가, 그리고 지역구 국회의원 선거와 자치구·시·군의 장 선거는 구·시·군선거방송토론위원회가 관장하도록 법으로 정하고 있다. 무엇보다도 중앙·도·시·군·구 선거방송토론위원회로부터 초청받은 후보자는 정당한 사유가 없는 한 그 대담·토론회에 참석하도록 의무화했다는 것이 특징이다.

선거법 제82조의 2에 의하면, 중앙선거방송토론위원회는 선거기간 중에 대통령 후보자 1인 또는 여러 명을 초청하여 3회 이상 대담·토론회를 개최해야 하며, 비례대표 국회의원 후보자 가운데 정당의 대표자가 지정하는 1인 또는 여러 명을 초청하여 2회 이상 대담·토론회를 개최하도록 명문화했다.

시·도선거방송토론위원회는 선거기간 중에 시·도지사 선거는 후보자 1인 또는 여러 명을 초청하여 1회 이상, 그리고 비례대표 시·도의원 선거는 후보자 중에서 소속 정당의 대표자가 지정하는 1인 또는 여러 명을 초청하여 1회 이상 대담·토론회를 개최하도록 법으로 정하고 있다. 또한 구·시·군선거방송토론위원회는 선거운동 기간 중에 지역구 국회의원 선거 및 자치구·시·군의장 선거에 출마한 후보자를 초청하여 1회 이상의 대담·토론회 또는 합동방송연설회를 개최해야 하며, 합동방송연설회의 연설시간은 후보자별로 10분 이내의 범위에서 균등하게 배분된다.

대통령 선거의 경우 국회에 5인 이상의 소속의원을 가진 정당이 추천한 후보자, 직전의 대통령 선거, 비례대표 국회의원 선거, 비례대표 시·도의원 선거 또는 비례대표 자치구·시·군의원 선거에서 전국 유효투표총수의 3/100 이상을 득표한 정당이 추천한 후보자, 그리고 선거기간 개시일 전 30일부터 선거기간 개시일 전일까지의 사이에 실시한 여론조사에서 평균 지지율이 5/100 이상인 후보자를 대상으로 대담·토론회를 실시한다.

비례대표 국회의원 선거 및 비례대표 시·도의원 선거의 경우에도 초청 대상자가 갖추어야 할 조건은 대통령 선거와 동일하지만, 여론조사와 관련해서는 5/100 이상의 지지를 얻은 정당의 대표자가 지정한 후보자를 대상으로 한다는 점에서 차이가 있다. 그리고 지역구 국회의원 선거 및 지방자치단체의장 선거의 경우 초청 대상자가 갖추어야 할 조건은 비례대표 국회의원 선거 및 비례대표 시·도의원 선거와 동일하다. 다만, 직전 선거에서 해당 선거구에서 입후보하여 유효투표총수의 10/100 이상을 득표한 후보자도 초청 대상에 포함하고 있다.

선거방송위원회가 주관하는 정책토론회에 관한 사항은 선거법 제82조의 3에 명시되어 있다. 중앙선거방송토론위원회는 임기만료에 의한 선거의 경우 선거일 전 90일부터 후보자 등록 신청 개시일 전일까지 정당의 대표자 또는 정당의 대표자가 지정하는 자를 초청하여 정책토론회를 월 1회 이상 개최해야

<표 8-2> 선거유형별 대담·토론회 및 정책토론회 참여 자격

선거유형	자격요건
대통령 선거	• 국회에 5인 이상의 소속의원을 가진 정당이 추천한 후보자 • 직전의 대통령 선거, 비례대표 국회의원 선거, 비례대표 시·도의원 선거, 비례대표 자치구·시·군의원 선거에서 전국 유효투표 총수의 3/100 이상을 득표한 정당이 추천한 후보자 • 선거기간 개시일 전 30일부터 선거기간 개시일 전일까지의 여론조사에서 평균 지지율이 5/100 이상인 후보자
비례대표 국회의원 선거 및 비례대표 시·도의원 선거	• 대통령 선거와 동일 • 단, 여론조사의 경우 5/100 이상의 지지를 얻은 정당의 대표자가 지정한 후보자를 대상으로 함
지역구 국회의원 선거 및 지방자치단체장 선거	• 비례대표 국회의원 선거 및 비례대표 시·도의원 선거와 동일 • 단, 직전 선거에서 해당 선거구에서 입후보하여 유효투표총수의 10/100 이상을 득표한 후보자도 포함

한다고 명시하고 있다. 정책토론회는 대담·토론회와는 달리 국회에 5인 이상의 소속의원을 가진 정당과 직전 대통령 선거, 비례대표 국회의원 선거 또는 비례대표 시·도의원 선거에서 전국 유효투표총수의 3/100 이상을 득표한 정당만을 초청 대상으로 제한하고 있다.

정치광고

정치광고 연구의 권위자인 케이드(Lynda Lee Kaid)는 정치광고에 관한 선행 연구를 리뷰한 뒤 현대 정치광고의 특징적 요소를 '메시지에 대한 통제'와 '매스커뮤니케이션 채널을 사용한 메시지 전달'의 두 가지로 정리했다(1999a: 423). 즉, 정치광고가 갖는 최대의 장점은 유권자에게 전달되는 메시지를 완벽하게 통제할 수 있는 능력을 스폰서에게 제공한다는 점이다. 이러한 특징을 고려하여 케이드는 정치광고를 "후보자, 정당, 정책 이슈, 그리고(또는) 아이디어를 매스 채널을 통해 프로모션하기 위한 정보원의 통제력하에 있는 모든 메시지"(Kaid, 2004: 156)라고 매우 폭넓게 정의했다. 케이드의 이 같은 정의는 텔레비전 정치광고는 물론 포스터, 디스플레이 광고, 팸플릿, 브로슈어, DM, 신문·잡지 광고, 방송·케이블 광고, 인터넷이나 다른 전자전송 시스템을 이용한 모든 정치광고를 포함한다.[11]

미디어를 이용한 선거 캠페인이 일상화된 현대 민주주의 체제에서 정치광고는 후보자가 가장 우선적으로 고려하는 캠페인 도구이다. 후보자가 원하는 메시지를 외부의 간섭 없이 유권자에게 직접 전달할 수 있는 매우 효과적인 수단이기 때문이다(Kaid, 2004). 특히 미국의 경우 텔레비전 정치광고는 대통령 선거는 물론이고 주 차원의 선거에서조차 후보자와 유권자 사이를 커뮤니케이션하는 지배적인 수단이다(Kaid, 2004).

텔레비전이 미국의 선거과정을 지배한다는 것은 여러 연구문헌을 통해 잘 알려져 있다. 그런데 텔레비전이 선거과정을 지배하는 현상은 유럽을 비롯한 서구 민주주의 국가는 물론 우리나라에서도 점차 현실화되고 있다. 유럽 국가의 경우 복수정당제를 채택하고, 캠페인 기간이 짧으며, 후보자보다는 정당을 강조하는 캠페인, 의회선거제, 공적인 통제 대상인 미디어 등과 같은 특징을 지니지만, 텔레비전이 지배적인 힘을 발휘한다는 점은 마찬가지이다. 정치체제와 미디어 구조가 서로 다른 서구 민주주의 5개국(독일, 미국, 영국, 이탈리아, 프랑스)과 이스라엘을 대상으로 텔레비전 정치광고의 메시지 내용과 효과를

---

[11] 케이드는 1981년에 정치광고를 "정보원(후보자·정당)이 수용자의 태도, 신념, 그리고 (또는) 행위에 영향을 미치려는 의도적인 효과를 염두에 두고 정치적 메시지를 매스미디어를 이용하여 수용자에게 노출시킬 수 있는 기회를 구매하는 커뮤니케이션 과정"(Kaid, 1981: 250)이라면서 유료의 커뮤니케이션 행위에 근거하여 정치광고를 정의했다. 그런데 이러한 정의는 다분히 미국적이다. 국가마다 정치광고 시행에 관련된 법적·제도적 환경이 상이하기 때문이다. 그뿐만 아니라 이러한 정의에는 인쇄매체 광고가 포함되어 있지 않다. 미국의 경우 후보자의 정치광고를 위한 매체이용 기회구매는 경제적 여건에 의해서만 제한받는다. 하지만 일부 유럽 국가의 경우 일정한 기준을 정해 정부가 정당에 정치광고를 위한 방송이용 시간을 할당하기도 한다. 따라서 유료적 측면을 강조하여 정치광고를 정의할 경우 모든 나라의 정치광고를 포함하지 못하는 한계가 있다. 케이드도 최근에 발표한 논문에서 이러한 정의가 갖는 한계를 인정하면서, 국가마다 특수한 환경이 존재하고 전 세계적으로 집행되는 다양한 정치 프로모션이나 정치 마케팅 환경을 고려한 좀 더 폭넓은 개념 정의가 필요하다고 강조했다(Kaid, 1999b, 2004).

비교·분석한 케이드와 홀츠바카의 연구에 따르면, 이들 국가들은 정치체제와 미디어 체제가 다름에도 불구하고 정치광고 메시지의 내용과 효과는 비슷한 것으로 나타났다(Kaid & Holtz-Bacha, 1995). 서구 민주주의 국가의 캠페인 방식이 미국화(Americanization)되고 있다는 주장이 제기되고 있는 것이다.

> **캠페인 노트 : 미국 대통령 선거와 정치광고 비용**
>
> 선거 캠페인에서 텔레비전 정치광고의 중요성은 후보자의 캠페인 예산 가운데 엄청난 비용이 텔레비전 정치광고 집행에 사용되었다는 데 잘 나타나 있다. 2000년 대통령 선거에서 부시(George W. Bush) 캠프는 텔레비전 정치광고비로 1억 3,400만 달러를, 고어(Al Gore) 진영은 1억 800만 달러를 지출했다. 부시의 광고비는 1996년 선거에서 클린턴(Bill Clinton)이 지출한 9,800만 달러보다 42%나 늘어난 수치이다(Devlin, 2001). 가장 최근에 치러진 2004년 대통령 선거의 경우 공화당과 민주당 두 정당의 정치광고 비용은 6억 2,000만 달러였으며, 이는 2000년 선거보다 235%나 증가한 수치이다(Devlin, 2005).

선거 캠페인 커뮤니케이션의 미국화란 무엇보다도 텔레비전의 기능이 지배적이고, 이슈보다는 이미지를 중시하며, 미디어 전략의 개발에서 정치적 행위체가 전문화되는 경향으로, 캠페인 커뮤니케이션이 미국의 캠페인 커뮤니케이션과 유사해지는 것을 의미한다.

역사적 배경

1952년 대통령 선거에 출마한 공화당 후보 아이젠하워(Eisenhower)가 미국 역사상 최초로 텔레비전 정치광고를 실시한 이후 텔레비전 정치광고는 미국 정치 캠페인의 중요한 일부가 되었다. 1952년의 텔레비전 캠페인이 아이젠하워와 러닝메이트인 닉슨의 승리에 결정적으로 구실하지는 못했지만 열차를 이용하여 미국 전역을 순방하는 트루먼(Truman) 스타일의 정치 캠페인(whistle-stop campaign)을 역사의 뒤안길로 사라지게 한 결정적 계기가 되었다(Jamieson, 1996).

1964년의 대통령 선거에서 존슨(Johnson) 후보는 골드워터(Goldwater) 후보를 공격하기 위해 그 악명 높은 "데이지 꽃을 든 소녀(Daisy Girl)"라는 '공격' 광고를 방영했다. 이 광고는 단 한 번 방영되었지만 유권자들의 엄청난 관심을 끌어 존슨의 대통령 당선에 결정적인 영향을 끼쳤으며, 1970년대와 1980년대에 공격 광고가 활발하게 사용되는 계기가 되었다(Jamieson, 1996). 이후 후보자 캠페인 진영은 대통령 선거에서 사용되는 정치광고를 기자회견을 통해 언론에 공개하였으며, 많은 언론들이 이를 기사화했다. 정치광고에 대한 언론의 이러한 뉴스 보도는 정치광고의 중요성을 간접적으로 반증하는 것이다.

　　우리나라에서 정치광고가 처음 등장한 선거는 1948년 5·10 총선거이다. 당시의 정치광고 내용을 살펴보면, 후보자는 정책에 관한 입장을 표명하거나 후보자의 이미지를 제고시키기보다는 출마의 변을 피력하는 데 그치고 있다. 대통령 선거에서 정치광고가 처음 등장한 것은 1952년에 치러진 제2대 대통령 선거로서 역사는 짧지만, 오늘날의 정치광고는 대통령 선거를 비롯한 각종 선거에서 정당이나 후보자의 정책을 알리는 것은 물론이고 유권자에게 호의적인 이미지를 심어줄 수 있는 매우 유용한 커뮤니케이션 채널이라는 평가를 받고 있다(김춘식, 2005).

정치광고와 선거법

　　2005년 8월 4일에 개정된 선거법에서 정한 바에 따르면 선거와 관련하여 집행할 수 있는 정치광고는 신문광고, 방송광고, 인터넷 광고 세 가지이다.

　　신문정치광고는 선거법 제69조에서 다루고 있다. 제69조 1항은 "선거기간 개시일부터 선거일 전 2일까지 소속 정당의 정강·정책이나 후보자의 정견, 정치자금 모금(대통령 선거에 한함), 기타 홍보에 필요한 사항을 일간신문에 게재할 수 있다"라고 규정함으로써 선거운동 수단으로 정치광고를 이용할 수 있는 법적 근거를 마련하고 있다. 선거별로 살펴보면 대통령 선거는 총 70회 이내, 비례대표 국회의원 선거는 총 20회 이내의 신문 정치광고를 게재할 수 있다. 시·도지사 선거의 경우 총 5회 이내 집행할 수 있지만, 인구 300만을 넘는 시·도의 경우 300만을 넘는 매 100만까지마다 1회를 더하여 광고할 수 있다. 신문광고의 횟수 계산은 하나의 일간신문에 1회 광고하는 것을 1회로 계산한다. 그리고 시·도지사 선거에서 같은 정당의 추천을 받은 2인 이상의 후보자가 합동으로 광고를 할 경우, 광고 횟수는 2인의 후보가가 각각 1회 광고한 것으로 간주한다.

제69조 2항은 정치광고는 흑색으로 하되 광고근거와 광고주명을 명시하고 규격은 가로 37cm, 세로 17cm 이내로 해야 한다고 규정하고 있으며, 4항은 전면광고면을 이용하는 경우를 제외하곤 기사란 밑에 설정된 통상적인 광고란에 광고를 게재하도록 제한하고 있다. 아울러 신문 정치광고 비용은 선거기간 중에 같은 지면에 같은 규격으로 게재하는 상업·문화를 포함한 각종 광고의 요금 가운데 최저요금을 초과하여 후보자에게 청구하거나 받을 수 없다(8항).

선거법 제137조(정강·정책의 신문광고 등의 제한)는 선거가 임박한 시기에 정당은 정강·정책의 홍보, 당원·후보 지망자의 모집, 당비 모금, 정치자금 모금 또는 선거에서 정당이나 추천후보자가 사용할 구호·도안·정책·기타 선거에 관한 의견수집을 위한 광고의 집행을 허용하고 있다. 이의 경우 광고의 크기는 제69조에서 정한 바와 같지만, 후보자가 되고자 하는 자의 사진과 성명(성명을 유추할 수 있는 내용을 포함)은 물론이고 기타 선거운동에 이르는 내용을 게재할 수 없도록 규정하고 있다(2항). 임기기 만료됨에 따라 실시되는 선거의 경우에는 정당의 중앙당이 실시하되 선거일 전 90일 전부터 선거기간 개시일 전일까지 일간신문 등에 총 70회 이내 집행할 수 있다. 대통령의 궐위로 인한 선거 및 재선거의 경우에는 총 20회, 그리고 보궐선거, 재선거, 연기된 선거는 총 10회 이내 게재할 수 있다.

방송(텔레비전, 라디오) 정치광고 방영에 관한 내용은 선거법 제70조에 명시되어 있다. 후보자는 선거운동 기간 중에 소속 정당의 정강·정책이나 후보자의 정견, 기타 홍보에 필요한 사항을 텔레비전 및 라디오 방송시설을 이용하여 실시할 수 있으며, 1회 1분을 초과할 수 없도록 규정하고 있다. 선거별로

<표 8-3> 정치광고 관계법령 내용

광고 유형		정치광고 관계법령 내용
신문광고 (제69조)	공통	• 광고규격은 가로37㎝×세로17㎝로 함(전면광고 가능) • 일간신문에 1회 광고하는 것을 광고 횟수 1회로 계산 • 정당(또는 후보자)은 후보등록 후 선거일 전 2일까지
	대통령 선거	• 총 70회 이내
	비례대표 국회의원 선거	• 총 20회 이내
	시도지사 선거	• 총 5회 이내. 단, 인구 300만을 넘는 경우 300만을 넘는 100만까지마다 1회 추가
방송광고 (제70조)	공통	• 광고시간은 1회에 1분을 초과할 수 없음 • 재방송도 광고 횟수의 계산에 포함 • 정당(또는 후보자)은 후보등록 후 선거일 전일까지
	대통령 선거	• 텔레비전 및 라디오 방송별로 각 30회 이내
	비례대표 국회의원 선거	• 텔레비전 및 라디오 방송별로 각 15회 이내
인터넷광고 (제82조의 7)		• 개정된 선거법(2005.8.4)은 인터넷 언론사의 홈페이지에 후보자나 선거운동을 위한 광고를 집행할 수 있도록 허용
정강·정책 신문광고 (제137조)		• 임기만료에 의한 선거의 경우 정당의 중앙당이 실시 • 선거일 전 90일부터 선거기간 개시일 전일까지 총 70회 • 대통령의 궐위 또는 재선거는 총 20회 • 보궐선거, 재선거, 연기된 선거는 총 10회

살펴보면, 대통령 선거는 텔레비전 및 라디오 방송시설별로 각 30회 이내, 비례대표 국회의원 선거는 각 15회 이내 실시할 수 있다. 방송광고 횟수의 계산에는 재방송이 포함되며, 하나의 텔레비전 또는 라디오 방송시설을 선정하여 당해 방송망을 동시에 이용하는 것은 1회로 간주한다.

방송 정치광고를 방영함에 있어 방송시설 경영 또는 관리자는 방송시간대와 방송권 등을 고려하여 모든 후보자에게 공평하게 해야 하고, 후보자가 신청한 방송시설의 이용일시가 중첩되는 경우에 방송일시의 조정은 중앙선거관리위원회회칙이 정하는 바에 따라야 하며(5항), 청각장애 선거인을 위한 수화 또는 자막을 방영할 수 있도록(6항) 규정하고 있다. 방송 정치광고 비용 또한 신문

정치광고와 마찬가지로 선거기간 중 같은 방송시간대에 광고하는 상업·문화를 포함한 각종 방송광고의 요금 가운데 최저요금을 초과하여 후보자에게 청구하거나 받을 수 없다(8항)고 명시하고 있다.

인터넷을 이용한 정치광고는 2002년 대통령 선거는 물론, 2004년 제17대 국회의원 선거까지 허용되지 않았다. 2005년 8월 4일에 개정된 선거법은 인터넷을 이용한 정치광고(이하 인터넷 광고)를 허용하고 있다. 개정된 선거법 제82조의 7(인터넷 광고)은 후보자는 인터넷 언론사의 홈페이지에 선거운동을 위한 광고를 할 수 있다(1항)고 규정하고 있다. 그리고 신문광고 및 방송광고와 마찬가지로 광고근거와 광고주명을 표시(2항)하도록 명문화했다.

정치광고의 메시지

정치광고의 메시지는 내용(이슈 광고, 이미지 광고), 목적(긍정 광고, 부정 광고), 표현 기법(논리적 기법, 감성적 기법, 윤리적 기법, 위협 기법)으로 구분할 수 있다.

이슈 광고는 정부정책이나 선거의 쟁점이 되는 사안에 대한 특정 후보자나 정당의 주장 또는 입장을 강조한 광고이며, 이미지 광고는 선거에 출마한 후보자가 정보원으로서 지니는 신뢰도와 퍼스낼리티 등 개인적 속성을 강조하여 자신이 공직에 적합한 존재임을 강조하는 광고이다(Kaid & Johnston, 2001).

캠페인 노트 : 이슈 광고 대 이미지 광고

1952년부터 2002년까지 11차례의 대통령 선거에서 사용된 신문 정치광고(434건)를 대상으로 어떠한 광고 내용(이슈, 이미지)이 많았는지를 분석한 연구에 따르면, 이슈 광고는 67.1%(291건)이고 이미지 광고는 32.9%(143건)인 것으로 나타났다. 해방 이후 실시된 11차례의 선거 가운데 1963년 대통령 선거를 제외한 모든 선거에서 이슈 광고가 이미지 광고보다 더 많이 게재되었다. 특히 1967년(86.4%)과 1971년(75%), 1992년(72.8%) 대통령 선거의 경우 이슈 광고가 70%를 넘어 다른 선거보다 상대적으로 높은 비율을 차지했다. 1963년 선거는 이미지 광고가 이슈 광고보다 더 많은 유일한 선거였다(김춘식, 2005).

<그림 8-3> 부패한 지방 권력 교체를 주장하는 열린우리당의 정치광고
(2006년 5·31 지방선거)

정치광고는 목적에 따라 긍정(positive) 광고와 부정(negative) 광고로 구분할 수 있다. 이는 광고가 스폰서인 후보자(또는 정당)와 경쟁자 가운데 상대적으로 어느 쪽을 더 강조하느냐에 의해 구분된다(Kaid & Johnston, 2001). 긍정 광고는 스폰서인 후보자에 대한 지지를 촉진하기 위한 광고로서 후보자의 '선한' 인간적 특징, 업적, 이슈에 대한 입장을 강조한다. 부정 광고는 특정 이슈에 대한 상대방의 입장 및 이미지에 대한 부정적인 요소가 직접 언급된 광고로서 상대방에 대한 비판에 초점을 맞춘 광고이다. 따라서 부정 광고는 부정 이슈 광고와 부정 이미지 광고로 분류할 수 있다. 부정 광고는 비도덕적인 측면이 있어 바람직하지 못한 선거 전략이라는 비판이 있지만, 선거 캠페인 과정에서 유권자들을 위협하여 두려움을 이끌어내기 때문에 매우 효과적인 수단으로 평가받고 있다.[12]

---

[12] 부정 광고는 직접 언급(direct reference) 광고 또는 공격 광고(attack advertising)로도 불린다. 부정 광고의 유형에 대한 분류는 학자들에 따라 상이하지만 이들의 주장을 종합해 보면, 상대 후보나 정당의 이슈 입장에 대한 공격, 이미지에 대한 공격, 단체가입 및 정치적 연합에 대한 공격, 이렇게 세 가지 유형으로 구분할 수 있다. 또한 이러한 부정 광고의 유형을 이용하여 후보자나 정당이 자신들의 메시지를 전달하기 위해 채택하는 전략은 크게 직접 공격·직접 비교 같은 직접 전략과 암시적 비교 같은 간접 전략, 이렇게 두 가지로 구분할 수 있다.

<그림 8-4> 국가부채 증가를 주제로 정부의 경제정책 실패를 강조한 한나라당의 정치광고
(2006년 5·31 지방선거)

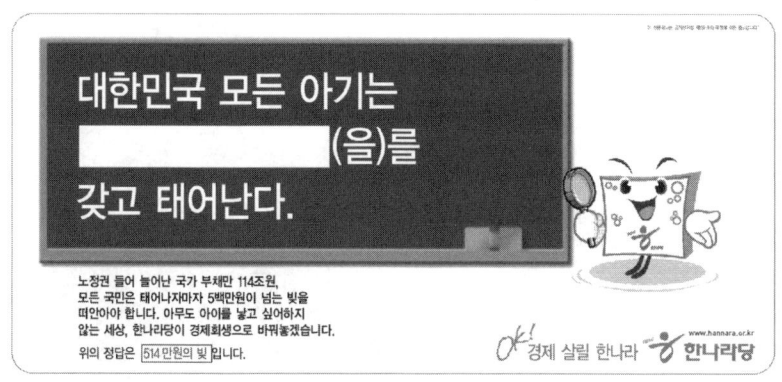

캠페인 노트 : 긍정 광고 대 부정 광고

1952년부터 2002년까지 11차례의 대통령 선거에서 사용된 신문 정치광고(434건)를 분석한 결과, 긍정광고는 62.2%(270건)이고 부정광고는 37.8%(164건)로 긍정광고가 더 많았다. 11차례의 선거 가운데 긍정광고가 부정광고보다 더 많이 게재된 선거는 1952년(100%), 1960년(65.2%), 1981년(100%), 1987년(64.6%), 1992년(75.7%), 1997년(71.4%), 2002년(57.6%) 대통령 선거이며, 1952년과 1981년 선거에서는 모든 정치광고가 후보자 자신의 긍정적인 측면을 강조하는 긍정광고였다. 특히 1981년 이후에 실시된 모든 선거에서는 긍정광고가 부정광고보다 더 많이 집행되었다. 하지만 2002년 대통령 선거에서 긍정광고가 차지한 비율은 57.6%로서 평균인 62.2%에 미치지 못했다. 부정광고가 더 많이 집행된 선거는 1956년(56.3%), 1963년(52.9%), 1967년(61.4%), 1971년(62.5%) 대통령 선거 등 네 차례였다(김춘식, 2005).

정치광고의 표현 기법은 "후보자나 정당이 유권자를 설득하여 자신들에 대한 지지를 획득하기 위해 정치광고 표현에 이용하는 설득적 기술"로 개념화할 수 있다. 정치광고에서 가장 널리 사용되는 표현 기법은 논리적 기법, 감성적 기법, 윤리적 기법이다(Kaid & Johnston, 2001). 논리적 기법은 특정한 입장에 호의를 지니도록 유권자들을 설득하기 위해 광고에 구체적인 증거(통계수치, 논리적 예증, 구체적 증거 등)를 제시하는 방법이다. 감성적 기법은 특별한 감정이나 정서(행복, 자부심, 애국심, 분노, 희망 등)를 유발시키기 위하여 사용한다.

<그림 8-5> 평범한 주부를 주인공으로 등장시켜 여성 유권자의 지지를 호소하는 민노당의 정치광고(2006년 5·31 지방선거)

윤리적 기법은 정보원의 공신력을 이용한다. 특히 후보자의 능력과 경력을 강조함으로써 신뢰성과 믿음직함 등 후보자의 자질을 강조하는 기법이다. 위협적 기법은 만약 후보자 자신이 당선되지 않거나 자신의 경쟁자가 당선되면 발생하게 될 부정적인 결과를 전달함으로써 유권자들을 불안하게 만들어 설득하는 기법(Kaid & Johnston, 2001)으로, 주로 부정 광고에 사용된다.

캠페인 노트 : 표현 기법

1952년부터 2002년까지 11차례의 선거에서 집행된 정치광고를 분석한 결과, 초창기(1956년 46.7%, 1960년 34.8%)에 집행된 정치광고에는 주로 논리적 표현 기법이 사용되었다. 1960년까지는 감성적 기법이 윤리적 기법보다 많이 사용되었으며, 감성적 기법이 여타 기법보다 많이 사용된 시기는 1967년(37.2%) 선거뿐이었다. 1967년 선거 이후에 감성적 표현 기법은 다른 기법보다 사용비율이 저조했으며, 주로 윤리적 기법이 널리 사용된 것으로 나타났다. 윤리적 기법은 1963년(63.3%), 1971년(62.5%), 1981년(88.9%), 1987년(84.8%), 1997년(59.3%) 선거에서 가장 널리 사용된 표현 기법이었다. 부정 광고에 주로 사용되는 위협 기법은 1956년(50.0%), 1963년(58.8%), 1967년(63.6%), 1971년(87.5%)의 세 차례 선거에서만 50%이상을 차지했다. 이후 감소하다가 직선제가 부활된 이후에 처음으로 치러진 1987년 선거에서 30%를 넘었다. 1992년 대통령 선거 이후부터 위협 기법의 사용은 줄어드는 추세이다(김춘식, 2005).

캠페인 노트: 부정 정치광고와 '탈동원 효과'

부정적 정치 광고가 유권자의 선거 참여를 저해한다는 '탈동원 효과'(demobilization effect)는 물론, 궁극적으로 정치과정에 대한 유권자의 태도에 미치는 부정적인 효과에 대한 논쟁이 치열하다. 앤솔라베헤어 외(Ansolabeher, Iyengar, Simon, & Valentino, 1994)는 광고물의 모든 특성을 그대로 유지한 채 광고의 톤만을 조작한 실험설계를 이용하여, 공격 광고에의 노출이 유권자의 관심과 선거참여를 저하시키는지를 검증했다. 실험결과 부정 정치광고에 노출된 경우 유권자의 투표 참가 의도가 긍정 광고에 노출된 유권자보다 약 5% 낮은 것으로 나타났다. 실험연구에서 밝혀진 효과가 연구설계의 다른 측면에 의해 과장될 가능성이 있기 때문에 1992년 상원의원 선거에 관한 집계 데이터를 사용해 투표 참가자 수와 캠페인 톤을 비교하여 실험결과가 실제 캠페인 환경에서 발생하는지를 반복 측정했다. 1992년에 상원의원 선거가 열린 34개 주의 캠페인 톤을 측정했다. 1992년 상원의원 선거 시 후보자가 상대적으로 부정적인 캠페인을 전개했을 경우 투표 참여는 대략 4%가량 낮아졌다. 결과적으로 부정 정치광고는 유권자로 하여금 약화된 정치 효능감(political efficacy)을 동반한다는 연구결과를 발표했다. 앤솔라베헤어 등의 '탈동원 효과' 주장에 대해 와텐버그와 브라이언(Wattenberg & Brains, 1999)은 NES 서베이 데이터를 이용하여 선행연구의 데이터 설정의 모순점과 집계 데이터의 불일치를 지적했다. 또한 핑켈과 기어(Finkel & Geer, 1998)는 공격 광고는 일부 유권자의 투표 참여를 저해하지만 후보자에 대한 정치적 정보를 강조함으로써 선거결과에 대한 관심의 정도를 증가시키며 소속 정당의 후보 지명자와의 연대를 증가시켜 다른 유권자를 자극할 수 있다고 반박하기도 했다. 특히 칸과 케니(Kahn & Kenny, 1999)는 부정 정치광고의 '탈동원 효과' 주장과 관련하여 유권자는 적절한 방식으로 표현된 부정적 정치광고와 부적절하고 귀에 거슬리는 중상모략 행위 차원의 부정 정치광고의 차이점을 구별할 수 있기 때문에 정당한 비판이 증가하면 유권자의 투표 참여 의지는 증가한다는 연구결과를 제시했다. 이와 같은 일련의 논의에 대해 '탈동원 효과'를 주장한 앤솔라베헤어 등은 반복 연구를 통해 반박 논문들이 사용한 데이터의 타당도(설문조사)에 대한 의문을 제기하면서 자신들의 최초 주장이 옳다는 입장을 거듭 밝혔다(Ansolabehere, Iyengar, & Simon, 1999).[13]

---

13) 앤솔라베헤어 등은 '탈동원 효과'를 반박한 연구들이 사용한 연구방법론의 한계를 지적했다. 예를 들어, 와텐버그와 브라이언이 사용한 서베이 연구방법은 광고 회상이 광고에 대한 실제 노출을 대신해 준다는 전제하에 이루어진 것인데, 이는 잘못된 것이라는 입장이다. 그러면서 서베이 연구방법을 통해 얻은 회상 데이터의 부정확성은 미디어 사용, 정치 참여, 개인건강 연구 분야에서 이미 보고된 바 있다고 지적했다. 결과적으로 앤솔라베헤어 등은 실험연구와 내용분석 연구방법의 조합과 같은 통합적 접근방법을 사용해야만 더 정확한 캠페인 메시지의 효과를 확인할 수 있다고 주장했다.

미디어 선거 캠페인 효과

　라자스펠드 등이 1940년에 실시한 에리군 연구(Erie County Study) 이후 학자들은 수십 년 동안 선거 캠페인 과정에서 미디어가 유권자에게 미치는 효과에 관심을 가져왔다. 그동안 진행된 연구들은 미디어 정치 캠페인이 유권자의 관심, 성향, 태도와 같은 기존의 선유경향(predisposition)을 전환하기보다는 오히려 강화시킨다는 이른바 '소효과(minimal consequences)' 이론을 지지하고 있다(Ansolabehere et al., 1993). 그런데도 선거 캠페인 실무자들은 정치광고로 대표되는 미디어 캠페인에 왜 엄청난 액수의 돈을 쏟아붓고 있다. 그 이유는 무엇일까? 선거 전문가들은 미디어 효과가 학자들이 주장하는 것처럼 결코 작지 않다는 경험칙을 갖고 있기 때문은 아닌가? 그렇다면 캠페인 효과에 관한 학자들의 연구결과와 실무자들의 경험칙 사이에 간극이 존재하는 이유는 무엇일까? 아옌거와 사이먼은 이러한 의문을 제기하면서 정치 캠페인의 효과를 올바로 분석하기 위해서는 새로운 접근방법이 필요하다고 주장한다(Iyengar & Simon, 2000).

　아옌거와 사이먼은 1940년대부터 최근까지 정치커뮤니케이션이나 캠페인의 효과를 제대로 이해하는 데 가장 큰 장애물은 '효과'에 대한 개념 정의와 관계가 있다고 주장한다. 기존의 연구들은 캠페인의 효과를 유권자의 정치적 선호도(political preference) 변경과 같은 태도변화를 의미하는 '설득(persuasion)' 차원에서 정의했다. 따라서 정치커뮤니케이션과 캠페인의 효과가 그다지 크지 않다는 소효과 이론은 어느 정도 타당하다고 하면서, 캠페인 효과를 올바로 밝혀내기 위해서는 효과의 개념을 좀 더 폭넓게 정의할 필요가 있다고 강조한다.

　아옌거와 사이먼이 주장하는 효과의 범주에는 전통적인 설득 개념 이외에도 투표에 참여한 유권자 규모와 구성이 어떻게 변화하느냐에 따라 후보자 지지 결과가 다르게 나타날 수 있기 때문에 투표에 참여한 유권자의 수가 매우 중요하다는 입장이다. 아울러 정보 전달이나 캠페인 의제설정, 그리고 유권자가 후보자를 판단하는 기준을 변경시키는 것에 이르기까지 매우 다양하다.

캠페인 노트: 에리 군 연구(Erie County Study)

라자스펠드는 캠페인 기간에 유권자의 선호경향이 어떻게 변화하는가를 알아보기 위해 1940년 오하이오(Ohio) 주 에리 군의 유권자를 대상으로 인터뷰를 실시했다. 에리 군은 과거 40여 년 동안 인구변동이 거의 없는 지역으로 농업과 기타 산업 종사자가 50:50의 비율을 보이는 지역이었다. 그리고 20세기 이후 여러 차례의 대통령 선거에서 이 지역 주민들의 투표 패턴은 전국의 투표 패턴과 매우 유사한 결과를 보였다. 또한 면접조사지역으로 알맞고, 농촌과 대도시의 중간적 속성을 지니며, 평범한 지역이어서 조사대상지역으로 선정되었다. 이 연구에서 밝힌 선거 캠페인에서 매스미디어의 세 가지 주요 효과는 다음과 같다.

① 잠재적 선유경향을 활성화하는 활성화 효과(activation effects): 유권자의 마음속에 내재해 있는 정치적 성향을 촉진시켜 특정 후보자에게 투표하도록 하는 것. 활성화 효과 단계는 다음과 같은데, ⓐ 선거 캠페인이 선거에 대한 유권자들의 흥미와 관심을 유발 또는 증가 → ⓑ 정치적 선전에 대한 그들의 노출(exposure)을 증가시키고 → ⓒ 유권자들로 하여금 선전내용 가운데 특정 정보를 선별해서 수용하도록 만들며 → ⓓ 특정 후보자와 그의 주장을 인지시켜 투표하도록 결정화(crystallize)한다. 활성화 효과는 이미 어떤 특정 후보에 대해 지니고 있는 관심, 성향, 태도 등만을 촉진하는 일종의 강화효과이다.

② 기존의 선유경향을 강화하는 강화 효과(reinforcement effects): 특정 후보자에 대한 투표 결심이나 지지적 또는 호의적 태도 등을 강화하는 효과. 매스미디어를 통한 선거 캠페인의 세 가지 효과 중 가장 크게 나났다. 매스미디어를 통한 정치적 선전의 강화효과는 전체 유권자 중 약 64%의 유권자 사이에서 일어나 매스미디어를 통한 선거 캠페인은 유권자의 선유경향을 변화시키기보다는 오히려 강화시키는 효과가 크다는 것이 확인되었다.

③ 유권자들의 선유경향 전환효과(conversion effects): 매스미디어를 통한 선거 캠페인의 세 가지 효과 가운데 가장 낮게 나타나는 효과. 최초의 결정을 바꾼 후보는 전체 유권자의 8%에 불과했다. 이를 모두 매스미디어를 통한 선거 캠페인 효과라고 간주하더라도 전환효과는 8%밖에 되지 않았다. 이는 "매스미디어는 수용자들의 기존 태도나 의견을 강화하는 데는 효과가 있지만 그것을 전환시키는 효과는 별로 없다"라는 클래퍼(Klapper)가 주창한 소효과이론의 가정을 뒷받침하고 있다.

앤솔라베헤어 등은 정치커뮤니케이션과 캠페인 효과를 '학습 효과(learning effect)'와 '선택 효과(choice effect)'로 구분하여 설명하고 있다(Ansolabehere et al., 1993). 특히 아옌거와 사이먼(2000)은 메시지에 근거한 전통적인 피하주사식 접근방식(message-based hypodermic approach)[14]보다는 좀 더 복잡한 상호작용적 모델(interactive model) 관점에서 바라봐야만 정치커뮤니케이션과 캠페인 효과를 제대로 파악할 수 있다고 주장하면서, 공명 모델과 전략 모델을 제안했다. 선행연구들을 토대로 캠페인의 다양한 효과와 효과를 바라보는 새로운 이론적 틀을 논리적으로 추론한 앤솔라베헤어 외(1993)의 연구, 아옌거와 사이먼(2000)의 연구내용을 요약하여 정리하고, 이들의 논점을 뒷받침하는 관련 내용을 추가하여 정리하면 다음과 같다.

캠페인 효과

먼저, 뉴스 보도와 정치광고로 대표되는 미디어 캠페인 메시지는 정치적 사건이나 이슈, 그리고 후보자에 대한 정보를 제공한다(학습 효과). 둘째, 미디어가 전달한 정치적 정보에 기초하여 유권자는 어느 후보자가 정치 지도자로서 적합한지를 평가한다(선택 효과). 이론적으로 유권자는 후보자의 가입 정당, 출마 이전의 경험, 연령, 성별, 진보적 또는 보수적 이데올로기, 외모, 정직성, 능력 등 수십 가지에 달하는 후보자 속성을 비교·평가한다. 하지만 실제로는 상대적으로 미디어가 강조하는 몇 가지 측면을 고려하여 평가한다고 학자들은 지적한다.

---

[14] 커뮤니케이션학자 버로(David Berlo)는 '탄환이론(彈丸理論, bullet theory)'을 '피하주사이론(皮下注射理論, hypodermic needle theory)'이라는 이름으로 불렀다. 매스커뮤니케이션의 효과에 관한 최초의 이론인 탄환이론에 따르면 매스미디어는 대중에게 직접적이며, 즉각적으로 강력하고 획일적인 효과 또는 영향력을 미친다. 피하주사이론은 인체의 살가죽 밑에 주사액을 주입하면 치료의 효과가 즉각 나타나는 것과 마찬가지로, 수용자들에게 메시지를 전달하면 효과가 즉각적으로 나타날 것이라고 가정한다(Berlo, 1960: 27~28).

학습 효과

미디어는 유권자에게 투표 장소 및 투표 일시와 같은 기본적인 정보를 제공한다. 그뿐만 아니라 선거에 출마한 후보자의 이름과 주요 선거쟁점, 그리고 후보자의 개인적 특성에 관한 정보도 제공하여 유권자의 투표의사 결정과정에 영향을 미친다. 하지만 언론이 이슈에 대한 후보자의 입장을 보도하기보다는 후보자의 개인적 이미지 요소를, 그리고 누가 당선될 것인가와 같은 당선 가능성을 더 많이 보도한다는 비판이 제기되기도 한다(Patterson, 1993).

① 후보자 이름 및 선거 이슈 학습

특정 후보자의 경우 유권자의 상당수가 그 사람의 특징을 인식하고 있는 반면, 어떤 후보자는 전혀 그렇지 못해 선거에 출마한 후보자들은 차별적인 상태에서 캠페인을 전개하게 된다. 후보자 이름을 기억하는 것은 단순한 친밀감 차원을 넘어서는 중요한 문제이다. 이는 후원금 모금은 물론 자원봉사자 지원 등에도 영향을 미친다. 더구나 후보자에 대한 친밀감은 편안함을 유발해 정치적 지지를 강화하게 하는 효과를 지닌다. 특히 어떤 이슈에 대해 정당 후보들의 입장은 무엇이며, 후보자들 사이에 어떤 차이가 있는지를 구분할 수 있게 도와준다.

② 후보자의 인간적 특성 학습

유권자는 미디어가 보도하는 선거 관련 정보를 통해 후보자가 어떤 사람인지 그의 배경과 자질에 익숙하게 된다. 이러한 미디어 보도내용은 후보자의 정책에 대한 선호도, 개인적 속성, 선거 결과에 대한 인상을 포함한 후보자의 이미지를 차별화시키는 기능을 하기도 한다. 즉, 유권자는 선거보도를 통해 어떤 후보자가 진보적이고 보수적인지, 그리고 소극적이고 열정적인지 알게 되는데, 이러한 후보자 특성들은 선거 승리에 영향을 미치는 중요한 요인들이다. 특히 후보자의 능력과 정직성은 후보자 이미지에 결정적인 영향을 미친다.

> **캠페인 노트 : 매스미디어 캠페인 효과 측정을 위한 설문조사 연구방법의 한계와 대안**
>
> 국내외를 막론하고 매스미디어 캠페인의 효과를 검증한 대부분의 선행연구는 설문조사 연구방법을 사용하여 효과를 측정했다. 그런데 설문조사 연구방법은 변인 간의 인과관계를 확인할 수 없다는 단점이 있는 것은 물론이고 조사대상자들의 회상에 기초하여 정보를 획득하므로 그 정확성마저 의심받고 있는 것이 현실이다(Price & Zaller, 1993). 광고에 대한 회상 능력을 측정한 연구에 따르면, 광고에 노출된 실험참여자의 50% 이상이 30분이 지난 후 자신이 시청한 광고물을 정확히 기억해 내지 못하고 오히려 과장하여 응답하는 경향이 있는 것으로 나타났다(Ansolabehere & Iyengar, 1998). 따라서 앤솔라베헤어나 아옌거와 같은 정치언론학자들은 응답자의 자기보고에 의존하는 설문조사 연구방법을 통해 정치 캠페인의 효과를 밝히는 것은 한계가 있다고 주장한다(Iyengar & Simon, 2000). 이들은 미디어 캠페인 효과를 더 정확하게 측정하기 위해서는 집계수준의 데이터를 이용(aggregate approach)하는 것은 물론이고 장기간에 걸친 패널 서베이 연구가 필요하며, 실험연구방법과 내용분석 연구방법을 병행하여 사용함으로써 설문조사 연구방법이 갖는 한계를 극복할 필요가 있다고 강조한다.
>
> 예를 들면, 내용분석 연구방법과 실험연구방법을 함께 사용하여 후보자의 부정적 캠페인에 노출된 유권자들은 노출되지 않은 유권자보다 투표에 참여할 의향이 낮다는 이른바 '탈동원 효과'를 주장한 앤솔라베헤어 외(Ansolabehere, Iyengar, Simon & Valentino, 1994)의 연구가 대표적이다. 이들은 실험연구를 통해 부정적 캠페인에 노출된 실험집단의 투표의도가 5% 낮다는 연구결과를 확인하고, 선거 캠페인 관련 기사를 내용분석하여 부정적 캠페인과 투표 참여율을 비교하는 방식으로 실험연구결과를 검증한 바 있다. 이 논문은 부정적 캠페인 사용과 투표 참여의 관계를 밝혀낸 중요한 논문으로 많은 연구에 인용되고 있다. 따라서 미디어 캠페인 효과에 관한 좀 더 정교한 논의는 물론이고 연구결과가 현실을 제대로 설명하기 위해서는 방법론의 통합적 사용이 필요하다는 것을 인식할 필요가 있다.

선택 효과

선거과정에서 유권자는 두 가지 선택을 하게 되는데, 이는 투표는 할 것인가, 만약 투표를 한다면 누구에게 투표할 것인가이다. 유권자들의 경우 투표의사 결정은 단순명료하지 않다. 유권자들은 불확실한 상황에서 중요하다고 생각되는 선거 이슈와 후보자의 특성을 결정한다. 이러한 투표의사 결정과정은 '점화를 통한 설득(persuasion-via-priming)' 모델로 설명할 수 있다(Ansolabehere et al., 1993: 148).

① 캠페인 의제설정

선거에 출마한 정치인은 몇 가지 주요 캠페인 이슈를 설정하여 유권자의 관심을 끌기 위해 부단히 노력한다. 현직 후보자는 자신의 성공적인 정책수행을 강조하고, 도전자 입장의 후보자는 현직 후보자의 정책실패를 공격하여 선거 이슈를 공론화하려 한다. 이러한 캠페인 활동은 주로 미디어의 강력한 효과를 통해 이루어진다. 특히 유료 정치광고는 수용자의 선유경향에서 기인하는 선별성의 장벽을 초월하며, 자신에게 유리한 캠페인 의제를 설정할 때 후보자가 메시지 내용이나 방향을 통제할 수 있기 때문에 신문보도나 정치 토론보다 훨씬 유용한 캠페인 수단이다.

② 점화효과: 후보자 평가의 우선순위 결정

점화효과(priming effect)는 미디어의 메시지가 "다른 것은 무시하고 특정 문제에 대한 주의를 환기시킴으로써 정부, 대통령, 공직에 출마한 정치인이 판단되는 기준에 영향을 미치는 미디어의 능력"(Iyengar & Kinder, 1987: 63) 또는 "뉴스에서 특정 이슈, 이벤트, 또는 주제를 정치인을 평가하는 기준으로 분리해 내는 미디어의 힘"(Ansolabehere et. al., 1993: 176)을 의미한다. 즉, 언론이 특정 이슈를 강조해서 보도하면 유권자는 언론이 강조한 이슈와 관련된 개념이나 용어를 지배적으로 사용하게 됨으로써 그들의 정치적 판단이나 선택이 영향을 받게 된다는 것이 바로 점화효과이다.

점화효과는 의제설정 기능의 확장된 형태로서 유권자의 정치적 판단에 큰 영향을 미친다. 유권자들은 점진적인 과정을 통해 선거의 주요 쟁점은 물론 정치 지도자의 자질 가운데 정말 필요한 것은 무엇인가를 알게 되고, 이러한 기준에 근거하여 후보자를 평가한다. 예를 들어, 대통령 선거기간 중에 우리나라가 직면한 가장 시급한 과제는 다름 아닌 내수침체 극복을 통한 경제활성화에 있다고 언론이 강조해서 보도하면 시청자들은 현재의 경제위기를 어느 후보가 잘 극복할 수 있는지를 기준으로 삼아 대통령 후보를 평가하게 된다.

새로운 이론적 접근방법: 공명 모델과 전략 모델

초기부터 지금까지 캠페인 효과를 바라보는 지배적인 관점은 후보자가 적절하게 디자인된 메시지를 전달하여 유권자를 설득한다는 것이었다. 즉, 메시지 내용과 표현 형식이 완벽하다면 유권자들을 설득하여 선거에서 승리하는 것이 가능하다는 입장이다. 피하주사 모델은 효과적인 캠페인은 선거 유형에 관계없이 효과적이라고 가정한다. 이와는 반대로 캠페인에 대한 새로운 이론적 접근방법을 주창한 아옌거와 사이먼(2000: 158)은 캠페인 '주변 환경 조건(environmental surrounding)'과 전략적 논리의 중요성을 강조한다.

공명 모델

캠페인의 효과는 진공상태에서 발생하는 것이 아니라 유권자의 정치적 동기와 태도를 포함한 주요 선유경향 또는 감성과 상호작용하여 그 영향이 발휘된다는 관점이다. 즉, 공명 모델(resonance model)에 따르면 효과는 캠페인 메시지와 유권자의 주요 태도 사이의 적합성 정도를 조건으로 한다. 새로운 정보는 예전의 것과 섞이고, 화학작용에 따라 유권자의 선택은 영향을 받거나 받지 않을 것이라고 가정한다. 따라서 유권자는 자신의 선유경향에 반하는 메시지에는 강력히 저항하고, 조화롭다고 판단하는 메시지는 더 적극적으로 수용할 것이라는 입장이다.

강화 효과는 정치커뮤니케이션 또는 캠페인 메시지와 유권자가 가장 선호하는 선유경향과의 상호작용에서 발생한다. 유권자의 선유경향 가운데 설득에 가장 저항적인 것은 정당 유대감이다. 무소속 유권자가 증가하고 있지만 이들은 자신의 소속 정당을 감추는 것에 불과하며, 정당 유대감은 미국 대통령 선거에서 유권자의 투표성향을 예측할 수 있는 가장 강력한 변인이라고 아옌거와 사이먼은 주장한다. 실제 1940년 이후의 대통령 선거를 대상으로 캠페인 효과를 검증한 대부분의 연구는 캠페인이 유권자의 당파적 성향을 강화시킨다는 연구결과를 제시했다는 역사적 사실을 고려한다면 아옌거와 사이먼의 주장은 설득력이 충분하다.

정당 유대감 이외에 후보자의 개인적 속성 차원에서도 공명 모델이 적용될 수 있다. 이슈 소유권(issue ownership) 이론(Petrocik, 1996)은 개인적 속성에 대한 평가와 밀접한 관련이 있다. 미국의 경우 약물남용, 범죄, 불법이민은 공화당 이슈로, 사회복지, 제도개혁, 의료보장제도 등은 민주당 이슈로 간주된다. 아옌거와 발렌티노의 연구(Iyengar & Valentino, 1999)에 따르면 공화당원은 공화당 이슈를 강조할 때 후보자의 정치광고를 더 정보적인 것으로 평가했으며, 민주당원은 민주당 이슈를 강조할 때 민주당 후보의 광고에 깊은 인상을 받은 것으로 나타났다. 아울러 남성 후보자는 국방이나 범죄 이슈를, 여성 후보자는 어린이 보호와 교육정책을 공약으로 내세울 때 유권자의 신념과 더 잘 공명하는 것으로 나타났다(Iyengar, Valentino, Simon & Ansolabehere, 1997). 따라서 특정 정당이나 여성 후보가 강점을 보이는 특정 이슈에 대해 유권자가 더 잘 조응한다는 것 또한 공명 모델의 이론적 근거로 활용되고 있다.

전략 모델

캠페인 기간에는 후보자와 유권자의 상호작용, 후보자 간의 상호작용, 그리고 후보자와 언론 간의 상호작용이 동시에 발생한다. 전략 모델(strategic model)은 이 같은 다양한 상호작용이 캠페인 효과를 규정한다는 관점이다. 이러한 입장은 유권자의 투표행위는 경쟁자의 캠페인, 유권자의 정당 선호도 및 캠페인에 대한 노출 정도 등의 양 또는 강도의 복잡한 기능임을 알 수 있다. 따라서 후보자는 경쟁자가 어떤 전략을 사용할 것인가를 예측하는 것은 물론이고 뉴스 매체의 캠페인 기사작성 관행을 예측하고 이에 대비할 수 있다.

미국의 경우 1988년 대통령 선거 이후 기자들이 광고를 검증하기 시작하더니 마침내 1992년 선거에서는 주요 방송사가 정치광고 내용의 정확성과 공정성을 검증하는 정치광고 감시 프로그램(Ad Watch)을 방송하기 시작했다. 이러한 캠페인 저널리즘이 등장하게 된 배경에는 정치광고에 거짓말 또는 왜곡되거나 과장된 내용 등이 검증되지 않은 상태로 유권자에게 전달되는 것을 막으려는 의도가 있었다. 그런데 이 프로그램은 캠페인 광고 메시지를 광고가 아닌 뉴스의 형태로 재방송함으로써 최초의 의도와는 다르게 거대한 규모의 수용자가 특정 후보의 광고에 그대로 노출되는, 뜻하지 않은 결과를 초래할 수 있다고 지적된다. 정치광고 감시 프로그램의 효과를 검증한 연구에 따르면, 유권자는 감시 프로그램에서 평가 대상이 된 광고의 메시지에 영향을 받는다고 보고하고 있다(Cappella & Jamieson, 1996; Pfau & Louden, 1994). 따라서 새로운 저널리즘의 한 형태인 정치광고 감시 프로그램은 후보자가 언론의 주목을 받을 수 있는 광고물을 디자인하도록 자극할 수 있다. 뉴스 가치가 있는 광고를 제작함으로써 광고가 목표로 한 유권자에게 다시 한 번 더 다가설 수 있기 때문이다.

후보자의 투표행위를 고려한다면 정당이나 후보자는 경쟁자의 전략과 유권자의 기대수준을 고려해야 하며, 뉴스 매체의 관심을 끌 수 있는 정치광고를 제작하는 전략적인 캠페인을 전개해야 한다. 아옌거와 사이먼이 제시한 전략 모델은 후보자가 자신에게 유리한 캠페인 환경을 조성하는 구체적인 방법론을 담고 있다.

나가는 글

현대사회의 정치는 미디어를 중심으로 이루어진다. 미디어가 정치적 영역에 미치는 영향력은 논란이 있음에도 불구하고 결코 작지 않다는 것이 전문가들의 공통된 평가이다. 하지만 미디어는 유권자와 정치인을 매개하는 수단에 불과하며, 유권자와 정치인 사이의 커뮤니케이션을 대체할 수는 없다. 과거 군중을 동원하는 동원 정치와 금전 수수 등 부정부패의 폐해를 줄이기 위해 미디어를 이용한 선거 캠페인을 강화하는 방향으로 법 개정이 이루어져 왔다.

하지만 현행 선거법은 합동연설회와 정당연설회를 폐지함으로써 정치인이 유권자를 직접 만날 수 있는 커뮤니케이션 채널을 지나치게 규제하고 있다는 비판을 받기도 한다. 미디어 중심의 선거 캠페인이 의도한 바와는 다르게 오히려 유권자의 정치 참여를 제한할 가능성이 있기 때문이다.

일반적으로 매스미디어가 제공하는 정보는 물론, 주변 사람들과의 면대면 접촉을 통해 풍부한 정보를 수집한 후, 그러한 정보를 비교·검토하여 지지 후보나 정당을 결정하는 것이 바람직하다. 하지만 선거과정에서 미디어가 제공하는 선거정보가 유권자의 합리적인 판단을 돕는 데 매우 유용한 것인가에 대해서는 논란의 여지가 많다. 그러므로 무엇보다 먼저 미디어가 전달하는 선거정보에 대한 유권자의 평가가 어떠한지를 과학적으로 진단하는 작업이 선행되어야 한다. 이와 같은 과학적인 연구결과에 기초하여 현재의 미디어 중심의 선거법이 과연 유권자에게 유용한 선거정보의 전달을 담보하는 적절한 법률체계인지에 대한 종합적인 검토가 이루어져야 한다. 필요하다고 판단될 경우 정치인과 유권자의 직접적인 커뮤니케이션 기회를 확대하는 방향으로 법 개정을 적극 추진해야 한다.

생각해 볼 문제

1. 오늘날의 선거에서 미디어를 이용한 감성적 이미지 캠페인 전략의 중요성은 이전보다 훨씬 커졌다. 이미지가 실체(substance)를 대신하여 바람직하지 못하다는 비판의 목소리가 높다. 이미지 중심의 정치에 대해 비판적으로 논의해 보자.

2. 자신과 주변 사람의 정치적 정보 획득 경로에 대해 분석해 보자. 아울러 매스미디어 가운데 어떤 미디어에 상대적으로 더 의존적인지도 확인해 보자.

3. 여러분이 중요하다고 생각하는 사회·정치적 이슈는 어떤 과정을 통해서 인식하게 되었는지 그 경로를 추적해 보자. 신문·TV·인터넷 미디어를 접한 결과인지, 주변 사람들과의 대인접촉을 통해 얻은 것인지, 또는 미디어와 대인접촉 두 가지 경로 모두를 통해 얻은 것인지를 되돌아보자. 두 경로 모두일 때 미디어와 대인접촉 중 어느 쪽이 더 비중 있는 소스인지를 판단해 보자.

4. 현재 한국의 선거법은 저비용 고효율, 부정선거 방지와 공정선거 실현 등을 목표로 하여 미디어 중심 선거체계를 강화하는 방향으로 개정이 이루어졌다. 이 같은 법의 개정이 정치권 및 유권자에게 미칠 수 있는 영향으로 어떠한 것들을 고려할 수 있을까? 이에 대해 토론해 보자.

5. 이슈 소유권(issue ownership) 이론은 개인적 속성에 대한 평가와 밀접한 관련이 있다. 우리나라 정당을 대상으로 정당의 이슈 소유권 개념을 적용한다면 정당별로 어떠한 개념을 적용할 수 있는지를 논의해 보자.

6. 최근 실시된 선거에서 스폰서인 정당이나 후보자를 긍정적으로 표현하는 긍정 광고가 많이 사용되었는지, 또는 경쟁관계에 있는 정당이나 후보자를 부정적으로 묘사하는 공격 광고가 많이 사용되었는지를 비교해 보자. 아울러 긍정 광고 및 부정 광고의 사용이 후보 유형(여당

후보 대 야당 후보)에 따라 차이가 있는지도 함께 비교해 보자.

7. 신문 및 텔레비전 정치광고에 노출된 후에 본인의 경우 노출 전과 비교했을 때 ① 특정 정책이나 정치인에 대한 지식이 증가했는지, ② 특정 정당이나 정치인에 대한 평가가 바뀌었는지를 진단해 보자. 그리고 이러한 결과가 다른 가족들에게도 발견되는지 또는 차이가 있다면 어떠한지를 비교해 보자.

8. 텔레비전 토론 프로그램을 시청한 후에 본인의 경우 시청 전과 비교했을 때 ① 특정 정책이나 정치인에 대한 지식이 증가했는지, ② 특정 정당이나 정치인에 대한 평가가 바뀌었는지를 진단해 보자. 그리고 이러한 결과가 다른 가족들에게도 발견되는지 또는 차이가 있다면 어떠한지를 비교해 보자.

9. 언론에 보도된 선거 캠페인 관련 기사 가운데 상대 후보를 비판적으로 공격하는 부정적 캠페인 수사가 많이 보도되는지, 또는 후보자 자신에 대한 긍정적인 내용을 강조하는 캠페인 수사가 많이 보도되는지를 분석해 보자.

▮참고문헌▮

권혁남. 1997. 『한국언론과 선거보도: 정치커뮤니케이션의 현실논리』. 나남.
권혁남·김춘식. 2005. 「제17대 총선 유권자의 미디어 이용행태 및 평가」. 권혁남·김춘식·양승찬·이강형 지음. 『미디어와 유권자: 미디어의 영향에 관한 이론적 접근』. 커뮤니케이션북스.
김춘식. 2005. 『대통령선거와 정치광고』. 한국방송광고공사.
이강형. 2005. 「정치참여에 대한 미디어 이용, 정치적 냉소주의 및 정치효능감의 영향」. 권혁남·김춘식·양승찬·이강형 지음. 『미디어와 유권자: 미디어의 영향에 관한 이론적 접근』. 커뮤니케이션북스.

Alger, D. E. 1989. *The media and politics*. Englewood Cliffs, NJ: Prentice Hall.

Ansolabehere, S., R. Behr, & S. Iyengar. 1993. *The media game: American politics in the television age*. Boston, MA: Allyn and Bacon.

Ansolabehere, S. & S. Iyengar. 1998. "Messages forgotten: Misreporting in surveys and the bias toward minimal effects." Dept. of Political Science, unpublished paper(Iyengar & Simon, 2000에서 재인용).

Ansolabehere, S., S. Iyengar, & A. Simon. 1999. "Replicating experiments using aggregate and survey data: The case of negative advertising and turnout." *American Political Science Review*, 93(4), pp.901~909.

Ansolabehere, S., S. Iyengar, A. Simon, & N. Valentino. 1994. "Does attack advertising demobilize the electorate?" *American Political Science Review*, 88(4), pp.829~838.

Berelson, B. R., P. F. Lazarsfeld, & W. N. McPhee. 1986. *Voting: A study of opinion formation in a presidential campaign*(Midway Reprint Edition). Chicago, Ill: University of Chicago Press.

Berlo, D. K. 1960. *The process of communication*. New York: Holt, Rinehart and Winston.

Cappella, J. N. & K. H. Jamieson. 1996. "News frames, political cynicism and media cynicism." *Annals of the American Academy of Political and Social Science*, 546, pp.71~84.

_____. 1997. *Spiral of cynicism: The press and the public good*. New York: Oxford University Press.

Davis, R. 1992. *The press and American politics: The new mediator*. New York: Longman.

Devlin, L. P. 2001. "Contrasts in presidential campaign commercials of 2000." *American Behavioral Scientist*, 44(12), pp.2338~2369.

_____. 2005. "Contrasts in presidential campaign commercials of 2004." *American Behavioral Scientist*, 49(2), pp.279~314.

Finkel, S. E. & J. G. Geer. 1998. "A spot check: Casting doubt on the mobilizing effect of attack advertising." *American Journal of Political Science*, 42(2), pp.573~595.

Graber, D. 1989. *Mass media and American politics*. 3rd ed. Washington, DC: CQ Press.

Holley, J. K. 1991. "The press and political polling." In P. Lavrakas & J. Holley(eds.). *Polling and presidential election coverage*. Newbury Park, CA: Sage.

Iyengar, S., & D. R. Kinder. 1987. *News that matters: Television and American opinion*. Chicago, Ill: University of Chicago Press.

Iyengar, S. & A. F. Simon. 2000. "New perspectives and evidence on political communication and campaign effects." *Annual Review of Psychology*, 51, pp.149~169.

Iyengar, S. & N. A. Valentino. 1999. "Who says what: Source credibility as a mediator of campaign advertising." In A. Lupia, M. D. McCubbins, & S. Popkin(eds.). *Elements of reason: Cognition, choice and the bounds of rationality*. New York: Cambridge University

Press.

Iyengar, S., N. Valentino, A. F. Simon, & S. Ansolabehere. 1997. "Running as a woman: Gender stereotyping in women's campaigns." In P. Norris(ed.). *Women, media and politics*. New York: Oxford University Press.

Jamieson, K. H. 1992. *Dirty politics: Deception, distraction, and democracy*. New York: Oxford Univ. Press.

_____. 1996. *Packaging the presidency: A history and criticism of presidential campaign advertising*. New York: Oxford University Press.

Kahn, K. F. & P. J. Kenny. 1999. "Do negative campaigns mobilize or suppress turnout? Clarifying the relationship between negativity and participation." *American Political Science Review*, 93(4), pp.877~889.

Kaid, L. L. 1981. "Political advertising." In D. D. Nimmo & K. R. Sanders(eds.). *Handbook of political communication*. Beverly Hills, CA: Sage.

_____. 1999a. "Political advertising: A summary of research findings." In B. Newman(ed.). *Handbook of political marketing*. Thousand Oaks, CA: Sage.

_____. 1999b. *Television and politics in evolving European democracies*. Commack, NY: NovaScience.

_____. 2004. "Political advertising." In L. L. Kaid(ed.). *Handbook of political communication research*. Mahwah, NJ: LEA.

Kaid, L. L. & C. Holtz-Bacha. 1995. "Political advertising across culture: Comparing content, style, and effects." In L. L. Kaid & C. Holtz-Bacha(eds.). *Political advertising in Western democracies: Parties and candidates on television*. Thousands Oaks, CA: Sage.

Kaid, L. L. & A. Johnston. 2001. *Videostyle in presidential campaigns: Style and content of televised political advertising*. Westport, CN: Praeger.

Lazarsfeld, P. F., B. Berelson, & H. Gaudet. 1948. *The people's choice: How the voter makes up his mind in a presidential election*. New York: Columbia University Press.

Lipset, S. & W. Schneider, 1987. "The confidence gap during the Reagan years, 1981-1987." *Political Science Quarterly*, 102, pp.1~23.

Patterson, T. E. 1980. *The mass media election: How Americans choose their president*. New York: Praeger.

_____. 1993. *Out of order*. New York: Alfred A. Knopf.

Patterson, T. E. & R. D. McClure. 1976. *The unseeing eye*. New York: G. P. Putnam.

Perloff, R. M. & D. Kinsey. 1992. "Political advertising as seen by consultants and journalists." *Journal of Advertising Research*, 36, pp.53~60.

Petrocik, J. R. 1996. "Issue ownership in presidential elections with 1 1980 case study."

American Journal of Political Science, 40(3), pp.825~850.

Pfau, M. & A. Louden. 1994. "Effectiveness of ad watch formats in deflecting political attack ads." *Communication Research*, 21(3), pp.325~341.

Price, V. & J. Zaller. 1993. "Who gets the news?" *Public Opinion Quarterly*, 57, pp.133~164.

Trent, J. S. & R. V. Friedenberg. 2000. *Political campaign communication: Principles and practices*. Westport, CT: Praeger.

Wattenberg, M. P. & C. L. Brians. 1999. "Negative campaign advertising: Demobilizer or mobilizer?" *American Political Science Review*, 93(4), pp.891~899.

― 제3부 ―

미디어와 문화연구

기호학과 포스트모더니즘 _ 하윤금
텔레비전 리얼리즘과 담론 _ 조종혁
이주노동자 미디어의 문화정치적 함의 _ 김영찬

제9장 기호학과 포스트모더니즘

하윤금 | 한국방송영상산업진흥원 책임연구원

기호학은 현대 대중문화와 미디어 연구의 분석 방법론으로 모더니즘의 전통 속에 있는 구조주의로부터 나왔다. 20세기 사회과학의 주요한 인식론적 혁명 중 하나인 구조주의는 모든 사회현상 속에는 이성으로 추론 가능한 보편적 구조가 내재해 있다는 관점이다. 기호학 역시 이와 같은 맥락에서 사회현상(또는 텍스트나 담론)을 내재하는 형태, 즉 구조를 통해 분석하려는 입장이다.

이에 비해 포스트모더니즘은 모더니즘에 대한 반작용 또는 연장선상에서 나타난 사회·문화적 이념 경향으로, 근대의 합리성과 이성, 거대서사를 부정하고, 현실을 파편적·이질적·다원적으로 인식하는 후기산업사회, 포스트포디즘 사회, 정보화 사회 등의 변화된 사회의 특질이자 현상이다.

중요 개념 및 용어 | 구조, 서사, 탈산업화, 시뮬라시옹, 해체주의

현대 대중문화와 미디어 연구를 위한 분석방법인 기호학(semiotics)은 구조주의(structuralism)적 전통 속에서 생성되었다. 20세기 사회과학의 주요한 인식론적 혁명 중 하나인 구조주의는 사회현상을 내재하는 형태, 즉 구조(structure)를 통하여 바라보고 분석하려는 입장이다. 이런 관점은 소쉬르(Ferdinand de Saussure)의 구조언어학을 중심으로 레비스트로스(Lévi-Strauss)의 인류학, 야콥슨(R. Jakobson)의 언어학, 라캉(J. Lacan)의 정신분석학, 알튀세르(L. Althousser)의 정치철학 등을 통하여 정립되었다. 기호학은 이런 구조주의 입장을 텍스트 분석방법론의 차원에서 이론화한 것이라 할 수 있다. 그러므로 구조주의적 기호학은 기호를 구조라는 보편적인 논리적 틀로서 바라볼 수 있다는 관점에서 모더니즘(modernism)의 전통 속에 위치한다고 할 수 있다.

이에 비해 포스트모더니즘(post-modernism)은 모더니즘의 경향에 대한 반작용 또는 연장선상에서 나타난 문화 예술적·이념적 경향이라고 할 수 있다. 모더니즘이 근대의 합리성과 논리를 주장하며 거대담론(grand narrative)의 보편성을 주장하는 이념이라면, 포스트모더니즘은 이에 대한 도전이라 할 수 있다. 이런 의미에서 모더니즘적인 구조주의에 반대하는 포스트구조주의(post-structuralism)는 포스트모더니즘과 조우하면서 포스트모더니즘의 이론적 근거가 된다. 이와 같은 이론적 관계에 있는 기호학과 포스트모더니즘의 내용을 좀 더 자세히 살펴보자.

기호학

기호학이란 1950년대 프랑스를 중심으로 한 현대사상 조류인 구조주의를 근간으로 언어학·철학·문학·정신분석학·인류학 등 다양한 학문들의 집합에 의해서 생성된 분석방법론이다. 구조주의와 기호학의 기본 개념은 언어학자인 소쉬르의 '일반언어학'에 의해 이론화된다. 소쉬르는 당시까지 역사적·문헌학적 접근을 통해 연구되던 언어학을 구조를 통해서 살펴보는 방법을 적용하여 독자적인 자율성을 가진 학문으로 정립한다.

소쉬르는 각 나라마다 서로 다르고 다양한 방식으로 사용되는 수많은 언어를 연구하기 위하여 우선 언어를 실제적으로 사용되는 개별적인 언어인 파롤(parole)과 수많은 언어 속에 공통적으로 존재하는 보편(universal) 규칙의 체계인 랑그(langue)로 나누었다. 랑그는 혼돈된 언어현상에 형태(form)를 부여하고 이를 통하여 언어를 구조적으로 바라볼 수 있도록 해주는 것으로, 구조언어학의 연구 대상은 랑그의 보편규칙을 발견하는 것이다.

이와 같은 소쉬르의 언어학 연구방법은 레비스트로스에 의해 사회과학에도 적용되었다. 특히 인류학의 연구 대상인 원시부족에 대한 연구는 각 부족을 이루는 기본적인 구조를 밝히는 것인데, 이 기본구조는 보편적으로 친족구조·공간구조·교환구조 등으로 이루어진다. 이 구조는 각각을 이루는 요소들과 이 요소들의 조합으로 이루어진 체계이다. 레비스트로스는 원시부족의 친족구조를 여성의 이동을 통해 이루어지는 교환(communication)구조로 설명을 하였다. 이는 서구 사회의 결혼 제도와 마찬가지인데 이를 통하여 원시부족의 친족체계와 서구 사회의 친족체계가 서로 동형적 구조임을 밝혔다.

이와 같이 구조언어학의 방법론은 사회과학에도 적용 가능한 보편성을 가진 학문방법론이 되는데 현실의 다양한 현상 속에는 이들을 공통으로 아우르는 보편적인 규칙, 구조, 문법이 존재한다고 가정하고, 이런 보편적인 구조를 발견하여 현상을 논리적으로 설명하려는 작업이 구조주의와 기호학의 작업이 된 것이다.

이와 같은 연구방법론은 사회과학 전반에 적용되었는데 대표적으로는 정신분석학에 적용시킨 라캉, 마르크스주의에 적용한 알튀세르, 문학비평에 적용한 바르트(R. Barthes), 구조의미론에 적용한 그레마스(A. J. Greimas) 등의 이론이 있다. 특히 바르트와 그레마스는 구조주의 언어학에서 출발하여 문학비평과 구조의미론(structural semantics)을 거쳐 이를 기호학으로 발전시킨 구조주의적 기호학자들이라고 할 수 있다.[1]

하지만 구조주의와 기호학의 관점에는 사회나 사회적 현상 속에 이성으로 추론할 수 있는 보편적인 구조가 있다는 사고와 이 구조를 통하여 현상을 관찰하고 과학적으로 분석할 수 있다는 모더니즘의 관점이 깔려있다. 그리고 기호학 역시 분석 대상을 기호로 상정하고 기호의 보편적 구조를 밝히는 것을 학문의 목표로 하고 있으며, 이런 의미에서 모더니즘적 세계관을 공유하고 있다고 볼 수 있다.

기호학의 정의

　기호학에 대한 정의는 처음 소쉬르에 의하여 "사회적 삶의 한복판에서 기호(sign)들의 삶을 연구하는 학문"으로 규정되었다. 이는 기호학이 사회과학적 연구가 되어야 함을 의미하는 것이다. 이와 같은 기호학은 1900년대 초기에 가장 발달된 기호인 언어기호의 이론, 즉 신생 학문인 언어학을 통하여 발전하였다. 소쉬르의 구조언어학은 실제적으로 사용되는 언어인 파롤들 속에 내재하는 보편적 언어문법인 랑그에 대한 연구를 하였다. 이를 위하여 언어를 기호들 중에서 가장 발달된 기호로 규정하면서 언어기호를 기표(signifiant)와 기의(signifié)로 나누고 다시 이들의 합과 관계에 대해 연구하였다. 마찬가지로 기호학 연구도 수많은 기호현상 속에 내재해 있는 보편문법을 찾고 이를 통하여 기호를 이루는 기표와 기의 간의 관계, 이들의 합에 의해 만들어지는 의미작용(signification)과 기호문법을 찾는 작업을 하는 것이다.

　소쉬르는 학문이란 연구 대상과 연구방법이 확립되어야 한다고 주장하면서, 언어학과 기호학의 연구 대상은 언어현상과 기호현상이고, 연구방법은 구조적이고 공시적(synchrony)인 접근이라고 주장하였다. 여기서 공시적이라 함은 역사적인 통시적(diachrony) 방법이 아니라 같은 시공간에서 요소들 간의 비교를 가능하게 해주는 동시성을 가진 방법을 말한다.

---

1) 하지만 이 이론들도 1970년대 말을 지나면서 포스트구조주의적 기호학으로 변화된다.

기호의 정의

기호학이 기호의 체계를 연구하는 학문이라고 할 때, 기호는 이 세계의 의미를 구성하는 요소 또는 모든 의미분석의 대상(object)을 지칭한다. 그레마스는 '자연세계 기호학(natural world semiotics)'이라고 하여 이 세계의 모든 대상은 모두 기호학의 분석 대상이 될 수 있다고 하였다. 한편의 영화를 기호학적으로 분석해 보려고 한다면 영화가 기호가 되는 것이며, 한편의 그림을 분석해 보려고 한다면 그림이 기호가 된다. 그리고 이미 바르트가 시도한 것처럼 우리가 입는 의상도 기호학적 분석 대상인 기호가 될 수 있다. 생물학자에게는 길거리의 풀 한 포기도 의미를 가진 기호가 될 것이며, 지질학자에게는 굴러다니는 도로 위의 돌멩이도 기호가 된다. 이처럼 기호학자에게는 이 세상의 모든 현상이 분석 대상인 기호가 되는 것이다.

이런 기호들 중에는 의미가 고도로 체계화된 언어기호와 같은 기호가 있는 반면 아직도 체계화가 명확하지 않은 음향기호·후각기호 등도 있다. 언어기호는 음성기호와 문자기호로 구분될 수 있고, 그 외에도 공간기호·음악기호·영상기호 등이 있으며, 이들이 합쳐진 복합적인 기호인 영화기호·광고기호 등도 있다. 또 기호와 유사한 의미로 사용되는 텍스트(texte)·담론(discourse) 등도 역시 기호와 같은 의미인데, 텍스트나 담론은 다양한 기호들의 집합에 의한 것으로 볼 수 있다.

기호학적 분석방법

그렇다면 기호학의 분석방법은 무엇인가? 기호를 분석하기 위한 방법은 학자마다 다르고 다양하다. 각 기호학자들은 기호를 분석하기 위한 방법론을 나름대로 정립하였는데, 대표적인 학자들이 바르트·그레마스·토도로프(Todorov)·즈네트(Genette)·브레몽(Bremon) 등이다. 이들 기호학자는 주로 언어기호에서 출발하여 문학기호, 즉 문학 텍스트를 분석 대상으로 삼아 연구를 진행하였기 때문에 문학 텍스트의 분석을 위주로 하는 기호학적 분석방법을 고안하였다. 문학 텍스트의 특징은 서사(narrative)를 포함하는 것인데 이들은 서사란 모든 담론과 텍스트에 내재하는 보편적인 특질로 인식하였다. 그러므로 그들의 방법은 주로 문학 텍스트와 유사한 형태의 기호, 즉 서사가 있는 텍스트의 분석을 위한 기호학적 분석방법론이라 할 수 있다. 구조주의자들인 기호학자들이 흥미를 느끼는 것은 문화적 텍스트나 작품에 내재하는 규칙들이다. 즉, 의미를 존재하게 만드는 것은 구조이므로 기호학자들의 과제는 의미의 생산을 지배하는 구조의 규칙과 관습들을 밝혀내는 것이다. 간단하면서도 명확한 구조의 분석을 통해 한 사회의, 한 텍스트의 의미의 망을 밝힐 수 있다.

이 같은 분석방법과 더불어 다양한 비기호학적 분석방법론도 도입할 수 있다. 예를 들어 분석 대상인 영화 텍스트를 정신분석학적 입장에서 분석하려고 한다면 기호학을 통해 텍스트의 의미망을 분석하고 이를 정신분석학을 통하여 해석할 수 있다. 그리고 자본주의 사회비판의 측면에서 살펴보기 위해서는 기호학과 더불어 마르크스나 알튀세르의 이론을 방법론으로 채택할 수 있다. 이처럼 기호나 텍스트 의미의 논리적 구조의 분석을 위해서는 기호학을, 그리고 이에 대한 해석을 위해서는 백과사전적인 다양한 이론들이 동원될 수 있다.[2] 여기서 살펴보려는 것은 구조주의 언어학의 맥을 이어 문학비평과 구조의미론으로부터 도출된 구조주의 기호학의 기본적인 분석방법들이다.

기표와 기의 분석

먼저 기표와 기의 분석은 기호학적 분석의 기본이 된다. 분석 대상인 기호가 선택되면 이 기호를 기호학적으로 어떻게 분석할 것인지를 결정하여야 한다. 가장 단순한 분석방법은 기호를 계속해서 더 작은 단위로 나누는 것이다. 이를 위하여 소쉬르는 기호를 기표와 기의로 나누어서 살펴볼 것을 제안하였다.

---

[2] 기호학과 비기호학적 분석방법이 도입된 분석의 예는, 하윤금(1998) 참조.

$$\text{기호(sign)} = \frac{\text{기의(signifié)}}{\text{기표(signifiant)}} = \text{의미작용(signification)}$$

즉, 기호는 기표와 기의의 합으로 이루어진다. 이때 기표란 표현(expression)의 측면이고, 기의란 의미, 즉 내용(content)의 측면을 말한다. 그러므로 기호는 기표와 기의의 합에 의하여 의미작용이 드러난다고 볼 수 있다. 이를 영화기호를 통해서 살펴보면 영화기호는 표면으로 드러나는 영상·음성·음향·음악 등과 같은 시각·청각기표 등과 그것에 상응하는 기의들의 조합으로 동영상 기호를 만들어 의미작용을 전달하는 것이라 볼 수 있다. 이때 기표는 표현 면, 기의는 내용 면이라 할 수 있다. 그리고 기호는 이런 표현과 내용의 합에 의해 의미작용이 드러난다. 그러므로 기호는 기표와 기의의 분리를 통하여 각각의 요소와 체계를 분석하고 이들의 합인 기호가 나타내는 의미작용을 살펴보는 것이 필요하다. 예를 들면 어떤 영화 속에서 사람의 얼굴을 백색의 조명과 어두운 흑색의 조명이 교차되어 비추는 장면이 나타난다면, 백색 조명의 기표와 흑색 조명의 기표는 전체 조명의 기표들 속에서 서로 대립되는 요소가 되고 이 각각의 기표는 어떤 기의와 연결되는지를 살펴볼 수 있을 것이다. 그때 백색조명 대 흑색조명 = 밝음(긍정) 대 어둠(부정)의 기의와 연결되는 분석의 결과가 나왔다면, 이는 다음과 같이 나타낼 수 있다.

기표 차원	대(對)	기의 차원
백색 조명	:	밝음(긍정)
흑색 조명	:	어둠(부정)

그리고 백색조명의 기표는 사람의 얼굴이라는 기표 위에 비쳤을 때, '밝음(긍정)'이라는 기의와 '얼굴'이라는 기의가 합쳐져 '희망적인 얼굴'이라는 의미작용을 생산할 수도 있고 '즐거움에 찬 얼굴'이라는 의미작용을 생산할 수도 있다. 반면 흑색조명에 비쳐진 얼굴의 경우 '슬픈 얼굴', '절망적인 얼굴'과

연결될 것이다. 이처럼 기호(조명 비친 얼굴)를 기표와 기의로 나누고 다시 이 둘의 합이 자아내는 의미작용을 분석해 볼 수 있다.

1차 의미(denotation) / 2차 의미(connotation)

앞의 기표와 기의 개념을 가지고 바르트는 1차 의미체계와 2차 의미체계를 분리하여 현대의 신화(myth)를 분석해 내는 방법론을 정립하였다. 이 분석방법론은 구조언어학자인 엘름슬레브(Hjelmslev)에 의하여 정초된 것인데, 바르트는 이를 쉽게 사용할 수 있는 분석방법으로 정립하였다.

바르트에 의하면 1차 의미체계는 외연(denotation)으로, 우리가 일상적으로 사용하고 있는 의미체계라고 할 수 있다. 이에 비해 2차 의미체계는 이런 일상의 의미체계에서 한 단계 더 심층으로 내려갔을 때 나타나는 의미체계로, 이를 내포(connotation)라고 하였다. 바르트는 일상의 의미체계는 지극히 당연한 의미를 전달하는 1차 의미체계로 누구든지 의심 없이 받아들이지만, 이와 같은 의미체계를 한 단계 더 내려가서 살펴보면 그 속에는 미처 인식하지 못했던 가려진 의미체계가 나타난다고 했다. 이와 같이 2차 의미를 숨기고 1차 의미로만 통용되는 의미체계를 '신화(myth)'라고 하였다. 이 의미체계를 도식화 해보면 <표 9-1>과 같다.

<표 9-1> 신화체계

1차 기호(의미)체계 (denotation)	기표 1	기의 1	
	기호 1		
2차 기호(의미)체계 (connotation)	기표 2 (기호 1)		기의 2
	기호 2		

여기서 신화란 기호 1이 항상 또 다른 기의 2를 내포하여 기호 2로 작용함에도 일반적으로는 기호 2가 기호 1로 통용되는 구조이다. 이는 1차 기호(의미)체계의 기호 1은 2차 기호(의미)체계의 기표로 작용하는 구조이다. 그러므로

현실에서 당연한 것으로 통용되는 1차 의미체계는 반드시 의심해 봐야 한다는 것이 바르트의 지적이다. 그리고 이와 같은 2차 의미체계를 밝혀내는 작업을 '탈신화화(démythification)' 과정이라고 불렀으며 이는 대중문화를 독해하는 기호학적 모델로 제시되었다.

이처럼 바르트가 일상 기호의 외양 이면에 숨겨져 있는 신화적 이데올로기의 남용을 찾아내려는 작업이 기호학의 임무라고 하였을 때, 그것은 말 없이 진행되는 '명백한 것의 허위성'에 대해 의문을 제기한 것이다. 그가 신화라고 하는 것은 사회의 지배계급의 가치와 이익을 증진시키고 유지시키는 생각과 실천이 기호체계 속에 숨겨져 통용되는 체계를 말하는 것이고, 이를 위해서는 기호의 평면성이 아니라 다의성, 복수성의 2차 의미와 잠재성을 이해해야 한다는 것이다. 그는 "수용자가 신화를 의심 없이 받아들이는 이유는 이를 기호학적 2차 체계로 보지 않고 귀납적 1차 체계로 보기 때문이며 기표가 기의와 일치할 때 수용자는 이것을 인과(causal)법칙의 과정으로 보며, 이때 기표와 기의는 자연스런 관계를 가진 것처럼 보인다"라고 말한다(바르트, 2002: 142).

이처럼 바르트의 2차 의미체계는 우리에게 문화적 텍스트나 실천들이 어떤 이데올로기에 바탕을 두고 표현되는지를 밝힌다. 즉, 미디어를 통하여 전달되는 표현·언술·재현 등과 같은 표출된 언어, 이미지들은 그 속에 1차 의미뿐만 아니라 그것을 통하여 2차 의미, 즉 이데올로기를 포함하고 있다고 말한다.

이분법(binarism)

기호학의 분석방법 중 가장 자주 사용되는 것이 이분법이다. 소쉬르에 의하면 이분법이란 의미가 생성되는 기본구조로 기호 속에서 적어도 두 가지 요소들 사이의 대립관계를 말한다. 왜냐하면 기호학에서 의미란 대립(opposition)이나 차이(difference)에 의하여 생긴다고 보기 때문이다. 예를 들어 선(good)이 있기 때문에 악(evil)도 존재하는 것이라는 주장이다. 그러므로 의미를 만들어 내는 것은 이와 같은 이분법적 대립구조이다. 의미란 본질적인 의미를 내포함으로써가 아니라 그 체계 내에서 반대와 대조라는 내재적 구조가 작동된 결과이다. 이와 같은 이분법은 기표와 기의에 모두 적용된다.

다음은 이분법을 적용한 예이다.

외부 세계	:	내부 세계
안	:	밖
밝음	:	어둠
자유	:	구속

이와 같은 이분법은 4분법인 기호학 사각형의 바탕이 된다.

기호학 4각형(semiotic square)

텍스트 분석방법인 이분법은 가장 기초적이며 단순하여 분석력이 높지만 단순논리로 그칠 우려가 있다. 이와 같은 단순분석을 한층 심화시킨 방법이 기호학 사각형 분석이다. 기호학 사각형은 이분법의 집합에 기초한 두 가지의 서로 다른 대립관계, 즉 반대관계(contrariety), 모순관계(contradiction)의 합과 포함관계인 전제관계(presupposition)에 의하여 이루어진다. 다음은 기호학 4각형의 도식이다.

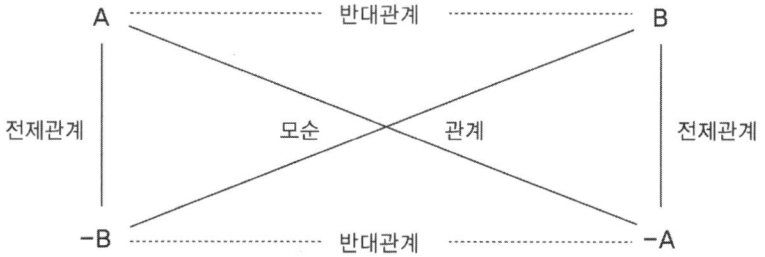

이때 반대관계는 A 대 B, -A 대 -B 간의 관계를 말하며, 모순관계는 A 대 -A, B 대 -B의 관계이다. 여기서 반대관계는 질적 대립(qualitative opposition)

으로 서로 다른 성질(quality)이 대립되는 것이라고 한다면, 모순관계는 양적 대립(quantitative opposition)으로 같은 성질 내에서 서로 배제·비배제 관계를 이루고 있는 것이라 할 수 있다.

이것을 예로 든다면 무채색의 차원에서 A가 '흰색'이라면 B는 '검은색'이라고 할 수 있고, A가 '흰색'일 때 -A는 '흰색이 아닌 것', 즉 '회색'에서 '검은색'에 이르기까지의 영역이라고 할 수 있다. 이때 A 대 -B, B 대 -A의 관계는 전제관계 또는 포함관계를 이룬다고 할 수 있는데, 앞의 무채색의 예를 계속 든다면 -B(검은색이 아닌 것)는 A(흰색)에 포함(전제)관계가 되면, -A(흰색이 아닌 것)는 B(검은색)에 포함(전제)관계가 되는 것이다. 그러므로 두 가지 대립관계에 의하여 만들어진 이와 같은 기호학 사각형은 그들 관계의 동적 흐름이 이루어지는 다음과 같은 사각형의 성질도 가지게 된다.

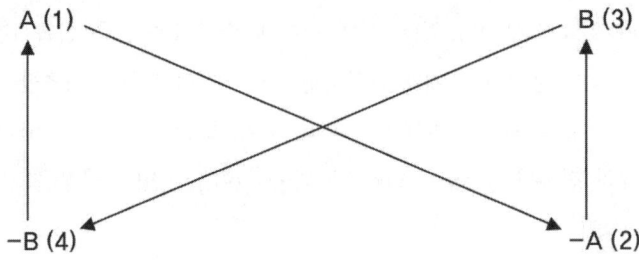

위의 사각형은 그 흐름이 A → -A → B로, 다시 B → -B → A로 진행되는 동적 구조가 된다. 이것은 '흰색'(A)은 '흰색이 아닌 색'(회색 → 짙은 회색)에서 '검은색'으로 진행하고, '검은색'은 '검은색이 아닌 색'(회색 → 밝은 회색)에서 '흰색'으로 진행하는 경로를 가진다. 이것을 기호학 사각형의 동적 구조라고 하였는데 이는 서사구조의 기초적인 모델이 되기도 한다.

이를 예를 들어 설명해 보자. 어떤 소설 속에서 두 남녀의 '사랑'과 '배신'에 관한 이야기를 다루었다면, 이를 기호학 사각형을 통해 서사구조를 분석해 보면 A에는 '사랑'이, B에는 '배신'이 위치할 수 있다. 이 이야기가 사랑하던 사람들의 '배신'에 관한 이야기인 경우는 A(사랑) → -A(불신, 미움 등) → B(배신)로 이동하는 서사구조를 가진 것으로 추론해 볼 수 있고, 만약 이 두 남녀 간의 '배신'이 다시 '사랑'을 되찾는 것으로 이야기가 전개된다면 B(배신) → -B(배신이 아닌 것, 정, 오해의 풀림 등) → A(사랑)로 진행될 것이다.

서사 분석

기호학에서 가장 중심이 되는 서사구조(narrative structure) 분석은 학자마다 다른 형태를 띤다. 이는 서사구조를 체계화하는 것의 어려움 때문이다. 프랑스의 기호학자들과 구조주의 문학비평가들에 의해 이루어진 서사이론은 학자마다 서사에 대한 개념을 달리하고 있다. 서사문법으로 불리는 서사이론은 문학의 구조, 즉 문학성(literality)에 대한 탐구라고 할 수 있다. 문학성의 탐구는 문학을 이루는 기본구조를 서사라고 보고 서사성(narrativity)을 밝히려고 한 것이다. 서사 이론가들에 의하면 서사란 '줄거리(story, histoire)'와 '이야기(discourse, narration)'로 나뉜다. '줄거리'란 이야기의 뼈대가 되는 이야기의 구조라고 할 수 있고, '이야기'란 줄거리가 텍스트 속에서 사건들을 구성된 순서에 따라 제시하는 것 또는 사건들의 연결을 가리킨다. 그러므로 작품 속에서는 줄거리 순서로 이야기가 전개되기도 하고 아니면 앞과 뒤가 뒤섞여 제시되기도 한다. 그리고 서사이론가들은 다시 이야기를 이야기언술(narrated)과 이야기언술행위(narration)로 나누기도 한다.

① 이야기 이론

서사구조를 이루는 주요 요소인 이야기는 '이야기언술'과 '이야기언술행위'로 나뉜다. '이야기언술'이란 '이야기언술행위'를 통해 이야기된 것이라면 '이야기언술행위'는 이야기언술을 이야기하는 것을 말한다. 예를 들면 "나는 '학교에 갔다'라고 말했다"라는 문장에서 '나는 말했다'는 것은 이야기언술행위라고 할 수 있고, '학교에 갔다'는 부분은 이야기된 언술, 즉 이야기언술행위를 통해 언술된 것이라고 할 수 있다. 마찬가지로 텍스트 속에서도 이야기언술

<표 9-2> 서사구조

	Narrative Text	
	줄거리	이야기
아리스토텔레스	story	plot
러시아 형식주의	fabula	sjuzet
채트먼	story	narration
토도로프	histoire	discourse
즈네트	histoire	이야기언술(narrated) / 이야기언술행위(narration)
		récit / discours
리먼-케넌	story	text / narration

행위가 드러나는 텍스트들도 있고 이 부분이 감추어지고 이야기언술만으로 이루어진 텍스트들도 있다. 이야기언술행위가 드러나는 텍스트는 이야기 속의 이야기 구조나 영화 속의 영화 구조와 같이 액자(또는 격자)구조를 이룬다. 이와 같이 이야기는 두 가지 차원으로 나뉘어 이론화되었다.

② 줄거리 이론

여기서는 이야기의 줄거리에 대한 연구, 즉 줄거리 문법의 차원에서 분석방법을 살펴보자. 줄거리를 구성하는 줄거리문법은 서사의 보편문법이라 할 수 있다. 텍스트 속에서 이루어지는 이야기의 전개 속에는 어떤 구조가 있으며 그 보편규칙은 무엇인가 하는 문제와 일맥상통하는 문제이다. 대표적인 기호학자인 그레마스는 줄거리의 구조를 이루는 것은 '행위소(actant)'와 '줄거리 도식(schema narratif)'이라 보았다. 줄거리란 이야기의 전개이고 이야기를 전개시키는 요인은 이야기에 등장하는 등장인물 또는 행위주체와 행위주체의 행위라는 것이다. 그래서 줄거리의 문법은 이 행위주체를 추상화된 역할로 압축시킨 '행위소 모델'과 이 행위소들의 줄거리 전개 논리인 '줄거리 도식'을 제시하였다. 여기서는 그레마스의 이론 속에 나타나는 행위소 모델을 살펴보자. 행위소는 여섯 가지로 나누어볼 수 있는데 이야기는 이 여섯 가지 행위소의 조합에 의하여 이루어지는 행위자들의 행위에 의해 줄거리가 전개가 된다고 볼 수 있다. 다음은 행위소 모델이다.

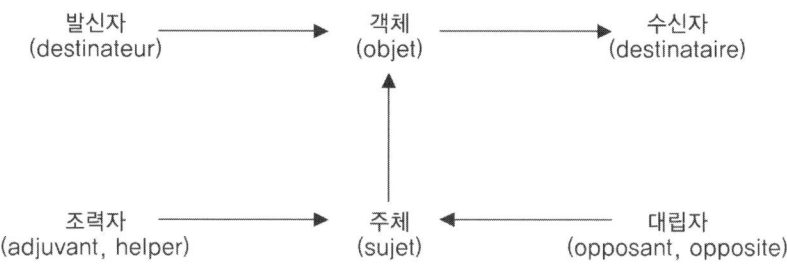

이때 줄거리의 주체는 객체와의 관계 설정을 통하여 이루어지고 주체의 행위를 도와주는 조력자와 이를 방해하는 대립자를 축으로 형성되며, 객체는 객체를 전달하는 발신자와 이를 전달받는 수신자로 이루어진다. 하지만 이들 6개의 행위소들은 각각의 역할을 나타내는 것으로 구체적인 행위자들보다는 추상적인 행위요소의 차원에 속한다.

다음은 이야기 전개의 문법이라고 할 수 있는 '줄거리 도식'을 살펴보자. 그레마스는 이야기의 전개를 나타내는 <표 9-3>과 같은 기본적이고 원형적인 줄거리 문법을 제시하였다. 이와 같은 줄거리 도식은 ①→②→③→④→①→으로 계속되고, 또 각 단계는 서로 중첩되어 ①→②(①→②→③→④)→③→④의 형식으로 이야기 속에 삽입되는 구조가 되기도 한다.

이와 같은 줄거리 문법은 학자마다 다르게 도식화되었다. 하지만 줄거리 도식의 모델은 복잡하고 각 이론가마다 다르게 나타나므로 여기서는 그레마스의 줄거리 도식만 소개하였다.

<표 9-3> 줄거리 도식(schema narratif)

① 조종(사주)(manipulation)	② 역량(competence)	③ 실행(performance)	④ 제재(sanction)
③의 단계에서 이루어질 실행에 대한 제안과 수락의 단계	③의 실행의 단계를 위한 주인공의 역량의 습득 단계	상황을 역전시켜 객체를 얻는 행위가 수행되는 단계	수행에 대한 상과 벌, 수행에 대한 해석 단계
송신자에 의해 주체가 실행을 하도록 만드는 단계. 이는 유혹, 도발, 도전 등의 이야기로 나타남.	실행을 위한 의무감(해야 함), 욕구(하기 원함), 지식(할 줄 앎), 능력(할 수 있음)이 생겨나는 과정.	① 단계에서 조종 받고, ② 단계에서 역량을 얻어 어떤 행동으로 실행하는 단계.	줄거리의 마지막 단계로 실행한 일의 결과에 대한 만족, 분노, 성공, 실패 등의 평가 단계. 이는 ① 조종(사주) 단계에 연결됨.
예) 그것이 나로 하여금 그 일을 하도록 만들었다.	예) 나는 그 일을 하지 않을 수 없었고 하고 싶었다.	예) 그래서 나는 그 일을 실행하였다.	예) 그 결과 나는 행복(불행, 성공, 실패 등)하였다.

구조주의와 기호학

이와 같이 구조주의와 기호학은 이론적 입장보다는 분석방법론이 더 강조되었으나 분석방법론을 가능하게 하는 이론적 전제 속에 녹아있는 가치판단적 입장이 이념성을 내포하고 있었다. 기호학의 근간이 된 구조주의는 혼돈된 현상 속에서 논리적 이성의 힘에 의하여 객관적이고 보편적인 구조의 존재를 유추할 수 있다는 관점을 견지한다는 점에서 모더니즘과 통하는 이데올로기적 입장을 가졌다고 볼 수 있다. 하지만 한 시대를 풍미했던 구조주의 사조도 1960년대 말~1970년대 초부터 본격적으로 이를 비판하는 푸코(M. Foucault)의 계보학, 데리다(J. Derrida)의 해체주의, 리오타르(J. F. Lyotard)의 포스트모더니즘, 보드리야르(J. Baudrillard)의 시뮬라시옹 이론 등과 같은 포스트구조주의로 기울게 되었다.

포스트구조주의는 현실을 객관적으로 설명할 수 있다고 믿는 인간의 사유능력인 이성과 서양의 근대성을 탄생시킨 합리성을 비판하고 근대사회를 이끌어온 거대담론을 부정하였다. 포스트구조주의는 사유의 주체인 인간을 동질성으로가 아니라 이질성, 차이로 인식하기 시작하였으며 인간에게 있어서 이성의 존재보다 충동과 욕망이 더 큰 비중으로 자리함을 주장하였다. 이처럼 주체를 둘러싼 현실을 파편적이고 이질적이며 다원적인 성격을 가진 것으로 주장한 포스트구조주의 이론은 포스트모더니즘의 이론적 기초가 되었다.

포스트모더니즘

우리나라에서 포스트모더니즘의 등장은 1980년대 중반 이후의 한국 자본주의의 세계체제로의 편입과 문화와 소비 행태의 변화에 따른 대중문화와 대중매체의 영향력 증대를 통해서 제기되었다. 포스트모더니즘은 이제 특정 하위문화 집단에만 한정된 현상이 아니라 이미 우리사회 곳곳에 확산되어 그 징후를 쉽게 찾아볼 수 있다. 문화산업, 문화상품, 문화생산, 대중소비사회, 일상생활 스타일, 대중문화, 영상·시각문화, 도시, 여가, 마케팅, 디자인, 광고, 하이테크, 뉴미디어, 기호소비사회, 담론, 이미지, 이데올로기, 육체, 성, 욕망, 즐기움, 재미, 쾌락, 정시, 신세대 같은 포스트모던 조류를 반영하는 용어들이 일상어가 되면서 포스트모더니즘은 현시대의 '에피스테메(éphistémè)',[3] 즉 '인식소'가 되었다. 이처럼 건축·미술·연극·소설 등 문화적 현상으로부터 출발한 포스트모더니즘은 TV, 영화, 광고, 뮤직비디오, 대중음악, 전자오락 등의 대중문화 영역뿐만 아니라 자본주의 사회의 정치와 경제에도 다양한 모습으로 나타나면서 학계뿐만 아니라 일반 대중에게도 많은 관심을 환기시켰다.

---

[3] 미셸 푸코에 의해서 명명된 용어로 한 시대의 주요한 인식적 경향, 시대정신을 지칭하는 용어이다.

하지만 포스트모더니즘은 대중문화에 대한 학문적 연구에서뿐만 아니라 후기자본주의(late capitalism) 사회 분석, 글로벌 자본주의의 문화적 현상에 이르기까지 폭넓게 사용된다. 이처럼 넓은 외연을 가진 포스트모더니즘을 이해하기 위하여 이 개념의 역사와 개념들을 살펴봐야 한다.

역사적 배경

포스트모더니즘에 대한 개념의 역사는 두 가지 접근이 가능하다. 하나는 20세기 중반 미국을 중심으로 서구 사회에 확산되기 시작한 새로운 예술적·정신적 현상이자 후기산업사회, 소비사회, 다원주의사회로 변해가는 정치·경제적 과정에서 태동한 사조라는 정의이다. 또 하나는 유럽의 모더니즘적 세계관에 대한 반성과 거부로 이루어진 포스트구조주의적 사조에서 나타난 이념적·인식적 경향으로 인한 사조라는 정의이다. 즉, 전자는 새로운 20세기 자본주의의 헤게모니 국가가 된 미국의 문화가 영국을 중심으로 유럽과 세계 각국에 세계문화로 확산되는 과정에 나타난 문화적·정신적 사조라는 관점이고, 후자는 모더니즘적 전통 속에 있던 서구 사회에서 제1·2차세계대전을 거치면서 모더니즘적 세계관에 반발하고 이를 거부하는 서구의 지성, 특히 프랑스 중심의 포스트구조주의 학자들에게서 이론화되어 나타난 경향으로 보는 관점이다.

하지만 포스트모더니즘을 모더니즘의 연속선상에서 봐야 하는지, 불연속적으로 봐야 하는지, 또 포스트구조주의와 포스트모더니즘을 동일시할 수 있는지 아니면 전혀 다른 사조로 봐야 하는지도 학자마다 다른 의견을 나타내고 있다. 여기서는 전자와 후자의 성격을 동시에 가진 것으로 정의하려고 한다. 즉, 포스트모더니즘이란 제1·2차세계대전을 통하여 세계자본주의의 헤게모니가 미국으로 이전되었고 이를 통하여 미국식 자본주의 시스템 속에서 생성된 대중문화 중심의 미국문화가 세계문화로 전파되면서 나타난 문화·사회적 현상이면서, 자본주의 체제의 헤게모니를 상실한 유럽이 세계 헤게모니를 장악할 수 있었던 근대에 이룩한 모더니즘적 세계관에 대해 전면적인 검토와 비판을 통하여 제출하게 된 이념적 사조라고 할 수 있다. 포스트모더니즘적 현상과 경향이 미국의 문화를 통하여 주도되었다면 이에 대한 이론적 자양은 유럽의 포스트구조주의로부터 끌어왔다고 할 수 있다. 그러므로 모더니즘이 제2차세계대전을 전후하여 이전 시대인 근대(modern)의 정신 사조라면, 포스트모더니즘은 1950년대 이후로 현재 우리가 살고 있는 후기 현대(post-modern) 사회의 정신적 사조라고 할 수 있다.[4] 따라서 포스트모더니즘은 모더니즘의 논리적 발전이며 계승인 동시에 비판적 반작용이며 의식적 단절로 정의될 수 있다. 이와 같은 관점에서 포스트모더니즘을 좀 더 자세히 이해하기 위해서는 모더니즘에 대한 이해가 선행되어야 한다.

서구의 정신적 사조는 크게 신(God)이 만물의 척도가 되는 신 중심의 사회인 중세시대를 거쳐, 인간이 만물의 척도가 되는 인간 중심의 사회인 근대로 이행하였다. 근대는 종교개혁과 르네상스를 통해 계몽의 시대를 열었다. 계몽사상의 특징은 인간의 이성과 합리성에 의하여 이 세계를 변화시킬 수 있다는 신념으로 이는 근대정신의 척도였다. 근대성(modernity)은 우선 인간의 이성에 대한 신뢰, 과학과 기술에 대한 믿음, 진보에 대한 열망을 통해 인류의 삶을 향상시키고 사회 진보를 가져온다는 낙관주의적 전망을 확산시켰다. 이와 같은 세계관을 중심으로 근대화(modernization)로 불리는 산업화, 도시화, 근대 국가 성립, 모더니즘 예술들이 이루어졌다.

하지만 근대사회의 발달은 동시에 많은 문제점을 수반하게 되었다. 16세기 서구의 근대화가 시작된 이래 서구 이외의 지역에서는 서구적 근대가 역사발전 및 발전 모델의 보편적 전제가 되기 시작했다. 인간 이성과 합리성은 서구중심주의(euro-centrism)적인 이념이었고 이는 근대화를 위한 서구의 식민지 약탈과 전쟁을 합리화했으며 남북 간의 불평등을 심화시켰다. 그뿐만 아니라 이성과 합리성의 이름으로 사회적 관리를 통해 배제되거나 추방된 영역이 확대되면서 이성과 합리성이 일종의 권력과 폭력으로 작용함을 알게 되었다.

---

[4] 포스트모더니즘의 현대적 시원을 1950~1960년대의 6·8학생운동으로 보기도 한다.

그리고 기술의 발달은 세계를 공해와 오염으로 인한 환경위기로 몰아갔다. 이처럼 근대는 불평등의 심화와 문화적·사회적 다양성 부정, 자연 파괴 등과 같은 부정적인 측면을 노정하였다. 특히 제1·2차세계대전을 거치면서 나치즘의 전체주의(totalitarianism)와 '아우슈비츠'로 대표되는 서구 문명의 광기(madness)를 목격하고 서구 문명의 사상적 근원인 근대성에 대한 불신이 증폭되었다. 이는 서구의 이성 중심주의(logo-centrism)에 대한 거부, 실재론에 대한 부정, 서구 중심주의·엘리트주의에 대한 거부를 통해 포스트모더니즘이 탄생하게 된 계기가 된다. 이와 같이 포스트모더니즘은 미국과 프랑스를 중심으로 1960~1970년대 학생운동, 여성운동, 흑인민권운동, 제3세계 운동 등의 사회운동과 전위예술, 그리고 해체(deconstruction)를 주장하는 후기구조주의 사상과 합쳐져 1970년대 중반 이론적 논의와 1980~1990년대의 국가 간의 경계를 넘는 세계적인 확산을 거쳐 오늘날에 이르고 있다.

개념 규정

포스트모더니즘은 어떤 단일한 운동이나 경향이라기보다는 오히려 20세기 중엽부터 자본주의 경제 변화와 더불어 나타나기 시작한 여러 현상들에 대한 포괄적 명칭이라고 할 수 있다. 따라서 포스트모더니즘은 한마디로 정의하기 어려운 현상이자 개념이다. 여기서는 다수의 포스트모던 이론가들에 의하여 주장되고 있는 포스트모던 현상과 개념들을 중심으로 살펴보려고 한다.

탈산업사회의 논리

모더니즘적 근대사회가 산업화, 도시화, 기계화의 세 가지 요소로 이루어져 있었다면, 포스트모더니즘의 후기현대사회는 탈산업화, 도시집중화·지역분산화, 자동화로 요약된다. 탈산업화는 모더니즘 시대의 제조업이 서비스업으로, 기계가 컴퓨터로, 상품생산이 정보교환으로 대치되는 것과 일치한다. 도시집중화와 지역분산화란, 한 도시나 일국 차원, 그리고 세계적 차원에서 글로벌

도시에는 국가의 지리적 국경을 초월하여 세계화된 정보와 문화의 초국가적 유통·광고·마케팅·텔레비전 등의 인프라와 정보들이 모이지만, 교외나 주변 지역은 지역문화의 등장과 지역분권화 등으로 중앙에서 분산된다는 의미이다.

이런 점에서 포스트모더니즘은 포디즘(fordism)적 생산양식에서 포스트포디즘(post-fordism)으로의 변화와 연관되어 있다. 포디즘이 모더니즘 시대의 대량생산, 대량소비, 대량시장 등과 관련된다면 포스트포디즘은 소량생산, '유연전문화(flexible specialization)', 컴퓨터화, 개별화된 다양한 생산라인, 단축된 조업시간과 같은 개별화된 생산방식과 차별화된 시장분할, 즉 틈새시장과 같은 개념들에 연결된다. 이것은 생산 중심이기보다 소비 중심, 소비자 중심으로 변화되는 지형과도 같다. 이를 방송에 유비시켜 보면 다양화된 다채널과 다매체, 차별화된 틈새시장, 수용자들을 위한 콘텐츠의 세분화, 브로드캐스팅(broad- casting)의 종말과 내로캐스팅(narrow-casting)의 부상 등과 같은 현상으로 연결된다. 이것은 포스트포디즘, 후기산업사회, 정보화 사회 등의 개념으로 연결되는 포스트모던 사회의 특질이자 현상이다.

근대 이성과 합리성 부정

포스트모더니즘을 정신적 사조와 연결시켜 살펴보면 무엇보다도 포스트모더니즘은 근대성의 토대가 되는 계몽주의 정신에 대한 거부로 근대의 이성중심주의(logo-centrism)와 보편주의(universalism) 형이상학 전통에 대한 반성이며 반작용으로 규정된다. 이것은 다양한 방향에서 나타나는데, 대표적인 것으로 모더니즘의 거대서사를 부정하고 전체주의를 비판하는 리오타르, 지식과 권력의 계보학(genealogy)을 주장하는 푸코, 엘리트주의 비판과 대중문화 논쟁 등을 들 수가 있다.

① 거대서사의 부정과 미시정치학(micro politics): 리오타르

리오타르는 헤겔과 마르크스가 주장하던 절대정신의 변증법, 의미의 해석학, 합리적 선, 노동주체의 해방, 부의 창출과 같은 모더니즘 세계관을 반영하

는 거대서사나 메타서사들을 불신한다. 절대적 진리, 영원불변적 실재, 모든 판단의 근거를 제공하는 초월적 관점이나 원리, 보편적 사실들은 존재하지 않으며 모든 서사는 개별적이며 제한되고 미시적이라고 주장한다. 모더니즘의 계몽주의는 이성에 의한 합리적 과학, 보편적 도덕, 자율적 예술로 인간의 해방을 가져오려고 시도하였지만, 이성과 합리성, 보편성, 총체성들은 동일성만을 주장하고 개별성은 인정하지 않는 전체주의적인 것으로 권력과 질서를 옹호하고 정당화하는 수단이 되어 인간에게는 억압으로 작용하였다는 것이다. 이는 제1·2차세계대전을 통한 나치즘과 아우슈비츠, 소련의 스탈린주의로 나타났는데 이것 역시 이성과 합리성을 주장하는 전체주의의 결과라고 본다. 그러므로 서구 사회를 이끌어온 거대서사가 모든 사회의 총체적·절대적 진리인 메타서사라고 주장하는 것에 대해, 서사들은 자체의 규칙에 의해 구성된 말놀이일 뿐이고 어떤 말놀이(서사)도 보편적 원리에 따라 구성되지 않기 때문에 메타서사란 가능하지 않다고 주장한다. 리오타르는 우리가 절대적 진리라고 믿어온 거대서사는 사실 지배문화와 권력이 담합해 만들어놓은 것일 뿐이기 때문에 전체를 미시서사의 다양함으로 대체해야 하고, 비진리로 분류되어 부당하게 주변부로 밀려난 소수자(minority)나 하위문화(subculture)의 서사에 대한 재조명이 필요하다고 주장한다. 그러므로 포스트모던 기획은 미시정치학에 뿌리내린 새로운 형태의 상대주의와 다원주의 기획에 부응한다.

② 지식과 권력의 계보학: 푸코

포스트모더니즘의 이성·합리성에 대한 또 다른 부정은 지식과 인식이 합리적 인간 이성의 영역에서 생성된다기보다는 권력으로부터 유래하며, 이로부터 생성된 진리 담론이 배제를 통한 억압으로 작용함을 밝힌 것이다. 이는 푸코가 근대의 세계관과 주체 개념, 사회제도를 역사적 관점에서 비판하면서 니체의 계보학을 통하여 서구 근대사상을 지배해 온 지식, 인식소를 분석한 담론 영역에 대한 탐구로 얻어진 것이다.

푸코는 지식이 권력의 무기로 사용된다는 니체의 관점을 취하면서, 모더니즘이 이성에 근거하여 주장하는 진리란 권력작용에 의한 것이며, 이들이 진리를 만듦으로써 진리가 권력이 되어 어떻게 사람들을 지배하게 되는가를 밝히고 있다. 이를 통해 지금까지 우리가 절대적 진리 또는 중심이라고 믿어온 것들은 사실 지배문화와 권력이 담합해 만들어놓은 것일 뿐이며, 지식은 해방을 가져오는 것이 아니라 타자를 지배하는 힘, 감시, 제재, 구속의 양식이 됨을 밝히고 있다. 이는 근대의 이론적 지식체계들이 이루어지는 역사적 조건을 밝히면서, 지식과 권력의 복합적인 관계 속에서 주체가 어떻게 형성되는가 하는 문제를 다루고 있다. 그에 의하면 권력과 지식은 근본적으로 서로에게 의존하며, 합리주의 이성은 스스로를 정의하기 위해 그에 반하는 광인, 범죄자, 정신이상자라는 사회적 범주들을 창출하고, 그들을 배제·관리하는 억압적 기제들인 정신병원, 감옥과 같은 시스템을 만들었다는 것이다. 그러므로 푸코에게 있어서 합리성을 주장하는 근대의 서구적 이성은 실제로 성차별적이고 인종차별적이며 제국주의적인 것이다.

③ 엘리트주의 비판과 대중문화

포스트모더니즘은 모더니즘의 예술과 지식을 권력을 가진 엘리트들의 전유물로 보고 이를 대중에게 돌려주기 위한 문화 개념을 주장하였다. 모더니즘 미학은 과거의 고전주의에 반발하여 현대의 기계문명, 명징성, 이성과 합리성 등 근대이 상황에 대한 인식과 이상을 반영하고 있다. 미래파, 큐비즘, 구성주의 등의 모더니즘 예술은 고전적이고 관습적인 전통적 예술형식에 대한 기존의 관념을 무너뜨리고 아방가르드(Avant-Garde)에 이르는 실험적이고 전위적인 요소로까지 발전하였다. 하지만 이런 스타일의 예술과 문화는 일반 대중이 받아들이기에는 너무 난해하였다.

이에 포스트모더니스트들이 모더니즘 예술을 엘리트주의(elitism)라고 비판하면서 영국과 미국을 중심으로 1960년대에 모더니즘에 대한 민중주의(populism)적 반발이 일어났다. 포스트모던 이론가들은 모더니즘의 비판적이고 자유분방한 힘이 퇴락하면서 모더니즘 정신이 박제화·규범화되고, 고급문화와 대중문화를 차별하는 엘리트주의가 확산되면서 이에 대한 반동으로 포스트모더니즘이 생겨났다고 주장한다. 따라서 포스트모더니즘은 반엘리트주의를 주창하면서 모더니즘의 예술과 지식의 탈경계, 탈절대, 탈전통을 지지하였다. 그리고 고급문화와 대중문화의 경계를 넘어서기(crossover), 모더니즘의 이성 중심주의와 엄숙주의 탈피, 혼종성(hybridity), 제3세계 문화, 하위문화에 대한 재조명 등을 부르짖었다. 이제 포스트모던 문화는 엘리트주의, 권위주의를 부정하는 미학적 대중주의(populism)를 통해 고급문화와 대중문화 또는 상업문화의 구분을 없앴다.

실재론(realism) 부정

포스트모더니즘의 주요한 특징 중 하나는 객관적이고 실재적인 세계관을 부정한다는 점이다. 근대 세계관은 현실의 지시물(referent)인 실재가 정해져 있고, 인간의 이성은 그 실재의 존재와 질서를 자연법칙의 발견을 통해서 인식할 수 있다고 생각했다. 모더니즘의 진리 개념체계는 실제로 주어진 것, 존재하는 것에 대한 인식 가능성에 대한 가정에 근거해 있다. 하지만 포스트모던 사상가들은 우리가 실재하는 세계(real world)라고 부르는 것은 항상 변화하여 알 수 없으며, 세계는 언어와 담론을 통해 건설되는 상징적 세계일 뿐 언어나 담론을 벗어난 사회적 실재는 존재하지 않는다는 반실재론(anti-realism)·명목론(nominalism)적 입장을 견지한다. 그러므로 영원불변적 실재는 존재하지 않으며 실재란 가변적이고 구성되는 것이다. 이와 같은 세계관은 확실성의 붕괴나 진리라는 대서사의 해체에 관한 리오타르의 주장이나, 유사현실(simulations)과 과잉현실(hyperreality)의 개념을 주장하는 보드리야르의 세계관, 담론정치를 주장하는 푸코의 세계관과도 통한다.

① 하이퍼리얼(hyper-real): 보드리야르

포스트모더니즘을 후기자본주의의 문화논리로 정의한 프레데릭 제임슨(Frederic Jameson)은 포스트모더니즘을 지시물의 붕괴와 상징의 위기로 인한 상징체계의 단절로 정의하였다. 이는 모더니즘이 현상과 현상의 재현을 통해 현실성 속에서 의미를 찾으려는 것이라면, 포스트모더니즘은 더 이상 현실의 재현이 아니라, 과잉현실성과 유사현실성 속에서 의미를 창출하려는 것과 일맥상통한다. 그래서 포스트모더니즘은 존재하는 것보다 이미지를, 진품보다 복사품을, 현실보다는 재현을, 본질보다는 외양을 더 선호한다는 언급과도 통한다. 이는 현대 정보기계의 발달과 더불어 더 이상 현실과 허구를 경계 지을 수 없는 시뮬라시옹의 세계인 사이버스페이스, 현실과 영상의 실제적 구분이 사라지고 부유하는 기표들의 유희가 된 텔레비전이나 게임 등의 문화가 대표적인 예라 할 수 있다.

② 해체주의(Deconstructivism): 데리다

데리다에 의해서 주장된 해체주의는 서구의 전통 형이상학인 실재론에 대한 공격을 통해 모더니즘적 세계관을 부정하고 주어진 고정관념을 해체하며 이에 도전할 것을 주장하였다. 모더니즘의 실재론은 진리를 담보하는 실재는 주어진 것이며 언어와 사유에 선행하여 존재하는 것으로 우리는 그것을 언어와 사유를 통해 파악한다고 주장한다. 하지만 해체주의는 언어와 개념에 선행하여 존재하는 실재에 우리가 결코 다다를 수 없다고 주장한다. 이는 데리다의 말중심주의(phonocentrism)에 대한 비판으로 나타나는데 언어, 특히 말의 토대에 실재적 존재의 본질이 있다는 가정과 말이 고정된 실제에 연결된 의미를 가지고 있다는 것을 부정한다. 언어와 외적 세계 사이에는 어떤 직접적 일치가 존재하지 않으며 양자를 연결하는 분명한 선을 긋는 것은 불가능하다고 주장했다. 실재론적 의미가 항상 본질적이고 고정된 것이며 의미의 위계와 같은 굳건한 토대를 전제하고 있다면, 데리다의 의미는 잠정적이며 상대적이라고 주장한다. 데리다는 이것을 의미는 항상 '차연(différance)', 즉 차이나고 지연된다고 설명한다. 즉, 언어의 의미는 스스로를 완전히 드러내지 않으며 항상 존재하면서 동시에 부재한다. 그러므로 언어는 더 이상 언어의 대상을 지칭함으로써 의미를 나타내는 것이 아니라 다른 언어들과의 관계, 즉 대립관계를 통해서 의미 고착이 이루어진다.5) 데리다는 이와 같은 양자 대립관계의 상호 작용을 '보충의 기묘한 경제학'이라고 설명한다. 왜냐하면 양자대립에 의하여 상호의존적인 의미관계는 어느 한편이 다른 한편보다 특권을 가지는 우월한 위치를 취하는 구도이기 때문이다. 즉, 두 용어 중 하나는 다른 하나를 통제하며 우월한 지위를 차지하게 되는 것이다. 그러므로 이와 같은 위계질서를 무너뜨리기 위해서는 대립개념을 해체해야 한다고 말한다. 예를 들면 남성과 여성이라는 말의 의미가 남성은 씩씩하고 여성은 유약하다는 의미로 대립된다면, 이때 남성의 씩씩함은 우월적 지위가 부여된 것이고 유약함은 부정적 의미가 부여된 것으로, 이와 같은 대립관계의 의미는 해체되어야 한다는 것이다. 이처럼 해체는 근본적으로 새로운 방식으로 언어와 텍스트를 해독하는 활동이다.6)

이와 같이 해체주의는 모더니즘에 의해 긍정적으로 의미 부여된 모든 개념들을 잠정적으로 '괄호치기' 하면서 이를 해체하고 다른 것으로 치환하려고 한다. 그러므로 모더니즘 세계관의 필수 요소인 이성, 자아, 합목적성 등의 의미를 제거하고 신과 도덕성의 죽음 및 진리의 소멸을 주장한다. 데리다의 해체주의를 극단화하면 세계는 무의미하며 역사는 목표를 가지고 있지 않다. 선과 악은 없으며, 보편적 가치도 존재하지 않는다. 결과적으로 보편성과 실재에 대한 근대의 주장은 사라지고, 근대에 대한 비관주의와 절대적 상대주의가 출현하는 것이라 할 수 있다. 그러나 데리다는 해체는 허무주의적 파괴를 의미하는 것이 아니라 적극적·치료적 역할을 의미한다고 한다. 즉, 모더니즘에

---

5) 그러므로 관계되는 언어가 무엇이냐에 따라 의미는 다르게 된다. 예를 들어 '사랑'이라는 의미가 '죽음'이라는 의미와 대립관계를 이룰 때, 이때 사랑의 의미는 죽음이 아닌 것, 즉 '영원불멸한 것'이란 의미가 될 것이며, '사랑'과 '배신'이라는 의미가 대립관계를 이루면 이때 사랑은 배신이 아닌 것, 즉 '영원히 신뢰를 저버리지 않고 지키는 것'의 의미가 된다.
6) 이와 같은 관계는 저자들의 텍스트 속에도 나타나는데, 데리다는 해체적 독해를 위하여 텍스트 속의 저자 의도와 불일치하는 대립관계의 저자 진술이 지닌 이율배반적인 성격을 냉철히 지적한다.

의해 오도된 개념으로부터 세계를 자유롭게 하는 것이 목적이라는 것이다.

포스트모더니즘 비판

이상에서 포스트모더니즘의 일반적인 몇 가지 특질들을 살펴보았다. 앞선 지적처럼 포스트모더니즘은 이성과 합리성보다는 감성과 욕망, 욕구를 중시하고 정신보다는 육체를 더 중요시하며 쾌락의 정치학, 욕망의 정치학, 육체의 정치학을 더욱 선호한다. 그리고 리오타르의 미시정치학의 영향으로 노동운동이나 반체제운동과 같은 거대서사에 의해 주도되는 운동보다는 일상생활에서 실천할 수 있는 미시의 운동, 즉 일상생활운동, 소비자운동, 수용자운동 등이 더욱 호응을 얻게 되었다. 그뿐만 아니라 권력의 중심을 형성하던 서구, 남성, 백인, 이성애자 등의 범주에서 벗어나 배제되어 있던 제3세계, 여성, 흑인, 동성애자 등의 집단들에 의한 분파적 운동들이 활발해지게 되었다. 그 결과 제3세계를 중심으로 제3세계 운동, 흑인 인권운동, 여성운동, 동성애자 운동, 생태운동 등과 같은 운동들이 활발하게 일어나고, 포스트모더니즘의 이론가들과 문화연구자 등에 의해서 포스트콜로니얼리즘, 포스트모던 페미니즘, 생태이론 등이 활발한 연구 패러다임으로 자리 잡게 되었다.

그러나 포스트모더니즘이 근대사회와 모더니즘 세계관의 문제점을 다른 각도에서 바라보고 이를 수정할 수 있노록 해준 장점이 있지만, 다른 한편 이론적·현실적 난점들도 지적되고 있다. 포스트모더니즘은 정치적·사회적·문화적 영역에서 제국주의 이데올로기의 형성에 간접적으로나마 공헌했던 모더니즘과는 달리 제국주의의 정체를 드러내주는 데 공헌하였다. 하지만 문화의 영역에서 자본주의 시장 중심의 소비주의와 상품화에 저항했던 모더니스트들에 비해 예술의 필연적인 상품화와 소비적 대중문화를 인정했다. 이로써 포스트모더니즘은 후기자본주의 문화논리로 취급되고, 상품사회에 대해 비판적 자세를 취하지 못하고 순응하며, 모더니즘이 지녔던 최소한의 현실 반항조차 보여주지 못하였다는 비판을 받게 되었다. 또 모더니즘 예술을 엘리트주의로 비난하는 과정에서 대중문화와 하위문화(subculture) 형식에 대한 승인을 통하여 문화의 대중추수주의 경향을 띠면서 문화를 하향 평준화시켰다는 비판도 받고 있다.

그뿐만 아니라 진정한 이론, 올바른 사회라는 개념의 근거를 마련해 주는 이성과 합리성에 대한 부정은 자본주의 현실에 대한 비판을 무디게 만들면서 상대주의 경향 및 현실과 타협하는 수정주의(revisionism) 경향으로 흐르게 만들었다는 지적이다. 이는 포스트구조주의가 지지하는 다원주의나 반실재론과 연관되면서 자본주의의 자유다원주의 경향과 현실의 물적 토대를 부정하는 명목론적 세계관으로 흐르게 만들었다는 것이다. 그리고 이성의 자율성, 과학의 능력, 역사의 진보를 신뢰하는 근대의 낙관주의는 세기말적 비관주의로 대체되고 거대담론에 의한 사회 변혁의 움직임들은 분파주의로 흐르면서 점점 더 약화되는 모습을 보여주고 있다. 현재 세계화(globalization)와 신자유주의(neo-liberalism) 자본주의의 경제 속에서 국가보다는 시장을 위한 탈규제(deregulation) 논리, 공공성보다는 사유화(privatization)를 주장하는 이윤축적 논리와 더불어 포스트모더니즘의 소비대중주의·자유다원주의적 미시정치학의 논리는 서로 공명하고 있다는 지적 또한 받고 있다.

‖ 생각해 볼 문제 ‖

1. 기호학이 의미하는 세계관은 무엇이며 모더니즘과 어떤 연관성이 있는가?

2. 포스트모더니즘과 정보화 사회와의 관계는 무엇인가?

3. 포스트모더니즘은 신자유주의 세계화(Neoliberal Globalization)와 어떤 관계에 있는가?

‖ 참고문헌 ‖

리오타르, 장 프랑수아(J. F. Lyotard). 1992. 『포스트모던의 조건』. 유정환·이삼출·민승기 옮김. 민음사.
바르트, 롤랑(Roland Barthes). 2002. 『현대의 신화』. 이화여자대학교 기호학연구소 옮김. 동문선.
_____. 1998. 『모드의 체계』. 이화여자대학교 기호학연구소 옮김. 동문선
베스트·더글러스(Steven Best & Kellner Douglas). 1995. 『탈현대의 사회이론』. 정일준 옮김. 현대미학사.
보드리야르, 장(Jean Baudrillard). 1992. 『시뮬라시옹』. 하태환 옮김. 민음사.
스토리, 존(John Storey). 1995. 『문화연구와 문화이론』. 박모 옮김. 현실문화연구.
_____ 엮음. 1996. 『문화연구란 무엇인가?』. 백선기 옮김. 커뮤니케이션북스.
아피냐네시·가라트(Richard Appignanesi & Chris Garratt). 1996. 『포스트모더니즘』. 이소영 옮김. 이두.
에노, 안(Anne Hénault), 2003. 『서사, 일반기호학』. 홍정표 옮김. 문학과 지성사.
즈네뜨, 제라르(Gérard Genette). 1992. 『서사담론』. 권택영 옮김. 교보문고.
채트먼, 시모어(Seymour Chatman). 1990. 『영화와 소설의 서사구조』. 김경수 옮김. 민음사.
캘리니코스, 알렉스(Alex T. Callinicos). 1992. 『포스트모더니즘 비판』. 임상훈·이동연 옮김. 성림.
커런·몰리·워커딘(J. Curran, D. Morley, & V. Walkerdine). 2004. 『대중문화와 문화연구』. 백선기 옮김. 한울.
코핸·샤이어스(Steven Cohen & Linda M. Shires). 1997. 『이야기하기의 이론』. 임병권·이호 옮김. 한나래.

페더스톤, 마이크(Mike Featherstone). 1999. 『포스트모더니즘과 소비문화』. 정숙경 옮김. 현대미학사.
피스크·하틀리(J. Fiske & J. Hartley). 1994. 『TV 읽기』. 이익성·이은호 옮김. 현대미학사.
필링햄, 리디아 앨릭스(L. A. Fillingham). 1995. 『미셸 푸코』. 박정자 옮김. 국제.
하비, 데이비드(David Harvey). 1994. 『포스트모더니티의 조건』. 구동회 옮김. 한울.
하윤금. 1998. 「일본 애니메이션에 대한 기호학적 분석: <달의 요정 세일러문>을 중심으로」. ≪한국방송학보≫, 제11호.

Adam, J. M. 1985. *Le Texte Narratif*. Nathan.
Anderson, Perry. 1998. *The Origins of Postmodernity*. Verso.
Boyne, Roy & Ali Rattansi(eds.). 1990. *Postmodernism and Society*. Macmillan.
Fages, J. B. 1979. *Comprendre Roland Barthes*. PRIVAT.
Foucault, Michel. 1985. *The Freedom of Philosophy*. Colombia University Press.
Genosko, Gary. 1994. *Baudrillard and signs*. Routledge.
Greimas, A. J. 1966. *Sémantique structurale*. Larousse.
_____. 1970. *Du sens*. Le Seuil.
_____. 1976. *Sémiotique et Sciences Sociales*. Le Seuil.
Greimas, A. J. & J. Courtés. 1979. *Sémiotique, Dictionnaire raisonné de la Théorie du langage*. Hachette.
Hénault, Anne. 1979. *Les Enjeux de la Sémiotique*. PUF.
Kaplan, E. Ann(ed.). 1988. *Postmodernism and Its Discontents*. Verso.
McGuigan, Jim. 1999. *Modernity and Postmodern Culture*. Open University Press.

제10장 텔레비전 리얼리즘과 담론*

조종혁 | 한국외국어대학교 언론정보학부 교수

경험실증주의적 연구의 전통에서 텔레비전 리얼리즘은 현실재현의 문제로 설명되어 왔다. 텔레비전에 의한 현실재현과 그것의 사회적 효과에 관한 연구가 주류 미디어 연구의 중심축을 이루어왔다. 이 글에서 텔레비전 리얼리즘은 '기호관계(sign relationship)'의 문제, 즉 담론의 문제로 다루어졌다. 즉, 텔레비전을 '현실재현'이 아닌 '현실구축'의 메커니즘으로 설명하고 있다. 이 같은 접근은 문화연구의 이론적 울타리를 벗어나지 않는다. 그러나 문화연구의 접근에서 텔레비전 리얼리즘에 관한 논의의 중심은 대체로 지배 이데올로기의 재생산 기구로서의 텔레비전 대 하위문화 담론의 경합이라는 '헤게모니 투쟁'으로서의 담론에 모아졌다. 이 장의 목적은 이 담론의 영역을 확장해 보는 것이다. 왜냐하면 '헤게모니 투쟁'이 그것의 개념적 협소성 때문에 텔레비전 리얼리즘을 규정하기에는 오늘의 시대상황에서 무리가 따르기 때문이다. 따라서 이 글은 담론으로서의 텔레비전 리얼리즘에 관한 논의를 스펙터클과 내러티브의 문제, 이미지 테크놀로지의 발달에 따른 과실재의 현실인식에 관한 문제, 텔레비전 이미지의 탈상황적 성격의 문제, 현실인식에 관여하는 수용자의 문화의식 변화에 관한 문제 등의 영역으로 확장하여 논한다.

중요 개념 및 용어 ▮ 텔레비전 리얼리즘, 현실재현, 텔레비전 담론, 리얼리즘

---

* 이 글은 ≪커뮤니케이션학 연구≫ 2006년 14-1권에 개재된 논문을 수정한 것임.

문제 제기

상식인들은 물론이고 주류 미디어 연구자들에게도 '미디어 리얼리즘'이란 저 밖의 경험실증적 현실에 대한 미디어 재현의 사실성, 충실성(fidelity) 또는 진실성의 문제로 전제되어 왔다. 경험주의 연구자들의 경우, 특히 '텔레비전 리얼리즘'은 저 밖의 객관적 '현실을 향한 창문'의 은유로 설명되었고, 현실재현의 투명성(transparency) 정도로 이해되었다. 미디어 리얼리즘에 관한 이런 견해는 개념적 타당성에 관한 축적된 역사적 고찰과 경험적 검증의 결과라기보다는 지금까지 받아들여진 관행적 성격이 크다고 말할 수 있다. 지금까지 미디어 리얼리즘에 관한 경험실증적 연구자들의 전제는 ① 의식으로부터 독립된 객관적·경험적 현실의 존재, ② 그 현실에 대한 텔레비전의 객관적·미메시스(mimesis)적 재현(representation) 가능성이다. 다른 한편으로 문화연구 분야의 학자들이 논의의 출발점으로 삼는 텔레비전 리얼리즘에 관한 전제는 ① 객관적·경험적 현실이 아닌 기호관계에 의해 축조(construct)된 하위문화 구성원들의 현실, ② 지배 이데올로기의 재생산 도구로서의 텔레비전 담론과 하위문화 구성원들 스스로의 담론이 경합하는 헤게모니 현장으로서의 미디어 현상이다.

실제로 주류 미디어 연구의 역사는 '리얼리즘의 연구'라고 해도 과언이 아니다. 왜냐하면 주류 미디어 연구의 역사는 단순화하면 효과연구의 역사이고, 효과연구의 역사는 다분히 미디어에 의한 현실재현의 문제를 중심축(독립변수)으로 하고 있기 때문이다. 그러나 놀라운 사실은, 이 분야 연구의 역사에 비해 '미디어 리얼리즘'의 개념 정립에 대한 경험실증적 연구의 빈약성이다. 홀(Alice Hall, 2003)의 지적에 의하면 경험실증적 연구에서 리얼리즘 개념은 정립되어 있지 않다. 그녀 자신은 미디어 리얼리즘을 '현실경험(real world experience)에 대한 관련성'의 문제로서 '미디어의 사회적 영향에 대한 잠재적 중재자'로 규정하고 있다.[1] 홀의 정의에서 중심 개념 중 하나는 '현실세계(real

---

1) 홀은 수용자가 인지하는 미디어 리얼리즘의 다차원적 성격을 규명하고자 했는데, 미국 대학생들을 대상으로 한 훠커스 그룹 인터뷰에서 추출된 미디어 리얼리즘의 하위개념들

world)'임이 분명하다. 그것에 대한 관련성 정도 또는 그것의 재현 문제를 미디어 리얼리즘으로 규정하고 있기 때문이다. 즉, '현실세계'의 존재는 미디어 재현의 정도, 즉 미디어 리얼리즘의 정도를 판단하는 기준점이 되고 있다. 그러나 홀은 '현실세계'의 정체에 대해서는 전혀 언급하고 있지 않다. 미디어에 의한 무엇의 재현인지, 미디어에 의한 재현대상의 정체와 그 성질에 대한 언급이 없다. 이 문제는 '미디어 재현'의 개념적 타당성을 약화시킬 수밖에 없다. 현실세계와 그것에 대한 미디어 재현을 중심 개념으로 하는 리얼리즘 연구의 타당성이 실종될 수밖에 없는 것이다. 이는 경험실증적 접근의 연구자들에게 공통된 현상으로 보인다. 홀의 문헌조사에 나타나는 여타의 경험실증적 연구에서도 리얼리즘은 대체로 '현실의 재현'을 지칭하는 독립변수로서 이런 저런 사회적 효과를 설명한다는 사실이 강조될 뿐 '현실세계'의 의미는 당연시(전제)되고 있다. 예컨대, 미디어 리얼리즘은 수용자의 감정반응에 결정적 영향을 미친다(Weiss & Wilson, 1998). 수용자들은 미디어 텍스트의 리얼리

은 다음과 같다.
① 그럴듯함(plausibility): 미디어의 사건이 실제로 현실상황에서 발생(happen in real life)할 수 있는 가능성의 정도
② 전형성(typicality): 미디어의 묘사가 현실세계에서 얼마나 일상적인(how common) 일인지이 정도
③ 사실성(factuality): 미디어 텍스트가 실제 현실을 얼마나 정확히 재현(accurately represent)하는지의 정도
④ 감정개입(emotional involvement): 미디어의 등장인물에 대한 수용자의 감정적 몰두(emotionally caught up)의 정도
⑤ 내러티브의 일관성(narrative consistency): 텍스트 내용의 내적 일관성(internal coherency)의 정도
⑥ 지각적 설득력(perceptual persuasiveness): 현실경험과의 일치에 무관한 영상 이미지의 독립적 강력성(compelling visual illusion)의 정도
이상에 제시된 하위개념들 중에서 그럴듯함, 전형성, 사실성은 모두 객관적 현실의 모습과 미디어 재현 사이의 격차 또는 일치의 정도를 개념적으로 세분화한 것이어서, 이 논문 또한 여타의 경험실증적 연구와 마찬가지로 객관적 현실의 존재와 미디어 재현의 진실성을 미디어 리얼리즘의 중추 개념으로 확인해 주고 있다.

즘 결핍을 자신이 미디어에 영향을 받지 않는 원인으로 간주한다(Albada, 2000). 미디어 리얼리즘은 수용자의 건강상 위험한 행동에 잠재적 중재자의 영향력을 행사한다(Austin, Pinkleton, & Fujioka, 2000). 이런 경험실증적 연구들의 경우, 홀 자신의 지적에 의하면 미디어 리얼리즘의 개념적 타당성을 뒷받침할 모아진 의견은 없다.

이상의 개괄적 문헌검토에서, 경험실증주의적 연구자들이 의미하는 '미디어 리얼리즘'이란 대체로 미디어에 의한 현실재현의 문제를 사회적 효과의 측면에서 이슈화한 것임을 알 수 있다. 이 문제의식은 미디어 연구의 출생 기원과 그 역사를 같이하며 지금도 변함없이 지속됨을 알 수 있다. 이 연구의 전통에서 미디어에 의한 '현실재현'은 당연시된다. 다만 그것의 사실성, 정확성, 진실성, 객관성, 또는 효과생성의 원인으로서의 설득력 등이 문제시될 뿐이다. 이 글에서는 미디어 리얼리즘을 '현실재현'의 문제가 아닌 '현실구축'의 문제로 개념화하고자 한다. '텔레비전 리얼리즘'을 기호관계의 문제 또는 담론의 문제로 보고 그 개념적 정교화를 시도하려는 것이다. 따라서 이 글이 제시하는 문제의식은 다음과 같다. ① '텔레비전 리얼리즘'이란 무엇인가? ② 담론으로서의 '텔레비전 리얼리즘'은 구체적으로 어떻게 실현되는가?

'리얼리즘'이란 무엇인가?

리얼리즘의 출생 근원은 철학이다. 그러나 그것의 의미는 고정되어 있지 않다. 플라톤이 의미하는 리얼리즘은 오늘날 우리가 유추하는 그것과 정반대의 의미였다. 플라톤에게 리얼리즘이란 눈에 보이는 현상 너머의 이상(Ideas, Universals)이었다. 그러나 일반적으로 서구문화의 리얼리즘은 경험주의적 아리스토텔리안 '미메시스'에 뿌리를 두고 있다. 여기서 미메시스는 모사, 모방, 복사, 있는 그대로의 모습을 재현한다는 뜻이며, 아리스토텔레스의 시학(Poetics)이 주장하는 바에 따르면 미메시스는 인간적 본능(impulse)이다. 고대문화의 미메시스는 유럽의 르네상스 예술로 이어졌다. 미메시스는 인간 의식 밖에 있는 객관적 현실의 존재에 대한, 그리고 그것의 충실한 재현에 관한 강력한 믿음이다. 핫산(Hassan, 2003)의 표현을 빌리면, 우주는 인간을 속이지 않는다. 신은 인간의 감각작용을 희롱하지 않는다는 믿음이 미메시스적 리얼리즘 안에 있다.

미메시스에 관한 믿음은 근대(modernism)로 이어져 철학적 도전에 직면했다. 칸트는 리얼리티 그 자체에 대한 불가지론을 폈다. 그에게 우리가 인지하는 리얼리티란 마음의 카테고리에 보이는(appears) 현상일 따름이다. 칸트는 객관적 사물의 존재 가능성 그 자체를 거부하지는 않았지만 지각의 구성적 성격을 강조하고자 했다. 그렇다면 이렇게 묻지 않을 수 없다. 칸티안 관점에서, 사물을 관찰하여 있는 그대로의 모습을 사실적으로 진실되게 보고하겠다는 미메시스적 리얼리즘은 그 정체조차 알 수 없는 대상의 무엇을 '있는 그대로' 진실되게 보고하겠다는 말인가?

웹스터 사전(Webster's Third International)에 의하면, 리얼리즘은 예술과 문학의 이론과 방법론으로서 자연과 실재현실(real life)에 대한 선명성(fidelity to nature), 이상화(idealization)되지 않은 사물과 현상 그대로의 정확한 재현, 그것들의 세부사항에 대한 충실한 묘사, 또는 사소하고 추접한 주제에 대한 집착 등을 뜻한다. 그러나 리얼리즘이라는 개념은 철학, 예술, 문학, 인문사회과학의 영역에서, 그리고 20세기의 지성사적 흐름을 대표하는 구조주의에서 후기구조주의, 나아가 포스트모더니즘에서 해체주의에 이르는 다양한 인식론의 영역에서 실로 광범위하게 다루어지고 있어서 하나의 문장으로 간단히 묶어내기는 어려운 일이다. 이 개념의 개괄적 이해를 위해 레이먼드 윌리엄스(Williams, 1983)의 설명을 들어보기로 한다.

윌리엄스에 의하면 원래 '리얼리스트(Realist)'라 불려진 플라톤 진영의 고대 그리스 철학인들은 19세기에 등장한 최소주의자들(Nominalists: 극단적 리얼리스트들)과 상반되는 입장의 사람들이었다. 플라톤의 '리얼리즘'은 눈에 보이는 현상들을 초월하는 절대적 보편성(universals)과 객관성의 존재를 의미하는 개념이었다. 여기서 리얼리즘이란 이데아(또는 'universal forms')를 뜻했고, 이는 우리가 경험세계에서 마주치는 사물이나 현상과는 전혀 다른 본질적 차원의 존재 또는 그것들을 구성하는 가장 근원적 성질을 뜻하는 것이었다. 리얼리즘에 관한 플라토닉 개념은 오늘날 일반적으로 통용되고 있지 않다.

라틴어의 '사물(thing)'이라는 어원을 갖고 있는 'real'이라는 어휘가 영어에 등장한 때는 15세기인데, 그것은 '실제로 존재한다'는 의미와 더불어 '움직일 수 없는 재산'을 일컫는 법률용어로 사용되었다. 오늘날 부동산을 'real estate'라고 하는 것도 여기서 연유된 것이다. 16세기부터 'real'은 상상적이거나 허구적이 아닌 것, 진정하고 근원적인 속성이라는 의미로 통용되었다. '현실을 직시하다'라는 표현에서 현실, 즉 'reality'는 그와 같은 의미이다.

18~19세기에 리얼리즘은 불어와 영어에서 몇 개의 세분화된 의미로 발전했다. ① 최소주의자들과 반대되는 입장의 리얼리스트를 표현하는 개념(즉, 플라토닉 이상주의적 리얼리즘), ② 정신과 영혼에 대별되는 자연현상을 지시하는 자연주의(naturalism)나 물질주의(materialism)의 의미, ③ 상상적이거나 허구적인 것이 아닌 실재 또는 실질을 지칭하는 의미, ④ 예술과 문학작품에서의 방법론과 작가의 태도를 수식하는 의미 등이 그것이다.

이상에서 ①과 ②의 의미는 현재 거의 통용되지 않는다. ①은 역사적 사실로 남았고, ②는 유물론(materialism)으로 대치되었기 때문이다. ③은 오늘날 보통 사람들의 일상적 표현에 자주 등장한다. 그녀의 결혼관은 '현실적'이다, 그는 '현실적 정치이념'의 소유자이다. 이런 표현에서 보듯 ③은 'practical'이라는 의미의 뉘앙스를 내포한다. ④는 문학과 예술사적 지식을 요구하는 더욱 세분화된 개념으로 발전했는데, 이 부분은 뒤에 쿠르베의 리얼리즘에 관한 논의에서 검토하기로 한다.

리얼리즘의 개념 정의에 대한 이상의 고찰을 참고로, 근대 이후 철학과 문학, 예술과 과학, 그리고 인문사회과학에서 논의되고 있는 리얼리즘 개념을 크게 두 유형으로 단순화해 보고자 한다. 하나는 넓은 의미의 미메시스적 리얼리즘이며, 다른 하나는 담론으로서의 리얼리즘이다. 미메시스적 리얼리즘이란 의식 밖에 존재하는 객관적 현실을 전제하는 경험실증주의적 인식론의 시각이며, 실제적 또는 은유적 의미의 현실재현을 추구하는 리얼리즘이다. 반면 담론으로서의 리얼리즘은 의식 밖의 객관적 현실이 아닌 기호관계의 현실구성을 전제하는 비판적 인식론의 시각이며, 특히 하위문화 그룹의 구성원들이 지니는 의식 또는 이데올로기의 문제로서의 리얼리즘을 이해하고자 하는 입장이다.

미메시스적 리얼리즘

미메시스적 리얼리즘은 인간의식 또는 구성원들의 기호관계를 초월하는 객관적 현실의 존재에 대한 믿음, 즉 '현존'의 믿음에 기초하고 있다. 미메시스적 리얼리즘은 외부세계에 대한 직접적 또는 간접적 지각의 유형과 그 지각이 갖는 정밀성의 정도에 따라 다음과 같이 세분화될 수 있다. 여기서 '현존의 믿음'이라는 말이 시사하는 것처럼, 미메시스적 리얼리즘은 필자가 택한 인식론적 오리엔테이션에서 해체의 대상이 된다.

순박한 리얼리즘(Naive realism)

대부분 일반 상식인들과 자유복수주의적(liberal pluralist) 언론관을 갖는 주류 미디어 학자들의 일상적 현실감으로서 인지자의 감각기관에 등록된 외부세계에 대한 지각과 객관적 외부세계의 모습을 동일 현상으로 전제하는 관념이다. 미국의 전 CBS 앵커 월터 크롱카이트(W. Cronkite)가 후배 언론인들에게 전하는 충고의 말에서 언론인의 사명을 '있는 그대로 말하기(Telling it like it is)'로 함축한 적이 있는데, 이는 감각기관이 저 밖의 객관적 현실을 있는 그대로 전달(보도)할 수 있다는 순박한 리얼리즘의 전형이라 하겠다.

직접적 리얼리즘(Direct realism)[2]

인간의 감각기관이 외부세계의 인지에서 지각적 오류를 범할 수 있음을 인정하지만 근원적으로는 감각작용이 외부세계를 직접적으로(의식의 울타리에 한정되지 않고) 인지할 수 있다는 지각이론이다. 물에 넣은 막대기가 휘어져 보이지만 그 막대기는 실제로 인간의식 밖에 객관적으로 존재하며 인간은 그 존재를 직접 지각할 수 있다는 믿음이다. 이 막대기에 대한 감각기관의 지각은 인간 내부의 의식에 대한 지각이 아니라 실재로 객관적 외부세계에 대한 지각이라는 것이다. 그러나 근래 신경과학(neuroscience) 분야의 연구동향(Morvan, 2004)은 인간의 일상적 지각, 비현실적 상상, 꿈 등이 동일한 성질의 두뇌활동으로 설명됨으로써 직접적 리얼리즘의 논지에는 지극히 반증적이다.

간접적 리얼리즘(Indirect realism)

외부세계에 대한 인간의 지각은 직접적인 것이 아니라 어디까지나 외부세계의 내적 재현(internal representations)에 대한 지각현상이라는 것이다. 현상학을 엄밀한 경험주의라 한다면 그것은 어디까지나 인간 의식에 대한 경험주의이지 의식 밖의 객관적 외부세계에 대한 경험주의가 아닌 것과 같다. 간접적 리얼리즘은 인간의 경험적 지각현상이 저 밖의 객관적 외부세계에 대한 직접적 지각이 아니라 어디까지나 인간 내부의 '의식에 대한 의식' 또는 메타 의식의 문제라는 것이다. 간접적 리얼리즘이 미메시스적 리얼리즘의 범주에 포함될 수 있는 것은 객관적 외부세계의 존재와 그것에 대한 올바른 재현 가능성이 전제되기 때문이다.

비판적 리얼리즘(Critical realism)

의식 밖에 존재하는 객관적 현실의 존재에 대한 믿음과 동시에 인간적 지각과정의 특성(선별적 지각현상, 스키마의 특성, 인지 복잡성, 필터링)을 고려해야

---

[2] 이하 미메시스적 리얼리즘의 유형 분류는 위키피디아(Wikipedia) 온라인 사전을 참조했음. http://en.wikipedia.org/wiki/critical.realism.

한다는 의미에서의 '비판적' 입장이다. 바스카르(Bhaskar, 1997)는 '비판적 자연주의(Critical Naturalism)'와 '선험적 리얼리즘(Transcendental Realism)'으로 명명된 과학철학을 발전시켰는데, 여타 학자들이 이 둘을 묶어 '비판적 리얼리즘'이라 부른다. '선험적 리얼리즘'에 따르면, 과학적 연구 대상에 포함될 수 있는 진정한 사물·현상의 존재를 파악하기 위해서는 그것들이 지닌 고유의 내적 메커니즘을 연구자가 조정할 수 있고 이에 따라 특정한 결과를 생산해 낼 수 있는 실험이 가능해야 한다는 것이다. '비판적 자연주의'는 '선험적 리얼리즘'의 과학철학이 자연현상뿐만 아니라 사회현상의 연구에도 적용되어야 한다는 입장으로서 다만 이 두 영역의 질적 차이를 고려한 전략이 필요하다는 것이다. 1970년대에 확산된 바스카르의 견해는 경험실증주의를 더욱 정교화한 과학적 방법론으로 부상시키는 데 기여했다. 어쨌든 비판적 리얼리즘의 견해는 비록 인간의 지각과정이 많은 오류를 범하기는 하지만 의식으로부터 독립된 현실의 존재는 인정되어야 한다는 것이다.

구조적 리얼리즘(structural realism)

일명 '네오 리얼리즘'이라 불리는 국제관계 이론이다. 시스템 이론 중 하나로 볼 수 있으며, 요지는 국제관계에서의 구조적 메커니즘이 개별 국가들의 행태를 설명·예측 가능하게 하는 변수로 작용한다는 논리이다. 네오 리얼리즘은 국제관계의 설명에 있어서 고전적 리얼리스트들이 생각한 '본성'이나 '동기'와 같은 본질주의적 개념을 거부하고 역동적이고 가변적인 구조적 관계에 대해 관심을 갖는다. 예컨대 동북아에서의 진정한 '한국의 현실'은 한국인들의 국민성이나 민족성, 근원적 행위동기에 의해 설명되거나 읽혀질 수 있는 것이 아니라 한국을 포함하는 북한, 중국, 일본, 미국, 러시아 사이의 구조적 관계에서만 해독이 가능하다는 것이다.

과학적 리얼리즘(scientific realism)

인간의 감각작용에 의한 직접적 관찰과 인식이 비록 불가능한 대상이라 할지라도 그것이 과학적 이론의 테두리에서 서술이 가능하다면 그것은 인간의 지각능력과는 무관하게 실재로 저 밖에 객관적으로, 그리고 독립적으로 존재하는 것으로 간주될 수 있다는 관념이다. 자연과학의 제 이론은 이 전제에서 발전되어 왔다. 따라서 과학적 리얼리즘은 관찰과 실험 가능한 대상으로부터 얻어진 결과만을 지식의 이름으로 받아들이는 논리실증주의('비엔나 서클')에 반하는 개념이다. 과학적 리얼리즘은 실증주의 이후 지배적 과학철학으로 부상하였다.

낭만적 리얼리즘(Romantic realism)

낭만적 리얼리즘은 객관적 사물의 존재뿐만 아니라 '도덕'이나 '아름다움'과 같은 추상적 개념의 기준에 관한 절대적 당위(Ought to be)의 존재를 인정하는 리얼리즘이다. 낭만적 리얼리스트들은 낭만주의와 리얼리즘이 상호배타적이거나 이항대립적이기보다는 양립할 수 있다는 믿음을 갖는다. 따라서 이들에게는 이상적(ideal) 가치가 동시에 현실적일 수 있다. 미술에서 이들의 태도는 이상화된 현실의 모습, 영웅적이고 행복한 인간성의 묘사로 나타난다. 낭만적 리얼리즘은 낭만주의의 아류로 분류되기도 한다.

포토 리얼리즘(Photorealism)

미국과 유럽에서 1960~1970년대에 성행한 미술사조로서 마치 사진과 같은 정밀성의 리얼리티를 추구했다. 조각에서도 머리와 의상 등이 실제 인물과 동일한 모습으로 재현되었다. 이런 미술사조는 유럽에서 '슈퍼리얼리즘(superrealism)'으로 통용되기도 한다.

자연주의적 리얼리즘(Naturalistic Realism)

스타일과 상상적인 것 또는 이상을 강조한 낭만주의 예술사조에 반하여 사실적 묘사와 자연의 배경을 중시한 19세기 리얼리즘의 전형이다.

이상에 열거된 여러 리얼리즘의 유형은 한결같이 의식을 초월하는 객관적 현실존재의 당위를 수용하고 있다. 여기서 리얼리즘의 궁극적 의미는 객관적 현실에 대한 미메시스적 재현의 가능성을 전제하고 있다.

담론의 리얼리즘

우주의 모습이 그런 것은 우리가 그렇기 때문이다. – S. 호킹

텔레비전을 포함하는 미디어 연구에 적합한 리얼리즘 개념을 포스트모던 이론가 핫산(Hassan, 2003)으로부터 유추할 수 있다. 핫산은 리얼리즘을 '세상 속에 놓인 마음의 위치, 세상과 마음의 관계, 그리고 마음과 마음의 관계'에 관한 문제로 규명하고 있다. 이는 그가 지닌 인간의 의미생성에 관한 구조주의적 시각의 일면을 시사한다. 그는 또한 리얼리즘을 근원적으로 진리에 관한 논의의 문제로 보는 반면, 이때의 진리는 시간과 공간을 넘는 초월적 진리가 아닌 '신뢰'의 문제로 봄으로써 그가 지닌 해체주의적 관점의 일면을 시사하고 있다. 그에게 리얼리즘이란 객관적 현실에 대한 경험실증주의적 재현의 문제가 아니라 인간적 신뢰의 문제이다. 그것은 문화구성원들이 위위적 창조물에 대해 떠올리는 선명성(a fidelity to creation)의 문제이며, 경험적 현상에 내한 선별적 주목의 문제라는 것이다. 핫산의 글에 나타나는 리얼리즘 개념을 미디어 연구자의 관점에서 원용·재구성하여 그 함의를 논해보기로 한다.

핫산은 리얼리즘이 궁극적으로 신뢰의 문제 또는 믿음의 문제라는 자신의 견해를 뒷받침할 논거로서 과학과 언어의 예를 들고 있다. 그가 지적하는 바에 따르면, 과학의 차원에서 리얼리즘이란 오리무중의 이슈이다. 원자 내부에 실제로 무슨 일이 벌어지고 있는지는 여전히 불확실하다. 전자의 위치는 정확히 어디인지, 그것의 속도는 얼마나 빠른 것인지 우리는 아직 알지 못한다. 관찰자는 관찰 그 자체로서 지각의 대상에 영향을 미친다. 우리의 리얼리티란

도대체 어디에 있는가? 여기에 비결정성의 원리(Principle of Indeterminacy)가 개입한다. 리얼리티란 의식의 문제인가? 의식이란 무엇인가? 저 밖의 현실에 엄연히 존재한다는 물질이란 무엇인지, 그것에 내재된 법칙은 과연 무엇인지 우리는 여전히 알지 못한다. 물질의 성질을 파헤치면 파헤칠수록 그것은 신비로움일 따름이다. 우주는 어떤가? 작금의 연구자들은 무한대의 우주를 논하고 있다. 우주를 인간성의 영역으로 되돌린 호킹(Hawking, 1988)의 말, "우주의 사물들이 그런 것은 우리가 그렇기 때문이다(Things are as they are because we are)"라는 언사는 무엇을 의미하는가? 우주는 결국 인간의 창조물이 아닌가? 핫산에게 리얼리즘이란 '우주에 처한 마음의 역할(the role of mind in the universe)' 그 이상도 이하도 아니다.

핫산은 또한 언어의 문제에 주목하고 있다. 지구상에는 현재 6,000개가 넘는 인간의 언어가 존재한다. 여러 인종들의 신체적 외양이 그런대로 닮은 것에 비교하면 서로 알아들을 수 없는 언어의 차이는 실로 대단하다. 그런데 언어는 결정적으로 리얼리즘의 환상을 불러일으킨다. 서로 다른 언어가 서로 다른 현실을 구축한다. 언어는 인간에게 진리라는 개념을 주었다. 언어는 인간에게 진리라는 개념을 주었을 뿐만 아니라 그것에 대한 신념까지 주었다. 동어반복이지만, 언어는 우리에게 리얼리티라는 개념뿐만 아니라 리얼리티의 존재에 대한 굳은 신념까지 주었다. 그러나 언어는 니체의 지적대로, 은유일 따름이다. 구조주의 이후 리얼리티는 기호와 기호의 관계이고 또 은유이다. 특정한 기호관계를 초월하는 하나의 객관적 현실이란 공허한 개념이 되고 만다. 니체에게 진리는 낡은 은유이고 인간의 감각을 자극하기에는 무력해진 상태에 있다. 우리의 리얼리티란 낡은 은유이고, 구성원들의 감각을 자극하기에는 너무나 당연한, 자연화된 무엇이 되었다. 상식인들에게 저 밖의 리얼리티는 자연이며 고정된 무엇이다. 그들은 리얼리티의 당위에 의문을 갖지 않는다. 오늘날 분석철학은 리얼리티의 존재를 관습적 언어해독의 문제로 풀이하고 있다. 그렇다면 리얼리즘은 미디어의 '투명한 렌즈', '투명한 창문'을 통해 재현되는 '객관적 현실 들여다보기'의 문제가 아니라 구성원들이 지닌 기호관계의 문제, 기호해독의 문제로 파악될 수 밖에 없다.

　리얼리즘이란 진리추구의 미학이다. 그러나 그 진리는, 핫산의 표현을 빌리면, 자연의 진리가 아닌 인간적 '신념의 진리'이다. 더욱이 포스트모던 문화상황에서 진리란 하나의 절대적 진리가 아닌 상대적 복수의 진리일 수밖에 없다. 그런데도 상식인들은 언제나 '진리는 하나'라는 관념에 사로잡혀 있다. 탈모더니즘의 시대상황에서 진정한 '참 현실'이 존재한다면 그것은 결코 하나일 수 없다. 진리는 언제나 복수의 진리이다. 진리의 이면에는 언제나 그것에 경합하는 대립적 진리가 있다. 어느 한편에 몰입하는 한, 우리는 결코 정당한 입장에 있지 않다. 리얼리즘의 이름으로 하나의 객관적 현실을 '있는 그대로' 묘사하려는 진리추구의 시도는 무위일 수밖에 없다. 리얼리즘이 하나의 근원(origin)을 요구할 때 그것은 로고스 중심주의(logocentrism)의 전형이 된다. 오늘날 지구촌 후기산업사회들이 경험하는 탈근대적 문화상황에서 현상의 '근원'이나 고정된 의미의 추구는 '자유로운 기표들의 난무(free play of signifiers)'에 의해 대치되었거나 대치되고 있다. 보드리야르(Bauddrillard, 1994)에게 오늘날 후기산업사회의 현실은 과실재의 현실(hyperreality), 모사(simulation)의 현실이며 리얼리타란 사이버 공간에 투영된 무엇이다. 그러니 '미국이 진짜로 느껴지는 것은 디즈니랜드 때문'이라는 말이 타당성을 갖지 않는가. 모사의 현실 개념에서 미메시스적 재현대상으로서의 객관적 참 현실이란 허구의 개념이 되고 만다. 이렇게 보면 오늘날 모사의 현실을 사는 산업사회의 구성원들에게 텔레비전 리얼리즘이란 결코 저 밖의 객관적 현실재현을 의미할 수 없다. 소쉬르와 레비스트로스 이후 기호에 대한 사회과학의 관심은 저 밖에 존재하는 객관적 현실의 환상을 떨쳐버리게 했다. 객관적 현실이 현존하지 않는 허구라면, 어떻게 현존하지 않는 객관적 현실을 텔레비전이 객관적으로 재현할 수 있을 것인가? 그런 것이 설사 현존한다 하더라도 텔레비전은 그것을 재현할 능력과 의지를 갖고 있지 않다. 이런 관점에서 텔레비전 리얼리즘이란 현실재현의 문제가 아닌 현실창조의 문제이다. 텔레비전 리얼리즘은 언제나 자신 밖의 문제를 거론하지 않고 자신 내부의 문제를 거론하고 있다. 텔레비전 리얼리즘은 텔레비전 특유의 이야기, 그것의 내러티브에서 비롯된다. 그것은 리얼리티의 창조이며 담론의 구축이다.

영상언어

텔레비전의 영상언어는 한줄기의 무지개처럼 다양한 학문적 스펙트럼 안으로 연결되어 있다. 텔레비전에 의한 의미생성과정의 설명은 적어도 신경생리학, 인지심리학, 사회이론, 미학, 정신분석학, 구조주의(또는 후기구조주의) 언어·기호이론, 해체주의 등의 모든 영역과 이론적 연결망을 형성하고 있다. 이 이론적 연결망 안에서만 텔레비전 담론의 정체는 설명될 수 있다. 이들 영역을 포괄하는 이론적 진공상황에서의 텔레비전 리얼리즘에 관한 논의는 미메시스의 차원을 벗어나지 않는 것이며, 이는 아마 텔레비전 리얼리즘에 관한 가장 저급한 수준의 논의가 될 것이다.

핫산은 지금까지 모더니즘과 포스트모더니즘의 예술인들이 추구해 온 것은 전해 내려온 예술적 관습에 대한 해체, 즉 관습적 리얼리티의 해체작업이었다고 생각한다. 인간의 리얼리티란 그 어느 시대에도 고정된 적이 없다. 우리의 리얼리티는 언제나 새로운 예술가, 새로운 장르에 의해 도전받고 해체되어 새롭게 태어났다. 큐비즘에서 초현실주의로, 추상화에서 팝으로 말이다. 예술가의 눈에 비친 리얼리티란 그 어느 시점에도 미메시스의 대상이 될 만큼 고정되어 있지도, 선명하지도 않다. 순박한 사람의 눈에 이 순간 저 밖의 현실(대상)이 아무리 '리얼하게' 보일지라도 예술에서의 리얼리즘은 그 대상에 대한 거울 같은 반영이거나 직접적 재현이 될 수 없다. 그것은 다만 '은유적 대용(metaphoric substitutions)'이거나 끊임없는 관습의 해체일 수밖에 없다.

쿠르베의 리얼리즘[3]

미디어 리얼리즘을 재현의 문제가 아닌 '은유적 대용' 또는 기호관계의

---

3) 쿠르베의 리얼리즘 미술사조에 대한 논의는 임영방(1979)을 참조했음.

문제로 본다는 말은 그것이 담론의 문제라는 말과 같다. 여기서 쿠르베(G. Courbet, 1819~1871)의 리얼리즘에 주목하는 것은 그것이 담론으로서의 텔레비전 리얼리즘을 이해하는 데 좋은 예가 되기 때문이다. 모든 담론은 예외 없이 계층적 의식과 선택의 문제를 수반한다. 우선 쿠르베가 자신의 예술활동에서 보여준 의식과 선택행위에 주목해 보자. 그가 자신의 그림에서 추구한 것은 사회적 모순과 불평등을 뛰어넘는 삶의 진실이라는 명제이다. 그의 작품은 당대 화가들의 그것처럼 아름답지 않다. 그의 작품에서는 낭만적이거나 이상화된 면을 찾아볼 수 없다. 그에게 그림의 진실이란 대상의 선과 형태를 완벽하게 재현하는 데 있지 않다. 그는 오히려 역동적이고 거칠게 대상을 묘사했다. 그에게 그림의 진실은 대상에 대한 미메시스적 재현의 문제가 아니었던 것이다. 또한 중요한 것은 쿠르베가 선택한 그림의 대상이 주변의 보통사람들이거나 흔한 풍경이었다는 사실이다. 이는 당대의 화단에서는 전혀 새로운 발상이었다. 이전에는 주로 전문배우들이 그림의 모델로 사용되었기 때문이다. 쿠르베는 동시대의 보통사람들이 겪는 삶의 역경과 고뇌의 모습을 솔직하게 부각시킴으로써 당시 화단에 보편화된 이상주의에 도전했고 그 결과로 추악함의 숭배자라는 비판을 받기도 했다. 그러나 그는 도미에르(H. Daumier, 1808~1879), 밀레(F. Millet, 1814~1875)와 더불어 리얼리즘을 미술사의 반열에 올려놓았다.

쿠르베의 예에서 주목하려는 것은 평범한 시민들을 자신의 모델로 선택했다는 사실이다.[4] 이는 그의 리얼리즘이 객관적 현실에 대한 사실적 재현의 문제라기보다는 대상에 대한 선택의 문제, 이 경우 계층적 선택의 문제임을 말해주

---

[4] 쿠르베의 작품 '오난스의 매장(Burial at Ornans)'은 1848년에 그가 큰아버지의 장례식에 참석했을 때 목격한 장면을 그린 것으로 리얼리즘 미술의 대표작으로 통한다. 그는 이 그림에서 당대의 삶을 살아가는 오랑스 지역의 평범한 마을사람들을 그림으로써 자신의 사회의식을 표출했고, 이것이 곧 그의 리얼리즘이었다. 이 그림의 출현은 점차 화단에서 낭만주의적·환상적 그림의 인기를 떨어뜨리는 계기가 되었고, 사람들은 점차 자신의 실존적 삶에 연관된 주제와 이야기의 그림들을 원하게 되었다. 쿠르베의 리얼리즘은 낭만주의 미술사조의 장례를 예고하는 계기가 되었다(임영방, 1979).

는 것이다. 그의 리얼리즘은 예컨대 부르주아 계층의 사람들이 아닌 서민계층의 사람들을 예술의 대상으로 삼았다. 커뮤니케이터로서의 이 선택은 결국 올바른 재현의 문제와는 무관한 의식의 문제, 이데올로기의 문제, 담론의 문제인 것이다. 달리 표현하면 쿠르베의 리얼리즘은 시간과 공간의 인위적 선택이라는 점에서 담론이다. 그가 리얼리즘의 이름으로 선택한 시간은 초월적 시간이 아닌 '현재'라는 시간이며, 보편적 공간이 아닌 '여기'라는 구체적 공간이었다. 그는 시간적으로는 '당대'의 사람들을, 공간적으로는 누구나 쉽게 마주칠 수 있는 근처의 평범한 사람들을 대상으로 선택한 것이다. 이런 의미에서 쿠르베의 리얼리즘은 객관적 진리 또는 객관적 현실의 재현과는 무관한 담론의 리얼리즘이었다.

쿠르베는 '세상의 창조[The Origin of the World(L'Origine du monde), 1866]'라는 그림을 그렸는데 그것의 '선정성' 때문에 당대에 많은 비난을 받았다. 이 그림은 성기를 적나라하게 들어낸 여인의 자세 때문에 한때 대중의 관람이 금지되었는데, 자세히 관찰해 보면 이 그림 역시 담론의 리얼리즘을 설명하는 좋은 예가 된다. 이 그림에서 쿠르베의 선택은 아름다운 여성의 모습도, 성적 매력이 두드러진 여성의 모습도 아님이 분명하다. 이 그림의 여성은 포르노의 자세도, 중세 명화의 아름다운 귀부인의 자세도 취하지 않았다. 비록 신체의 특정 부분에 대한 사실성이 아주 강해보이지만(그래서 선정성의 문제가 제기되지만) 실제로 그것은 현실적으로 묘사된 보통여성의 몸, 어쩌면 결혼생활에 찌든 그리 행복하지 못한 평범한 여편네의 조금은 욕정적이고 조금은 추접해 보이는 자태를 그대로 솔직히 들어낸 것뿐이다. 이것이 쿠르베가 꿰뚫어본 우리 곁에 존재하는 보통여성들의 진실일 것이다. 이 진실에 대한 쿠르베의 의식을 포르노와 연관시키는 것은 무리이다. 이 그림의 리얼리즘은 남성의 성적 대상으로서의 여성의 몸에 대한 미메시스적 재현 때문이 아니라 보통여성의 진실이라는 쿠르베의 담론에 기인되는 것이다.

쿠르베의 리얼리즘은 미메시스적 현실재현의 문제가 아니라 대상의 선택과 묘사를 통해 들어나는 의식과 담론의 문제이다. 그의 리얼리즘은 더럽거나 추한 것에 상관없이 보통사람들이 호흡하는 삶의 현장을 미화하거나 치장하지 않고 직선적으로 적나라하게 고발하는 일이었다.

리얼리즘의 저항정신

리얼리즘의 개념적 울타리는 적어도 19세기 문학과 예술의 연장선에서 보면 민중의 영역을 이탈할 수 없다. 민중의 영역이라는 점에서 리얼리즘은 부르주아 의식에 대립되는 개념이라 말할 수 있다. 리얼리즘이 보통사람들, 대중의 의제와 삶, 민중의 고뇌와 희망을 서술한다는 사실은 어쩔 수 없이 지배 이데올로기와의 헤게모니 대립을 시사한다. 이런 점에서 리얼리즘이라는 단어는 다분히 지배계층이나 지배 이데올로기에 대한 저항의식을 함축하는 개념으로 보인다. 이런 관점에서 피스크(Fiske, 1987)가 텔레비전 리얼리즘을 지배 이데올로기의 재생산과정과 동일시하는 것은 어색한 주장으로 들린다. 지배 이데올로기가 스스로의 자연화(naturalize)를 획책하는 것은 의문의 여지가 없는 일이지만 그것(지배 이데올로기)의 재생산을 리얼리즘과 동일시하는 것은 개념적 무리수로 들린다.

리얼리즘 예술가로서 쿠르베의 저항의식은 나폴레옹 3세가 수여한 훈장을 거절했고 결국 체제와의 불화로 몇 개월간 구금된 적이 있을 정도로 강했다. 쿠르베와 더불어 리얼리즘을 대표하는 도미에르 역시 부르조아 계층의 부조리를 조롱하거나 법관들의 도덕적 타락, 정부의 무능을 비판하는 캐리커처를 그렸다. 그는 '가르강튀아(Gargantua, 1831)'라는 그림에서 국왕 루이 필립(Louis Phlippe)을 게걸스럽고 욕심 많은 뚱뚱보로 그린 대가로 몇 개월 동안 구금되기도 했다. 오늘날 일간신문이나 시사주간지 등에서 흔히 발견되는 부패 정치인이나 부도덕한 사회지도층 인사들에 대한 비판적 캐리커처 그리기의 전통은 결국 19세기 리얼리즘의 전통과 일맥상통하는 면이 있다고 하겠다.

텔레비전 리얼리즘

> 영상물의 근원적 성질은 포르노적이다. 해독자의 혼을 빼앗고 생각 없이 홀린 상태를 유지시킨다. — 제임슨(Jameson, 1992)

이상에 논의된 쿠르베의 리얼리즘은 미디어 리얼리즘의 이해에 많은 시사점을 갖는다. 그의 리얼리즘은 커뮤니케이터의 선택(즉, 의제선정)과 내러티브의 형식을 말하는 것이지 객관적 현실의 재현을 뜻하지 않는다. 이런 의미에서 쿠르베의 리얼리즘은 담론의 리얼리즘이며 동시에 담론으로서의 미디어 리얼리즘에 대한 이해의 폭을 넓힌다.

리얼리즘이 자신의 위상을 누릴 수 있는 것은 그것의 정체가 '설득적 관습(persuasive convention)'이기 때문이다. 곰브리치(Gombrich, 1972)는 다음과 같이 말한다. "이 세상은 결코 그림과 같지 않다. 그러나 그림은 이 세상처럼 보인다." 지금 우리는 이렇게 말할 수 있다. 이 세상은 결코 텔레비전이 보여주는 것과 같지 않다. 그러나 텔레비전이 보여주는 것은 이 세상처럼 보인다.

텔레비전 리얼리즘의 실현 메커니즘을 의사들의 실제 수술 장면을 방영하는 의료 프로그램의 예에서 찾아볼 수 있다. 수용자들에게 외과의사에 의한 환자의 실제 수술 장면보다 더 리얼해 보이는 프로그램도 드물 것이다. 그것은 결코 연습도, 연기도, 연출도 될 수 없는 것으로 보인다. 그것은 사람의 생명과 연관된 냉엄한 현실의 문제이며, 그것의 진실을 보증하는 수술실의 온갖 장비들과 모니터, 가운과 마스크를 착용한 의료진의 분주한 팀워크, 메스에 의해 열려진 환자의 육체와 혈액이 적나라하게 카메라 앞에 전개되는 강력한 리얼리즘의 현장이다. 간혹 보기 힘든 장면들이 모자이크로 처리되지만 그것이 텔레비전 리얼리즘을 손상시키지는 못한다. 아니, 적절한 모자이크는 오히려 텔레비전 리얼리즘을 강화하는 테크닉일 수 있다. 텔레비전이 방영하는 수술 장면은 과학이 담보하는 냉엄한 현실의 모습이며 실재와 진실이 그 안에 모두 담겨있는 것으로 보인다. 그것은 지극히 객관적이며 경험실증주의적 현실의 모습으로 수용자에게 다가온다. 텔레비전 리얼리즘은 과연 객관적·경험실증주의적 현실재현에서 비롯되는가?

스펙터클과 내러티브

　대중매체로서의 텔레비전은 근원적으로 볼거리와 이야기의 매체이다. 환자의 생명을 담보로 하는 의사의 수술 장면에도 예외 없이 볼거리와 이야기가 게재된다. 그렇지 않다면 환자의 수술 장면은 애당초 방송 프로그램으로 편성되지 않았을 것이다. 스펙터클과 내러티브, 이것이 텔레비전 매체의 근원적 성질이다. 그러나 텔레비전 모니터에 펼쳐지는 환자의 수술 장면은 카메라 앞에 엄연히 존재하는 객관적 현실과의 일치됨이 전제되고, 수용자들은 이 전제에 의문을 갖고 있지 않다. 이 의문의 여지없음이 텔레비전 리얼리즘을 가능하게 한다.

　텔레비전이 방영하는 수술 장면은 특정한 환자의 질병에 관해 구성되고 다듬어진 하나의 볼거리이자 이야기이다. 그러나 이 프로그램에 '창조성'은 없다. 그 프로그램은 구성원들에게 허용된 가능한 여러 잠재적 담론들의 레퍼토리 중에서 선택된 하나의 담론으로서만 존재할 수 있다. 그것이 담론의 해독이 아니라면 수용자들은 이 프로그램에서 어떤 의미(즉, 즐거움)도 경험할 수 없을 것이다. 이렇듯 텔레비전 시청의 즐거움이란 하위문화 구성원으로서의 해독자에 의한 담론 실행의 즐거움이며, 따라서 그것(즐거움)은 계층적이고 이데올로기적이다. 그 프로그램에는 수술 전 환자와의 인터뷰, 의사의 증언, 해설자의 육성이 담겨있다. 수술 장면은 환자, 의료팀, 작가, TV 제작진이 함께 엮어낸 질병과 환자의 몸에 관한 가능한 이야기, 담론인 것이다. 문화인류학자 레비스트로스에 의하면 질병과 환자의 몸에 관한 인과론은 문화권 특유의 신화적 요소를 갖는다. 비록 리얼한 수술 장면의 방영이라 하지만, 그것은 사전에 계획되고 수정되어 다듬어진 이야기, 즉 신화의 정체성을 이탈하지 않는다. 여러 환자들 중에서 특정한 환자가 프로그램의 성격에 적합한 캐릭터로 선정(캐스팅)되었고, 그의 증세와 성공적 수술의 가능성이 고려되었으며,

경영진의 회의 결과로 특정한 권위의 의사가 수술에 참여하게 되었고, 제작진에 의해 수술과정의 촬영방식이 면밀히 기획되었으며, 프로그램 일체는 최종적으로 편집되었다. 의사와 환자, 프로그램의 등장인물들 모두는 자신의 신체적 움직임이 카메라에 의해 포착됨을 의식하지 않을 수 없었을 것이고, 수많은 시청자들이 자신의 미세한 몸놀림에 주목하고 있다는 사실의 인지가 이 출연자들의 행동에 아무런 영향도 미치지 않을 수는 없었을 것이다. 이 모든 것들이 사실이라면 이 프로그램의 방영은 저 밖에 자연으로서의 '객관적 현실'의 모습과 아무런 관련도 없음이 자명하다. 여기에 자연 그대로의 모습이란 애당초 존재하지 않는 허구이다. 설사 제작자가 카메라 앞의 대상을 '있는 그대로' 객관적으로 재현하려는 의도와 의지를 갖는다 해도 그것은 이미 가능한 일이 아니다. 카메라의 위치 선정과 앵글, 샷의 종류는 이미 중립적 테크놀로지의 영역을 벗어나는 인간적 시각의 산물이며, 따라서 그것은 인간적 관점일 수밖에 없다. 모든 관점은 곧 담론의 통로이다. 의사의 수술 장면에 나타나는 강력한 텔레비전 리얼리즘은 저 밖의 현실에 대한 충직한 미메시스적 재현과 무관한 일임이 자명하다.

리얼리즘으로의 초대

벨링(Belling, 1998)은 의학 프로그램 <더 오퍼레이션(The Operation)>에서 텔레비전 리얼리즘의 실현과정을 에스노그래픽(ethnographic)한 관찰력으로 기술하고 있다. 한 잡지(*Literature and Medicine*)에 실린 그녀의 논문을 보면, 텔레비전 리얼리즘의 실현과정은 앞서 핫산이 말한 '신뢰 쌓기'의 과정에 다름 아니다. 에피소드마다 프로그램 호스트는 다음과 같이 경고한다.

　　시청자 여러분이 지금부터 보시게 될 장면은 실제 수술 장면입니다. 이 프로그램은 모든 시청자들에게 적합한 것이 아닙니다.

이 경고의 메시지는 한마디로 리얼리즘의 현장으로 시청자를 안내하는 강력한 초대의 메시지이다. 호스트는 시청자들을 특정한 시청위치로 호명하고 있고, 이 안내된 자리는 강력한 리얼리즘의 현장이다. 이 초대의 메시지는 냉엄한 현실의 객관적이고 진실된 재현을 수용자에게 확신시키는 커뮤니케이션 전략이고, 텔레비전 리얼리즘의 진정성을 확인해 주는 언술이며, 객관성, 공정성, 사실성의 진리만을 추구하는 텔레비전 매체에 대한 신뢰의 요청이기도 하다. 또한 아무에게나 적합한 영상물이 아니라는 이 프로그램의 초대에 기꺼이 응하는 시청자들은 이렇듯 진리추구의 매체인 텔레비전에 의해 특별히 선택된 특별한 그룹의 사람이라는 함의에 동조하고 있다.

도구적 리얼리즘

오늘날 텔레비전 리얼리즘은 하이퍼 리얼리즘(hyperrealism)의 양상으로 변모해 가고 있다. 수용자들은 실제의 대상물보다 더 크고 명료한, 더 생생하고 화려한, 더 섬세한 현실의 이미지에 적응해 가고 있다. 영상 테크놀로지의 발전이 과거에는 육안으로 볼 수 없었던 마이크로 현상들을 텔레비전 화면 가득히 확대하여 관찰할 수 있게 한다. 미디어가 인간의 '감각기관의 연장'에 그치지 않고 한 걸음 더 나아가 하이퍼 리얼리티의 구축을 도모하고 있다. 즉, 테크놀로지가 허용하는 '도구적 리얼리즘(instrumental realism: 시청자는 의사의 수술용 확대 모니터의 이미지를 가정에서 함께 시청할 수 있다)'이 하이퍼 리얼리티의 현실감을 강화하고 있다. 그러나 그것은 여전히 객관적 자연의 현실은 아니다. 그런데도 도구적 리얼리즘은 '세상을 향한 투명한 창문'으로서의 텔레비전 신화를 더 한층 강화하고 있다. 도구적 리얼리즘은 특히 다큐멘터리 프로그램에서 강력한 효능을 선보이고 있다. 고화질의 HDTV에 재현된 '자연'의 모습은 실재의 그것들보다 더 실재다운 모습으로 과실재(hyperreality)의 현실창조에 크게 일조하고 있다.

상황과 리얼리즘

텔레비전 리얼리즘의 진실성은 이미지와 내러티브, 즉 메시지 그 자체에서 기인되기보다는 그 메시지가 처한 상황적·역사적 맥락에서 기인된다. 시간적으로 어떤 메시지의 리얼리즘은 현재 시점에 유효하고, 어떤 메시지의 리얼리즘은 좀 더 길거나 짧은 생명력을 갖고 있다. 역사의 한 시점에 로마제국의 콜로세움(원형경기장)은 수많은 젊은이들이 피를 흘리며 죽음을 당한 곳이다. 시간을 뛰어넘어 오늘날 그것의 영상 이미지는 아름답기만 하다. 텍스트의 진실성은 맥락과 상황을 이탈할 수 없다. 상황의 진공 속에서 메시지가 제시될 때 그 메시지의 진실성은 사라지고 만다. 한 메시지의 정통성(authenticity)은 그 메시지와 연관된 기호군의 맥락(상황) 속에서만 실현될 수 있다.

텔레비전 리얼리즘을 '허구의 리얼리즘'이라고 부를 수 있는 이유는 커뮤니케이션 테크놀로지로서의 텔레비전 매체가 지니는 의미생성의 메커니즘이 근원적으로 탈상황적이기 때문이다. 텔레비전은 대상의 의미화 과정에서 그 대상이 처한 원래의 상황을 시청자에게 전달해 주지는 못한다. 성당 벽에 그려진 다빈치의 그림을 '있는 그대로' 오려내어 대영박물관 유리관 속으로 옮겨놓는다고 해도, 이 그림은 이미 오리지널리티의 의미생성 능력을 상실하고 있다. 텍스트의 오리지널리티란 그 텍스트와 연관된 상황을 포함하는 개념이기 때문이다. 원래의 상황에서 유리된 '오리지널'은 이미 '오리지널'의 위상을 갖고 있지 않다. 이는 의미생성의 메커니즘이 기호 그 자체가 아닌 기호관계, 즉 상황에서 비롯된다는 인식론의 시각이기도 하다.

기호관계(상황)가 바뀌면 메시지의 의미도 바뀐다. 이런 의미에서 탈상황적 텔레비전 매체의 리얼리즘은 '있는 그대로의 재현'과 무관하다. 물론 동일한 논리가 수용자에게도 적용된다. 마르크시스트 계급론을 배제하는 문화연구의 전통은 산업사회에서 텔레비전 수용자의 의미생성이 그가 처한 하위문화적 상황의 특성에 의해 지배된다는 사실을 설파해 왔다. 동일한 메시지가 서로 다른 하위문화 그룹들의 상황에서 읽혀질 때 그 메시지 해독은 서로 상이할 수밖에 없다. 이렇게 보면 수용자의 메시지 해독에 관여하는 상황의 위력은 양방향적이다. 텔레비전은 대상이 처한 상황을 모니터에 재현할 수 없고, 수용자 자신의 상황은 대상의 그것과 언제나 간격을 갖는다. 그렇다면 모든 텔레비전 텍스트의 해독은 필히 오독이다. 이런 의미에서 텔레비전 수용자는, 벨링의 용어를 빌리면, '문화적 구성주의자(cultural constructivist)'이다.

텔레비전의 세계에서 저 밖의 객관적 대상이란 존재할 수 없다. 텔레비전과 수용자 사이에 양방향으로 작용하는 상황의 결핍이 그것의 존재를 불가능하게 한다. 존재할 수조차 없는 '객관적 대상'에 대한 공정성, 사실성, 진실성의 논의가 저널리즘 교과서에 실려있는 사실은 대단한 아이러니이다. 그렇다면 텔레비전의 대중적 인기는 다분히 그것의 리얼리즘에 관한 오해에서 비롯된 것이다. 일례로, 스텔브라스의 지적대로, 오늘날 텔레비전 다큐멘터리는 '자유주의, 낙천주의, 근거 없는 객관성의 주장'으로 심각하게 오염되어 있다(Stallabrass, 1997).

텔레비전은 담론의 정체성을 수용자로부터 위장하려는 동기를 갖는다(Fiske, 1987). 드라마의 리얼리즘은 카메라의 존재를 시청자들로부터 숨기는 데서 출발하며(즉, 중계되지 않은 현실감으로 드라마의 장면을 '진실' 또는 '자연'으로 보이게 하며), 다큐멘터리의 리얼리즘은 거꾸로 카메라의 존재를 시청자들에게 의식시킴으로써 실현된다(즉, 범인을 뒤쫓는 ENG 카메라의 존재를 수용자에게 인식시킬 수 있다). 이 모두는 텔레비전이 자신이 지니는 담론의 정체성을 숨기기 위한 위장술이다. <더 오퍼레이션>의 호스트가 이 영상물은 '실제 수술 장면'이라고 애써 힘주어 말하는 것도, 이 프로그램이 모든 시청자들에게 적합하지 않음을 엄숙히 경고하는 것도, 결국은 담론의 정체성을 숨기고 리얼리즘을 강화하기 위한 위장술의 메시지인 것이다.

냉엄한 현실의 객관적 보도를 추구한다는 뉴스는 어떤가? 제임슨(Jameson, 1992)이 지적하는 바에 따르면, 산업사회의 텔레비전 뉴스는 더 이상 비판적 다큐멘터리의 성격을 갖지 못하고 '포르노적' 요소, 즉 감각적 이미지와 오락적 요소만을 강화하고 있다. 뉴스가 이야깃거리(storytelling)화 되고 있다. 뉴스는 이미 현실재현의 문제가 아니라 이야기의 문제로 변모하였다. 뉴스는 이제 구성원들의 희구사항, 사회적 동조, 사회적 상호교류에 관한 이야기로 변모하였거나 변모해 가고 있다. 뉴스가 전통적 현실재현의 주장에서 아예 담론의 주장으로 드러내놓고 정체성의 탈바꿈을 하고 있다. 뉴스는 곧 담론이라는 생각이 미디어 연구자들에게 확산되면서 폭력이나 부패 같은 반사회적 사건의 보도가 언론의 객관성 이슈나 '사회적 효과연구'의 개념적 울타리를 넘어 공권력의 당위성을 재생산해 내는 지배담론의 실현과정이라는 논지가 주목받게 되었다.

피스크(Fiske, 1987)는 텔레비전 리얼리즘을 자신의 '이름'조차 갖지 않고 스스로를 자연으로 위장하려는 지배담론의 자연화 과정으로 설명하고 있다. 부르주아 담론은 '부르주아 담론'이라는 이름을 거부하고 자신을 마치 자연인 것처럼 위장한다는 말이다. 이 위장에 성공한 담론은 그 어떤 이름도 갖지 않는 초명명성(exnomination)의 담론이며 자연으로 또는 진리로 통용된다. 물론 경쟁적 담론의 헤게모니 도전에 의해 패배되는 시점까지는 말이다. 피스크가 텔레비전 리얼리즘의 생성 메커니즘으로 설명하는 지배담론의 자연화 과정은, 알튀세르의 표현대로, 중층결정론적(over-determination)이다. 즉, 텔레비전 리얼리즘은 기존 제도와 관습, 사회지도층 인사라 불려지는 주 정의자(primary definer)들의 이야기, 고전이라 불려지는 책들, 거대한 스포츠 경기장, 다양한 미디어들이 함께 동일한 목소리로 실행해 나아가는 지배 이데올로기의 연결망 속에서 설명되고 이해되어야 한다.

PM 시대의 텔레비전 리얼리즘

다른 한편으로 담론의 정체성을 숨기기는커녕 오히려 수용자들이 그것을 의식하게 만드는 프로그램과 영상물들이 제작되고 있다. 이런 영상물들을 단순히 실험적 작품으로 보기에는 관련된 감독, 작가, 제작자들의 태도가 너무도 진지하다. 이런 작품들이 함축하는 무언의 메시지는 다음과 같다.

수용자 여러분이 지금 감상하고 있는 이 영상물은 진실도, 자연도 아닌 다만 하나의 '기호관계'일 뿐입니다. 이 영상물은 꼭 그렇게 만들어져야 할 당위성을 갖고 있지 않습니다. 이 내러티브는 다르게 구성될 수 있었던 다른 많은 가능한 내러티브들 중 단지 하나일 뿐입니다. 이 이야기를 진짜로 들어야 할 이유는 없습니다. 너무 진지하게 이 얘기를 듣지 마시오. ……

이런 유형의 영화나 텔레비전 영상물들은 소위 리얼리즘의 획득에 연연하지 않는 것처럼 보이며, 또한 초명명성의 위상을 탐하지 않는 것으로 보인다. 이것이 어떻게 가능한 일인가? 텔레비전의 '생명'은 곧 리얼리즘이라는 관점에서는 이해하기 쉽지 않은 일이다. 리얼리즘에 초연한 듯 보이는 이런 영상물들의 존재를 이론적으로 어떻게 설명할 수 있을 것인가?

그 해답은 해체주의 문화의식과 모사이론, 후기구조주의와 포스트모던 이론가들의 개념적 울타리 안에서 풀릴 수 있을 것이다. 이들 오리엔테이션에서 보면 텔레비전 리얼리즘은 지금까지와는 전혀 다른 의미로 해석될 수 있다. 이상의 새로운 접근을 시도하는 제작자, 감독, 작가들은 리얼리즘을 추구하지 않는 것이 아니라 리얼리즘에 관한 전혀 다른 정의를 갖고 있다고 말해야 할 것이다. 그들은 예술인으로서 자신들의 태도야말로 진정한 '리얼리즘'이라고 정의할 수 있다는 말이다. 우리의 리얼리티란 하나가 아니다. 저 밖의 현실이 하나가 아니라는 말이다. 저 밖의 현실이 복수의 현실인 한, 리얼리즘 또한 복수의 것일 수 있다. 고정된 하나의 현실을 거부하기 또는 로고스 중심주의의 거부는 후기구조주의 이후 언어(기호)에 심취한 철학자들과 인문사회과학자들의 공통된 태도이다. 기호의 의미작용에 대한 관심에서 구조주의, 후기구조주의, 포스트모더니즘, 해체주의, 모사이론은 인식론적 연결망을 형성하고 있다. 이들은 공통적으로 지배적 리얼리티의 '체하기'에 혐오감을 감추지 않는다. 바르트가 혐오의 대상으로 삼은 것은 부르주아 계층이 당연시하는 현실의식(이데올로기)의 정당성, 필연성, 자연성, 당위성의 '체하기'라고 말할 수 있다. 이는 곧 부르주아 계층의 리얼리즘 의식에 대한 거부감이라고 말할 수 있다. 현실의식에서의 '체하기'에 대한 혐오와 거부는 데리다의 이항대립적 기호관계의 해체에서도 마찬가지이다. 그는 이항대립 기호관계에서 어느 한편(주로 첫 번째 기호)의 중심적(지배적) 위치의 당연성·자연성의 체하기를 거부하고자 한다. 또한 인간의 현실구성을 기호관계의 산물로 볼 때 '리얼(real)'과 '언리얼(unreal)'의 구분 또는 '진짜'와 '가짜'의 구분은 그 의미를 상실하고 만다. 무엇을 진짜라고 부르든, 또는 가짜라고 부르든 간에 그것은 결국 기호관계에 따른 규정일 뿐이다. 따라서 진짜와 가짜의 경계를 내파(implosion)시키는 보드리야르의 모사 개념은 소쉬르의 구조주의 언어이론에서 이미 그 씨앗이 뿌려진 셈이다. 오늘날 기표문화의식에 젖은 문화중계인들(작가, 감독, 제작자, 교수, 비평가)은 소위 '의미 있는 것들'에 대한 기대감을 상실하고 있다. 이들은 한결같이 인간문화에 영원한 것이 있다면 그것은 의미(기의)가 아니라 기표라고 믿는다. 이것이 엄연한 오늘의 시대상황이다. 상식인들은 여전히 텔레비전의 리얼리즘에 매료되어 있다. 그러나 텔레비전이 충실히 재현할 것으로 기대했던 저 밖의 '객관적' 현실이라는 것이 결국 인위적 기호관계의 산물이거나 승리한 담론이라는 사실에 그들의 생각이 미칠 때 전통적 리얼리즘의 의미는 퇴색하고 만다. 지금까지 텔레비전 리얼리즘은 '이것이 진짜이며 실재하는 엄연한 객관적 현실의 모습'이라는 주장, 즉 체하기의 담론이었다. 이 체하기의 리얼리즘을 담론으로 해독하고 그것의 재생산을 거부하는 작금의 작가, 감독, 제작자들의 출현은 당연한 시대적 요구일 것이다. 고정된 하나의 객관적 현실을 떠올릴 수 없는 인식론의 시대상황에서 '이것이 바로 우리의 진실된 객관적 현실이다'는 전통적 의미의 텔레비전 리얼리즘은 시대착오적이다.

앞서 지적한 것처럼 <더 오퍼레이션>의 리얼리즘은 '객관적 현실'의 충실한 재현과는 다분히 무관한 것이다. 수용자들은 결코 호스트의 주장처럼 '실제 수술 장면'을 본 것이 아니라, 실제 수술 장면 같은 텔레비전 프로그램을 본 것이다. 수용자들이 경험한 것은 실제 수술 장면으로 이야기된(담론화된) 텔레비전 리얼리즘을 경험한 것이지, 실제 수술 장면의 경험은 아니었다. 이 리얼리즘의 정체는 담론이었다. 한 담론의 출현은 언제나 경쟁적 담론의 등장을 예고한다. 텔레비전 리얼리즘은 담론의 격전장 안에서만 논의될 수 있다.

요약 및 결론

이 글은 '텔레비전 리얼리즘'을 현실재현(representation)의 문제가 아닌 현실구성(construct)의 문제, 즉 담론의 문제로 보고 그 개념적 정교화를 시도한 것이다. 텔레비전 리얼리즘을 기호관계 또는 담론의 문제로 읽는 것이 비록 문화연구의 전통이긴 하나, 이론적 틀로서의 '미디어에 의한 지배 이데올로기의 재생산 대 하위문화계층의 담론'이라는 피스크 유형의 개념 구도를 필자는 지나치게 단순한 것으로 본다. 이 글은 텔레비전 리얼리즘을 지배담론과 하위담론의 헤게모니 관계 차원에서뿐만 아니라 미디어 테크놀로지의 발전과 새 문화의식의 차원에서 동시에 고찰하고자 했다. 즉, 텔레비전 리얼리즘의 이해를 위해서는 오늘날 이미지 테크놀로지의 발전에 따른 '과실재'의 현실구축, 산업사회의 수용자들이 경험하는 탈근대 문화의식(기표문화의식)과 이에 따른 고정된 객관적 현실의 거부, 의미생성의 메커니즘으로서의 기호관계 또는 상황적 요인들이 동시에 고려되어야 한다는 것이다.

▌생각해 볼 문제 ▌

1. 텔레비전에 의한 객관적 현실재현은 가능한 것인가?

2. 텔레비전 리얼리즘이란 무엇인가?

3. 텔레비전 리얼리즘은 왜 담론의 문제인가?

4. 현대인들의 탈근대적 문화의식은 텔레비전 리얼리즘과 어떤 연관을 갖는가?

▌참고문헌 ▌

임영방. 1979. 『현대미술의 이해』. 서울대학교출판부.

Albada, K. F. 2000. "The Public and private dialogue about the American family on telelvision." *Journal of Communication*, 50, pp.79~110.
Austin, E., B. Pinkleton, & Y. Fujioka. 2000. "The role of interpretation processes and parental discussion in the media's effects on adolescents' use of alcohol." *Pediatrics*, Vol.105, pp.343~349. in *Journal of Communication*, Vol.53, pp.624~641에서 재인용.
Baudrillard, J. 1994. *Simulacra and Simulation*. translated by Sheila Faria Glaser. The University of Michigan Press.
Belling, C. 1998. "Reading The Operation: Television, Realism, and the Possession of Medical Knowledge." *Literature and Medicine*, 17, p.1~23.
Bhaskar, R. 1997. *A Realist Theory of Science*. 2nd ed. London: Verso.
Fiske, J. 1987. *Television Culture*. London: Routledge.
Gombrich, E. 1972. *Art and Illusion: A Study in the Psychology of Pictorial Representation*. 2nd ed. Princeton University Press, Princeton, NJ, p.ix.
Hall, A. 2003. "Reading Realism: Audiences' Evaluations of the Reality of Media Texts." *Journal of Communication*, Vol.53.
Hassan I. 2003. "Realism, Truth, and Trust in Postmodern Perspective." *Third Text*, Vol.17,

Issue 1, pp.1~13.

Hawking, S. 1988. *A Brief History of Time*. New York: Bantam Press.

Jameson, F. 1992. *Signatures of the Visible*. London: Routledge.

Morvan, P. 2004. "Arguments against direct realism and how to counter them." *American Philosophical Quarterly*, 41, pp.221~234.

Stallabrass, J. 1997. "Sebastiao Saigado and Fine Art Photojournlism." *New Left Review*, 223, pp.131~161.

Taylor, J. 2000. "Problems in Photojournalism: Realism, the Nature of News and the Humanitarian Narrative." *Journalism Studies*, Vol.1, pp.129~143.

Williams, R. 1983. *Keywords*. NY: Oxford University Press.

Weiss, A. & B. Wilson. 1998. "Children's cognitive and emotional responses to the portrayal of negative emotions in family-formatted situation comedies." *Human Communication Research*, 24, pp.584~609.

제11장 이주노동자 미디어의 문화정치적 함의*

김영찬 | 한국외국어대학교 언론정보학부 교수

이 글은 기존의 이주노동자에 대한 한국 미디어의 재현 관행에 대한 비판 또는 이데올로기 비평을 넘어서서, 전문적인 미디어 생산자로 자리 잡은 이주노동자들에 대한 심층 인터뷰 결과와 그들이 만들어내는 대안적 미디어 프로그램·텍스트에 대한 간략한 분석과 기술을 통해, 이주노동자들이 텔레비전과 뉴미디어를 활용해서 한국 사회와 적극적으로 대화하고 타협점을 찾기 위해 시도하는 구체적인 문화정치적 실천을 짚어내는 것이 목표이다. 즉, 이 장에서는 이주노동자들이 자신들이 만들어내는 미디어 프로그램을 통해 한국이라는 '다수적 집단성' 속에서 어떻게 그들의 소수자성을 주체적으로 드러내는지에 대해 알아보고자 한다. 이를 위해 대표적인 이주노동자 미디어인 MWTV를 대상으로 이주노동자들이 자신들의 대안적인 미디어를 만들어가는 구체적인 과정, 이를 활용하여 자신들의 공동체 소식과 한국 생활에 필요한 정보를 교환하는 공적 소통 공간을 구축해 가는 방식, 그리고 인종과 민족성에 관한 한국 사회의 지배적 담론에 저항하고 협상해 가기 위해 사회적·정치적 장으로 이를 활용하는 구체적인 방식들을 살펴보았다. MWTV가 만들어지기까지의 과정을 보기 위해 이주노동자들이 주체적으로 미디어를 제작할 수 있도록 교육시켰던 미디어 운동가와 MWTV에서 기획·제작·진행을 담당하고 있는 이주노동자들을 인터뷰하였다. 이와 더불어 MWTV를 공적 소통의 공간으로, 그리고 사회적·정치적 장으로 활용하고 있는 방식을 보기 위해

MWTV가 방영하고 있는 <다국어 이주노동자 뉴스>와 <이주노동자 세상>을 분석하였다. 이를 통해 이주노동자를 둘러싼 한국 사회의 전체적인 미디어 전경을 총체적으로 그려내는 것이 이 글의 궁극적인 목표이다.

중요 개념 및 용어 | 이주노동자 미디어, 대안 미디어, 소수자성, 문화정치, 미디어 전경, 인종 전경

---

* 이 글은 KBS에서 발행하는 학술지인 ≪방송문화연구≫ 제18권 1호(2006년)에 처음 게재되었다. 필자의 논문이 본 교재에 실릴 수 있도록 전재를 허락해 준 KBS에 감사드린다. 또 이 연구의 초기 단계부터 깊은 학문적·정치적 관심을 가지고 문헌조사와 인터뷰 섭외 및 진행을 헌신적으로 도와준 서울대학교 언론정보학과 박사과정 채석진에게 감사의 마음을 전한다.

미디어와 소수자적 정체성

2002년 이후 정확히 4년 만에 재점화된 월드컵의 열기 속에서, 우리는 매우 단선적이지만 동시에 그 선언적 의미가 결코 만만치 않은 민족주의적·국가주의적 언설들을 도처에서 마주치게 된다. 가수 싸이가 "We are the one!"이란 노랫말을 신명나게 외치는 한편에서 주류 미디어가 유포하는 "우리는 대한민국입니다"라는 슬로건이 바로 그중의 하나인데, 이 슬로건의 선언적 의미는 과연 무엇인지, 다시 말해 이 슬로건은 과연 어떤 집단적 정체성을 기본 전제로 깔고 있는 것인지 새삼 궁금해진다. "우리는 하나다"라든가 "우리는 대한민국입니다"와 같은 수사학적 표현들은, 한국 사회와 그 구성원들이 일상적으로 실천하고 있는 '배제와 포용의 정치학'을 다소 거친 방식으로 드러내 보여줌으로써, 우리가 구성원으로서 하루하루 살아가고 있는 바로 지금의 이 한국 사회에 대해 깊이 성찰해 볼 필요가 있는 핵심 이슈들을 제기한다고 할 수 있다.

무엇보다 우리는 2006년 현재 한국 사회가, 위와 같은 노래 가사나 슬로건들이 기대고 있는 단일한 의미의 '한민족', '한국인', '한국'이 내포하는 균질적·집단적 정체성으로 더 이상 규정되기 힘든 단계에 이미 진입했다는 사실을 직시할 필요가 있다. 우리가 알고 있던 또는 그럴 것이라고 믿어왔던, 균질적이고 동질적인 한국 사회는 이제 다양한 취향과 욕망의 동학, 그리고 소수자적 정체성의 정치학에 의해 분화되고 있으며, 이러한 경향성은 계급, 성, 인종, 지역, 민족이라는 층위들을 가로지르며 나타나고 있다(전규찬, 2005). 예를 들면 한국 사회에서의 성적 정체성의 분화 문제는 지난 수년간 주류 미디어를 중심으로 하는 문화산업에 의해 꾸준히 다뤄지면서 더 이상 새로울 것이 없는 현상으로 대중에게 받아들여질 정도가 되었는데, 인종적·민족적 측면에서도 이러한 사회적 분화는 이미 상당한 정도로 진척되어 있는 상황이다. 경기도 마석이나 용인 가구단지 등에 인접한 지역에 거주하는 사람들은, 기골이 장대한 몽골인들을 비롯해서 아시아 각국에서 일자리를 찾아 한국에 온 외국인 이주노동자들을 매일 아침 출근길에 일상적으로 만날 수 있다. 한편 농촌 지역에는 국제결혼한 이주여성들이 상당수 거주하고 있으며, 또 서울과 같은 대도시의 중상류층 가정에는 한국계 중국 여성들이 보모로 대거 입주해 살아가고 있는 것이 바로 지금 한국의 인종적 현실이다.

그런데 한국에서 이주노동자의 역사가 이제 20년이 되어가고,[1] 한국에 사는 이주민의 숫자가 전체 인구수의 1%(즉, 40만 명)에 달하지만(미디액트, 2005), 우리가 현실세계에서 이주노동자들을 만날 기회는 그리 많지 않다. 설령 가정이나 식당 또는 공장과 같은 공간에서 그들과 마주치거나 같이 생활할 기회가 있다 하더라도 사회적으로 의미 있는 커뮤니케이션은 문화적·언어적 차이 등으로 인해 잘 이루어지지 않는 것이 현실이다. 우리는 오히려 텔레비전과 같은 주류 미디어를 통해 간접적으로 그들의 이야기를 자주 접하게 되고 그들에 대한 이해를 도모하게 되는데, 지난 몇 년간 익히 보아왔듯이 이주노동자나 국제결혼한 이주여성, 코시안(Kosian), 혼혈인 등에 대한 주류 미디어의 접근방식은 이주노동자와 국제결혼 가정을 포함한 이산(diaspora) 현상 전반에 대한 진단이나 성찰이라기보다는, 한 개인에 관한 이야기로 축소하는 경향을 강하게 드러낸다. 부르디외(Bourdieu, 1996)가 이미 지적한 바와 같이, 시청률의 지배를 받는 텔레비전은 정작 중요한 것들은 가려버리고 사소한 것들을 커다란 사건으로 만들어버리곤 하는데, 이주노동자를 포함한 우리 사회의 이산인들을 보도하는 태도에서도 이러한 경향성은 여실히 드러난다. 이주노동자들이 처한 부박한 삶의 조건은 현실세계로부터 탈구되어 철저히 이미지화되고 사사화되어, 시청자들에게 과장된 극적 감동을 제공하는 도구로 사용된다. 우리 사회의 소수자로서의 이산인들에 대한 진지한 논의나 보도는 찾아보기 힘들고, 이주노동자를 '희생자' 또는 '피해자'로 타자화하는 경향이 지배적이다(미디액트, 2005; 한건수, 2003). 미디어는 그들을 자신들 삶의 당당한 주체로 보지

---

[1] 한국에서 이주노동자의 존재가 처음 알려진 것은 1987년 봄 필리핀 출신 가정부들이 서울 강남에서 일한다는 ≪동아일보≫ 기사를 통해서였다(미디액트, 2005).

않고, 단지 동정과 시혜의 대상으로만 자리 매김하여 '불쌍한 타자'로 만드는 중심적인 기능을 해낸다. 그 과정에서 이주노동자들이 자신들의 목소리로 구조적·제도적·법적 문제들에 대해 자신들의 이야기를 풀어낼 수 있는 기회는 좀처럼 제공되지 않는다. 주류 미디어가 기획한 프로그램들을 통해 이주노동자들이 그들이 처한 한국의 노동현실이나 한국 사회에 대해 발언할 기회는 거의 없는 셈이나 마찬가지다(미디액트, 2005).

한국 사회의 이주노동자와 국제결혼 가정의 문제에 대해 미디어가 집중적으로 다루기 시작한 것은 2000년대 초부터이다. 특히 MBC 뉴스에서 특집으로 보도했던 <심층취재 외국인 노동자 시리즈>는 방송 사상 처음으로 이주노동자 문제를 심층적으로 다룸으로써 큰 사회적 반향을 일으켰다. 그러나 그 이후에는 일회성 기획의 시사·보도·교양 프로그램을 제외하곤 본격적으로 이주노동자 문제를 다루는 프로그램을 찾아보기 힘들었다(미디액트, 2005). 최근에는 농촌으로 시집간 이주여성과 한국에서 태어난 이주노동자 2세의 문제가 점차 많이 다뤄지는 경향을 보이는데, 일회적으로 기획·방영되는 시사·보도·교양 프로그램을 제외하고 이주노동자 문제를 다룬 가장 대표적인 프로그램으로는 2003년 방영된 MBC의 <! 느낌표> — 그중에서도 '박수홍·윤정수의 아시아! 아시아'라는 꼭지 — 를 들 수 있다. 이후 2005년 말부터 KBS 1TV의 시사·교양 프로그램인 <러브 인 아시아>가 국제결혼 가정을 본격적으로 다루기 시작하면서, 우리에게 한국 농촌의 현실, 혼혈아동의 문제, 이산인의 한국 사회 적응 문제 등을 되돌아볼 기회를 제공했다(이경숙, 2006).

물론 이 프로그램들에 대한 정치한 분석은 우리에게 많은 시사점을 제공해 줄 수 있다. 이경숙(2006)이 지적한 바와 같이, "텔레비전 프로그램이 스스로 주체가 되어 이산인들의 정체성을 재현하는 방식"은 구체적으로 무엇이며 "이러한 재현 방식의 사회·문화적 의미"는 무엇인지 밝히는 것은 중요하다. 서사 분석과 장르 분석 같은 텍스트 분석을 통해, 미디어가 우리 사회에 존재하는 이산인들의 공동체와 그 구성원들의 정체성을 규정하는 방식에 대한 성찰을 시도함으로써, 한국 사회를 관통하고 있는 인종주의적 시각과 우리 사회의 주류 미디어가 구성하고 유포하는 소수자 담론을 짚어볼 수 있다. 그리고 아마도 더 중요하게는, 이러한 작업을 통해 우리가 '아시아'라고 규정하는 것이 무엇인지(원용진, 2003), 다시 말해 '한국적이 아니라는 것'이 무엇인지를 규정하고 재현하는 방식에 대한 비판적 성찰을 통해 우리는 '한국', '한국적인 것', '한국인'의 정체가 과연 무엇인지 좀 더 잘 알 수 있게 될 것이다.

문화연구의 관점에서 봤을 때, 현 단계에서 한국 사회의 인종 전경(ethnoscape)이 미디어 전경(mediascape)과 어떻게, 얼마나 긴밀히 접합되어 있는지 따져보는 것은, 자본, 기술, 이데올로기, 인종, 미디어가 구체적으로 어떤 방식으로 전 지구적·지역적 차원에서 상호작용을 하는지 파악하는 데에도 기여할 수 있는 매우 시의적절하고도 중요한 작업이다(Appadurai, 1996). 여기서 우리가 간과하지 말아야 할 문제는, 예전의 일회성 시사·보도·교양 프로그램이건 최근의 <! 느낌표>나 <러브 인 아시아>건 간에, 이 프로그램들이 이주노동자를 포함한 이산인들의 문제를 다룰 때 문제의 근원에 주목하며 대안을 제시하지 못하고 있을 뿐만 아니라, 이산인들이 적극적으로 직접 참여하고 소통하는 구조를 전혀 만들어내지 못하고 있다는 점이다(미디액트, 2005). 이 점이 바로 우리가 한국의 미디어 전경과 인종 전경을 동시에 짚어낼 때 이주노동자들이 주체적으로 만들어내는 미디어에 주목해야 하는 근본적 이유이기도 하다.

말하자면 이 글에서는 기존의 이주노동자에 대한 한국 미디어의 재현 관행에 대한 비판 또는 이데올로기 비평을 넘어서서, 전문적인 미디어 생산자로 자리 잡은 이주노동자들에 대한 심층 인터뷰 결과와 그들이 만들어내는 대안적 미디어 프로그램·텍스트에 대한 간략한 분석과 기술을 통해, 이주노동자들이 텔레비전과 뉴미디어를 활용해서 한국 사회와 적극적으로 대화하고 타협점을 찾기 위해 시도하는 구체적인 문화정치적 실천을 짚어내고자 한다. 즉, 이 장에서는 이주노동자들이 자신들이 만들어내는 미디어 프로그램을 통해 한국이라는 '다수적 집단성' 속에서 어떻게 그들의 소수자성을 주체적으로 드러내는지에 대해 알아보고자 한다. 이러한 작업이 수행되어야 비로소 우리는 이주노동자를 둘러싼 한국 사회의 전체적인 미디어 전경—단지 주류 미디어가 이주노동자를 표상하는 방식뿐만 아니라, 이주노동자들이 자신들의 미디어를 통해 스스로를 표상하고 나아가 한국 사회에 대해 적극적으로 발언하고 개입하는 방식— 을 제대로 그려낼 수 있다. 코너(Corner, 1999)가 지적했듯이, 이와 같은 작업은 이주노동자를 중심으로 현재 펼쳐지고 있는 미디어 전경(초기 발전 양상)을 '텔레비전 이론'이 아닌 '텔레비전 역사'의 관점에서 조망해 보려는 시도이기도 하다.

이 글에서는 크게 세 가지 연구방법을 혼용하였다. 우선 넓게는 타자화, 소수자성, 디아스포라와 미디어 재현 및 미디어 소비(박준규, 2003; 이수자, 2004; Naficy, 1993; Naficy & Gabriel, 1993), 주체와 미디어 생산(미디액트, 2005), 전 지구적 이동성과 문화적 정체성(Appadurai, 1996; Morley, 2000) 등의 문제와 연관시켜 한국에서의 이주노동의 역사와 이주노동자 미디어를 연구한 논문들에 대한 간략한 문헌연구를 실시하였다. 다음으로는 이주노동자 미디어 분야에 직·간접적으로 관여하고 있는 전문가 네 명(두 명의 한국인 미디어 운동가와 두 명의 이주노동자 출신 텔레비전 프로그램 제작자·진행자)를 대상으로 4월 3일부터 4월 25일까지 총 4회에 걸쳐 1인당 각 1회씩 개인 심층 인터뷰를 실시하였다. 질문과 녹음기는 미리 준비하였으나, 단기간에 인터뷰 대상자와 친밀감, 유대감, 신뢰를 형성하기 힘들었던 이번 연구의 한계를 극복하기 위한 하나의 시도로서 인터뷰는 가급적 구조화시키지 않고 비교적 자유로운 형식으로 진행하였다. 이는 인터뷰 대상자들로부터 가급적 진솔한 얘기를 많이 끌어내고, 이주노동자 미디어에 대한 통찰력 있는 시각을 제공받으려는 노력의 일환이었다. 인터뷰 시간은 대략 1시간에서 1시간 반 정도 소요되었으며, 모든 인터뷰에서 녹음과 노트 필기를 병행하였다. 마지막으로 이주노동자 미디어에 대한 현황 파악을 통해 본 연구자가 선정한 대표적인 이주노동자 방송국인 MWTV (Migrant Workers Television)가 제작·방영하는 프로그램인 <다국어 이주노동자 뉴스>와 <이주노동자 세상>에 '내용분석'을 시도하였다. 이 작업은 향후 본격적인 '텍스트 분석'을 위한 전 단계로서의 의미가 더 크지만, 제한된 연구 기간 내에서 이주노동자 출신 제작자·진행자에 대한 인터뷰 내용과 연관시켜 그들이 다룬 뉴스 기사들의 특성을 세밀하게 기술하려고 노력하였다.

한국에서의 이주노동의 역사

이주노동자가 한국에 들어온 지 이제 20년이 지났다. 1987년 이후 한국 사회의 외국인 노동자 수는 급격히 증가하기 시작했고 출신국도 다양해지기 시작했다. 노태우 정부는 북방정책을 추진하며 중국과의 교류를 활발히 시도했고, 그 과정에서 중국에서 조선족이라 불리는 재중동포들이 대거 한국에 들어오게 되었다. 1991년에 도입된 외국인 산업연수제도는 해외투자기업에 한해 실시되어 대부분의 국내 중소제조업체는 그 혜택을 받을 수 없었다. 중소기업들은 인력난 때문에 외국인 노동자를 고용할 수밖에 없는 상황이었고, 이로 인해 불법체류하는 외국인 노동자들의 숫자가 가파르게 증가하였다. 1992년에는 미등록 노동자 수가 6만 5,000명을 넘어섰고, 이에 당황한 정부는 국내 중소제조업 인력난 대책으로 1993년부터 산업연수제도를 확대·실시하였다. 그런데 산업연수제도는 근본적인 대책이 아니어서, 이주노동자들은 근로자로서 인정받지 못하기 때문에 근로기준법의 보호를 받지 못하였다. 사업장 내 육체적·언어적 폭행, 저임금, 임금체불 등 이들에 대한 인권침해가 계속되자 이주노동자들은 1994년 경실련에서 농성했으며 이를 통해 이들의 인권 유린 상황이 비로소 우리 사회에 널리 알려지게 되었다. 1994년 정부는 미등록 이주노동자에게 산업재해보상보험을 적용하기로 결정했으며, 1995년 또 한 번의 농성이 있은 후 산업연수생에게도 의료보험 적용, 최저임금, 폭행금지 등 근로기준법 8개 조항이 적용되기 시작했다. 2003년 고용허가제 법안이 국회를 통과하였고, 2004년 8월부터 고용허가제는 산업연수제와 병행하여 실시되고 있다.[2]

---

[2] 이상 한국에서의 이주노동의 역사와 이주노동자 정책에 관한 기술은 전적으로 미디액트 (2005)의 자료(17~20쪽)를 참고했음을 밝혀둔다.

한국 정부의 이주노동자 정책의 핵심은 중소제조업체의 인력난을 해소하기 위해 이주노동자들의 노동력을 최대한 효율적으로 이용하되 이들의 국내 정주를 방지하는 데 있다. 이러한 한국 정부의 의도는 새로 시행되고 있는 고용허가제에 반영되어 있는데, 고용허가제에 따르면 이주노동자는 한국에서 3년간(1년마다 근로계약 갱신) 취업할 수 있으며 노동 3권을 보장받는다. 그러나 이들에게는 사업장 이동의 자유가 실질적으로 없기 때문에 노동권을 제대로 보장받지 못하고 있는 것이 현실이다(미디액트, 2005).

이러한 시대적 상황에서 최근 이주노동자들이 직접 자신들의 권리를 주장하기 시작했다는 사실은 주목할 만하다. 이주노동자 운동을 하는 시민사회단체들이 여러 분야에서 이주노동자들의 활동을 지원하고 있고, 이주노동자들의 운동방식도 다양해지고 있다. 이 중 미디어와 관련된 활동은 아직 미미하기는 하지만 조금씩 주류 미디어와는 대비되는, 자신들만의 독자적 영역을 키워가고 있다. 다음에서는 국내 이주노동자 미디어 현황을 개괄해 보고, 이 중 대표적인 이주노동자 미디어에서 활동하고 있는 이들이 직접 제작·방영하고 있는 프로그램들이 갖는 문화정치적 의미를 구체적으로 탐색해 보고자 한다.

이주노동자 미디어 MWTV 분석

이주노동자 미디어 현황

국내 이주노동자 문제를 본격적으로 다루는 매체들은 사실상 2005년에 이르러서야 등장했다고 할 수 있다. 2006년 상반기에 노무현 대통령은 앞으로 이민법을 전향적으로 개정하여 국내에 거주하고 있는 이주노동자와 국제결혼 가정 여성들의 권익을 보호하는 방안을 마련하겠다고 밝힌 바 있다. 하지만 2002년까지만 해도 — 산업연수생 제도를 둘러싸고 1994년과 1995년 두 번에 걸쳐 벌어진 이주노동자들의 농성으로 인해 이들의 문제가 이미 사회적 이슈로 떠올랐던 상태였음에도 불구하고(미디어 운동가, 인터뷰 대상자 A) — 이주노동자에 대한 사회적 관심은 부재한 상태였다고 해도 틀린 말은 아니다. 최근 이주노동자운동이 분화되면서 이주여성과 이주노동자 2세 문제에 대해 관심이 높아가고 있는데, 이와 함께 '이주노동자의 사회·문화적 권리 강화를 통한 정치적 권리의 강화'도 동시에 전략적으로 추진되고 있다(미디액트, 2005).

이런 맥락에서 볼 때, 현 국면에서 이주노동자들이 직접 자신의 삶과 노동조건, 생활환경을 이야기하고 소통할 수 있는 대안 공간이 절실히 필요한 상황이다. 그들 역시 다른 사회적 소수자와 마찬가지로 미디어 정책에서 철저히 배제되어 있고, 또 그들의 목소리를 주류 미디어에 담아내기도 힘들기 때문이다(미디액트, 2005). 이제 한국 사회에서 이주노동자는 그 존재감을 뚜렷이 느낄 수 있을 정도로 숫자가 점점 늘어나고 있지만, 앞에서 잠깐 살펴본 바와 같이 이들의 문제에 지속적인 관심을 보이거나 구조적 문제에 대한 대안을 제시하는 주류 미디어는 없다. 우리의 시선은 여전히 '지지리도 못사는 어느 아시아 국가에서 와서 고생하는 한 불쌍한 외국인 노동자'를 바라보는 동정심 어린 시선으로 고착되어 있으며, 주류 미디어는 다양한 프로그램 장르를 넘나들며 이주노동자를 동정과 시혜의 대상으로 자리 매김하는 데 앞장서 왔다.

이주노동자들의 삶의 조건과 질이 열악한 상황에서 미디어와 관련된 활동은 미약할 수밖에 없다. 미디어에 대한 이주노동자들의 접근권은 경제적·문화적 측면에서(그리고 무엇보다 시간적인 면에서 보더라도) 지극히 제한적인 상황이기 때문이다.3) 이주노동자가 처해있는 미디어 환경을 조사한 기존의 연구결과를 보면, 이들의 미디어 소비는 대부분 고국의 방송이나 영화를 소비하는 데

---

3) 예를 들면 2005년 4월부터 RTV를 통해 방영되기 시작한 <이주노동자 세상>이란 프로그램은 이주노동자들이 직접 제작에 참여하는 국내 유일의 방송 프로그램이다. 이주노동자들이 이제 자신의 목소리를 내기 시작했다는 점에서 유의미한 프로그램이다. 또 RTV에서는 <다국어 이주노동자 뉴스>가 방영되고 있다. 그러나 문제는 RTV가 유료방송인 위성방송(Skylife)과 케이블 TV를 통해 방송되어서 대부분의 이주노동자가 시청하기 힘들다는 점이다. 인터넷을 통해 VOD가 제공되지만 이주노동자들이 일상적으로 RTV에 접근하기 힘든 한계가 있다(미디액트, 2005).

한정되어 있다(미디액트, 2005).[4] 이들은 대부분의 경우 텔레비전과 VCR을 제외한 다른 매체를 소유한 경우가 드물고, 텔레비전을 소유하고 있는 이주노동자들의 경우에도 언어상의 문제로 한국 미디어의 내용을 이해하기 어려운 형편이다. 이처럼 이주노동자들은 미디어의 소유와 소비에서 모두 소외되어 있는 상황이다.

이러한 이주노동자들의 미디어 환경으로 인해, 주류 미디어에 접근하여 자신들의 목소리를 낼 기회를 얻기도 힘들 뿐만 아니라, 만약 그러한 기회를 가진다고 하더라도 한국어로 제작해야만 하는데, 한국어로 제작된 프로그램들은 한국어에 능숙하지 못한 다른 이주노동자들에게 소비되기 어려운 상황이다. 따라서 이주노동자들은 제작과 소비에 있어서 주류 미디어 영역이 아닌, 다른 독립적인 영역에서 자신들의 미디어 환경에 적합한 프로그램을 만들어야만 한다. 즉, 주류 미디어를 통해 사회적 발언을 할 수 없는 이주노동자들은 그들 나름의 '대안 미디어' 영역을 만들어내고 이를 통해 소통하고 실천하려는 노력을 기울일 수밖에 없다.

특히 이주노동자들을 둘러싼 사회적 갈등이 첨예화된 2000년대는 자신들의 목소리를 낼 수 있는 대안 미디어 영역의 필요성을 이주노동자들이 절실히 깨닫게 되는 시기였다고 볼 수 있다. 뒤에 서술할 MWTV 제작자 인터뷰에서도 잘 드러나듯이, 2002년과 2004년의 두 차례 이주노동자 농성 과정을 거치면서, 한국 미디어 운동가들과 이주노동자들은 한국 주류 미디어 속의 자신들의 문제에 대한 뉴스 보도의 부재와 왜곡에 문제의식을 가지게 되었고, 자신들을 드러낼 수 있는 공적 영역을 구축하고자 본격적으로 시도하였다.

이러한 노력의 결과로 2005년은 'MWTV', 대구의 'SCN 성서공동체 FM'이 개국하는 등 '이주노동자들의 미디어 활동 원년'이라고 할 만큼 다양한 매체들이 생겨나 활발한 활동을 시작한 해이다. 이는 무엇보다 우리 사회의

---

[4] 미국 LA 지역의 이란인 커뮤니티, 또 런던에 정주한 펀잡 지방 출신 이민자 가정의 부모, 청소년 세대 등 다양한 이산인 커뮤니티들의 미디어 소비에 관한 선행 연구에 대해서는 나피시(Naficy, 1993)와 길레스피(Gillespie, 1995)의 연구를 참조할 것.

전체적인 미디어 풍경 안에서, 이주노동자들이 자신들의 삶에 관한 이야기를 풀어낼 수 있는 공적인 소통 공간을 안정적으로 확보할 수 있는 기반을 다졌다는 점에서 큰 의의가 있다(미디액트, 2005).

현재 국내의 대표적인 이주노동자 미디어로는 대략 4개 정도를 손에 꼽을 수 있다. 우선 '이주노동자방송국'(http://www.migrantsinkorea.net)은 2005년 5월에 개국한 인터넷 방송국으로서 이주노동자 뉴스와 라디오 방송을 내보내고 있다. 한편 'MNTV'(http://mntv.net)는 복권기금으로 한국 외국인근로자지원센터에서 운영하는 인터넷 방송으로 '뉴스, 칼럼, 삶의 향기, 배우자! 한국말, MNTV 문화공간' 등의 내용을 담고 있다. 방송위원회의 소출력 커뮤니티 라디오 사업에 선정된 'SCN 성서공동체 FM'은 대구 성서공단 지역의 공동체 라디오 방송으로, 매일 2시간씩 이주노동자 라디오 방송을 편성하고 있다. 그리고 2005년 4월 16일에 시민방송 RTV를 통해 첫 방송을 내보낸 '이주노동자의 방송 MWTV'(http://www.mwtv.or.kr)는 네팔, 방글라데시, 몽골, 버마, 중국 등에서 온 이주노동자들이 한국인 미디어 활동가들과 합심하여 만든 방송국이다(미디액트, 2005).

이 장에서는 이 가운데 MWTV를 중심으로 ① 이주노동자들이 자신들의 대안적인 미디어를 만들어가는 구체적인 과정, ② 이를 활용하여 자신들의 공동체 소식과 한국 생활에 필요한 정보를 교환하는 공적 소통 공간을 구축해 가는 방식, ③ 인종과 민족성에 관한 한국 사회의 지배적 담론에 저항하고 협상해 나가기 위해 사회적·정치적 장으로 이를 활용하는 구체적인 방식들을 살펴보고자 한다.

MWTV가 만들어지기까지의 과정을 보기 위해 이주노동자들이 주체적으로 미디어를 제작할 수 있도록 교육시켰던 미디어 운동가 2명을 인터뷰하였고, MWTV에서 기획·제작·진행을 담당하고 있는 이주노동자 2명을 인터뷰하였다(<표 11-1> 참조). 또한 MWTV를 공적 소통의 공간으로, 그리고 사회적·정치적 장으로 활용하고 있는 방식을 보기 위해서 MWTV가 방영하고 있는 <다국어 이주노동자 뉴스>와 <이주노동자 세상>을 분석하였다.

<표 11-1> 인터뷰 대상자 프로파일

가명	경력 및 현직	국적	성별	연령
A	미디액트 이주노동자 미디어 교육 교사 독립다큐제작자	한국	남	20대
B	관악공동체라디오 방송국장 지역문화운동가	한국	남	30대
C	MWTV 공동대표 미디어 액티비스트	방글라데시	남	30대
D	MWTV 진행자·제작자 이주노동자 밴드 '스탑 크랙다운' 보컬	네팔	남	30대

대안 미디어로서의 MWTV

이 글에서 이주노동자들을 위한 여러 가지 대안 미디어 가운데 MWTV에 초점을 맞춰 분석하는 것은 우선 MWTV를 운영하는 주체가 다른 이주노동자 미디어와 뚜렷이 차별화되기 때문이다. 사회적·경제적 여건상 이주노동자들이 자신들의 미디어를 만드는 주체로 나서기 어려운 상황에서 대부분의 이주노동자 미디어들은 "정치적 주체라든지 사회적 주체로 자신을 인식하는 정도가 결여되어 있는 편"이어서(관악공동체라디오 방송국장, 인터뷰 대상자 B), 한국 활동가들이 주축이 되어 운영하고 있는 실정이다.

이러한 상황 속에서 MWTV는 100% 이주노동자들이 스스로 프로그램을 기획·제작·진행하고 있다는 점에서, 이주노동자들이 스스로의 대안적 미디어 영역을 주체적으로 구축해 가는 과정을 볼 수 있게 해주는 유일한 미디어라고 해도 과언이 아니다. 예를 들면, 관악공동체라디오의 경우도 한국 남성들과 결혼한 이주여성 3명을 중심으로 그들이 주체가 되어 기획·제작·진행을 맡는 프로그램을 시도하였으나 결국 실패로 돌아간 바 있다.

또한 이 글에서는 한국의 미디어 전경에서 소수자들이 자신들의 대안적 영역을 구축할 수 있게 해주는 매체로서 영상매체(TV, 위성, 케이블, 인터넷)가 가지는 파급력에 주목하였다. 이제까지 소수자들을 위한 대안적 공간 창출에 관한 대부분의 논의들은 주로 인터넷과 소출력 라디오에 한정되어 있었다. 이러한 기존의 논의를 바탕으로, 실제 미디어 운동가들은 라디오와 인터넷을 기반으로 이주노동자들을 위한 미디어를 만들고자 노력해 왔다. 이러한 노력의 가장 대표적인 예가 소출력 라디오를 활용하여 이주노동자 미디어를 구축하는 것이었는데, 이주노동자들을 위한 라디오 프로그램은 이주노동자들의 매체 소유 차원에서의 한계(이주노동자들이 라디오를 많이 가지고 있지 못하다), 그리고 소출력 라디오의 지역적 한계(일정한 구역을 벗어나면 청취할 수 없다)로 인해, 전국에 산재해 있는 이주노동자들을 위한 대안 미디어로서 활용되는 데에는 현실적인 제약을 가지고 있는 것으로 보인다.

라디오 방송의 반응은 별로 듣는 사람이 없어서 알기가 어렵다. 정말 몇몇 소수의 사람이 듣는다. 이주노동자들에게 방송 많이 들으라고 말하면 라디오 사달라고 한다. 라디오가 별로 없으니까[대구성서 FM 관계자 인터뷰, 미디액트(2005: 67~68)에서 재인용].

대부분 이주노동자들은 한국어를 모르기 때문에 라디오를 잘 듣지 못한다. 공동체 라디오는 8개밖에 없고, 이주노동자 지역에는 2개밖에 없다. 물론 대구 성서공단 같은 경우는 일하는 지역에서 하니까 들겠지만 …… (MWTV 관계자, 인터뷰 대상자 C).

이처럼 대표적인 이주노동자 미디어라고 할 수 있는 대구성서 FM의 경우 상대적으로 이주노동자이 밀집해 있는 지역에 자리 잡음으로써 그들의 일상생활에 밀착하여 자신들의 이야기를 담아낼 수 있는 이점이 있으나, 소출력인데다가 라디오라는 매체의 한계 때문에 그 영향력이 그다지 크지 않다고 할 수 있다.

이에 반해, TV를 기반으로 하고 있는 MWTV는 초기 이주노동자들의 미디어 소비 환경에 적합하지 않다는 우려에도 불구하고, 이후 이주노동자들의 인터넷을 통한 TV 프로그램 소비가 점차 증가하고, 위성과 케이블의 RTV를 통해 프로그램 노출이 증가하면서, 이주노동자들의 집단 거주 지역 외에도 광범위하게 파급되며 지속적인 성장을 하고 있다.

> TV가 훨씬 더 효과적이고 반응도 굉장히 좋다. 라디오는 들을 수가 없다고 하더라. 왜냐면 일할 때는 일해야 하고 라디오 들을 시간이 별로 없다고(MWTV 관계자, 인터뷰 대상자 D).

> 이주노동자들이 가장 많이 사용하는 매체는 TV이다. 그렇게 비싸지 않다 (MWTV 관계자, 인터뷰 대상자 C).

따라서 TV를 기반으로 하는 MWTV는 케이블과 위성 TV가 급격하게 성장함에 따라, 사회적 파급력을 넓혀갈 수 있을 것으로 기대된다. 인터넷을 기반으로 한 인터넷 방송국이나 특정 지역에 국한된 소출력 FM 라디오와 비교했을 때, TV라는 매체가 사회적·정치적·문화적 커뮤니케이션 양식으로서 불러일으킬 수 있는 효과 측면에서 볼 때 뚜렷하게 차별화되기 때문이다. 또한 MWTV는 이주노동자들의 미디어 소비 및 활용도에서 가장 중심적인 매체라고 할 수 있는 TV 프로그램이기에 심층적인 분석 대상으로 가장 적합하다고 할 수 있다.

공적 소통의 장으로서의 MWTV: 〈다국어 이주노동자 뉴스〉

MWTV는 2005년 4월부터 RTV에서 두 편의 이주노동자 프로그램을 제작하여 방영하고 있다. 먼저 한국의 최신 뉴스와 이주노동자 관련 소식을 전하는 〈다국어 이주노동자 뉴스〉는 영어, 방글라데시, 필리핀, 인도네시아, 네팔,

<표 11-2> 분석 대상으로 삼은 <다국어 이주노동자 뉴스> 기사 건수

2월		3월		4월		합계
14일	8건	14일	6건	11일	9건	50건
28일	8건	28일	9건	25일	10건	

몽골, 중국, 버마 8개 국어로 진행되고 있다. 한 달에 두 번 방영하고 있는 이 프로그램은 현재 8개 국어로 방송되지만, 그 내용은 동일한 것으로, 분석은 영어 방송분을 대상으로 하였다(<표 11-2> 참조).

한국에서 이주노동자들이 겪는 가장 큰 문제는 그들이 한국에서 자신과 관련된 사회적·정치적 소식을 얻을 수 있는 믿을 만한 경로가 없다는 점이다.

이주노동자 가운데 반도 안 되는 사람이 한국어를 사용하고, 또 말을 한다고 해도 대부분 읽는 것은 못한다. 뉴스의 경우도 그 어려운 언어를 이해하기 어렵고, 자기들 이야기가 거의 없으며 자기 생활과 관계가 없는데 …… 뉴스 봐봤자 정치적인 이야기 등은 사실 자신과 상관없고, 그렇다고 자기들과 관련된 뉴스를 보려고 맨날 뉴스를 볼 수도 없는 거고 …… 기본적으로 언어적인 문제가 있기 때문에 접근 자체가 불가능하다. …… (이주노동자들은 한국 미디어를) 거의 (소비) 안 한다고 생각하면 맞을 거다. (한국 소식은) 공적 소통구조가 아니라 소문이나 알음알음으로 듣는 거다. 의외로 인터넷을 집에서 하는 경우는 거의 없다. 집에 있는 시간도 별로 없고, PC방에 가든지 해야 하니까(한국 미디어 운동가, 인터뷰 대상자 A).

따라서 MWTV는 <다국어 이주노동자 뉴스>를 통해 거의 대부분 국내에서 발생하는 일들을 중점적으로 다루고 있었다(<표 11-3> 참조). 특히 법무부에서 발표하는 이주노동자 관련 정책·법령 내용을 가장 비중 있게 다룸으로써, 이주노동자 관련법에 관한 소식을 알 수 있는 공신력 있는 공적 통로를 만들고

<표 11-3> <다국어 이주노동자 뉴스> 보도 지역

	빈도	비율(%)
국내	46	92.0
아시아	3	6.0
미국	1	2.0
합계	50	100.0

<표 11-4> <다국어 이주노동자 뉴스> 보도 내용

	빈도	비율(%)
법 / 제도	18	36.0
사건 / 사고	15	30.0
행사 / 집회	9	18.0
공지사항	5	10.0
기타	3	6.0
합계	50	100.0

있다고 볼 수 있다(<표 11-4> 참조).

MWTV 공동대표(인터뷰 대상자 C)는 <다국어 이주노동자 뉴스>에서 "노동부에서 나오는 보도자료나 발표하는 내용들"을 중점적으로 다루고 있다고 말하며, "(이주노동자들이) 제일 듣고 싶은 것들"인데, "영어로 나온 적도 없고, 한국어로 나오는 것도 이주노동자들에게 전달되는 게 없다"라고 지적한다. 그는 이로 인해 "서로 간의 루머, 실제로 아닌데, 뭔가 다른 사람들에게 들은 이야기에 많이 의존하기 때문에, 노동자들은 잘못된 생각을 가지고 있다"라고 말한다. 따라서 그는 다음과 같이 <다국어 이주노동자 뉴스>를 통해 자신이

하려는 바를 밝히고 있다.

첫째로 이주노동자들이 가지고 있는 생각들, 잘못된 정보들을 (바로잡는 게) 제일 중요하다. (예를 들면) 이주노동자들이 단속을 많이 당하고 있는데, 좋은 것만 생각하고 싶어하는 사람들은 정부가 더 이상 단속을 안 할 수도 있다고 생각한다. 얼마 전에는 법무부에서 새로 10만 5,000명 정도의 이주노동자들을 들여오겠다고 발표했는데, 그 사람들이 들어오면, 오래된 분들은 다시 단속당할 거다. 이런 경우 언제 어디에서 몇 명 정도 들어오고, 이것이 어떤 영향을 미칠지에 대해서 (뉴스를 통해) 이야기한다(MWTV 공동대표, 인터뷰 대상자 C).

<다국어 이주노동자 뉴스>에서 다루고 있는 기사들을 주제별로 살펴보면, 노동권과 관련된 문제를 가장 많이 다루고 있음을 알 수 있다(<표 11-5> 참조). 노동권 문제는 구체적으로 임금체불, 강제단속 및 추방, 노동자연대 / 노조, 사망 / 재해, 노동허가 관련 뉴스 등을 다루고 있는 기사를 의미한다.

임금체불을 당했을 때, 어디서 어떻게 도움을 받을 수 있는지 …… 노동부에 가더라도 해결하기 힘들다. 첫 번째는 노동부에서는 한국어로 해야 하고, 아무리 한국어를 잘한다고 하더라도 결코 노동부에서는 도와주지 않는다(MWTV 공동대표, 인터뷰 대상자 C).

그 다음으로는 한국의 정치상황을 보도하는 뉴스를 보도하였고, 그 다음으로는 의료, 이주노동자들을 위한 교육, 자녀, 각 나라 소식 등을 다루고 있었다. 구체적으로 살펴보면, 불법 이주노동자들이 다쳤을 때 치료를 받을 수 있는 공간에 관한 정보와 이주노동자들이 교육받을 수 있는 기회에 관한 소식을 전달하고 있다.

<표 11-5> <다국어 이주노동자 뉴스> 기사 주제

		빈도	비율(%)
노동권 문제	사망 / 재해 7 (14.0)	22	44.0
	강제단속 및 추방 6 (12.0)		
	노동허가 4 (8.0)		
	임금체불 3 (6.0)		
	노동자 연대 / 노조 2 (4.0)		
한국뉴스		6	12.0
의료		4	8.0
세미나 / 워크숍 / 심포지엄 소개		4	8.0
자녀문제		3	6.0
각 나라 소식		3	6.0
문화행사		2	4.0
기타		6	12.0
합계		50	100.0

이주노동자들의 대부분은 미등록이어서 보험이 안 된다. 그래서 건강 관련 단체를 소개해 준다. 어디서 어떻게 무료진료를 받을 수 있는지 …… 문화재나 좋은 거 배울 수 있는 워크숍 있으면 알려주고 …… (MWTV 공동대표, 인터뷰 대상자 C).

최근 들어, 특히 안산과 인천에 이주노동자 자녀들을 위한 특별학급이 개설되면서, 이주노동자 자녀들의 교육과 영주권에 대한 관심과 논의가 주류 미디어 및 이주노동자 미디어에서 본격화되고 있다. 또한 국내 거주하는 이주노동자 내의 다양한 민족들이 주최하는 문화행사를 소개하며 그 나라의 풍습과 문화를 설명하고 있다. 이는 이주노동자들 내에 존재하는 다양한 민족들이 서로를 이해할 수 있도록 도모함으로써, 서로 대립될 수 있는 문화적 갈등을 줄이려는 것이다.

다국어로 뉴스할 때는 그 나라의 명절에 대해서만이 아니라 다른 나라의 행사에 대해서도 이야기해 준다. 왜냐면 이주노동자는 여러 나라에서 온 사람들이 많아서, 대부분 나라, 언어, 종교가 다르니까 갈등이 생기기 쉽다. 그래서 그 사람들끼리 문화에 대해 알아야 한다. 예를 들면 '내일은 몽골에서 이러한 축제가 있다. 몽골 분들이 있으면 어떻게 인사를 건네야 하는지도 가르쳐주고 ……' 많이 못했지만 조금씩 조금씩 하고 있다(MWTV 공동대표, 인터뷰 대상자 C).

이처럼 <다국어 이주노동자 뉴스>는 한국에 거주하는 이주노동자로서의 동질적인 특성을 가지고 있는 사람들을 대상으로 그들이 일상에서 (불법) 이주노동자로서 겪고 있는 현실적인 어려움을 해결할 수 있는 정보를 제공하는 장으로서 기능하고 있고, 한국 사회에서 교육의 기회를 박탈당한 이주노동자들이 교육받을 수 있는 공간에 대한 정보도 공유하고 있다. 또한 그 안에 있는 다양한 민족들이라는 이질성을 인정하며 그 안에서 발생할 수 있는 문화적 충돌을 줄이는 시도도 하고 있다. 이와 더불어, 최근에는 이주노동자들의 역사가 길어지면서 2세들의 교육 문제에 대한 논의가 점차 많이 이루어지고 있다.

사회적·정치적 장으로서의 MWTV: 〈이주노동자 세상〉

<이주노동자 세상>은 MWTV의 가장 중요한 프로그램으로 MWTV가 시작한 첫 번째 프로그램이다. 한 달에 한 번 방영하는 이 프로그램은 "이주노동자의 눈과 입이 되어 한국 사회와 소통을 시도하며 지난 한 달 동안 있었던 이슈들 중에서 중요한 문제들을 추려내어 다루는 시사·문화 토크 프로그램(미디액트, 2005)"으로 2005년 4월부터 시작하여 현재까지 1년이 넘게 지속되고

있다. <다국어 이주노동자 뉴스>가 일상생활과 관련된 단신 뉴스를 전달함으로써 공적 소통의 장을 구축하는 데 주력하고 있다면, <이주노동자 세상>은 영상물 취재를 바탕으로 한 심층토론의 형식으로 진행되며, 단순한 중립적인 뉴스의 전달이 아닌, 제작자·출연자의 정치적 시각을 명징하게 드러냄으로써, 단순한 정보교환에서 더 나아가 이주노동자들이 자신들을 사회적·정치적 주체로서 인식할 수 있는 장을 마련하고 있다.

시청자들의 반응 면에서 <다국어 이주노동자 뉴스>가 인기가 있긴 하지만, 한국 주류 미디어와 질적인 차이를 가장 잘 드러내는 지점은 <이주노동자 세상>이다. 그 이유는 <이주노동자 세상>이 이주노동자들을 주류 미디어와는 달리 '정치적·사회적 주체'로 자리 매김하고, 그들의 시각에서 한국인과 한국 사회, 한국 문화에 대한 논평를 제공하기 때문이다.

지배적 담론에 대한 저항: 노동자로서의 주체화

기존의 주류 미디어에서의 이주노동자 관련 보도의 가장 큰 문제점은 이주노동자와 관련된 사항들을 거의 다루지 않고, 다루더라도 지속적인 보도가 아닌 일회성 사건보도로 다루며, 본질적이고 구조적인 문제는 외면하고 표피적이고 자극적인 방식으로 다루고 있다는 점이다. <이주노동자 세상>은 이주노동자 관련 뉴스를 지속적으로 다룰 뿐만 아니라, 기존 미디어의 천편일률적인 지배적 시선에 대항하는 이주노동자들의 시각으로 다루고 있다. 이 과정에서 기존 미디어와 <이주노동자 세상>의 가장 큰 차이는 이주노동자들을 사회적·역사적·정치적 주체로 자리 매김하고 있는 점이다.

이 프로그램은 이주노동자들을 국적에 의해 구분하지 않고, '노동자'로서의 동질적 정체성을 강조한다. 예를 들면, 2005년 7월 16일에 방영된 '김선일 추모집회'에 참가한 이주노동자들을 다룬 영상물에서, 한 이주노동자는 "김선일 씨도 이라크에서 우리와 같은 동일한 이주노동자"임을 강조하며, 같은 이주노동자로서 김선일 씨를 인식하고 이 집회에 참여하고 연대하였음을 강조하고 있다. 이러한 '노동자'로서의 동질적인 정체성의 강조는 <이주노동자

세상>을 제작하는 주요한 인물 가운데 한 명인 제작자의 시각에도 잘 드러나 있다. 다음에 인용한 인터뷰 내용에서도 알 수 있듯이, 그는 한국 노동자와 이주노동자를 구분하지 않고, 현재 이주노동자들을 1970~1980년대 한국 노동자들의 역사의 연속선상에 위치시킨다.

박노해 씨의 '노동의 새벽' 20주년 음반에 참여한 적이 있다. 한국 가수들도 있고, 우리 밴드에게 「손무덤」이라는 시를 보내줬다. 1970~1980년대 당시 한국 노동자의 현실을 담은 노래였는데, 지금은 이주노동자들에게 잘 어울린다. 그 시를 보고 우리 멤버들이 모두 울었다. 이 노래를 부를 때, 이 노래가 이주노동자와 무슨 관계가 있냐고 생각할지도 모르지만, 대단히 관계가 있다고 본다. 한국 노동자들만이 손가락이 잘리고, 목숨 바쳐야 할 때였는데, 지금은 이주노동자가 그것을 대신해 주고 있다. 이제는 '누구네 아빠가 손 잘렸다'가 아니라, '어느 나라 사람이 손 잘렸다'로 바뀐 것이다. 이런 것을 우리 국민들은 모른다. 대신해 주는 거다. 손가락 잘리고 눈 터지고 그런 일들이 우리 주변에서는 신기한 일이 아니다. 그래서 굉장히 가슴 아프다. 이런 거 알아주지도 않고 오히려 쫓아내려고만 하지 …… 그 사람들이 간다고 하더라도 원망하게 되고, 거의 한국에서 나간 분들 가운데 한국이 좋았다고 하는 사람들이 몇 퍼센트 안 된다. 국제화 시대에 이렇게 할 게 아니라 조금 더 따뜻한 사회를 만들어서 이 분들이 '참 힘들었지만 나에게는 의미 있는 나라였다'는 생각을 가지게끔 하고 싶다(MWTV 관계자, 인터뷰 대상자 D).

한국에서 노동자로서 사회적 주체로 자리 매김함과 동시에, <이주노동자 세상>은 이주노동자들이 출신 국가로부터 뿌리 뽑힌 채 타국을 부유하는 탈정치화된 존재로서가 아니라, 해당 국가의 정치적 주체로서 적극적으로 개입하는 모습을 보여주고 있다. 그 대표적인 예로, <이주노동자 세상>은 미얀마 민주화 운동을 지속적으로 보도하고 있고, 그에 적극적으로 참여하는 미얀마 이주노동자들의 모습을 보여주며, 더 나아가 다른 이주노동자들에게 이에 대한 관심을 촉구함으로써 스스로를 정치적 주체로 인식하게 하고 있다.

<표 11-6> <이주노동자 세상> 기사 주제

	빈도	비율(%)
공동체활동	11	21.6
문화행사	8	15.7
강제단속 및 추방	6	11.8
사망 / 재해	5	9.8
미얀마 민주화	5	9.8
연대 / 노조	5	9.8
교육 / 포럼 / 세미나	4	7.8
자녀 문제	3	5.9
노동허가	2	3.9
각 나라 뉴스	2	3.9
합계	51	100.0

또한 <이주노동자 세상>은 이주노동자와 관련된 문제들을 다양하게 다루고 있다는 점에서도 주류 미디어와 큰 차이를 보이고 있다. 이들은 현재 이주노동자들이 겪는 문제들(사망 / 재해, 강제단속 및 추방 등)을 그들의 시각으로 사회적으로 이슈화하는 작업을 하고 있고, 이와 더불어 이에 대한 대안을 모색하고 정보도 제공하고 있다. 예를 들면, 최근에 아시아 여성들의 국제결혼 문제와 관련된 국제 심포지엄을 보도하면서, 이를 해결하기 위한 아시아 시민단체들의 연대 필요성을 강조하고 있다.

지배적 담론과의 협상: 다문화주의 전략의 수용

앞에서 말했듯이 이주노동자 문제가 점차 사회적 갈등으로 표면화되면서 2000년대 초반 이후 이주노동자 미디어가 생겨나기 시작했다. 현재 이주노동자 문제가 첨예화된 상태에서 한국은 한편(법무부, 노동부)으로는 강제단속과 강제추방을 강행하는 한편, 다른 한편(문화관광부)에서는 다문화주의를 내세워 이러한 갈등을 문화적인 층위에서 봉합하려 하고 있다(예: 문화관광부의 Migrants' Arirang 축제). 이러한 상황 속에서 이주노동자들은 다문화주의 담론을 수용함으로써, 소수자·주변인으로서의 자신들에게 허용되어 있는 사회적·정치적 움직임의 반경을 확장시키고자 하고 있다.

이러한 움직임은 <이주노동자 세상>이 초기에 정치·사회문제에 중점을 두었던 것과 달리, 최근에는 공동체 활동과 각 나라의 풍습 지키기 같은 문화행사 등의 비중을 증가시키고 있는 데에서도 확연히 드러난다. 이렇게 최근 들어 문화에 대한 보도가 급증하는 것은, 이주노동자들이 한국 사회에 당당하게 자리 매김할 수 있도록 MWTV가 정부 정책기조의 변화를 적극 수용하여 '다문화를 강조하는 재현 전략'을 적극적으로 채택하기 시작했음을 보여주는 것이라 할 수 있다.

<이주노동자 세상>의 사회자이자 미얀마 민주화 운동가이기도 한 마뚜는 <이주노동자 세상> 3회에서 Migrants' Arirang 행사에 대해 논하며, 다문화주의 전략이 가져올 수 있는 긍정적인 파급효과를 다음과 같이 언급하고 있다. 이러한 시각은 인터뷰 대상이었던 MWTV 관계자 두 명도 모두 "이제 우리는 다문화주의라는 국제적 흐름에 따라가야 한다"라고 강조하는 것과 같은 맥락이다.

> 정치적으로 판단하면 한쪽에서는 사람을 죽이고 한쪽에서는 웃기는 모습을 보여주는 것이지만, 이것을 모두 (비관적인) 하나의 관점에서 평가하면 안 된다고 생각한다. 하나씩 변하는 것이 중요하므로, 문화부가 이런 큰 행사를 치르는 것에 대해서는 좋다고 생각한다. 많은 이주노동자들이 한자리에 모여서, 많은 한국인들이 이해해서 만들었기 때문에 ……

또한 MWTV는 한국 사람들과의 문화적 조화를 추구하고 있다. 예를 들면 한국 사람들이 자신들의 문화에 익숙해지도록 하는 시도인 '문화 체험 프로그램'을 기획·방영하고 있다. 이를 통해 문화적 차이를 상대화함으로써, 한국 문화의 가치관으로 자신들을 부정적으로 인식하고 평가하는 것을 바로잡고자 하고 있다.

미국에서 온 사람과 자기보다 가난한 나라에서 온 사람들에게 대하는 태도가 다르다. 반말하거나 …… '어디서 왔냐, 언제 집에 가냐'라는 질문. 다른 사람들과 문화에 대한 이해가 부족한 듯하다. 음식 문화에 대해서도 인정하지 않는다. 인도는 소를 안 먹고 이슬람은 돼지를 안 먹는데, '똑같은 사람이니까 먹어도 된다'고 생각하고 강요하는 경우가 있다. 방글라데시 사람들은 손으로 먹는데, 저도 손으로 먹고 싶을 때가 있다. 맛있으니까 …… 근데 한국 사람들은 저 보고 '아, 이 사람 정말 더러워'라고 생각할 수 있다. 타 문화에 대해 인정하는 자세가 필요하다. 한번이라도 같이 손으로 먹어보면 좋다고 생각한다. 다른 사람들이 왜 그런 행동을 하는지 생각 안 하고 무시하는 경향이 있다(MWTV 공동대표, 인터뷰 대상자 C).

또한 <이주노동자 세상>에서 보도하는 문화행사의 중요한 소재는 이주노동자들이 모여 자신들만의 콘서트를 하는 것인데, 이러한 보도를 통해 기존의 주류 미디어에서 재현되고 있는 동정의 대상으로서의 이주노동자가 아니라, 자신들의 생활을 활기차게 즐기는 문화적 주체로서의 이주노동자들의 모습을 보여주고 있다. 이러한 재현 전략은 자신들이 처한 한국 내에서의 정치적·사회적·경제적 어려움을 극복하기 위한 해결책(비록 근본적인 것이 아닌 미봉책에 불과하나)을 문화의 층위에서 모색하고 만들어내려는 시도로 해석할 수 있다.

대안 미디어와 문화정치

이 연구는 이주노동자들의 미디어 환경(그들에 대해 보도하는 미디어와 그들이 소비하는 미디어를 총칭)에 대한 기본적인 자료도 거의 없고, 이주노동자 미디어의 문화정치적 함의에 대한 연구는 더더욱 없는 상황에서 시작되었다. 최근 몇 년 사이 한국에서 진행되고 있는 한류, 미디어 전경, 세계화에 관한 논의는 문화의 층위로만 국한되는 경향이 있다. 필자는 이러한 논의의 관점만으로는 이주노동자 미디어가 가지고 있는 문화정치적 함의를 제대로 짚어낼 수 없다는 문제의식을 가지고, 현재 한국 사회에서 이주노동자를 둘러싸고 전개되고 있는 미디어 전경과 인종 전경이 접합되는 구체적인 양상들을 고찰해 보고자 했다.

한류의 경우에서처럼 미디어 문화의 전 지구적·지역적 흐름에 대해 논의하는 사이에, 그 뒤에 있는 자본과 노동의 문제들은 흔히 가려진다. 따라서 이주노동자와 미디어에 관해 논의할 때, 단순히 문화(예: '다문화주의'나 '문화적 차이')나 주류 미디어의 재현 전략 등 미디어 전경 내에서만이 아니라, 국가적 경계를 넘어서는 차원에서 이루어지고 있는 인종, 자본, 노동의 문제를 함께 보아야 한다. 따라서 이 글에서는 MWTV가 '자본과 노동'의 동학이 함축되어 있는 '인종과 미디어'의 관계를 포괄적으로 볼 수 있게 해주는 대표적인 사례라고 보고, 이에 관한 구체적인 분석을 시도하였다.

이주노동자 미디어 관계자들에 대한 인터뷰와 MWTV의 프로그램들에 대한 분석결과 중 가장 흥미로운 점은, '다문화주의' 담론이 단지 한국의 정책입 안자들이니 정부 주무부처에 의해 현 단계 한국이 직면하고 있는 인종 문제, 노동 문제, 이산인 문제 등을 덮어버리는 데 동원될 뿐만 아니라, 아이러니하게도 이주노동자들에 의해서도 한국 사회와의 동화를 위한 전략—즉, 이주노동자 문제에 대해 한국인들의 주의를 환기시키고, 이산인 문제의 미디어 노출을 높이기 위한 전략—으로 적극 전용되고 있다는 것이다.

문제는 한국 정부 관계자들에 의해 추진되고 있는 다문화주의 정책은 문화적 타자로서 이주노동자들을 또 하나의 볼거리로 만들 우려가 있다는 점이다. 즉, 이를 통해 결국 이주노동자들은 우리 사회의 정치적·사회적 주체로 인식되지 못하고, 세계화라는 거대한 흐름 아래에서 우리 사회에 새롭게 부상한 문화적 풍경의 한 요소로 배치되는 문제가 있다.

이주노동자 미디어가 이와 같이 적극적으로 다문화주의 전략을 채택하여 실천하는 행위 또한, 역사적으로 수많은 사회적 아웃사이더들이 주류 사회의 지배적 가치에 기대어 자신들의 위치를 정함으로써 스스로를 부정하는 결과를 초래해 왔던 것처럼, 궁극적으로 자신들의 정치적 거점을 허물어 버릴 위험이 있다.

　하지만 최근 이주노동자 미디어의 움직임에 대한 이 같은 우려에도 불구하고, 이주노동자 미디어는 우리 사회의 소수자들이 주류 미디어에 대항하여 자신들을 정치적·사회적 주체로 구성해 낼 수 있는 대안 공간의 가능성을 보여준다는 점에서 여전히 우리 사회에서 중요한 문화정치적 함의를 갖는다.

생각해 볼 문제

1. 한국의 텔레비전은 '아시아'를 어떻게 재현하고 있는가? 여행자의 시각에서 풍물 기행하듯이 아시아를 바라보고, 아시아인들을 '이국적 타자(exotic other)'로 표상하고 있지는 않은지 비판적으로 '읽어'보자.

2. <러브 인 아시아>와 같은 프로그램들이 한국 사회의 이주노동자들과 국제결혼 가정의 여성들을 어떻게 묘사하고 있는가? 이데올로기 비평 또는 페미니즘의 시각에서 구체적인 텍스트 분석을 시도해 보자.

3. 이주노동자 미디어 같은 대안 미디어, 소수자 미디어가 상업 미디어가 지배하는 현재의 미디어 환경 속에서 자생력을 갖추기 위해서는 어떤 정책적·제도적 배려가 필요하다고 생각하는지 토론해 보자.

참고문헌

미디액트. 2005. 『미디어 내화, 차별의 언어를 넘어서』. 영상미디어센터 미디액트.
박준규. 2003. 「텔레비전 드라마 <겨울연가>와 디아스포리적 정체성」. ≪한국문화인류학≫, 36~1, 219~245쪽.
원용진. 2003. 「아직 아시아를 말할 때가 아니다: MBC TV의 <아시아, 아시아>」. ≪프로그램/텍스트≫, 제8호.
이경숙. 2006. 「텔레비전에 나타난 '국제결혼가정'의 정체성과 재현: <러브 인 아시아>의 텍스트 분석」. 한국여성커뮤니케이션학회 봄철정기학술대회 발표논문.
이수자. 2004. 「이주여성 디아스포라: 국제 성별분업, 문화 혼성성, 타자화와 섹슈얼리티」. ≪한국사회학≫, 제38집 2호, 189~219쪽.
전규찬. 2005. 「소수자(성), 매체문화연구 진화의 일단」. ≪프로그램/텍스트≫, 제12호, 97~124쪽.
한건수. 2003. 「"타자 만들기": 한국사회와 이주노동자의 재현」. ≪비교문화연구≫, 제9집 2호, 157~193쪽.

Appadurai, A. 1996. *Modernity at Large: Cultural Dimensions of Globalization*. Minneapolis: University of Minnesota Press.
Bourdieu, P. 1996. *On Television*. New York: New Press.
Browne, N.(ed.). 1994. *American Television: New Directions in History and Theory*. USA: Harwood.
Corner, J. 1999. *Critical Ideas in Television Studies*. Oxford: Clarendon Press.
Gillespie, M. 1995. *Television, Ethnicity and Cultural Change*. London: Routledge.
Morley, D. 2000. *Home Territories: Media, Mobility, and Identity*. London: Routledge.
Naficy, H. 1993. *The Making of Exile Cultures: Iranian Television in Los Angeles*. Minneapolis: University of Minnesota Press.
Naficy, N. & T. Gabriel(eds.). 1993. *Otherness and the Media: The Ethnography of the Imagined and the Imaged*. USA: Harwood.

제4부
광고와 PR

광고 커뮤니케이션의 이해 _ 이경렬
PR의 이해 _ 이유나
브랜드 커뮤니케이션 _ 김유경

제12장 광고 커뮤니케이션의 이해

이경렬 | 한양대학교 광고홍보학과 교수

이 장은 커뮤니케이션의 한 형태로서의 광고의 성격을 살펴본다. 구체적으로 광고 커뮤니케이션을 송신자에서 수신자에 이르는 하나의 과정으로 보는 과정학파의 관점과 광고 커뮤니케이션을 의미의 생산과 교환으로 보는 기호학파의 관점의 차이를 살펴본다. 그리고 실제 광고 사례분석을 통해 과정학파의 관점과 기호학파의 관점이 현대 광고에서 어떠한 의미를 갖는지를 살펴본다.

1. 커뮤니케이션의 한 형태로서의 광고 커뮤니케이션은 과정학파의 관점과 기호학파의 관점으로 구분된다. 과정학파의 관점은 광고 커뮤니케이션을 송신자에서 수신자로 광고 메시지를 전달하는 과정으로 본다. 기호학파의 관점에서는 광고 커뮤니케이션을 의미의 생산과 교환으로 파악한다.

2. 과정학파의 관점에서 광고 커뮤니케이션의 다섯 가지 구성요소들은 송신자, 수신자, 메시지, 매체, 효과(반응)를 포함한다. 이들 각 구성요소들은 광고 커뮤니케이션에서 각각 광고주, 표적 오디언스, 광고 메시지(인쇄광고물 및 CF 등), 광고매체(신문, TV 등), 판매효과 및 커뮤니케이션 효과 등을 의미한다.

3. 기호학파의 관점에서 광고는 카피와 비주얼 등 다양한 기호의 조합으로 이루어져 있다. 기호학적 관점에서 1차, 2차, 3차의 의미화 과정을 통해 광고 텍스트에 숨겨진 의미(외연, 내포, 신화 또는 이데올로기 등)를 분석할 수 있다. 기호학적 관점은 오늘날 이미지의 모호성이 증대되는 현대 광고의 경향에서 광고의 본질을 이해하는 매우 유용한 도구라고 할 수 있다.

중요 개념 및 용어 ∥ 광고 커뮤니케이션, 과정학파, 기호학파, 기호학, 신화, 이데올로기, 의미작용

광고의 정의

광고(Advertising)는 라틴어로 아드베르테르(adverter), 즉 '주의를 돌리다', '돌아보게 하다'는 뜻에서 유래되었다. 한문으로 '廣告'는 '널리 알리다'의 뜻을 가지고 있다. 광고의 정의는 다음과 같다.

Advertising is the paid, nonpersonal communication of information about products, services, or ideas by an identified sponsor through the mass media in an effort to persuade or influence behavior.

광고의 성격

Advertising is a form of communication and a tool of marketing

광고의 성격은 커뮤니케이션의 한 형태이자 마케팅의 도구로서 정의될 수 있다. 광고가 커뮤니케이션의 한 형태라는 것은 광고주가 의도한 소비자 반응을 불러일으킬 목적으로 표적 오디언스(target audience)에게 채널(광고매체)을 통해 메시지(광고물)를 전달하는 것을 말한다. 광고는 또한 마케팅의 촉진(Promotion)의 한 요소이기 때문에 마케팅의 도구라고 할 수 있다.

커뮤니케이션의 한 형태로서의 광고

커뮤니케이션의 정의

일반적으로 커뮤니케이션이란 상징(Symbol)을 통하여 의미(Meaning)를 전달

(Transmission)하는 현상, 즉 정보(Information)전달 현상을 말한다. 그러나 구체적으로 커뮤니케이션의 정의는 과정학파와 기호학파의 두 가지 관점으로 나뉜다.

광고 커뮤니케이션을 보는 두 가지 관점

과정학파(process school)	기호학파(semiotic school)
커뮤니케이션을 송신자가 특정 채널을 통하여 메시지를 수신자에게 전달하는 과정으로 파악한다. 커뮤니케이션 단위로는 개인 내적, 대면, 집단/조직, 공공, 대중 커뮤니케이션 등이 있다.	커뮤니케이션을 의미의 생산과 교환으로 본다. 광고를 포함한 모든 문화생산물들이 기호로 구성되어 있다고 보며, 기호는 기표와 기의로 구성된다. 의미는 크게 외연적 의미와 내포적 의미로 분류된다.

과정학파의 관점

과정학파의 관점에서 커뮤니케이션이란 송신자가 수신자에게 어떤 의도된 반응을 얻기 위하여 채널을 통해 언어와 같은 기호로 된 메시지를 전달하는 과정을 말한다. 과정학파의 관점에서 커뮤니케이션 의 기본 모델은 다섯 가지 요소(SMCRE)들로 구성되어 있다. 이 다섯 가지 기본 구성요소들은 송신자(sender), 메시지(message), 경로(channel), 수신자(receiver), 효과(effects, 또는 반응)를 포함한다

이 커뮤니케이션 기본 모델은 '누가(who), 무엇을(say what), 어떤 경로로(in what way), 누구에게(to whom), 어떤 효과를 바라고(with what effect)'를 나타내며, 1948년 라스웰(Lasswell)이 처음 개발하였다. 이 초기 모델은 커뮤니케이터, 즉, 송신자의 존재를 강조하며 송신자는 항상 수신자에게 영향을 미치려는 의도를 내포하고 있으며, 메시지는 효과가 있다는 것을 가정한다. 그러나 이 모델은 일방향 커뮤니케이션(One-way communication)을 가정하기 때문에 피드백이 없다는 단점을 지니고 있다. 이 다섯 가지 기본 구성요소 이외에 피드백(Feedback), 잡음(Noise), 준거 틀(Frame of Reference) 등이 커뮤니케이션 모델에

포함되기도 한다. 과정학파의 관점에서 커뮤니케이션의 기본 모델은 <그림 12-1>과 같다.

<그림 12-1> 커뮤니케이션 기본 모델

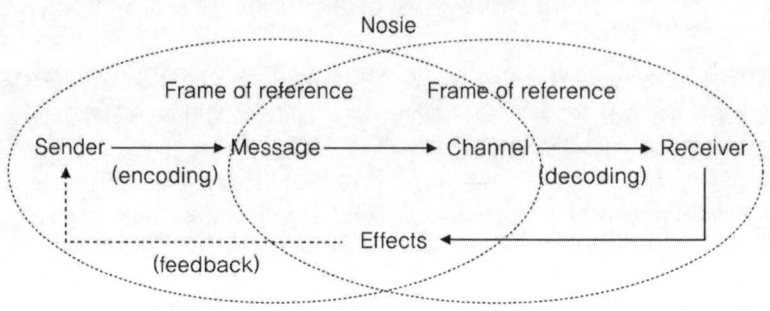

라스웰이 제시한 커뮤니케이션 모델은 광고 커뮤니케이션 과정에 적용할 수 있다. 라스웰의 커뮤니케이션 모델을 광고에 적용하면 송신자는 광고주, 광고대행사, 또는 메시지 전달자(광고 모델)가 되며, 수신자는 표적 오디언스, 경로(또는 채널)는 광고매체, 메시지는 인쇄광고물 및 TV CF, 그리고 효과는 커뮤니케이션 효과 및 판매효과가 된다. 광고 커뮤니케이션 모델은 <그림 12-2>와 같다.

<그림 12-2> 광고 커뮤니케이션 모델

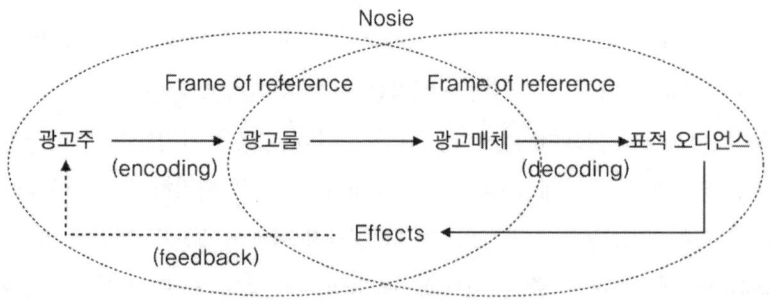

송신자 또는 정보원(Source)

송신자에는 메시지를 보내는 사람이나 조직체, 광고의 경우에는 광고주(개인, 기업 등), 광고제작자(광고대행사), 메시지 전달자(광고 모델) 등이 포함된다. 광고 커뮤니케이션에서 송신자의 역할은 수신자인 표적 오디언스의 니즈(needs)를 파악하여 이에 적합한 광고전략과 크리에이티브를 개발하는 등 광고 메시지를 창조하고 수신자에게 전달하는 역할을 한다. 광고 커뮤니케이션의 경우 메시지 전달자인 광고 모델의 신뢰도와 매력도가 광고 메시지의 효과를 결정하는 데 중요한 기능을 한다.

수신자(Receiver)

광고 커뮤니케이션의 수신자는 광고 메시지가 전달되는 표적 오디언스를 말한다. 광고 커뮤니케이션의 수신자는 광고 메시지를 받아들여 해독한 후 인지적·태도적·행동적 반응과 같은 다양한 차원의 커뮤니케이션 반응을 나타낸다. 광고 커뮤니케이션의 수신자는 광고 메시지를 받아들이는 과정에서 다양한 정보처리 과정(information processing)을 거쳐 광고 메시지를 선택적으로 수용한다.

메시지(Message)

광고 커뮤니케이션에서 메시지는 송신자가 전달하기를 원하는 인쇄광고물 및 TV CF 등을 말한다. 일반적으로 광고 메시지는 대량생산 및 복제가 가능한 여러 가지 기호들과 상징들로 구성되어 있다. 광고 메시지에는 소비자에 대한 광고주의 약속이 담겨있다. 광고주는 메시지를 통하여 우리 제품을 구매하면 이러이러한 혜택을 얻을 것을 소비자에게 약속한다. 따라서 광고 메시지에는 제품이 소비자에게 제공하는 혜택과 가치 등이 담겨있다. 광고 메시지는 이러한 혜택과 가치들을 강조함으로써 소비자의 마음을 움직이게 된다.

부호화(Encoding)

부호화 또는 약호화는 생각이나 아이디어를 (메시지를 전달할 수 있는) 기호(sign) 또는 상징(symbols)으로 바꾸는 작업을 말한다. 기호 또는 상징의 종류는 언어, 몸짓, 색, 형태, 음악 등이 있다. 광고 커뮤니케이션에서의 부호화란 광고 메시지의 창조과정을 말한다. 광고 메시지는 기본적으로 광고전략을 바탕으로 아이디어 과정을 거쳐 만들어진다. 광고전략은 무엇을 말할까(What to say)에 해당되며 구매동기를 유발할 수 있는 해택과 가치 등을 포함한다. 반면에 아이디어는 전략에 생명을 불어넣는 작업으로서 어떻게 말할까(How to say)에 해당된다. 아이디어의 기능은 광고 메시지가 스스로 살아 움직이게 하여 소비자로 하여금 그 제품을 사지 않을 수 없게 만든다.

경로 또는 매체(Channel or Medium)

경로 또는 채널은 수신자에게 부호화된 메시지를 전달하는 수단을 말한다. 광고 커뮤니케이션에서 매체는 광고 메시지를 수신자인 표적 오디언스에게 전달하는 기능을 한다. 어떤 매체를 선택하느냐에 따라 광고의 노출효과는 달라진다. 일반적인 광고 커뮤니케이션에서 사용되는 광고매체에는 신문, 라디오, 텔레비전, 잡지, 옥외매체, 인터넷, 모바일 등이 있다.

해독(Decoding)

해독은 송신자가 전송한 메시지를 수신자의 생각으로 다시 바꾸는 과정이다. 광고 커뮤니케이션에서 해독은 광고 메시지에 대한 수용을 말한다. 해독은 메시지에 노출된 직후에 시작되며 주의, 해석, 파지, 태도변화 등의 정보처리 과정을 거치게 된다. 광고 메시지의 해독을 설명하는 정보처리 과정은 인지심리학적 관점과 행동주의 심리학의 관점으로 나뉜다.

잡음(Noise)

잡음이란 송신자와 수신자 간의 성공적인 커뮤니케이션을 방해하는 어떠한 물리적이고 심리적인 현상들을 말한다. 광고에도 잡음이 있을 수 있다. 예를 들어 경쟁사의 광고 정보나 컨셉트 등이 자사 광고보다 우위에 있을 때, 수용자의 마음속에 경쟁사 제품이 이미 자리 매김(positioning)을 하고 있을 때, 수용자가 개인적인 경험으로 제품을 이미 잘 알고 있을 때, 기타 기업에 대한 이미지나 신뢰도 등이 낮을 때 등에는 광고 메시지가 효율적으로 전달되지 않을 수도 있다.

효과 또는 반응(Effects or response)

효과는 광고 커뮤니케이션의 결과로 발생하는 소비자 반응을 말한다. 효과는 광고주가 소비자로부터 얻기를 원하는 기대반응이라고 할 수 있다. 이는 판매효과와 커뮤니케이션 효과로 구분할 수 있다. 판매효과는 매출효과를 말하며, 커뮤니케이션 효과는 또다시 인지적 차원, 태도적 차원, 행동적 차원의 효과로 구분된다. 인지적 차원의 효과는 브랜드 인지도, 태도적 차원의 효과는 브랜드 호감도와 선호도, 그리고 행동적 차원의 효과는 브랜드 구매의향 등을 포함한다. 효과와 유사한 개념으로 피드백(Feedback)이 있다. 피드백은 메시지가 해독되었다는 것을 송신자에게 알려준다. 광고의 피드백은 광고 캠페인이 종료된 후 사후조사를 통해 측정이 가능하다.

준거 틀(Frames of Reference)

준거 틀은 송신자와 수신자 간의 공통된 경험의 영역(Fields of experience)으로도 불린다. 광고 커뮤니케이션에서 준거 틀이란 광고주와 소비자가 공통적으로 인식하고 있는 소비자 문제들(Consumer problems)을 말한다. 여기에는 소비자 필요, 욕구, 불만 등이 포함된다. 일반적으로 광고주가 소비자의 필요, 욕구, 불만 등을 정확하게 파악하여 광고 메시지를 창조한다면 커뮤니케이션의 성공 확률은 높아지게 된다.

기호학파의 관점

기호학은 기호와 의미의 과학을 말한다. 기호학파는 광고 커뮤니케이션을 언어, 그림, 사진 등 다양한 기호의 조합으로 구성된 것으로 정의하고 있다. 따라서 광고 커뮤니케이션이란 송신자에서 수신자로 이어지는 하나의 과정이 아니라 기호작용을 통한 의미의 교환과 생산과정으로 본다. 현대 광고는 갈수록 이미지 모호성이 증대되며, 따라서 기호학적 관점에서 광고 커뮤니케이션을 분석하는 것이 필요하다. 기호학을 도입하여 광고와 같은 문화 텍스트 분석을 시도한 사람은 롤랑 바르트(Roland Barthe)이다. 바르트는 광고와 같은 문화 텍스트 속에 감추어진 자본주의 사회의 부르주아적 규범을 폭로하기 위하여 기호학적 분석을 시도하였다. 바르트와 같은 문화비평가들은 기호학적 분석방법을 통해 광고 속에 감추어진 상품 미학뿐만 아니라 숨어있는 이데올로기를 찾아낼 수 있다고 주장한다.

기호학에서 사용되는 개념체계들은 언어학자인 소쉬르(Saussure)에서 시작되어 바르트, 채프먼(Chapman), 이거(Egger) 등의 기호학자들에 의해 발전되었다. 이러한 개념체계들은 광고의 기호학적 분석에서 기본적인 분석의 틀로서 사용된다. 기호학의 개념체계들은 다음과 같다.

기호학의 주요 개념체계들

1. 기표(signifier)와 기의(signified)
2. 외연(denotation)과 내포(connotation)
3. 신화(myth) 또는 이데올로기(ideology)
4. 의미화 과정 또는 의미작용(signification)
5. 약호(codes)
6. 이항대립((binary opposition)
7. 준거체계 또는 지칭체계(referent system)

기표(signifier)와 기의(signified)

기호학에서는 기호를 어떤 대상을 의미적으로 대신할 수 있는 모든 것으로 정의한다. 소쉬르는 기호들이 어떤 대상을 대신할 수 있게 되는 기호의 내적 관계를 기표와 기의로 나누어 설명하고 있다. 기표는 광고 텍스트에서 보이는 물리적 특성들로 모델, 상품, 배경 등 주로 이미지를 형성한 기호들로 구성된 광고 문안을 말한다. 반면에 기의는 기표가 가리키는 구체적인 대상으로 인식된다. 기의는 사물이 아니고 사물의 정신적 표현물이며 그것은 소쉬르가 표현한 바에 의하면 개념을 말한다. 예를 들어 하늘이라는 낱말은 그것이 지칭하는 자연계로서의 하늘이 아니고 개념으로 지각된 지상의 넓은 공간을 가리키는 것이다. 따라서 기호는 자연적 인과관계로서 주어지는 것이 아니고 어떤 사회적 약속에 의해 주어지는 것을 의미한다. 바르트는 기표와 기의의 관계는 자의적인 것이어서 그것은 사회적 약속으로 어떻게 결정하는가에 따른다고 한다.

기표와 기의의 사례

장미의 예를 들어보면 장미의 아름다운 물리적인 겉모습이 기표라면, 기의는 감춰진 의미인 정열을 나타낸다. 이처럼 기표는 기호의 물리적 성격을 말하며, 기의는 머릿속 이미지를 말한다. 기표는 사회적 약속 때문에 기의를 지니게 된다.

의미화 과정 또는 의미작용(signification)

소쉬르는 언어학에서의 의미작용을 텍스트 내의 기호들과 다른 기호들과의 관계에서 의미가 결정되는 것이라고 말하였다. 바르트는 소쉬르의 의미작용이라는 용어에 문화적 가치차원을 추가하여, 한 문화 속에서 기호들의 의미를 창출하는 방법에 이를 적용하려고 시도하였다. 즉, 그는 의미작용 과정을 1차적 의미화 과정을 나타내는 외연과 2차적 의미화 과정을 나타내는 내포의 2단계(two orders of signification)로 나누어 설명한다. 그리고 2차적 의미화 과정의 결과로 나타나는 3차 의미를 신화 또는 이데올로기라고 하였다. 바르트는

3단계 의미화 과정을 통해 광고 텍스트에 숨겨진 광고의 의미 발생 순간을 포착하고 그 의미가 어떻게 수용자에게 전해지는가를 찾아낼 수 있다고 하였다.

외연(denotation, 1차 의미화)

기호의 문자 그대로의 의미를 말한다. 즉, 사전에서 설명되는 것과 같이 모든 사람들이 보편적으로 받아들이는 의미, 그리고 객관적으로 쉽게 인지될 수 있는 기호 그대로의 내용을 말한다. 1차적 의미화 과정은 기호가 나타내는 객관적인 의미를 포착해 내는 과정이다. 예를 들어 사진을 보고 누구다라고 인식하게 되면 1차적 의미화 과정, 즉 외연이라고 한다. 바르트의 의미화 과정 중 1단계에 속한다.

내포(connotation, 2차 의미화)

외연의 의미를 뛰어넘는 또 다른 의미, 즉 외연에 내재된 의미를 말한다. 내포적 의미를 발견한다는 것은 기호의 외형상으로 보이는 의미를 넘어서, 수용자들에 의한 개입, 관습, 또는 사회적 약호들을 통해서 이루어진다. 예를 들어 '개'를 보고 집을 잘 지키는 충성스러운 동물이라는 기의를 만들어낼 수 있다. 바르트는 이러한 의미화 과정을 내포라고 부른다. 바르트의 의미화 과정 중 2단계에 속한다.

신화(myth, 3차 의미화)

신화는 사회적으로 널리 통용되는 믿음이나 가치, 태도 등을 말한다. 바르트는 2차 의미화 과정에서 신화가 형성된다고 주장하였으며, 일반적으로 모두가 공감하는 정서에 의한 것이거나 문화적 바탕을 이루고 있는 집단의식을 나타낸다. 즉, 감추어진 규칙, 부호, 관행을 통해 특정한 사회집단이 창출하는 의미체계 또는 한 문화권을 통해 폭넓게 받아들여지는 개념의 연쇄를 말한다. 이러한 신화에 의해 사회구성원들은 특정한 이슈 또는 사회적인 경험의 부분을 개념화하거나 이해한다. 예를 들어 샤넬 No.5의 광고에서 모델로 등장한

카트린느 드뇌브는 '고전적인 프랑스 여인의 미'를 대표한다는 그 사회구성원들의 신화를 이용한 광고이다. 바르트는 이러한 신화를 사회에 널리 퍼져있는 지배적인 사상, 즉 지배 이데올로기라고 하였다. 신화는 사회에 널리 퍼져있는 사상, 즉 지배적 이데올로기의 또 다른 표현이라고도 한다.

보루네오 광고 사례

탤런트 김희선을 모델로 한 보루네오 가구 광고에서 김희선이라는 사진(도상기호)을 본 순간 '김희선이구나'라고 감지하게 되면, 이런 순간을 1차적 의미화 과정, 즉 외연이라고 한다. 이어서 '참 섹시하구나'라는 의미를 포착하게 된다면 2차적 의미화 과정, 즉 내포라고 한다. 내포의 과정은 인간의 감정이나 평가가 더해지는 과정, 또는 해석하는 사람들의 주관적인 면이 가해지는 순간을 말한다. 내포를 통해서 만들어진 의미는 이어 또 다른 의미, 즉 이 시대의 성공적인 여성상이라는 의미를 만들어낼 수 있다. 이는 여성에 대한 사회적 평가의 의미를 지니게 되며, 이러한 사회적으로 널리 통용되는 믿음을 신화라고 한다. 이러한 3단계 의미화 과정을 통하여 보루네오 가구가 이 시대의 멋진 여성이 사용하는 이상적인 신혼 가구임을 알리게 된다.

이데올로기(ideology)

이데올로기의 원래 의미는 사회인들의 철학, 종교, 가치관, 도덕심 등 의식 일반을 지배하는 지배계급 또는 지배문화의 신념체계를 말한다. 마르크스주의자들은 이데올로기를 우리 사회의 피지배계급에게 부르주아의 가치관을 주입하고 자신의 이익에 반하는 그릇된 그릇 속에 안주하게 하며 의식의 제물로 전락시킨다는 점에서 '허위의식'이라고 비판한다.

바르트는 광고 텍스트 분석을 통해 자본주의 지배의 영속성을 추구하는 지배 이데올로기의 실체를 규명하고자 노력하였다. 바르트는 광고 안에 이러한 지배 이데올로기가 구성되고 그 광고를 읽는 사람은 그 지배 이데올로기의 수용자가 되며 다시 그 지배 이데올로기를 실천하여 확대·재생산하게 된다고 말한다. 즉, 광고 텍스트 안에는 자본주의 지배의 영속성을 목표로 하는 메커니즘이 존재한다고 주장한다.

광고를 통해 나타나는 자본주의 지배 이데올로기는 각 개인이 현실 내에서 자본주의 지배적인 신념과 가치를 마치 자신의 믿음이나 판단인 듯이 자연스럽게 받아들이고 행동하게끔 작용한다고 말한다. 즉, 광고를 통해 나타나는 대부분의 자본주의에 대한 가치들에 대해 의문을 표하지 않고 자연스럽게 받아들이며, 따라서 자본주의 가치질서는 크게 위협받지 않고 끊임없이 확대 재생산되며, 자본주의의 산물인 광고는 그러한 확대·재생산을 바탕으로 존재한다고 말한다. 이러한 지배 이데올로기는 광고를 통해 여러 형태로 나타나는데 예를 들어 기업 PR 광고를 통해 전파되기도 하고, 앞으로 다가올 미래 정보화 사회의 청사진을 제시하여 기업의 자본축적 활동을 정당화하기도 한다. 다음의 사례는 기업 PR 광고를 통해 기업의 자본축적 활동을 정당화하는 광고의 이데올로기 기능을 잘 보여준다.

삼성전자 기업 PR 광고 사례

최근에 등장한 삼성전자의 기업 PR 광고인 '또 하나의 가족'편은 클레이 애니메이션 기법을 사용하여 가족 간의 화목함을 잘 표현하고 있다. 가족이라는 정서적인 소재를 사용함으로써 딱딱한 '기술의 삼성'이라는 기존의 이미지에서 탈피하여 따뜻하고 정감 넘치는 기업으로서의 이미지 전이를 노리고 있다.

약호(codes)

약호는 기호들의 조직화된 체계를 말하며, 메시지가 현실세계에서 가능하도록 하는 기호체계(sign system)를 말한다. 즉, 약호는 기호사용의 규칙체계(system of the rules)이자 메시지가 구조화될 수 있도록 공유된 의미체계를 말한다. 모든 약호는 의미를 전달하며 그 약호 사용자 간의 합의와 공유된 문화적 배경에 의해 규정된다. 기호(의미전달체)를 그 사용규칙이나 사용관습에 따라 사용하게 될 때 약호화(encoding)한다고 할 수 있다.

약호의 작용 없이는 어떠한 현명한 의견의 교환도 없으며, 또한 한 가지 약호만 있을 수는 없다. 즉, 제품 약호, 사회적 약호, 문화적 약호, 개인적 약호 등 다양한 약호들이 있다. 예를 들어 미국에서 유명한 어떤 광고는 10종 경기 선수를 광고 모델로 사용하였다. 이 광고는 유명한 10종 경기 선수를 모델로 사용함으로써 텍스트 속에서 이 제품이 다재다예한 것과 관련 있다는 의미를 전달하려고 하였다. 이러한 의미의 전달은 '10종 경기 선수는 다재다예하다'는 스포츠 약호를 갖고 있기 때문에 가능하였다. 즉, 우리 제품을 구입하면, 다재다예한 것을 얻을 수 있다는 것을 약속한다. 따라서 이 광고의 수용자들은 이러한 광고에 숨겨진 스포츠 약호를 알아야 광고 텍스트를 해독할 수 있으며, 광고주 또한 이러한 약호를 알아야 의도한 바대로 메시지를 전달할 수 있다.

나이키 광고사례

미국 메이저리그의 한국 야구 선수인 박찬호를 모델로 한 나이키 광고에서 스포츠 약호의 사례를 볼 수 있다. 예를 들어 나이키 광고에서 우리는 박찬호의 이름이 왜 세계 최고의 투수를 의미하는지 알아야 한다. 비록 그것이 광고 텍스트에 구체적으로 언급되지 않았더라도 박찬호가 메이저리그와 관련 있으며, 메이저리그가 세계 최고의 야구 리그라는 사실을 알아야 광고 메시지를 확실히 해독할 수 있다. 즉, 박찬호가 메이저리그 선수라는 정보 없이는 의미의 전이는 많이 감소된다.

이항대립(binary opposition)

이항대립은 광고 텍스트에 나타난 개념과 대립되는 숨겨진 개념을 말한다. 소쉬르에 의하면 기호들이나 언어들은 다른 것들과의 대립관계에 의해서 더욱 명확한 의미를 지니게 된다고 한다. 이 대립은 상호배타적이며 그것이 아닌 다른 것과 구조적으로 관계를 맺는다. 이항대립은 의미가 어떻게 생성되는가를 보여주기 위해 사용되는 구조주의 분석 틀로서 어떤 기호의 의미는 자신이 아닌 다른 것과의 상대적인 관계에 의해서만 제 모습이 나타난다고 보는 개념이다. 예를 들어 말보로 광고의 기호들이 자유, 남성적, 독립이라는 개성을 나타낸다면, 그 대립되는 의미는 구속, 여성적, 의존이라는 개념들이다. 사람들은 비록 이러한 대립되는 개념들이 광고 텍스트에는 포함되어 있지 않지만 이러한 대립되는 개념들의 존재를 인식하기 때문에 광고에서 전달하고자 하는 자유, 독립, 여성과 같은 의미를 좀 더 명확히 깨닫게 된다.

이처럼 이항대립에 의해 광고에서 나타나는 기표들과 전달하고자 하는 신화는 더욱 명확한 의미를 지니게 된다. 따라서 이항대립은 광고 기호가 내포하고 있는 심층 의미의 도출을 위해 사용된다.

리바이스 광고 사례

최근에 TV 광고를 통해 방영된 리바이스 광고는 자유, 독립, 유연함과 같은 브랜드 개성을 강조하고 있다. 리바이스 광고를 통해 광고에 나타난 개념과 대립되는 숨겨진 개념을 찾아낼 수 있다. 리바이스 광고 텍스트에 보이는 개념들로는 자유, 독립, 유연함을 들 수 있다. 또한 그에 대립되는 개념으로는 속박, 의존, 경직을 찾을 수 있다.

준거체계 또는 지칭체계(referent system)

주디스 윌리엄슨(Judith Williamson)는 의미의 전이를 완성하기 위해 기초 재료들을 광고에 제공하는 의미체계를 준거체계 또는 지칭체계라고 하였다. 이러한 준거체계는 기본적인 의미 소재를 광고에 제공하는 체계로서 지시대상 체계라고도 한다. 즉, 광고에서 상품의 의미를 끌어온 세계를 말한다. 다시 말해 광고 속의 기호들이 그 전체로서 지칭하는 어떤 것을 말하며, 광고로부터 의미를 표착해 낼 수 있는 근거를 말한다. 기호가 지칭하는 것, 상품과 상품 사용자의 세계를 말한다. 광고는 지칭체계에 소구함으로써 작용하며, 이러한 지칭체계에 대한 소구와 함께 광고의 의미전달은 1차와 2차 의미화 과정을 거쳐 구체화된다. 다음의 예는 이러한 광고 속의 기호들이 지칭하는 것이 어떤 것인지를 잘 나타낸다.

샤넬 No.5 광고 사례

프랑스를 대표하는 미녀 영화배우 카트린느 드뇌브를 모델로 한 샤넬 No.5 광고에서 카트린느 드뇌브는 하나의 기호로서 모델이며, 은막의 스타이다. 그러나 이 광고에서 그녀가 가리키는(지칭하는) 것은 프랑스풍의 멋이다. 만약 이러한 프랑스풍의 멋이라는 지칭체계가 없다면(즉, 그녀가 프랑스풍의 멋으로 유명하지 않다면) 그녀의 얼굴과 향수의 연결은 소비자들에게 아무런 의미도 갖지 못할 것이다. 즉, 이 광고는 바로 소비자가 원하는 이러한 프랑스풍의 멋이라는 지칭체계에 소구함으로써 작용한다. 따라서 프랑스풍의 멋은 광고에서 상품의 이미지를 만들어내고, 상품의 의미를 끌어온 지칭체계(기호의 체계)라고 할 수 있다. 광고의 기호는 이러한 지칭체계로부터 선택·배치되고(모델의 얼굴), 다시 그것을 거꾸로 지칭하게 된다.

기호학적 접근방법을 이용한 광고분석 사례

채프먼은 말보로 담배 광고를 기호학의 개념체계들을 이용하여 분석하였다. 이 분석 틀에 사용된 개념체계들은 기표, 준거체계, 신화, 이항대립, 문제, 약속이다. 채프먼은 이 분석 틀에 의거하여 말보로 담배 광고를 해독하고, 광고가 어떻게 비흡연자로 하여금 긍정적인 신화적 지위를 갖게 하는가를 밝혀내려고 시도하였다.

말보로 광고에서 되풀이되는 기표는 말보로맨, 말, 탁트인 공간, 말보로맨이 담배를 피우고 있는 독특한 제스처 등이다. 이러한 기표는 모두 신화적인 세계인 '말보로 컨트리'와 함께 등장한다. 말보로 컨트리는 제약과 속박이 강요되는 현실세계와 다른 어떠한 이상적인 세계로, 자유를 은유하는 곳이다. 이상과 같은 기표들을 사용하여 말보로 광고는 자유라는 신화적인 세계를 은유하고 있다. 이처럼 말보로 광고는 기성세대에 순응하도록 강요받고 기성사회와 학교제도 등에 적응하도록 요구받고 있는 젊은이들에게 분명 매혹적인 제안이다. 채프먼은 이러한 분석 틀을 사용하여, 광고가 내포하고 있는 신화를 밝힘과 동시에, 광고의 숨은 의미에 접근하고 있다.

말보로 광고 사례

시각기표: 말보로맨, 카우보이, 말, 말보로 담배 패키지
문자기표: 말보로 컨트리(Marboro Country)
외연(1차 의미): 말보로맨이 카우보이 목장에서 말보로를 피우는 모습
내포(2차 의미): 휴식, 자신만의 세계, 일상으로부터의 탈출, 편안함, 여유
신화(3차 의미): 자유로운 세계, 구속받지 않는 세계, 자유와 능력의 회복제가 되는 제품
이항대립: 자유-구속, 남성적-여성적, 강인함-나약함, 독립-의존
준거체계: 넓게 트인 공간, 카우보이의 억세고 자유스러운 생활

┃생각해 볼 문제 ┃

1. 커뮤니케이션의 한 형태로서의 광고의 성격은 무엇인가? 광고 커뮤니케이션에 대한 과정학파의 관점과 기호학파의 관점의 차이는 무엇인가?

2. 과정학파의 관점에서 커뮤니케이션을 구성하는 다섯 가지 기본 요소들은 각각 무엇을 말하는가? 그리고 각 구성요소들의 기능은 무엇인가?

3. 기호학의 주요 개념체계들에는 어떠한 것이 있는가? 기호, 기표, 기의, 외연, 내포, 신화, 이데올로기, 약호, 의미작용, 의미화 과정, 이항대립, 그리고 준거체계의 의미는 무엇인가?

4. 기호학적 관점에서는 의미화 과정을 통해 광고 텍스트에 숨겨진 의미를 분석할 수 있다. 구체적으로 광고를 하나 선택하여 기호학적 관점에서 분석해 보자.

제13장 PR의 이해

이유나 | 한국외국어대학교 언론정보학부 교수

이 장은 PR 영역에 대한 이해를 돕기 위해 PR의 정의, PR의 역사, PR의 4모형 등에 대해 살펴본다. PR은 결국 조직과 공중 간의 커뮤니케이션을 전략적으로 관리하는 활동임을 확인하고, 더 나아가 이러한 PR이 지니는 사회적 가치—PR이 사회적으로 어떤 기여를 하고 있으며, 또 어떤 기여를 할 수 있는가—에 대한 고민을 PR의 핵심 주류 이론인 우수이론과 관계경영이론에 대한 소개를 통해 살펴본다. 마지막으로 PR 영역의 발전을 위해 이루어져야 할 교육에 대해 알아보고, 사회적 기능으로서 PR 영역이 나아가야 할 방향에 대해 생각해 본다.

중요 개념 및 용어 ▮ PR의 4모형, 혼합동기 모형, PR우수이론, 관계경영이론, PR 교육

PR의 정의

　PR(Public Relations)은 20세기 후반에 와서야 전문적인 영역으로 인정받기 시작한 비교적 역사가 짧은 응용학문 분야이다. PR이 새로운 영역인 만큼 과거에는 PR과 관련된 훈련이나 지식체계가 탄탄하지 못했던 것이 사실이다. 그러나 점점 더 많은 조직과 기관들이 전문적인 PR의 필요성을 느끼고 관련 전문가들의 도움을 요청하고 있다. 학문적으로도 국내외의 여러 학자들이 활발한 PR 관련 연구활동을 수행하고 있으며, 해를 거듭할수록 대학의 PR 학과나 전공학부의 신설·증가 추세는 이러한 상황을 잘 반영하고 있다. 과연 PR이라는 것이 무엇이기에 사람들의 관심을 끌고 있는 것일까? PR은 전문가들과 학자들에 의해 아주 다양하게 정의되어 왔다. 이 중 주류를 이루는 몇 가지를 살펴보면 다음과 같다.

　PR 전문가인 피크(Peake, 1980)는 PR이 "어긋나는 여론을 바꾸거나 여론을 보강하기 위한 계획된 설득이며 미래에 사용하기 위해 그 결과를 평가하는 것"이라고 설명하였다. 보탄과 헤이즐턴(Botan & Hazelton, 1989)은 "커뮤니케이션 관리를 통해 조직을 둘러싼 환경에 적응하거나 환경을 변화·유지시켜 조직의 목적을 달성하도록 하는 경영 기능"이라고 정의하였다. PR 학자인 커틀립·센터·브룸(Cutlip, Center, & Broom, 2000)은 PR을 "조직과 조직의 성패를 좌우하는 공중 간에 서로 이득이 되는 관계를 세우고 유지하는 관리 기능"이라고 정의하였다. 이외에도 여러 가지 정의가 있지만, 자세히 살펴보면 PR 활동에 대한 몇 가지의 공통분모를 찾아볼 수 있다.

　특히 그루닉과 헌트(Grunig & Hunt, 1984)는 여러 정의들이 결국 PR 실무자들이 행하고 있는 일들을 강조하거나, PR이 가져오리라고 생각되는 효과를 강조하거나, 또는 이상적인 PR 활동에 대한 규범적 제시를 강조하고 있다고 설명했다. 그루닉과 헌트는 이렇게 특정 효과나 활동, 이상적 상태를 강조하는 것보다 PR이라는 영역을 아우를 수 있는 좀 더 일반적인 정의가 필요하다고 주장하면서 PR을 "조직체와 그 공중 간의 커뮤니케이션을 관리하는 것"이라고 간단하게 정의 내렸다. 허튼(Hutton, 1999)도 PR은 결국 조직, 공중, 커뮤니케이션이라는 세 가지 요소를 축으로 전개되는 활동이라고 설명한 바 있다.

PR의 영역

다양한 PR 활동의 영역은 허튼이 제시했던 세 가지 요소를 중심으로 살펴볼 수 있다. 우선 PR주(主) 또는 클라이언트가 되는 '조직'을 분류기준으로 사용하면, 기업 같은 영리조직을 위한 PR과 자선단체 같은 비영리단체를 위한 PR로 크게 나눌 수 있다. 영리조직은 또 그 업종에 따라 더 세분화될 수 있으며, 비영리단체 속에는 정부기관이나 시민단체 등도 포함된다. PR의 영역을 구분하는 데 가장 많이 쓰이는 것이 PR의 대상인 공중의 유형에 따른 분류인데, 일반적으로 언론 관계, 소비자 관계, 지역사회 관계, 투자자 관계, 정부 관계, 시민단체 관계, 사원 관계 등을 대표적인 활동영역으로 꼽는다. 또 PR 커뮤니케이션의 특정한 상황이나 성격에 따라서도 활동영역이 분류될 수 있는데, 국제 PR, 마케팅 PR, 쟁점관리, 위기관리, 이벤트 PR 등이 이에 해당된다.

조직의 공중들과 커뮤니케이션하기 위해 PR 실무자들은 다양한 기술과 방법을 사용하는데, 일반적으로 보도자료, 소책자, 사보, 이메일 등 글쓰기가 업무의 상당 부분을 차지한다. PR 실무자들은 영상 보도자료, 홍보 비디오, 웹사이트 등 시각 자료 제작 외에도 기자회견, 기자 간담회, 공청회 등 대인적인 커뮤니케이션의 기획과 수행을 담당하게 된다. 또한 PR 실무자들은 대상 공중의 태도나 행동에 대한 사전조사와 프로그램 실행 후의 평가를 위한 설문조사나 면접조사 등의 연구활동을 담당하기도 한다.

이처럼 조직들이 PR 활동을 통해 다양한 공중들과 커뮤니케이션하는 목적은 무엇일까? PR의 목적을 단 한 문장으로 정리하기란 쉬운 일이 아닌데, 이것은 PR이라는 활동에 대한 시각이 변모함에 따라 PR의 주된 목적도 시대별로 달라지고 있기 때문이다. 따라서 PR의 역사적인 발전과정을 살펴보는 것은 PR목적의 변천을 이해하는 데 도움이 될 것이다.

PR의 역사와 모형

그루닉과 헌트(Grunig & Hunt, 1984)는 PR의 4모형 — 언론대행/홍보, 공공정보, 쌍방향불균형, 쌍방향균형 — 을 이용해 근대적 PR의 역사를 체계적으로 정리하였다(<표 13-1> 참조). 4모형에 대한 논의와 더불어 이 장에서는 가장 최근에 대두되고 있는 새로운 모형을 소개한다.

언론대행/홍보 모형

언론대행/홍보 모형은 19세기 초 미국의 PR 활동에서 찾아볼 수 있는 것으로, PR의 목적은 수단과 방법을 가리지 않는 일방적인 선전이었다. 가장 대표적인 예로 이 시대에 서커스단을 운영했던 바넘(P.T. Barnum)의 PR 활동이 있다. 바넘은 서커스의 흥행을 위해서라면 어떤 거짓말도 서슴지 않았다. 그가 160세의 흑인 여성 노예 조이스(Joyce Heth)가 미국 초대 대통령인 조지 워싱턴(George Washington)을 키웠다는 거짓 이야기를 신문에 가짜 필명으로 기고하여 당대 사람들의 지대한 관심을 끈 이야기는 유명하다. 조이스가 사망한 뒤 부검해 본 결과 그녀가 80세 전후반의 노인임이 들어나고 워싱턴 대통령과도 아무 관련 없음이 들통 났지만, 바넘은 아랑곳하지 않았다. 그에게 있어 "나쁜 퍼블리시티란 없(었)다". 또한 이 시기는 생산자 주도형 대기업 시대이기도 했으며, 경영진은 공중들을 무지한 존재로 간주하고 그들의 의견을 무시하기 일쑤였다. 진실이 오도되기도 하는 이러한 PR모형은 현재에도 존재하며, PR에 관한 부정적인 인식의 원류이기도 하다.

<표 13-1> PR 4모형의 특성

특성	모형			
	언론대행/홍보	공공정보	쌍방불균형	쌍방균형
목적	선전	정보의 확산	과학적 설득	상호이해
커뮤니케이션 모형	정보원→수신자	정보원→수신자	정보원↔수신자	집단↔집단 피드백
연구의 본질	거의 없음. 사람의 머릿수를 셈.	거의 없음. 읽기의 난이도, 독자의 수 측정	규범적 태도변화	규범적 상호이해의 수준
주요 역사적 인물	P.T. 바넘	아이비 리	에드워드 버네이스	에드워드 버네이스, PR교육자, 전문인
오늘날 많이 실시되고 있는 곳	스포츠, 극장, 제품 프로모션	정부기관, 비영리 기관, 기업	경쟁적인 기업 정부기관	정부의 규제를 받는 기업 정부기관

자료: Grunig & Hunt(1984).

공공정보 모형

20세기에 들어서면서 대기업의 횡포에 대한 시민의 저항 움직임과 정부의 대기업 규제가 강화되고, 거짓을 일삼는 언론정보/홍보 모형에 대한 비판의 목소리가 대두되기 시작하면서, 진실된 정보의 확산을 PR의 목적으로 내세우는 공공정보 모형이 대두되기 시작하였다. 아이비 리(Ivy Lee)는 공공정보 모형의 대표적인 인물로, 과장이 아닌 조직체에 관한 진실을 공중에게 알려야 한다고 주장했다. 이러한 생각을 토대로 록펠러가(家)의 명성을 회복시킨 것은 잘 알려져 있다.

록펠러가 대주주였던 '콜로라도 연료 철강회사'에서 사고로 인해 아이와 여성들을 포함한 인명 피해가 난 뒤 파업사태가 발생하였을 때, 록펠러에 대한 공중의 시선은 매우 차가웠다. 사태의 수습을 위해 리는 록펠러에게

탄광을 직접 방문하여 여건을 살펴보는 등 당시로서는 이례적인 활동을 제안하였다. 또 그는 록펠러가 암암리에 해오던 자선사업 기부활동을 전면적으로 알림으로써 공중들이 록펠러에 대한 신뢰를 회복하도록 도왔다. 이 시기의 대기업들은 단순한 퍼블리시티보다는 진실에 기반을 둔 리의 공공정보 모형을 PR 활동에 적용하기 시작했다.

쌍방향불균형 모형

아이비 리가 PR의 발전에 크게 기여한 것은 사실이지만, 그는 주로 자신의 직관에 의존하여 PR 활동을 전개하였으며, 정보의 전파에 주안점을 두고 있었다. 그러나 제1차세계대전과 2차세계대전을 치르면서 사회과학적 개념과 연구방법을 이용한 공중설득이 PR의 새로운 목적으로 대두되었다. 미국은 전쟁 선전을 유도하는 과정에서 대중의 태도나 의견조사에 바탕을 둔 매스미디어 전략으로 큰 성과를 보았으며, 전후 이러한 사회과학적 방법의 적용은 더욱 활성화되었다.

사회과학적 방법을 이용한 설득을 특징으로 하는 쌍방향불균형 모형의 대표적인 인물은 에드워드 버네이스(Edward Bernays)로, 그 역시 제1차세계대전 당시 크릴위원회(The Creel Committee)라는 국가 차원의 전쟁 선전기구에서 일한 바 있다. 그는 조사연구를 통해 공중의 지각, 태도, 행동을 분석하여 그들의 동의를 얻어내는 것을 PR이라고 보았으며, PR에 관한 최초의 전문서적으로 평가받고 있는 『여론의 결정화(Crystalizing Public Opinion)』의 저자이기도 하다.

쌍방향균형 모형

쌍방향균형 모형은 쌍방향불균형 모형의 뒤를 이어 발전된 형태로, 주로 조직이 원하는 방향으로 설득을 전개하는 것을 목표로 하던 PR과 달리, 공중과 조직 간의 상호이해 도모를 그 목적으로 하는 PR을 지칭한다. 그루닉과 헌트에 따르면, 이 모형은 PR 학자인 스콧 커틀립(Scott Cutlip)에 의해 처음으로 개념화되었다고 한다. 커틀립은 PR 활동이 조직의 이익만을 대변하는 활동이 되어서는 안 되며, 공중의 의견이나 태도를 조직에 전달함으로써 이들의 이익도 조화롭게 고려하는 활동이어야 한다고 주장했다.

실증적인 연구들을 통해 이러한 쌍방향균형 철학에 기반을 두고 PR 활동을 전개하는 조직들이 존재하는 것은 확인된 사실이긴 하지만, 이 모형은 아직 편재하는 상태는 아니며, 종종 지나치게 규범적이라는 비난을 받기도 한다. 그러나 이 모형은 PR이 초기의 단순 퍼블리시티를 목적으로 하는 활동을 넘어 좀 더 광범위한 커뮤니케이션 기능으로 발전하고 있음을 시사한다.

쌍방향 모형의 발전: 혼합동기 모형

1990년대에 이르러, 쌍방향불균형 모형과 쌍방향균형 모형을 이분법적으로 나누어 생각하기보다는 이들을 통합적으로 보아야 한다는 주장이 제기되었다. 머피(Murphy, 1990)의 혼합동기 모형(Mixed-motive model)은 그 예로, PR을 조직 또는 공중 어느 한편의 이득만을 추구하는 제로섬(zero-sum: 한편의 승리가 곧 상대방의 패배를 의미하는 것)의 차원에서 이해하기보다 넌제로섬(non-zero-sum)의 차원에서 볼 것을 주장했다. 즉, 조직과 공중 양측이 모두 협상을 통해 조금씩 양보하고 서로 동의할 수 있는 의사결정[즉, 승승(win-win) 상황]을 내리는 것이 PR 커뮤니케이션의 본질이라는 것이다(<그림 13-1> 참조).

이렇게 볼 때, 합의를 도출하기 위해 불균형적인 전략과 균형적인 전략 모두가 사용될 수 있으며, 이때의 불균형적 전략 사용은 윤리적인 것이라는 주장이다. 혼합동기 모형은 현실세계에서 일어나는 PR 커뮤니케이션의 상황을 보다 잘 반영하고 있는 것으로 평가받고 있다.

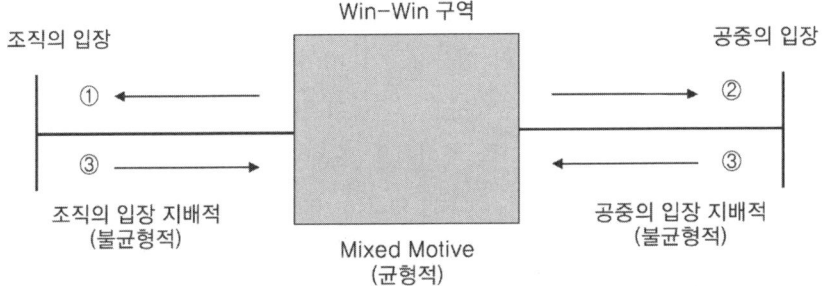

<그림 13-1> 혼합동기 모형

PR 활동의 유형
① 순수불균형 모형(Pure Asymmetry Model): 조직의 입장을 받아들이도록 하는 커뮤니케이션을 사용하여 공중을 설득
② 순수협동 모형(Pure Cooperation Model): 공중의 입장을 완전히 받아들이도록 커뮤니케이션을 사용하여 조직을 설득
③ 쌍방향 모형(재개념화된 Two-way Model): 조직과 공중 모두가 합의할 수 있는 win-win 영역에 도달하도록 커뮤니케이션 전략 사용

자료: Grunig, Grunig, & Dozier(2002).

PR의 이론적 발전

PR의 개념화 및 이론화는 앞서 소개되었던 버네이스로부터 시작되었다고 할 수 있다. 과거 심리학이나 매스커뮤니케이션학에 주로 의존하던 것과 달리 현재 PR은 경영학, 대인 커뮤니케이션학, 수사학, 문화이론, 비판학, 여성학 등 다양한 인접학문의 이론을 받아들이며 꾸준한 질적 성장을 보이고 있다. 여러 가지 이론들 가운데 PR우수이론과 관계경영이론은 PR의 주류 이론으로 간주되고 있다.

PR우수이론

PR우수이론(Excellence Theory)은 국제기업커뮤니케이션협회(IABC)의 지원을 받아 그루닉 외 다섯 명의 연구자들이 10여 년이 넘게 실시한 연구의 결과물이다. 이들은 과연 PR 담당자들의 활동이 언제, 어떤 조건에서 효과적인지, 그리고 효과적인 PR 커뮤니케이션은 조직에 어떤 영향을 끼치는가에 대한 답을 탐색하기 위해 미국, 캐나다, 영국의 300여 개 이상 기업들을 대상으로 설문조사 및 심층면접 연구 등을 실시하였다.

연구진이 밝혀낸 우수한 PR이 실행되기 위한 일련의 조건들을 요약하면, 우선 PR이 조직의 의사결정집단(dominant coalition)으로부터 가치를 인정받아 의사결정 과정에 관여할 수 있어야 하며, 마케팅과 분리되어 독립적으로 운영되어야 하고, 쌍방균형적 PR 모형을 사용하며, 평등과 참여를 장려하는 기업문화나 사회 전반에 사회운동(activism), 페미니즘 등 비교적 성숙한 시민단체들로부터의 자극과 같은 내외부의 환경적 여건이 조성되어 있어야 한다는 것이다.

우수이론은 크게 프로그램, 부서, 조직, 효과(경제적)의 네 가지 차원에서 논의되었다. 프로그램 차원에서는 말 그대로 우수한 PR 프로그램의 요소를 본 것이다. 우수한 PR 프로그램은 조사연구를 통해 대상 공중을 파악하고 커뮤니케이션 목표와 목적 등을 세우며, 활동의 결과를 체계적으로 평가하는 등, 임기응변식의 PR과 대별되는 전략적인 PR을 실행해야 한다는 것이다. 둘째로 부서의 차원에서 우수한 PR을 수행하기 위해 갖추어져야 할 요건들을 살펴보면 다음과 같다. 마케팅과 독립적으로 운영되며 모든 PR 기능이 한 부서로 통합되어야 하고, 최고경영진의 직속기관이어야 전략적 PR이 가능하다는 것이다. 또한 쌍방향균형 모형이나 경영자적인 지식, PR인의 전문성과 적절한 인원 구성 등도 부서 차원에서 갖추어야 할 요건임을 발견하였다. 셋째, 조직의 차원에서는 좀 더 참여적인 조직문화와 유기적인 조직구조, 균형적인 내부 커뮤니케이션이 존재할 때, 그리고 조직이 시민단체의 압력과 같은 복잡하고 불안정적인 환경적 요인에 민감할 때 우수한 PR 활동이 가능하다는 것이다.

경제적 효과의 차원은 과연 앞서 살펴본 세 가지 차원에서 실행된 우수한 PR 활동이 조직에 어떠한 이득을 줄 수 있느냐를 살펴본 것이다. 우수이론은, 한 조직은 생존에 직·간접적으로 영향을 끼치는 다양한 이해관계자들(stakeholders)의 의견을 받아들이고 그들과의 갈등을 조율하여 우호적인 관계를 형성하는 데 성공했을 때 효과적이라고 정의하였다. 그리고 PR은 전략적인 커뮤니케이션을 통해 이러한 조직의 효과성에 기여하기 때문에 가치가 있다고 결론짓고 있다. 더 나아가 우호적인 조직-공중 간의 관계가 장기적인 안목에서 시장점유율 증가, 과도한 법규로부터의 보호, 시장비용의 감소, 마진 폭의 증가 등과 같은 경제적인 이득을 이끌어냄을 역설하였다. 예를 들어, 시민단체와의 우호적 관계는 소송이나 적대적 시민운동 등을 감소시켜 막대한 비용절감 효과를 가져올 수 있으며, 공공단체와의 협력적인 관계는 합리적인 규제 수치를 유지하거나 사전에 규제 원인을 제거함으로써 더욱 효율적인 예산 사용을 가능하게 한다는 것이다.

우수이론은 PR의 목적이 결국은 조직이 공중들과의 커뮤니케이션을 통해 장기적으로 우호적인 관계를 형성·유지하여, 공중들로부터 지지적인 행동을 유발시키는 것이라고 주장하고 있다. 최근 들어, 많은 실무자들과 학자들은 '조직-공중 간 관계'라는 개념을 발전시키는 데 주력하고 있다. 다음 절에서는 우수이론에 이어 또 하나의 주류 개념으로 떠오르고 있는 관계경영(Relationship Management Theory)의 핵심 개념들에 대해 살펴보도록 한다.

관계경영으로서의 PR

관계경영 관점은 PR을 커뮤니케이션 메시지를 통한 공중 여론의 조작 또는 설득의 기능을 넘어 "상징적 메시지 및 조직의 행동 관리를 통해 조직-공중 간의 상호우호적인 관계를 촉발·형성·유지시키는 기능"(Ledingham & Bruning, 1998: 87)으로서 재정의하고 있다. 이는 효과적인 PR 활동이란 조직-공중 간

관계의 질을 증진시킬 수 있는 커뮤니케이션 전략을 기획하고 수행하는 활동이라고 주장한 우수이론과 일맥상통하는 것으로 볼 수 있다.

조직-공중 간 관계의 정의

브룸과 그의 동료들은 대인 커뮤니케이션, 심리치료학, 체계이론 등의 문헌조사를 통해 조직-공중 간 관계(Organization-public relationship, 이하 OPR)를 다음과 같이 정의하였다(Broom, Casey, & Ritchey, 2000: 18). "OPR은 조직과 공중 간의 상호작용, 교환, 연결 등의 패턴이다." 레딩햄과 브루닝(Ledingham & Bruning, 1998: 62)은 OPR을 "조직과 그 핵심 공중 상호 간에 경제적·사회적·정치적·문화적 이득을 제공하고, 상호우호감이 존재하는 상태"라고 정의하였다. 혼과 그루닉(Hon & Grunig, 1999)은 OPR이란 조직의 의사결정이나 행동의 결과로부터 영향을 받거나 공중의 행동으로부터 조직이 영향을 받게 될 때 발생하는 것이라고 설명하였다.

OPR을 어떻게 정의해야 하는가에 대한 의견은 아직 분분한 상황이다. 많은 경우, 관계형성 과정에서 필연적으로 발생하는 커뮤니케이션 요소를 반영하고 있지 않은 것이 문제점으로 지적되고 있다. 이에 본 장에서는 기존의 정의들을 바탕으로 OPR을 "한 조직과 한 공중이 서로의 행동에 영향을 받아, 이에 대한 반복적인 커뮤니케이션이 요구될 때 발생하는 연결이나 연계"라고 정의한다.

OPR의 측정

많은 학자들이 조직-공중관계의 측정을 위한 개념 개발에 많은 노력을 기울여왔다. 학자들은 OPR을 이해하기 위해 3단계 모형을 사용할 것을 제안하고 있다. 브룸 외(Broom et al., 2000)는 관계선행요인, 관계개념, 관계의 결과라는 세 단계로 나누어 OPR에 대해 생각해 볼 수 있다고 하였다. 그루닉과 후앙(Grunig & Huang, 2000)은 이 3단계 모형을 발전시켜 관계선행요인, 관계배양전략, 관계의 결과(질)로 나누어 OPR을 연구할 것을 제안했다.

① 관계선행요인(Relationship antecedents)

관계선행요인은 관계가 왜, 언제 발생하는가를 설명하는 요소들로, 사회교환이론에 따르면 관계란 쌍방이 상호이해관계나 보상이 있다고 판단되어 자발적으로 자원 등의 교환을 위해 형성되는 것이다. PR 학자들은 이를 적용하여, 조직과 공중 사이에도 어떤 자원의 교환을 위해 관계가 형성된다고 설명한다. 그러나 조직과 공중 사이의 관계가 꼭 유형적인 무엇인가를 교환하기 위해서만 형성되지는 않으며, 무형적인 가치를 교환하거나 베풂의 차원에서 관계가 형성될 수도 있다.

조직과 공중 간의 관계는 결국 서로의 행동 결과로 인해 어떤 영향을 받게 될 때 발생하는 것이라고 정의했을 때, 관계선행요인을 사회교환이론적(Social Exchange Theory) 관점에서만 이해하는 것보다는 상황적인 변인들을 고려해야 할 필요가 있다. 그루닉과 후앙은 이러한 상황적인 선행요인의 발견을 위해 PR 실무자들이 환경 분석(environmental scanning)을 실행할 것을 역설했다.

② 관계배양전략(Relationship cultivation strategies)

그루닉 외(Grunig & Huang, 2000; Hon & Grunig, 1999)는 조직-공중 관계관리를 위한 커뮤니케이션 전략을 구체적으로 제안하였다. 관계배양전략이 그것으로, 그루닉은 이를 "PR 실무자들이 새로운 관계를 공중들과 형성하려 하거나 모든 관계에서 발생할 수 있는 갈등이나 스트레스를 다루기 위해 사용하는 커뮤니케이션 방법"(Hon & Grunig, 1999: 5)이라고 정의하고 있다. 실무적인 차원에서 보면, 관계배양전략이란 결국 PR 담당자가 중요 공중들과 우호적인 관계를 형성하기 위해 신문, TV, 라디오 등의 대중매체나 공청회, 간담회, 이벤트 등의 대인적 매체를 사용하여 핵심 메시지를 전달하고 공중의 의견을 수렴하는 것을 지칭하는 것이다.

관계이론에서는 특히 그동안 PR 영역에서 지나치게 매스미디어의 활용에만 집중했던 것에서 벗어나 대인 커뮤니케이션의 적용에 대해 고민하는 움직임이 일고 있다. 이러한 움직임은 이제 더 이상 대중매체만을 통해 수용자를 설득하고 행동의 변화를 유도할 수 없음을 인정하는 매스미디어 효과론의 최근 경향과 맥을 같이하는 것으로 볼 수 있다. 혼과 그루닉(Hon & Grunig, 1999)의 관계배양전략은 PR모형이론, 갈등조정이론(conflict management theory), 대인 커뮤니케이션 이론 등에 기반을 두고 있으며, 특히 대인 커뮤니케이션을 원용해 제안된 전략은 다음과 같다.

- 접근(Access): 공중들이나 오피니언 리더들이 PR 실무자들에게 또는 PR 실무자들이 공중의 대표자들에게 서로의 전화나 이메일, 우편 등에 직접 응답하는 것처럼 쉽게 접근할 수 있도록 커뮤니케이션 통로를 마련하는 것.
- 적극성(Positivity): 조직이나 공중이 서로의 관계를 우호적으로 만들기 위해 할 수 있는 모든 일을 하는 것.
- 개방성(Openness): 정보의 공유, 상호 간의 태도나 감정에 대한 개방성.
- 보장(Assurances): 서로 상대방의 근심이나 걱정이 타당한 것임을 인정.
- 네트워킹(Networking): 조직이 환경운동단체나 조합, 지역사회 그룹 등의 공중들과 네트워크나 연합을 형성하는 것.
- 과업의 분담(Sharing of Tasks): 조직과 공중이 문제의 해결을 위해 일을 분담하는 것. 예를 들어 지역 문제를 함께 관리해 나가거나 일자리를 제공하고 이윤을 남기는 등 서로에게 이득이 되도록 하는 것

갈등조정이론들로부터 차용된 전략들은 다음과 같다.

- 통합적 전략(Integrative): 개방적인 논의와 의사결정에 대한 참여 등을 통해 서로의 공통된 관심사를 탐색하고 공동의 문제 해결을 추구하는 호혜적인 방법을 찾는 것.
- 양자 고려의 전략(Dual Concern): 혼합동기(mixed-motive) 또는 협력옹호(collaborative advocacy)로도 불리며, 조직과 공중의 이익을 모두 고려하는 것으로, 다음과 같은 전략들이 포함된다.

가. 협조: 조직과 공중이 상호이득적 관계도출을 위해 서로의 이해관계를 타협.

나. 무조건적으로 건설적이기(unconditionally constructive): 관계를 위해 자신의 이익을 포기할 수도 있는 건설적인 태도.

다. 승승(win-win) 전략의 고수: 서로 합의점을 찾을 수 없을 때는 아무런 협의도 하지 않을 것에 동의함.

③ 관계의 결과(질)(Relationship outcome)

현재 많은 학자들이 관계의 결과를 측정하기 위해 다양한 시도를 하고 있다. 레딩햄과 브루닝(Ledingham & Bruning, 1998)은 신뢰, 개방성, 관여, 투자, 헌신이 조직-공중 간 관계의 질을 구성하는 차원들이라고 주장하였다. 그루닉과 후앙(Grunig & Huang, 2000)은 신뢰, 상호주도권, 헌신, 만족이라는 네 가지 OPR 차원을 제시하였다.

신뢰는 상대방에 대한 확신의 정도와 자신을 상대에게 개방하려는 의지의 정도를 나타내는 차원이며, 상호주도권은 서로 누가 더 관계에서 주도권을 지니는가에 대한 합의를 나타내는 차원이고, 헌신은 서로 관계를 유지하기 위해 느끼는 노력이나 에너지를 투자할 가치를 느끼는 정도를 나타내며, 만족은 서로 관계에 대한 긍정적인 기대가 재확인되어 느끼게 되는 호감의 정도를 나타내는 것이라고 설명하고 있다. 조직-공중 간 관계관리의 성공 여부는 결국 조직과 공중이 서로 신뢰하는 정도, 상호주도권에 대한 합의의 정도, 헌신, 만족의 정도에 따라 판단할 수 있다고 했다.

학자들은 실증연구를 통해 서로 다른 유형의 OPR을 발견하기도 했다. 그루닉 외(Grunig, Grunig, & Dozier, 2002)는 OPR에는 공공적(communal) 관계와 교환적(exchange) 관계의 두 가지 유형이 있다고 설명하였다. 공공적 관계는 별다른 전제조건 없이 서로의 이익을 최대한 고려하는 관계를 의미하며, 교환적 관계는 서로 이득이 될 만한 것을 제공한다는 전제하에서만 상대방의 이득을 고려하는 관계를 뜻한다. 그루닉은 한 조직이 사회적 책임성(social responsibility)

을 이행하고 사회와 공중에게 이득을 주려고 의도할 때 공공적인 관계의 형성이 가능하다고 말하면서, PR 프로그램은 궁극적으로 교환적 관계보다는 이러한 공공적 관계를 추구해야 한다고 주장했다.

브루닝과 래딩햄은 전화회사와 그 소비자들을 대상으로 한 실증연구를 통해 전문적 관계, 개인적 관계, 지역사회 관계의 세 유형을 도출했다(Bruning & Ledingham, 1999). 전문적 관계는 조직과 공중 간에 서로 일정의 자원 교환을 전제로 하여 형성되는 것이고, 개인적 관계는 조직이 공중들의 개인적 이득에 대한 배려를 하는 관계를 말하며, 지역사회 관계는 조직이 주변 지역사회에 대한 관심과 배려를 보이는 관계를 나타낸다.

대만 PR학자인 헝(Hung, 2003)은 중국의 기업을 조사한 그녀의 연구에서 다양한 유형의 OPR을 발견해 냈다. 착취적 관계(exploitive relationship), 계약적 관계(contractual relationship), 공생적 관계(symbiotic relationship) 등이 그것이다. 착취적 관계란 한쪽이 상대방을 이용하는 관계이고, 계약적인 관계란 서로 일정의 합의된 조건에서 형성되는 것이다. 공생적 관계란 각자 생존하기 위해 의지해야 하는 관계를 의미한다. 일반적인 OPR 개념에 비해 여기에 제시된 다양한 OPR 유형들은 조직으로 하여금 각 유형에 속한 공중들의 서로 다른 기대를 파악하고 이에 맞는 효과적인 PR 전략을 수립하는 데 도움을 줄 수 있다.

또한 OPR은 대인관계의 중요성을 강조하는 사회적 문화를 가진 아시아권 국가의 PR 활동을 이해하는 데 유용한 개념이라고 볼 수 있다. 한국에서도 이러한 OPR 개념을 적용한 다수의 연구들을 찾아볼 수 있다. 한국 학자들은(Jo & Kim, 2003; 김영욱·박소영, 2003; 김충현·오미영, 2003; 한정호, 2000 등) 기업 이미지, 도시 이미지, 소비 만족도, 충성도와 같은 변인들과 OPR 차원들과의 관계 등을 조사하였으며, 한국의 PR 활동을 이해하는 데 OPR개념을 적용할 수 있음을 밝혀냈다.

대다수의 PR 학자들은 앞으로 PR이론이 관계경영이론을 중심으로 발전해 나갈 것으로 보고 있다. 이것은 관계경영 개념이 PR의 정체성을 매우 적절하게 설명하기 때문이라고 하겠다(Bruning & Ledingham, 1999; 김영욱, 2003). 그러나 이러한 관계경영 개념이 실질적인 PR 활동의 방향성을 제시하고 수정하는 데 도움을 주기 위해서는 더 많은 실증연구가 이루어져야 한다.

PR 교육

역사적인 측면에서 살펴보면, PR 영역은 다분히 실무적인 필요에 의해 성장한 학문이다. 그러나 PR의 이론적 발전의 논의에서 볼 수 있듯이, PR은 이제 명실공히 응용사회과학의 한 분야로서 자리를 잡아가고 있다. 대학교의 신문방송학과나 언론정보학과 등에서 PR 전공 학생 수는 지속적으로 증가하고 있으며, 과거 정규 PR 교육을 받지 않은 PR 실무자들이 대부분이었던 상황은 크게 변할 것으로 기대된다.

이렇게 볼 때, PR의 전문적인 영역으로 성장하는 데 가장 중요한 것은 PR 교육이라고 할 수 있다. 깁슨(Gibson, 1991)은 PR 교육에는 다섯 가지 원칙이 필요하다고 주장했다. 우선 PR 교육은 교육과 실행에서 윤리와 윤리적 행동이 선제되어야 하고, 둘째, 과거가 아닌 현재와 미래를 중시하는 교육이어야 하며, 셋째, 교육과 이론은 PR 실무사의 수요를 바탕으로 하는 다양한 학문적 원칙을 포함하고 있어야 하고, 넷째, 학생들의 직업 준비를 극대화시킬 수 있도록 이론과 응용과목, 일반 커뮤니케이션 과목 등이 조화를 이루어야 하며, 다섯째, 비즈니스 마인드만을 키우기보다 조직과 공중의 이익을 동시에 생각할 줄 아는 능력을 키워야 한다.

좀 더 구체적으로, PR 교과과정은 광범위한 교양교육, 기사작성, 편집, 디자인 등의 언론적 기술을 배울 수 있는 과목, 매스커뮤니케이션과 언론학 외에 전략적 PR 경영에 필요한 인접학문 선택과목(경영학, 행정학, 조직심리학, 사회과학 조사방법론 등), 인턴십 또는 PR 기획실습과 같은 실질적인 경험의 기회를 제공하는 과목 등을 포함하고 있어야 한다. 그리고 PR 학자들은 PR 학부과정에 반드시 필요한 PR 이론과 응용과목으로 PR 개론, PR 이론, PR 연구방법론, PR 캠페인 실습, PR 윤리 등을 제안하고 있다(김영욱, 2003).

맺음말

앞서 밝혔듯이, PR은 광고나 마케팅에 비해 아직 그 역사가 짧고 전문영역으로서의 위상이 완전히 확립되지 않은 신생 분야이다. 그러나 바로 이러한 점이 PR 영역이 매력적인 이유이기도 하다. 다시 말해, PR 커뮤니케이션 현상을 이해하고 PR 활동을 전개하는 데 있어 타 분야에 비해 주어진 특정한 개념 틀이나 공식의 속박에 얽매이지 않고 창의적인 사고를 시험해 볼 수 있는 장이 바로 PR 분야인 것이다.

앞서 논의된 PR우수이론과 관계경영이론이 종종 PR 영역의 발전에 기여하는 주요 이론으로 받아들여지고 있는 것은 이들이 모두 PR의 사회적 가치에 대한 물음, 즉 PR이 사회적으로 어떤 기여를 하고 있으며, 또 어떤 기여를 할 수 있는가에 대한 진지한 고민을 토대로 생성되었기 때문이다.

다양한 조직과 공중이라는 두 핵심 축 사이에서 상호우호적인 관계 형성을 위해 창의적이고 기발한 커뮤니케이션 방법들을 연구하고 구사하는 PR의 본질은 어찌 보면 남(상대)을 이해하고 서로 신뢰를 쌓아가는 것이라고 할 수 있다. 이렇게 볼 때, 우리가 지향해야 할 PR은 단순히 특정 조직이나 공중만을 위한 활동이라기보다 총체적인 사회적 신뢰를 높이는 데 기여할 수 있는 것이어야 한다.

생각해 볼 문제

1. 이 장에서는 PR에 대한 여러 가지 정의가 소개되었다. 이들 중 본인이 생각하기에 가장 적절하다고 생각되는 정의는 무엇인가? 또한 본인이 그 정의를 선택한 이유에 대해 설명해 보자. 만일 마음에 드는 정의가 하나도 없다면, 독자적으로 PR에 대한 정의를 내리고, 새로운 정의를 내리게 된 이유를 설명해 보자.

2. 우리는 언론대행/홍보, 공공정보, 쌍방향불균형, 쌍방향균형이라는 PR의 4모형에 대해 살펴 보았다. 각 모형의 특성에 대해 간략하게 설명하고, 매스미디어나 여러분 주변에서 찾아볼 수 있는 구체적인 PR 캠페인의 예를 찾아 4모형을 적용해 설명해 보자.

3. PR우수이론에 의하면, PR이 조직의 효과성(조직의 효율적인 운영)에 어떻게 기여하는가? 이와 더불어, 여러분 스스로 PR 활동이 조직적 차원과 사회적 차원에서 어떤 기여를 할 수 있는가에 대해 생각해 보고 이에 대해 논해보자.

4. 관계경영이론의 핵심 개념은 조직-공중 관계(OPR)이다. 이러한 조직-공중 간 관계의 결과 또는 질을 측정하는 데 신뢰, 만족, 상호주도권, 헌신 등의 차원을 사용한다는 것을 살펴 보았다. 이 상에서 제시되었던 OPR의 차원 외에 조직 공중 간의 관계의 질을 평가하는 데 사용될 수 있는 다른 평가적 차원이 있다면 어떤 것이 있을까에 대해 생각해 보자.

참고문헌

김영욱. 2003. 『PR커뮤니케이션』. 이화여자대학교출판부.
김영욱·박소영. 2003. 「인터넷상에서 조직 공중관계성이 고객만족도와 충성도에 미치는 영향」. ≪광고학연구≫, 14(1), 7~30쪽.
김충현·오미영. 2003. 「조직 공중관계성과 이미지의 관계」. ≪한국언론학보≫, 47(2), 78~106쪽.

한정호. 2000. 「방송사의 공중 관계성(Public relationship) 측정 지수의 개발에 관한 연구」. ≪홍보학연구≫, 4(2), 101~132쪽.

Botan, C. & V. Hazelton. 1989. *Public Relations Theory*. Mahwah, NJ: Lawrence Erlbaum.
Broom, G., S. Casey, & J. Ritchey. 2000. "Concept and theory of organization-public relationships." In S. Bruning & J. Ledingham(eds.). *Public relations as relationship management: a relational approach to the study and practice of public relations*. Mahwah, NJ: Lawrence Erlbaum.
Bruning, S. & J. Ledingham. 1999. "Relationship between organizations and publics: Development of a multi-dimensional construct." *Public Relations Review*, 25(2).
Cutlip, S., A. Center, & G. Broom. 2000. *Effective Public Relations*. 8th ed. Upper Saddle River, NJ: Prentice Hall.
Gibson, D. C. 1991. "The communication continuum: A theory of public relations." *Public Relations Review*, 17(2), pp.175~183.
Grunig, L., J. Grunig, & D. Dozier. 2002. *Excellent public relations and effective organizations: A study of communication management in three countries*. Mahwah, NJ: Lawrence Erlbaum.
Grunig, J. & Y. Huang. 2000. "From organizational effectiveness to relationship indicators: Antecedents of relationships, public relations strategies, and relationship outcomes." In J. Ledingham & S. Bruning(eds.). *Public relations as relationship management: a relational approach to the study and practice of public relations*. Mahwah, NJ: Lawrence Erlbaum.
Grunig, J. & T. Hunt. 1984. *Managing public relations*. Orlando, FL: Harcourt Brace Jovanovich College Publishers.
Hon, L. C. & J. E. Grunig. 1999. *Guidelines for measuring relationships in public relations*. Gainesville, FL: The Institute for Public Relations, Commission on PR Measurement and Evaluation.
Hung, F. 2003. "Exploring types of organization-public relationships and their implications for relationship management in public relations." Paper presented at the Annual Conference of Public Relations Society of America, October, 2003, New Orleans.
Hutton, J. G. 1999. "The definition, dimensions, and domain of public relations." *Public Relations Review*, 25, pp.204~208.
Jo, S. & Y. Kim. 2003. "The effects of WEB characteristics on relationship building." *Journal of Public Relations Research*, 15(3), pp.199~223.
Ledingham, J. A. & S. D. Bruning. 1998. "Relationship management in public relations: Dimensions of an organization-public relationship." *Public Relations Review*, 24(1),

pp.55~65.

Murphy, P. 1990. "Game theory as a paradigm for public relations process." In C. Botan & V. Hazelton(eds.). *Public Relations Theory*. Hillsdale, NJ: LEA.

Peake, J. 1980. *Public Relations in Business*. New York, Harper & Row.

제14장 브랜드 커뮤니케이션

김유경 | 한국외국어대학교 언론정보학부 교수

과거 제품과 기업 중심의 마케팅 활동이 소비자 중심으로 변모해 가면서 브랜드를 도구로 하는 커뮤니케이션 활동으로 그 영역을 넓혀가고 있다. 기업은 브랜드에 가치를 부여하기 위해 유형적 자산가치에다 소비자 인식을 토대로 하는 무형적 자산가치를 강화하고 있다. 이른바 브랜드의 시대이다. 강력한 브랜드는 든든한 자산을 보유한 브랜드이며 이 자산은 곧 소비자와 기업 간의 확고한 관계로 정착된다. 이 관계는 소비자와 브랜드 간에 교환되는 다양한 형태의 커뮤니케이션 활동으로 인해 더욱 강력한 관계로 정립될 수 있다. 필립모리스의 회장은 KRAFT를 인수하는 과정에서 "I paid for the relationship"이라고 발표하면서 기업의 진정한 가치는 소비자와의 든든한 관계에 있음을 강조한 바 있다. 이 장에서는 이같이 궁극적이고 최종적인 브랜드 관계를 구축하기 위해 거쳐야 하는 다양한 브랜딩 또는 브랜드 구축 과정을 이슈별로 설명하고 있다. 특히 브랜드 관점에서의 메시지 소구를 의미하는 브랜드 개성, 브랜드와의 경험, 브랜드 이미지, 브랜드-소비자 관계 등의 개념과 그 효용성에 대해 설명하였고, 강력한 브랜드 자산을 형성하기 위한 광고의 기능과 브랜드 차원에서의 효과성에 대해 논의하였다.

중요 개념 및 용어 | 브랜드 커뮤니케이션, 브랜드 이미지, 브랜드 개성, 브랜드 경험, 브랜드 관계

브랜드의 시대

　현대 기업의 궁극적 목적은 차별적 경쟁우위를 통해 강력한 브랜드 자산을 구축하고 이를 장기적으로 관리해 나가는 데 있다. 브랜드 자산은 기업의 마케팅 활동의 직접적 효과인 유형적인 요소와 더불어 소비자 행동에 관련된 무형적 요소로 이루어져 있다. 전자를 매출, 시장점유율, 수익 등의 가시적 (tangible) 자산이라고 한다면, 후자는 브랜드 이미지로부터 형성된 무형적 고객 자산이다. 무형적 고객자산의 핵심은 소비자에게 강력하고 호의적이며 독특한 연상을 창출하는 것이다. 최근 파워 브랜드의 일가를 이루고 있는 코카콜라(Coca Cola), 마이크로소프트(Microsoft), 아이비엠(IBM), 말보로(Malboro) 등이 지니고 있는 자산의 본질은 다름 아닌 명확한 브랜드 이미지와 글로벌 시장에서 확고한 브랜드 포지셔닝을 갖고 있다는 데 있다. 무엇보다 강력한 마케팅 커뮤니케이션을 활용하여 브랜드가 지니고 있는 핵심적 메시지를 얼마나 잘 전달하는가가 성공적인 브랜드 구축의 관건이라고 하겠다. 강력한 자산을 지닌 브랜드는 고객의 충성도와 높은 수익을 유발하고 경쟁자들로부터 선도적 시장지위를 계속 누리는 입지를 가지게 된다.

강력한 브랜드란?

　브랜드란 개인이나 단체가 재화와 서비스를 특징짓고 이들을 경쟁자의 재화와 서비스로부터 차별화시킬 의도로 만들어진 이름, 용어, 사인, 심벌을 의미한다. 강력한 브랜드란 브랜드 자산의 구성요소라고 할 수 있는 브랜드 인지도, 지각된 품질, 연상, 애호도 등이 높게 형성되어 강력한 소비자-브랜드 관계를 구축하고 있는 브랜드이다. 오늘날 많은 기업들이 강력한 브랜드를 만들려고 하지만, 현대 시장에는 많은 장벽들이 존재하고 있다. 첫째, 가격경쟁에 대해 커지는 압력이다. 기술발달로 인해 제품의 질에 차이를 내지 못하는 기업들은 가격경쟁이라는 단기적 마케팅 성과에 치중하게 되고 값싼 마케팅 커뮤니케이션 노력에 집중하게 되는 경향이 날로 높아져 가고 있다. 이는 브랜드 파워를 약화시키는 중요한 원인이 된다. 둘째, 고객욕구가 다원화되고 첨단매체가 등장함에 따라 시장분산화가 가속화된다는 점이다. 과거에는 대중매체와 비대중매체(non-mass mediated communications)의 범주가 단순하여 고객의 욕구도 비교적 동질화되는 경향이었으며 이들에 대한 일관성 있는 메시지로 강력한 이미지 확보노력이 상대적으로 수월했다. 그러나 최근 인터넷에 이는 다양한 모바일 활용 하드웨어가 신종매체로 등장하면서 마케팅 커뮤니케이션 시장에 엄청난 변화가 일어나고 있다. 이는 고객의 욕구분산화에 따른 시장세분화의 어려움을 초래하게 되었다. 이 역시 강력한 이미지를 바탕으로 하는 메가브랜드도 새로운 전략적 대응에 대한 투자 강도를 높이게 되는 결과를 가져왔다. 셋째, 브랜드 관리의 필요성에 대한 기업의 이해와 투자가 그리 높지 않다는 점이다. 브랜드 관리는 회사 중요 임원들의 지속적인 관심과 중장기적 투자에 대한 결단을 요구한다. 강력한 브랜드는 일조일석에 만들어지는 것이 아니라 체계적인 관리를 필요로 하기 때문이다.

커뮤니케이션 관점에서의 브랜드

커뮤니케이션 차원에서의 브랜드란 이 분야의 권위자인 슈람(Schuramm, 1973)의 커뮤니케이션 과정론에서 기인한다. 그에 따르면, 발신자 또는 화자가 메시지를 인코딩하는 과정에서 발생하는 경험의 영역과 수신자 또는 청자의 해독(decoding) 과정에서 나타나는 경험영역이 어느 정도 일치하느냐에 따라 커뮤니케이션 효과가 결정된다. 이를 브랜드 관점에서 재해석하면, 커뮤니케이션 효과는 곧 브랜드 자산의 구축에 해당하며 마케터가 소비자에게 제공하는 경험은 곧 커뮤니케이션 소구이자 커뮤니케이션 목표이다. 강력한 브랜드의 핵심인 브랜드와 소비자 간의 관계형성 역시 곧 커뮤니케이션을 통해 가능하다.

마케팅과 브랜딩 속에서의 Communication

브랜드 커뮤니케이션 전략은 마케팅과 브랜딩의 전체 사고를 지배하는 커뮤니케이션 과정을 이해함으로써 시작됨.

- Process-oriented Mindset

Communication	Marketing	Branding
Source ↓	Company ↓	Company ↓
Message ↓	Product-focused ↓	Brand-focused ↓
Channel ↓	MMC / NMMC ↓	MMC / NMMC ↓
Receiver ↓	Customer ↓	Stakeholder ↓
Effect	Sales-building	Relationship / Brand value

Communication Process for branding

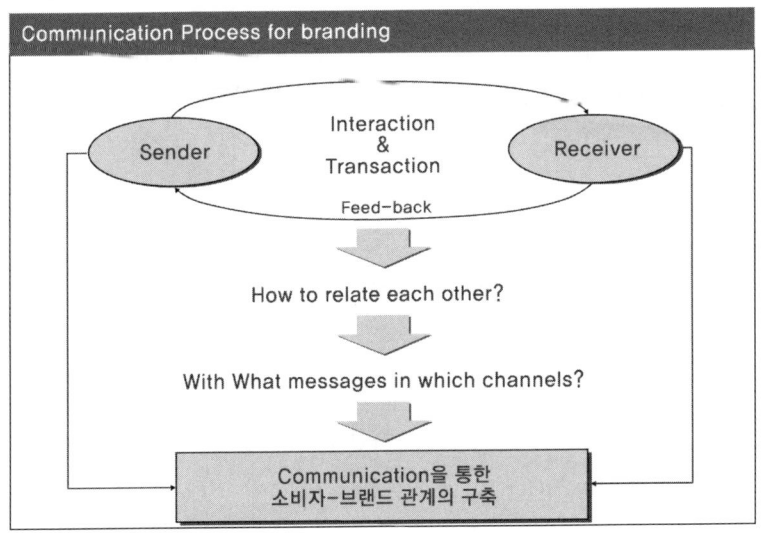

인간관계가 당사자 간의 연속적인 커뮤니케이션 과정인 것처럼, 소비자-브랜드 관계 역시 쌍방향적인 브랜드 커뮤니케이션을 통해 지속적으로 변화한다. 따라서 소비자를 마케팅 거래의 수동적인 대상이 아니라, 관계를 이루는 능동적 대상으로 바라보아야 한다. 이렇듯 커뮤니케이션적인 관점 없이는 소비자와 강력한 관계를 구축하기 어렵다. 또한 앞의 그림처럼 브랜딩과 커뮤니케이션을 분절적으로 이해하거나 커뮤니케이션을 브랜딩의 부분 요소로 이해할 것이 아니라, 브랜딩 전반의 모든 활동이 커뮤니케이션적임을 이해하고 둘을 통합적으로 바라볼 필요가 있다. 즉, 기업의 모든 차원에 커뮤니케이션이 적용되고 일관성 있게 관리함으로써 장기적이고 강력한 소비자 관계를 구축할 수 있다.

브랜드 이미지

강력한 브랜드는 고객들이 인식하는 해당 브랜드를 둘러싼 호의적이고 긍정적인 연상을 통해 구축되는데 이러한 연상들의 집합체를 브랜드 이미지라고 할 수 있다. 일반적으로 브랜드 이미지는 제품을 소비자 관점에서 정의하고 경쟁사와 차별화하기 위한 수단으로 기능해 왔다. 전문가들은 브랜드 이미지가 광고 전략을 개발하는 데 대한 근거가 되어야 한다고 권고하면서 광고에서의 브랜드 이미지 구축 기능에 대해 강조한 바 있다. 브랜드 이미지의 개념은 포괄적인 개념에서부터 구체적인 수준, 즉 브랜드가 가지는 개성이나 의미 정도로 해석되기도 하였다. 대체로 브랜드 이미지를 아주 포괄적이고 광범위한 수준으로 해석하는 학자들은 브랜드 이미지를 제품의 기능과 속성에다 의미를 연결시키는 정도로 모호하게 정의하였으며 제품의 기능적 특징과 심리적 속성을 합친 개념으로 해석하기도 하였다. 브랜드 이미지의 개념적 다양성은 거트만과 레이놀즈(Gutman & Reynolds, 1984)에 의해 좀 더 종합적이고 체계적인 개념으로 재해석되었다. 그들은 브랜드 이미지는 어느 한 가지 관점에서 다룰 수 있는 것이 아니라는 점을 지적하며 소비자가 브랜드에 대해 가지는 인식, 태도, 개성 등을 포함한 일반적인 느낌으로 해석하였다. 1990년 대에 들어, 브랜드에 대한 학문적·이론적 접근이 이루어지면서 브랜드 이미지는 일반적으로 브랜드에 대한 소비자 연상의 집합체로 이해된다(Biel, 1992). 좀 더 구체적으로, 브랜드의 무형적·유형적 연상에 대한 소비자의 인식으로서 브랜드 이미지는 소비자의 기억 속에 저장된 브랜드 연상에 의해 반영되는 브랜드에 대한 지각, 즉 소비자가 그 브랜드에 대해 갖는 전체적인 인상이라 할 수 있다. 아커(Aaker, 1991)의 경우 브랜드 이미지를 단순한 여러 연상들의 집합이 아니라 그 연상들이 어떤 의미를 갖고 있는 그룹들로 조직화된 결정체라고 평가하였다. 또한 커뮤니케이션의 관점에서 캐퍼러(Kapferer, 1992)는 브랜드 이미지를 브랜드에 의해 전달되는 신호(signal)가 소비자에 의해 해석되고 해독화된 결과로 설명한다. 즉, 브랜드 이미지는 기업의 마케팅 커뮤니케이션 활동의 결과로서 오랫동안 브랜드가 소비자에 의해 수용된 누적적 결과물이라 할 수 있다.

　브랜드 관리의 개념이 등장한 이래 브랜드 자산, 브랜드 이미지, 브랜드 연상 등의 개념에 대한 관심은 지속적으로 증가해 왔다. 특히 브랜드의 무형적 자산으로서의 이미지에 대한 전략적 관리의 필요성은 좀 더 세분화된 유형 또는 하위 구성요소에 대한 과학적인 이해를 요구하게 되었다. 그러나 브랜드 이미지는 학자의 관점에 따라 다양한 유형이 존재할 수 있기 때문에 평가와 활용에 일관성 있는 해답이 있을 수 없다고 할 수 있다. 따라서 그동안 브랜드 이미지 유형의 세분화는 학자의 주관적 관점과 견해에 따라 다양하게 시도되어 왔다. 소비자 관점에서 해석하는 학자들에게 브랜드 이미지의 구성요소는 포괄적인 개념에서부터 구체적인 수준, 예컨대 브랜드 이미지는 다름 아닌 브랜드가 가지고 있는 개성이나 의미 정도로 해석되기도 하였다. 대체로 브랜드 이미지를 아주 포괄적이고 광범위한 수준으로 해석하는 학자들의 견해는 브랜드 이미지는 제품의 기능과 속성에다 의미를 연결시키는 정도로 모호하게 정의하기도 하였다. 때로 브랜드 이미지는 제품의 기능적 특징과 심리적 속성을 합친 개념으로 해석되기도 하였다. 브랜드 이미지 개념의 다양성은 거트만과 레이놀즈(Gutman & Reynolds, 1984)에 의해 좀 더 종합적이고 통합적인 개념으로 재해석되었다. 이들은 브랜드 이미지는 어느 한 가지 관점에서 다룰 수 있는 것이 아니며 소비자가 브랜드에 대해 가지는 인식(perception)·태도·개성 등을 포함한 일반적 느낌으로 해석하였다. 더 구체적으로 브랜드 이미지는 소비자의 인간적 이미지와 밀접하며, 따라서 인간적 특성을 개성화하여 브랜드 개성으로 나타나기도 한다. 또한 이미지의 주관적이며 심리적 요인을 중시하여 브랜드 이미지를 느낌, 태도, 정신적 사고 등 감정적 요소로 요약하기도 한다. 이는 브랜드 이미지의 개념을 좀 더 계량적 개념에서 파악하려고 하는 의미로 소비자 행동요소를 더욱 강조한 것이라고 볼 수 있다. 플러머(Plummer, 1985)는 브랜드 이미지를 제품속성, 소비자 혜택, 브랜드 개성으로 구성된다고 보았다. 이는 브랜드 이미지가 특정 브랜드에 대해 갖는 모든 연상들을 포함하는 포괄적인 것으로 보는 것이다. 도브니와 징칸(Dobni & Zinkhan, 1990)은 브랜드 이미지를 총체적 연상, 상징적 연상, 의미와 메시지 강조, 개성 지향적 연상, 느낌 태도 등의 인지 및 심리적 연상으로 나누고 있다. 이는 거트만과 레이놀즈(Gutman & Reynolds, 1984)의 기존 분류에서 한 걸음 진보한 것이다.

비엘(Biel, 1992)은 브랜드 이미지를 구성하는 요소로서, 제조업자의 이미지, 제품 이미지, 사용자 이미지, 경쟁사의 이미지 등을 제시하며 이들이 브랜드 자산에 영향을 미친다고 주장하였다. 1990년대 말에 이르러 브랜드 이미지의 유형이 좀 더 소비자의 관점에서 정리되기 시작하였으나 여전히 해석은 학자들마다 자의적이며 조작적 성격이 강하다고 볼 수 있다. 이 같은 브랜드 이미지의 유형과 그 개념에 대한 논의는 대체로 켈러(Keller, 1998)와 아커(Aaker, 1996)에 이르러 정체수준에 있다고 해도 과언이 아니다. 켈러(Keller, 1998)는 브랜드 이미지와 인지도를 브랜드 지식구조의 중추적 요소로 간주하며 브랜드 이미지를 브랜드의 속성, 혜택, 브랜드 태도로 분류한다. 그는 브랜드 이미지의 유형화를 소비자 기억 또는 지식의 관점에서 접근한다. 또한 그는 브랜드 연상이 담고 있는 정보의 양에 따라 속성(attitude)·혜택(benefit)·태도(attitude)의 세 가지 유형으로 브랜드 이미지를 구분하며 속성은 제품과 비제품 관련 연상으로, 그리고 혜택은 기능적·경험적·상징적 혜택으로 다시 구분하였다. 이와 같이 소비자 연상의 관점에서 세분화하는 접근에 비해 기업의 관점에서 브랜드 이미지 형성을 위한 전략적 차원의 세분화 접근도 시도된 바 있다.

아커(Aaker, 1996)는 브랜드 연상의 유형을 제품속성, 무형적 속성, 고객혜택, 가격, 제품사용/활용, 고객, 모델, 라이프스타일, 제품계층, 경쟁자, 원산지로 세분화하여 구분함으로써 켈러(Keller, 1998)의 이미지 유형에 큰 기여를 하였다. 이 두 사람의 유형은 여러 가지 면에서 공통점을 지닌다. 예컨대 가격, 사용자 이미지, 사용상황의 이미지, 제품속성 등이 그것이다. 그러나 한편 약점도 있음을 간과해서는 안 된다. 이는 모든 이미지 요소를 다 포괄하지 못한다는 점인데 특히 소비자 개인의 경험을 반영하고 있지 못하며 아커(Aaker, 1996)는 브랜드에 대한 태도(브랜드에 대한 호감도)를 이미지 요소에 반영하지 않고 있다. 따라서 두 유형은 크게 포괄성과 편만성에 있어 한계를 지닌다.

지금까지 살펴본 브랜드 이미지의 유형화 작업은 비교적 오랜 기간 다양한 학자들에 의해 진행되어 왔으나 그 유형의 본질이 대체로 다양한 관점의 외형적 틀에 머물러 있는데다 개별적 유형과 특성에 초점을 두고 있다. 이는 브랜드 이미지가 소비자의 경험적 과정이 연계하여 작용하면서 때로는 개별적 이미지(individual concept)로, 때로는 둘 또는 그 이상의 개념이 종합적으로 나타난 복합적 이미지(combined image)로, 때로는 복합적 이미지의 형태가 새로운 변종의 이미지(hybrid image)로 나타날 수 있음을 의미한다. 따라서 브랜드 이미지의 속성은 커뮤니케이션 과정에서 외재적 단서를 전달하기보다는 가공된 속성을 지닌 이미지 차원이 개발되어야 하며, 이는 개별적 이미지, 복합적 이미지, 변종의 이미지 등의 속성이 드러날 수 있는 조건을 갖추어야 할 것이다. 구체적으로 브랜드 이미지는 크게 제품 관련 요인과 비제품 관련 요인으로 구분된다는 점을 알 수 있으며 브랜드에 대한 소비자 인식의 관점과 기대 이미지 형성을 위한 기업의 관점으로 브랜드 이미지의 이해를 위한 접근이 구별된다는 점을 알 수 있다. 또한 소비자 연상의 조직화된 네트워크로서 브랜드 이미지에 근거하고 있는 지금까지의 견해와는 달리 슈미트(Schmitt, 1997)는 생활양식이나 가치체계로서의 브랜드가 가지는 상징적 이미지의 중요성에 집중하여 감각적으로 경험되는 브랜드 이미지의 유형으로 테마와 스타일을 제시하기도 하였다. 이러한 유형의 세분화는 기업의 브랜드 재현(presentation)에 따른 고객이 받는 전반적 인식을 기준으로 한 것으로 브랜드 이미지의 유형을 경험적 차원에서 규명하려고 한 접근이라 할 수 있다.

최근의 연구에서 김유경(2005)은 기존연구가 제시하는 브랜드 이미지의 유형들을 커뮤니케이션 관점에서 표준화하고 이를 소비자의 의견을 통해 새롭게 요인화하였다. 분석결과, 국내 소비자들이 인식하고 있는 브랜드 이미지의 유형은 '조직 이미지(organizational image)', '캐릭터 이미지(character image)', '사회적 이미지(social image)', '상징적 이미지(symbolic image)', '경제적 이미지(economic image)', '문화적 이미지(cultural image)'의 6개 요인으로 구분되어 나타났으며, 브랜드 이미지 유형에 대한 대중 매체수단과 비대중매체 간 영향력의 상대적 차이가 큰 차별성이 없는 가운데 유형별로 부적인 상관성을 보이는 마케팅 수단이 확인되었다.

결국 브랜드 이미지란 제품의 기술적·기능적 또는 물리적 관심 속에 나타나는 것이 아니라, 오히려 인식하는 소비자의 특성, 상황요인, 마케팅 활동 등에 의해 영향을 받아 나타난다. 브랜드 이미지에 관한 한 현실 자체보다는 현실을 어떻게 인식하느냐가 더욱 중요하다. 또한 브랜드에 대해 가지는 소비자의 이미지 형성은 어느 개별적 요소에 의해서라기보다는 복합적이며 누적적 효과에 의해 형성되는 것이 보통이다. 일반적으로 이미지의 형성 경로는 조직을 상징하는 인프라, 조직원을 상징하는 사람, 정보와 마케팅 수단을 나타내는 커뮤니케이션으로 대별된다. 커뮤니케이션 관점에서의 이미지 제공수단(image providers: I-PRos)은 광고나 기업의 내외부 커뮤니케이션 수단들, 예컨대 홍보용 자료, 팜플렛, 뉴스레터, 연차보고서 등이 이에 해당한다. 시각 및 언어적 아이덴티티는 브랜드의 이름, 로고, 그래픽 디자인 등으로 구성되는 브랜드의 접촉점으로 이른바 CI(corporate identity)라 부르는 영역에 속한다. 제품 디자인, 포장 및 제품 진열, 포장 및 판매시점 광고물(POP)에 사용되는 브랜드 캐릭터 또한 이에 해당한다. 그리고 공동 브랜딩(co-branding)의 경우 이벤트 마케팅과 스폰서십, M&A, 라이센싱, PPL 등은 소비자에게 개별적이면서 이원적 이미지를 제공하는 수단이 된다. 예컨대, 기업의 이벤트 행사나 각종 후원행사 등은 브랜드에 가지는 소비자의 이색적인 이미지 유형을 창조해 내게 된다. 또한 인터넷의 상호작용 능력은 많은 회사들에게 고객을 위한 e-brand 이미지를 제공하는 이상적인 공간으로 활용된다. 배너광고와 채팅방, 북 사이트, 이메일 등을 통해 구매한 브랜드에 대한 소비자의 경험유형은 오프라인의 그것과 판이할 수 있다. 웹사이트가 단순한 정보전달의 수단만이 아니라 소비자를 즐겁게 하고 새로운 이미지 형성의 공간으로 활용될 수 있는 잠재력을 인정하는 기업은 소비자와 커뮤니케이션을 통한 경험기회를 제공하게 될 것이다.

브랜드 이미지를 창출하고 강화하는 광고는 해당 브랜드의 자산가치를 증가시킨다. 브랜드 이미지의 형성 과정에 있는 광고와 같은 커뮤니케이션 활동에 있어서 소비자의 능동적 참여가 브랜드 이미지를 모방하거나 공격하기 어렵게 믿듯기 때문에 브랜드 자산의 가치가 증대된다. 특히 소비자가 스스로 제품의 품질을 명확하게 판단할 수 없을 경우에 커뮤니케이션을 통해 형성된 이미지에 근거해서 의사결정을 할 가능성이 높기 때문에 첨단 제품이나 서비스에 있어서 브랜드 이미지는 더욱 중요해진다.

흔히 브랜드 이미지에 공헌하는 주요 광고의 표현요소로 다음과 같이 제시하고 있다.

- 광고 모델: 모델의 개성은 충분한 반복을 통해서 브랜드에 전이되기 때문에 모델 선정이 매우 결정적일 때가 있다.
- 사용자 이미지: 광고에서 묘사되는 브랜드 사용자의 이미지도 매우 중요하다. 예를 들면 삼성카드나 아메리칸 익스프레스 카드는 카드를 소지하고

있는 유명인의 인물사진 캠페인을 이용해서 매우 구체적인 사용자 이미지를 창출하였다.
- 실행요소: 방송광고에서 음악, 시각적 방향, 편집의 속도와 특성, 사용된 컬러 등의 선택, 인쇄광고에서 색상, 레이아웃 등의 선택 그리고 활자체 등과 같은 요소들은 브랜드 이미지에 실질적으로 도움을 줄 수 있다. 일부 광고캠페인은 실행요소의 선택을 이용해서 지성과 위트를 나타내는 개성을 전달하였다. 광고에 나타난 브랜드 이미지의 표현요소를 광고소구, 메시지(영상 및 언어), 모델, 톤과 매너 등으로 구분하여 그 역할과 영향관계를 정리하기도 한다.

브랜드 개성

인간이 가지고 있는 독특한 성격을 개성이라고 한다. 이처럼 특정 브랜드에서 나타나는 인간적 특성을 브랜드 개성이라고 한다. 브랜드 개성에 대한 개념 정리는 다양하다. 소비자 행동이 외적으로 나타나는 반면 개성은 소비자 마음속에 존재한다. 그러나 개성은 행동의 뿌리로서 외적 행동에 강한 영향을 미칠 수 있다. 따라서 외향적 소비자에게 광고 메시지에서 제품의 정체된 특성을 설명하기보다는 사용행위와 과정을 보여주는 것이 더 효과적일 수 있다.

브랜드 개성은 단일 속성이 아닌 복합적인 차원으로 구성되어 있다. 인간의 개성을 측정하려는 연구는 앤더슨(Anderson, 1968)의 고전적 연구를 토대로 하고 있다. 앤더슨은 호감도 측정(likableness rating)을 통해 얻은 풍부한 특성어구들을 토대로 인간개성의 원천을 제공하였다. 라지브·레안·싱(Rajeev, Leh-mann, & Singh, 1993)은 이를 통해 다섯 가지 안정된 인간 개성 차원을 도출해 냈다. 다섯 가지 인간 개성차원은, 외·내향적(extraversion·intraversion), 동조적(agreeableness), 성실성(sincerity), 감정적 안정(emotional stability), 교양적(culture) 등으로 나뉜다. 이들의 인간 개성 차원은 상호배타적이며 독립적이나 여전히 설명력의 한계는 존재한다(Aaker, 1997). 제니퍼 아커(J. Aaker)는 이 차원들을 수정하여 브랜드 개성의 유형을 개발하는 데 이용하였다. 그는 심리학에서 사용된 개성척도와 마케터들에 의해 이용되어 온 개성척도, 그리고 정성적인 조사결과를 바탕으로 브랜드 개성척도(Brand Personality Scale: BPS)를 개발하였다. 이를 통해 나타난 5개의 개성요소[Big Five: 성실(sincerity), 열정(excitement), 능력(competence), 세련됨(sophistication), 강인함(ruggedness)]는 인구통계학적 분류에 따라 브랜드를 세분화하였을 때 특히 효과적으로 구분되었다. 켈러(Keller, 2003)는 브랜드 개성의 측정은 개방형반응을 통해 직접적으로 측정되어질 수 있다고 주장하면서 소비자들에게 어떤 특정 브랜드를 사람으로 표현할 때의 반응을 직접적으로 얻을 수 있다고 제언하였다. 이러한 선행연구들을 바탕으로 국내에서 김정구(1998)는 국내 휴대폰 브랜드들을 대상으로 브랜드가 가지고 있는 개성과 이러한 브랜드 개성이 기업에 미치는 영향을 조사하였다. 분석결과, 휴대폰이 가지고 있는 브랜드 개성은 세련됨, 의욕적, 성실, 신뢰, 활동적 등의 다섯 가지로 분류되었다. 한편, 김유경(2000)은 한국인의 가치항목을 추가한 후 브랜드 개성을 측정한 결과 국내 소비자들이 인식하는 브랜드 개성을 정감, 열정, 세련, 성실의 네 가지로 구분하였다. 양윤과 조은하(2004)는 한국형 브랜드 성격 척도개발의 필요성을 역설하면서 다양한 단계를 통하여 측정항목과 형용사를 선택하여 분석, 강인함, 성실, 세련, 흥미진진 및 귀여움 등의 구성요소를 제시하였다.

온라인상에서도 브랜드 개성은 존재한다. 김유경·허웅·김운(2001)은 인터넷상에서 각종 사이트를 브랜드로 하는 e-brand에 대한 네티즌들의 인식을 바탕으로 활기, 능력, 신뢰, 성실, 친숙함 등 다섯 가지 브랜드 개성을 도출해 내었다. 특히 사이트의 유형을 정보콘텐츠형(능력), 오락콘텐츠형(신뢰), 커뮤니티형(활기), 판매 및 중개형(신뢰) 등으로 나누어 브랜드 개성이 다양하게 나타남을 관찰하였다.

브랜드 경험(Brand Experience)

최근 글로벌 시장의 화두로 등장한 브랜드는 제품과 서비스에 대한 시각과 관점을 달리하라는 사고의 변화를 유도하고 있다. 브랜드식 사고의 전환이란 수단이 중시되었던 시대에서 목적이 강조되는 시대로의 변화를 말한다. 다시 말해, 과거 제품범주로 분류되었던 컴퓨터가 이제는 생활오락의 도구(lifestyle entertainment)로, 교통수단의 범주인 비행기가 이제는 생활을 충족시켜 주는 전문여행기업(travel organization)의 개념으로 둔갑하고 있다. 또한 과거 요리의 대상이기만 했던 음식도 더 이상 집안의 잡일로 치부되는 것이 아니라 더불어 즐길 수 있는 소비자의 감각적 경험의 대상으로 변하고 있다.

'고객에게 총체적 경험을 제공하라'고 외치는 세이볼드(Seybold, 2000)는 『소비자 혁명(Customer Revolution)』에서 미래의 브랜드-고객관계는 단순히 거래관계가 아니라 다양한 소비자의 브랜드 접촉점에서 일어나는 경험 또는 체험(experience) 관계로 급진전하고 있음을 강조한 바 있다. '경험'이라는 용어는 이제 브랜드 마케팅의 새로운 화두이자 새로운 마케팅 커뮤니케이션의 전략적 기초로 등장해 관심을 모으고 있다. 경험경제론(experience economy)에 따르면 소비자의 욕구는 과거 일용잡화(commodity)시대에서 제품과 서비스시대를 지나 이제는 경험을 소비하는 차원으로 도약하고 있다는 이른바 질(quality)의 경제론을 펴고 있다. 이제 브랜드를 소비한다고 하는 것은 단순한 제품과 서비스의 효용가치를 획득하는 것이 아니라 브랜드의 구매와 소비를 통해 기대되는 총체적인 경험을 누리고자 함이요, 나아가 브랜드의 소비란 소비경험만을 목적으로만 하는 것이 아니라 구매와 관련한 다양한 과정을 요소로 하는 경험의 유형을 망라하게 된다. 즉, 총체적인 브랜드 접촉점(brand touchpoints)에 따라 달라지는 경험의 유형과 이를 수용할 수 있는 적합한 마케팅 커뮤니케이션의 존재와 활용이 중요해지게 된 것이다.

경험적 마케팅에서는 광고와 같은 마케팅 매체를 이용하여 브랜드, 포장, 디자인, 로고 등의 시각적 자극물을 제시하고, 조경, 건물, 인테리어, 점포,

웹 등과 같은 공간 활용과 현장 직원과의 접점 등 모든 요인들이 중요한 체험적 요소가 되며, 경쟁사와 차별화된 독특한 경험을 제공해야 한다. 이처럼 경험의 패러다임 속에는 소비자에게 노출되는 모든 형태의 브랜드 접촉점을 중시해야 하며, 커뮤니케이션 또한 이 같은 총체적 경험의 제공을 혜택으로 하는 메시지 전략으로 구성되어야 한다. 이를 경험 커뮤니케이션(experiential communication)이라고 한다.

기존의 마케팅 커뮤니케이션의 전략적 패러다임이 제품과 서비스 중심의 특성화된 모델이었다면 경험 커뮤니케이션의 형태는 소비 관련 총체적 경험을 강조하는 좀 더 고객 지향적 소구임에 틀림이 없다. 그렇다면, '소비경험'이란 무엇이며 그 유형적 특성은 어떠한가? 또한 이러한 소비경험의 유형은 커뮤니케이션 도구들을 통해 어떻게 구현되며 소비자의 인식 속에 어떻게 자리 매김될 수 있을까? 이는 기존 소비자 행동의 변화와 이에 따른 전략적 대안을 형성하는 데 중요한 토대가 될 수 있다. 소비경험의 개념이 이처럼 중요하지만 이를 이론화하여 시장에 적용하려는 노력은 비교적 미흡한 편이다. 이는 과거 '속성과 혜택(features & benefits)' 중심의 유형적 마케팅 커뮤니케이션에서 '경험'이라는 무형(intangible)적 요소로 패러다임이 전환됨에 따라 적용해야 할 새로운 틀(framework)에 대한 합의가 이루어지지 못한 때문으로 보인다. 즉, 경험이라는 새로운 개념을 측정하고 설명하여 객관화할 수 있는 기준(criteria)의 개발과 이에 대한 논의가 성숙되어 있지 못하다는 얘기이나. 이런 점에서, 마케팅 차원에서 경험의 논쟁을 촉발시킨 슈미트(Schmitt, 1999)의 이론은 소비자의 다양한 인식반응에 대한 심리학적 특성을 근간으로 하고 있어 다양한 커뮤니케이션을 통한 경험적 이미지 형성을 합리적으로 설명할 수 있는 도구로 평가된다.

브랜드 관계(Brand Relationship)

관계란 상호 간 원활한 커뮤니케이션을 통한 지속적인 상호작용을 통해 형성되는 상호의존적이며, 상호 충족적인 결과의 모습이다. 상호작용을 통한 관계형성은 곧 사회화(socialization)의 요체이듯, 브랜드가 고객에게 의미를 부여하고 지속적으로 선택되는 브랜드의 고객화(customization), 즉 고객의 마음속에 깊게 자리 매김되기 위해서는 커뮤니케이션을 통한 지속적이고 일관된 소비자-브랜드 관계 구축이 이루어져야 한다.

관계의 개념을 브랜드에 적용시키기 위해서는 우선 인간관계에 대한 이해가 필요하다. 인간관계란 두 사람 사이의 서로 관련된 도전과 반응이며 동시에 상호작용에 관한 지각이다. 이는 상호의존이나 상호원조, 상호만족을 기초로 한다. 대인간 영역에서 관계를 적용하기 위해서는 네 가지 핵심적 조건이 요구된다. 첫째, 인간관계는 능동적이며 상호의존적인 관계 대상 간의 상호 호혜적인 관계를 도모하며, 둘째, 인간관계에는 목적이 수반되고, 셋째, 인간관계는 복잡한 현상으로서 몇 개의 차원에 걸쳐 있으면서 많은 형식을 취하고 참여자들에게 가능한 이익을 제공해 준다. 마지막으로 인간관계는 과정의 현상으로서 진화(발전)하며 일련의 상호관계에 걸쳐 변화하고 환경의 맥락에 따라 유동적으로 응답한다. 진실하게 존재하는 관계의 경우 대상간의 상호의존성이 명백해야 한다. 즉, 둘은 집합적으로 관계에 영향을 주고, 그 변화의 역동성이 쉽게 받아들여진다. 따라서 인간관계의 특성을 바탕으로 브랜드에 대해 생각할 때 오는 편안함은 마케팅 거래의 수동적 대상물로서가 아니라 관계를 이루는 한 쌍(dyadic)의 구성원에 기여하는 능동적 대상물로서 생각할 필요가 있다.

브랜드가 합리적인 관계대상으로서 기능하기 위해서는 인격화의 자격을 능가해야 하며, 실제적으로 관계의 구성원으로서 기여해야 한다. 마케팅 활동에 있어 브랜드는 상호작용적이며 전달할 수 있는 커뮤니케이션의 제목 아래 실행되기 때문에 교환적 파트너가 된다. 그러나 브랜드는 능동적인 관계대상으로서 자격을 갖추기 위해 이러한 소란스러운 단계에 참여할 필요는 없다.

광범위한 범위에서 추상적으로 실행되는 일상적 마케팅 계획과 전술 모두가 브랜드가 관계의 역할을 하도록 실행되는 활동으로 해석할 수 있기 때문이다. 따라서 브랜드 관계 형성은 복합적인 차원에서 발생할 수 있는 것이며 이것은 소비자의 능동적 참여에 의한 발로라고 할 수 있다.

소비자-브랜드 관계는 소비자와 브랜드가 동등한 당사자로서 서로에게 파트너로서의 역할을 담당하며 상호 작용하는 결과로 생성되는 연대를 의미한다. 이는 관계의 문자 그대로의 의미를 가지고 있으며 관계 당사자는 소비자와 브랜드이다. 소비자가 생활 속에서 브랜드를 인지하는 데서부터 구매하고 경험하는 전 과정을 걸쳐 관계를 갖는다는 의미이다. 소비자와 브랜드와의 관계는 단순히 소비자가 브랜드의 성과나 서비스에 만족하여 재구매하는 것 이상으로, 소비자가 브랜드에 인격을 부여하여 마치 인간과의 관계처럼 생활 속에서 진행된다는 것이다(이경미, 1999). 이런 의미에서 브랜드 관계는 브랜드 개성을 논리적으로 확대시킨 것으로 볼 수 있다. 소비자와 브랜드가 상호 '관계'한다는 것을 더 쉽게 설명하면, 인간의 모든 사물에 인성을 부여하려는 심리가 있듯이 브랜드에도 쉽게 개성을 부여하려는 성향에서 출발할 수 있다. 즉, 브랜드를 의인화해서 다룰 때 그 결과는 사람이 다른 사람의 개성을 평가할 때와 같이 대단히 다양하다. 브랜드 개성에 대해 일련의 추상적 표현만을 사용할 수도 있으나(예: '세련된', '열망적인'), 단순히 그 브랜드의 물리적 속성이나 개성과 관련된 정보만을 처리하는 것은 아니다. 이것은 사람의 개성을 처리할 때와 같다. 즉, "나는 그가 대단히 설득력 있다는 것을 알았어"와 같이 광고 또는 마케팅 자극이 주장하는 개성을 소비자 개인이 받아들여 다시 자신 나름대로의 적합한 자격을 부여한다. 이때 부여하는 자격은 그 브랜드가 소비자의 개성에 어떻게 영향을 주며 상호작용하는가에 따라 달라질 수 있다. 이러한 브랜드의 개성과 소비자의 개성 간의 상호작용을 관계라고 한다(Blackston, 1992).

할리데이비슨(Harley-Davidson)은 미국의 대표적인 오토바이 브랜드로서 '미국인의 상징(american icon)'이라는 브랜드 메시지를 가지고 소비자와 브랜드 간에 돈독한 관계를 유지하고 있는 파워 브랜드이다. 수십만의 사람들이 800여 개의 '할리 소유자 모임(Harley Owners Group: H.O.G)' 중 하나에 소속되어 있으며, 이 구성원들은 격월로 신문을 받아보고 매주 또는 매월 열리는 모임에 참석할 뿐만 아니라 판매 대리점의 후원을 받는 야유회에도 참가한다. 또한 매년 42개 주에서 랠리를 개최하고 이러한 모임을 통해 제품에 대한 정보를 교환하고 심지어는 서로 할리데이비슨 문신을 새기기까지 한다. 이처럼 할리데이비슨은 소비자들에게 단순한 오토바이 그 이상의 관계적 의미를 가지고 있다(McAkexander, Schouten & Koenig, 2002).

GM에서 독립적인 브랜드로 개발된 새턴(Saturn)은 소비자의 능동적인 참여를 통해 브랜드를 구축한 대표적인 사례이다. 새턴은 매년 새턴자동차를 소유하고 있는 사람들이 스프링힐에 있는 새턴 공장에 초대되어 '고객초대(home coming)' 행사에 참여하였다. '새턴 가족 모두 한자리에(family get-together)'라는 슬로건 아래 진행된 이 고객초대 행사에 참가한 새턴 소유자들은 컨트리뮤직, 리듬앤드블루스, 가스펠송, 마임 등 다채로운 프로그램이 펼쳐진 무대공연을 관람하였고, 춤, 바비큐파티, 유명 인사들과의 만남, 새턴로고 모양의 문신도장 등 다양한 행사에 직접 참여하는 기회를 가졌다. 새턴의 고객초대 행사의 가장 핵심적이었던 부분은 공장견학이었는데, 사실 이 행사는 오래전부터 있어온 고객들의 공장방문요청을 실현해 주기 위해서 진행되었다고도 볼 수 있다. 그 외에도 다양한 프로그램을 통해 소비자의 능동적인 참여를 유도하였다(공장환, 1996). 새턴이 강력한 브랜드로 발돋움할 수 있었던 가장 큰 성공요인은 새턴이 추구하려고 하는 이미지 연상들을 철저히 고객과의 관계를 바탕으로 이루어졌다는 것이다.

오길비(Ogilvy, 1983)가 지적했듯이 브랜드는 소비자의 아이디어이므로 브랜드 자산의 창출에 있어서 능동적인 참여자이다. 따라서 소비자를 브랜드의 자산적 파트너라고 할 수 있으며 소비자-브랜드 간의 지속적인 파트너십은 브랜드 자산과 소비자 자신에게 영향을 준다고 할 수 있다.

브랜드와 소비자 관계는 두 가지 차원으로 해석될 수 있다. 첫째 이 관계는 브랜드에 대한 소비자의 다양한 접점에서 형성될 수 있다는 것이다. 예컨대, 브랜드를 인지하는 초기단계에서 구매에 이르는 다양한 소비자 행동과정에서 소비자와의 관계가 형성된다는 것이다. 둘째는 브랜드에 대한 소비자 관계는 소비경험을 토대로 해야 유의미하다는 것이다.

이 점에서 브랜드가 소비자의 삶의 경험에 추가하는 의미로부터 혜택을 얻기 위해 브랜드와의 관계를 맺는다고 보는 퍼니어(Fournier, 1998)의 정의보다는 더욱 포괄적인 입장을 견지한다. 결국, 소비자-브랜드 관계는 양자 간의 인지 과정에서부터 행동단계에 걸쳐 형성될 수 있는 종합개념이라는 새로운 정의가 중요하다. 요컨대 관계의 깊이와 강도가 곧 유형을 결정하는 요소라는 데 주목할 것이다. 이 점에서 소비자-브랜드의 관계 과정을 대인관계의 진전과정으로 해석하고 여기서 형성될 수 있는 차원을 관찰할 것이다. 대인관계의 차원의 형식에 따라 소비자-브랜드 관계의 유형도 상존할 것이며 일정한 기준에 따른 분류가 이루어져야 한다는 것이 본 연구의 중요한 취지이다. 실제로 브랜드 관계에 대한 견해는 소수에 의해서나마 표출되어 왔지만, 조작적 정의를 시도하거나 브랜드 관계를 명시하고 측정하고 또는 정립시키고자 하는 체계적 연구는 빈곤한 것이 현실이다. 그러나 이 같은 와중에도 두 학자의 연구는 브랜드 관계연구의 이론적 기초를 제공하였다. 블랙스턴(Blackston, 1992)이 브랜드 관계의 중요성과 진통적 논의의 한계에 대해 강조했다. 그는 이러한 소비자-브랜드 관계의 중요성을 피력하기 위해 신용카드 브랜드를 대상으로 두 개의 피조사자 그룹('존중형'과 '협박형')으로 나누어 신용카드에 대한 인식태도가 그 브랜드를 소유하고 사용하는 데 있어 매우 다른 소비자-브랜드 간 관계가 존재하고 있음을 입증하였다.

퍼니어(Fournier, 1998)는 심층면접 및 특수관찰(ideographic analysis) 방법으로 브랜드가 소비자의 능동적인 파트너로서 작용하는 관계론적 시각에서 연구하였다. 그녀는 소비자가 브랜드와 함께 형성해 가는 관계를 이해할 수 있는 모델을 제공하기 위해 ① 브랜드가 생존할 수 있는 관계 파트너로서 가능한가 또는 가능할 수 있는가, ② 소비자-브랜드 관계는 일상경험의 수준에서 타당성이 있는가, ③ 소비자-브랜드 관계는 이론적으로 실무적으로 유용하고도 풍부한 개념적 어휘를 사용하는 많은 방법들을 구체화할 수 있는가에 초점을 맞추었다. 이를 통해 그녀는 소비자와 브랜드의 관계유형을 112개의 소비자의 브랜드 관계묘사를 바탕으로 교차 사례분석 데이터를 구성하고, 7개의 선행 관계차원을 통해 열다섯 가지(보통의 친구, 정략결혼, 헌신적 파트너십, 가장 친한 우정, 상황적 우정, 친족관계, 반향/회피-노력 관계, 어린 시절 우정, 구애, 의존관계, 시험적 관계, 불화, 비밀사건, 노예상태)의 소비자-브랜드 관계의 유형화를 시도하였다. 이 분류는 질적 분석이 지니는 일반화의 한계를 지니고 있으나 관계의 유형화(typology)를 시도했다는 점에서 향후 양적 검증을 통한 객관화 노력에 충분한 토대가 된다고 할 수 있다.

김유경(2002)은 브랜드 자산가치가 높은 32개의 브랜드를 대상으로 전국단위의 설문조사와 표적집단 면접을 통해 국내소비자들이 인식하고 있는 소비자와 브랜드 간에 형성되는 관계유형(상황적 의존관계, 신뢰친화관계, 습관적 애착관계, 자아표현관계, 부정적 대안관계)을 도출하고, 이러한 관계가 설정되는 과정에 있어 매개하는 중요한 영향요인을 규명하였다.

브랜드 관계의 힘은 다양한 형태로 나타난다. 브랜드를 가지고 있는 기업과 소비자가 장기적으로 관계를 유지할수록 그 브랜드에 대한 소비자의 만족은 커질 것이다. 만족도가 커질수록 소비자들은 브랜드와 장기적인 관계를 통해 하여 새로운 고객확보나 초기관계 수립에 드는 비용을 절감시키는 효과를 얻게 되며 기업의 수익향상에도 기여하게 된다. 소비자와 브랜드 관계는 소비자들과의 지속적이고 장기적인 상호작용을 통하여 소비자를 더욱 잘 이해하고 소비자에 대해 더 많은 지식을 학습하며 그들의 문제를 이해하게 됨으로써 기본적으로 좀 더 고객화된 제품을 제공할 수 있는 것이다. 따라서 기업은 관계 중심의 마케팅 사고를 통해 단순한 제품이나 서비스만이 아닌 그 이상의 가치를 소비자에게 제공할 수 있게 된다. 실제로 많은 실증연구들은 소비자와 브랜드 관계가 강할수록 소비자 만족도가 증가하는 것으로 나타났다. 또한 높은 만족도는 고객과의 관계를 강화하고 충성도를 높임으로써 수익성 증대와 마케팅 비용의 효율성을 증대시킬 수 있다. 아커(Aaker, 1996)는 강력한 브랜드 개발을 위한 브랜드 아이덴티티 시스템의 궁극적인 목적은 소비자와 브랜드 간의 관계개발로 보았으며, 아울러 이러한 소비자-브랜드 관계는 상표 충성도의 기반이라고 주장하였다. 기업이 소비자와의 관계를 잘 활용하면 각 브랜드와 개별소비자들은 장기적인 관계를 통해 소비자는 브랜드에 대해 긍정적인 감정과 신뢰, 충성도를 제고시킬 수 있다. 결국 충성도가 증가함에 따라 관계가 더욱 강화되고 경쟁기업에 대해 교체장벽을 구축하는 등 경쟁우위를 확보할 수 있게 될 것이다.

브랜드 구축을 위한 마케팅 커뮤니케이션의 기능: 광고를 중심으로

브랜드 구축을 위한 광고의 기능은 모든 마케팅 커뮤니케이션 수단 가운데 단연 지대하다. 이는 TV, 신문 등 대중매체의 영향력이 가장 크기 때문으로 볼 수 있다. 브랜드 자산을 제고하는 데 광고의 역할은 다양하나 일반적으로 브랜드 인지도의 제고, 브랜드 연상의 제고, 품질인식에 대한 제고, 브랜드에 대한 애호도 제고를 든다. 수많은 학자들의 검증자료를 종합하면 다음과 같다.

브랜드 인지도(Brand Awareness)와 광고
- 브랜드 인지를 창출하고 그 브랜드에 대한 친숙도를 증가시킨다.
- 소비자의 기억구조(memory structure)와 브랜드에 대한 태도에 직접적인 영향을 준다.
- 소비자로 하여금, 구매 시 기억으로부터 적절한 관련 단서를 인출시킨다.
- 광고를 통한 반복적 노출은 브랜드에 대한 회상을 강화하고 친숙도를 증대시킨다.
- 광고의 주된 기능은 브랜드에 대한 친숙도와 호의적인 태도를 강화하는 데 있다.

- 광고를 통한 브랜드 네임과 심벌의 가시성 획득은 브랜드 자산의 주요인이다.
- 광고를 통한 인지는 소비자의 구매 고려집합에 속할 확률을 높인다.
- 광고에 의한 지속적인 브랜드 노출과 최초 상기도의 유지는 소비자의 마음속에 다른 브랜드가 상기될 기회를 막아주는 '현저성 효과'를 가져온다.

브랜드 연상(Brand Association)과 광고

- 브랜드를 의인화시키고 퍼스낼러티를 부여하는 광고를 통해 소비자는 브랜드와의 관계를 맺는 상호작용을 일으키게 된다.
- 광고는 제품속성, 보증인, 심벌 등을 통해 브랜드와 관련한 독특한 연상을 창출한다.
- 광고는 소비자의 적절한 이미지와 연상에 의한 포지셔닝에 크게 작용한다.
- 광고는 브랜드 개성을 상징적·자아표현적 혜택으로 구체화하여 제시할 수 있다.
- 광고를 통한 브랜드 개성은 포지셔닝과 브랜드의 혜택을 풍부하게 하고 궁극적인 소비자-브랜드 관계의 기본이 된다.
- 광고는 구체적인 느낌을 창출함과 동시에 브랜드들 사이의 심리적·정서적 차이를 유발하며 이러한 차이에 의해 궁극적인 브랜드 자산이 창출된다.

지각된 품질(Perceived quality)과 광고

- 광고는 지각된 품질과 가치에 영향을 주며, 다시 브랜드 이미지에 영향을 미친다.
- 광고를 통한 독특함과 친숙성은 브랜드에 대한 평가를 높이며, 다른 브랜드에 대한 경쟁 우위를 차지하게 한다.
- 광고를 통한 차별적 포지셔닝은 가격 차별화와 프리미엄 가치를 창출한다.
- 광고는 제품의 품질을 전달하고 브랜드 이미지를 제고하는 가장 효과적인 수단이다.
- 광고는 품질에 대한 지각과 인식의 기준에 영향을 미친다.

- 광고는 제품의 우수성에 대한 평가에 영향을 미친다.

브랜드 로열티(Brand Loyalty)와 광고
- 커뮤니케이션 과정을 활성화시켜 소비자의 마음을 선점하고, 상품의 선택 과정에서 확신감을 증가시켜 브랜드의 가치를 구축하도록 한다.
- 강력한 보증, 증언식 광고는 제품에 대한 인지도, 호기심을 유발하며 시험구매 및 브랜드 전환에 효과적이다.
- 광고를 통해 창출되는 사용 전 긍정적 '기대'는 사용 후 경험으로 인해 증폭되어 감정적 만족과 재구매율을 증대시킨다.
- 광고를 통한 지속적인 커뮤니케이션은 진입장벽으로 작용하여 기존 고객의 유지 및 신규고객의 확보에 영향을 준다.
- 강화광고(reinforce ad)는 구매 후 부조화를 제거하며 구매에 대한 만족도를 증대시키는 기능을 한다.
- 브랜드 로열티는 광고를 포함한 많은 요소들, 특히 브랜드 인지도, 연상, 지각된 품질의 수준, 사용경험 및 만족도 등에 의해서 복합적으로 나타난다.

맺음말

현대 기업의 딜레마는 글로벌 시장에서 경쟁력 우위에 있는 브랜드를 어떻게 만들어갈 것인가라는 과제이다. 즉, 어느 기업이나 해당제품의 영역에서 강력한 브랜드의 지위를 확보하며 선두를 지켜가려는 노력에 혈안이 되어 있다. 그러나 이처럼 강력한 브랜드를 만들기 위해 단순히 마케팅적인 사고만으로 일관하면서 전통적인 마케팅 믹스에 의존해 왔던 관행을 버려야 한다. 생산자 중심에서 소비자 중심으로라는 오래된 구호는 단순히 브랜드 사고를 중시해야 한다는 주장 외에 마케팅적 사고에서 커뮤니케이션 관점에서의 사고를 중시해야 한다는 의미를 내포하고 있다. 즉, 소비자에게 알려야 할 메시지로서의 브랜드 정체성, 정체성을 통해 설정해야 할 목표 이미지, 소비자에게 혜택으로 약속해야 할 브랜드 개성, 브랜드 관계 및 체험적 요소는 기업이 브랜드를 통해 장기적으로 고객에게 다가갈 수 있는 첩경이다. 이 같은 목표는 마케팅 커뮤니케이션의 다양한 요소들이 총체적으로 때로는 개별적으로 영향력을 발휘함으로써 형성된다. 이 같은 영향력은 곧 브랜드 인지도, 품질, 연상, 애호도 등으로 연결되면서 궁극적으로 고객자산의 기능을 수행하게 된다.

┃생각해 볼 문제┃

1. 강력한 브랜드를 구축하기 위해서 왜 기존의 전통적인 마케팅 관점에서 벗어나야 하고, 커뮤니케이션 관점에서의 사고가 중요시되어야 하는지 그 이유를 생각해 보자.

2. 커뮤니케이션 과정(SMCRE)의 관점에서 커뮤니케이션과 마케팅의 공통점을 살펴보자.

3. 브랜드 자산 구축을 위한 다양한 커뮤니케이션 매체들의 기능에 대해서 생각해 보자.

┃참고문헌┃

공장환. 1996. 「제너럴모터스 새턴사업부의 브랜드 구축사례」. ≪Marketing Communication Review≫, 여름호. 금강기획 마케팅 연구소.
김유경. 2000. 「브랜드 개성의 유형과 영향요인에 관한 연구」. ≪광고연구≫, 49호.
_____. 2002. 「소비자-브랜드 관계 유형과 영향 요인에 관한 연구」. ≪광고연구≫, 제54호.
_____. 2005. 「브랜드이미지 유형의 새로운 패러다임과 커뮤니케이션 요인에 관한 연구: I-Pros의 영향과 광고역할 중심으로」. ≪광고학연구≫, 제15권 4호.
김유경·최창원·이재호. 2005. 「구매단계에 따른 브랜드 경험의 변화와 커뮤니케이션 수단의 영향 연구」. ≪한국광고홍보학보≫, 7-4호.
김유경·허웅·김운. 2001. 「e-Brand로서의 인터넷 웹사이트의 개성과 결정요인에 관한 연구」. ≪한국언론학보≫. 45-4호.
김정구. 1998. 「브랜드개성을 통한 광고전략연구」. ≪광고연구≫, 제9권 1호.
양윤·조은하. 2004. 「한국형 브랜드 성격 척도 개발과 타당화에 관한 연구」. 한국심리학회지 ≪소비자광고≫, 제3권 2호.
이경미. 1999. 「브랜드개성이 소비자-브랜드 관계의 질적 차원에 미치는 영향에 관한 연구」. 서울대학교 경영대학원 석사논문.

Anderson, N. H. 1968. "Likableness ratings of 555 personality trait words." *Journal of Personality and Social Psychology*, 9.
Aaker, David. 1991. *Managing Brand Equity*. The Free Press.
_____. 1996. *Building Strong Brands*. The Free Press.

Aaker, Jennifer. 1997. "Dimensions of Brand Personality." *Journal of Marketing Research*, 34(August).

Biel, Alexander L. 1992. "How Brand Image Drives Brand Equity." *Journal of Advertising Research*, Vol.12(4).

Blackston, Max. 1992. "Observations: Building Brand Equity by Managing the Brand's Relationships," *Journal of Advertising Research*, 32(3), May / June.

Dobni, Dawn & George M. Zinkhan. 1990. "In Search of Brand Image: A Foundation Analysis." *Advances in Customer Research*, Vol.17.

Fournier, Susan. 1998. "Consumers and Their Brands: Developing Relationship." *Theory in Consumer Research*, JCR, 24.

Gutman, J. & Thomas J. Reynold. 1984. "Advertising is Image Management." *Journal of Advertising Research*, Vol.24(February-March).

Kapferer, J. N. 1992. *Strategic Brand Management: The New Approaches to Creating and Evaluating Brand Equity*. Kogan Page.

Keller, L. Kevin. 1998. *Strategic Brand Management*. Prentice Hall.

_____. 2003. "Brand Synthesis: The Multidimensionality of Brand Knowledge." *Journal of Consumer Reserch*, 29(4).

McAlexander, H. James, W. John Schouten, & F. Harold Koenig. 2000. "Building Brand Community." *Journal of Marketing*, Vol.66.

Ogilvy, David. 1983. *Ogilvy on Advertising*. Random House.

Plummer, J. T. 1985. "How Personality Makes Difference." *Journal of Advertising Research*, 24(6).

Rajeev, B., R. Donald Lehmann, & D. Singh. 1993. "The Brand Personality Component of Goodwill: Some Antecedents and Consequences."

Schmitt, B. 1997. *Marketing Aesthetics*. The Free Press.

_____. 1999. *Experiential Marketing*. The Free Press.

Schramm, Wilbur. 1973. *Men, Message, and Media: A Look at Human Communication*. Harper & Low.

Seybold, B. Patricia. 2000. *The Customer Revolution*. Crown Business.

지은이 (가나다순)

김병철
한국외국어대학교 언론학 박사
현재 사이버외국어대학교 언론홍보학부 교수
주요 논저: 『미디어 글읽기와 글쓰기』, 『온라인 저널리즘의 이해』, 『온라인 취재보도』

김영찬
일리노이대학교(University of Illinois at Urbana-Champaign) 커뮤니케이션학 박사
현재 한국외국어대학교 언론정보학부 교수, 방송위원회 방송언어특별위원회 위원.
주요 논저: "Consuming Korea?: A Search for the Meaning of Korean TV Drama for Vietnamese Audiences", "Rethinking Korean Cinema Studies", 「리얼리티 프로그램, 외화 시리즈, 그리고 한국 텔레비전 프로그램 지형의 재편」, 「한류 미디어 콘텐츠의 정치적, 문화적 함의 연구」(공저), 「<낭랑 18세>: 새로운 감수성, 새로운 형식의 트렌드 드라마」, 「<네 멋대로 해라> 폐인들의 문화적 실천에 관한 현장보고서」(공저), 「음악케이블 TV에 대한 문화사적 접근: MTV를 중심으로」, 『미디어 연구의 질적 방법론』(공역), 『광고비평의 이해』(편저)

김유경
시러큐스대학교(Syracuse University) 광고학 박사
현재 한국외국어대학교 언론정보학부 교수
주요 논저: 『인간과 커뮤니케이션』, 『글로벌 마케팅 커뮤니케이션』, 『광고와 사회』, 『국가 브랜드』, 『국가 이미지』, 『PR 캠페인』, 『인터넷과 광고』

김진홍
서울대학교 대학원 신문학과 박사과정 수료(문학박사)
동아일보 기자
사단법인 한국언론법학회 회장
현재 한국외국어대학교 언론정보학부 교수
주요 논저: 『언론통제의 정치학』, 『한국저널리즘의 쟁점』(편저), 『취재보도론』(공저)

김춘식
한국외국어대학교 언론학 박사
현재 한국외국어대학교 언론정보학부 교수, 한국언론학회 정치커뮤니케이션연구회 회장
주요 논저: 『미디어와 유권자: 미디어의 영향력에 관한 이론적 접근』, 『대통령선거와 정치광고』, 『미디어 정치시대의 미디어와 선거법』, 「선거 캠페인 환경변화와 후보자의 부정적 캠페인 사용」

안종묵
영국 웨일스대학교(University of Wales) 언론학 박사(미디어 전공)
현재 청주대학교 언론정보학부 교수
주요 논저: 『청산하지 못한 역사/언론』(공저), 『커뮤니케이션 이론과 실제』(공저), 『신문학 입문』, 『광고의 이해』, 『한국저널리즘의 출현과 사상운동』, 『대한매일신보 연구』(공저), 『언론이데올로기 들여다보기』, 『매스컴과 현대사회』

이경렬
플로리다대학교(University of Florida) 광고학 박사
현재 한양대학교 광고홍보학과 교수, (사)한국커뮤니케이션학회 커뮤니케이션학연구 편집이사
주요 논저: 『어카운트 플래닝의 혁신: 광고비지니스』, 『글로벌 시대의 광고와 사회』, 『글로벌 마케팅 커뮤니케이션』, 『디지털방송 미디어론』

이상식
영국 셰필드대학교(University of Sheffield) 언론학 박사
현재 계명대학교 미디어영상대학 교수
주요 논저: 『정보통신과 디지털법제』(공저), 『컨버전스와 미디어 세계』(공저), 「한국 케이블 TV 산업조직에 관한 연구」

이유나
메릴랜드대학교(University of Maryland) 커뮤니케이션 박사(PR 전공)
현재 한국외국어대학교 언론정보학부 교수
주요 논저: "Interpersonal communication as an element of symmetrical public relations", "Building community relationships through employee involvement", "Global public relations: A cross-cultural study of the excellence theory in South Korea"

정인숙
한국외국어대학교 언론학 박사
현재 경원대학교 신문방송학과 교수
주요 논저:『방송산업과 정책의 이해』,『커뮤니케이션핵심이론』(공저),『현대매스미디어의 이해』(공저),「방송통신융합서비스 정책과정에서 나타나는 갈등유형과 갈등관리」,「IPTV 사례를 중심으로」,「방송시장에서의 공정경쟁 기본원칙과 불공정거래 행위분석」,「방송기술정책결정요인연구」,「방송사업자 인허가정책에 대한 평가」

조전근
코네티컷대학교(University of Connecticut) 광고학 박사
현재 목원대학교 광고홍보언론학과 교수
주요 논저:「원산지국가의 단서, 메시지강도 및 사전지식이 제품의 품질에 대한 지각에 미치는 영향에 관한 연구」,「소비자의 라이프스타일 유형별 광고정보 탐색활동에 관한 연구」,「한국과 일본의 정치광고 비교연구」,「메시지의 측면성과 제품관여도를 고려한 비교광고와 비교의 형태를 취하지 않은 광고의 태도변용효과 및 그 인과적 경로에 관한 연구」, "The Effects of Endorser Type and Gender on Perception of Source Credibility for High and Low Involvement Products", "An Examination of the Attitudinal Effects of Comparative vs. Non-comparative Advertising and Their Causal Paths in the Context of Message Sidedness and Product Involvement",『성공한 PR』(공역),『홍보학개론』,『인터넷과 광고』(공저),『감성과 커뮤니케이션』(공역),『글로벌시대의 광고와 사회』(공저)

조종혁
미시간(Michigan)대학교 커뮤니케이션학 박사
현재 한국외국어대학교 언론정보학부 교수
주요 논저: 『커뮤니케이션학』, 『커뮤니케이션과 상징조작』, 『현대사회의 신화』

최영
뉴욕주립대학교(SUNY-Buffalo) 커뮤니케이션 박사
현재 한국외국어대학교 언론정보학부 교수, 사이버외국어대학교 학장
주요 논저: 『인터넷방송』, 『네트워크 커뮤니케이션』, 『디지털미디어』(공저), 『텔레커뮤니케이션 바로알기』(공저), 「유비쿼터스 환경하에서의 미디어 리터러시」, 「커뮤니케이션 매체로서의 인터넷방송 이용동기와 사용에 관한 연구」, "Study examines daily public journalism at six newspapers"

하윤금
프랑스 국립사회과학연구원(EHESS) 기호학 박사
현재 한국방송영상산업진흥원 책임연구원
주요 논저: 「Playboy 성인 콘텐츠 유통의 신화와 현실」, 「금융 세계화와 미디어 산업」, 「문화연구의 패러다임 위기」

황근
고려대학교 언론학 박사
현재 선문대학교 언론광고학부 교수
주요 논저: 『매스미디어의 이해』, 『정보통신과 디지털 법제』(공저), 『정치커뮤니케이션의 이해』(공저), 『매체산업과 미디어 기술』(공저)

한울아카데미 874
미디어와 커뮤니케이션의 이해

ⓒ 한국외국어대학교 언론정보학부, 2006

엮은이 | 한국외국어대학교 언론정보학부
펴낸이 | 김종수
펴낸곳 | 도서출판 한울

초판 1쇄 발행 | 2006년 8월 28일
초판 3쇄 발행 | 2010년 3월 10일

주소 | 413-832 파주시 교하읍 문발리 507-2(본사)
           121-801 서울시 마포구 공덕동 105-90 서울빌딩 3층(서울 사무소)
전화 | 영업 02-326-0095, 편집 02-336-6183
팩스 | 02-333-7543
홈페이지 | www.hanulbooks.co.kr
등록 | 1980년 3월 13일, 제406-2003-051호

Printed in Korea.
ISBN 978-89-460-4243-8   93330

* 가격은 겉표지에 표시되어 있습니다.